国家出版基金项目
NATIONAL PUBLICATION FOUNDATION

欧亚历史文化文库

总策划 张余胜
兰州大学出版社

唐代经营西北研究

丛书主编　余太山

王永兴　著

图书在版编目(CIP)数据

唐代经营西北研究 / 王永兴著 . —兰州 : 兰州
大学出版社,2010.6
（欧亚历史文化文库 / 余太山主编）
ISBN 978-7-311-03523-5

Ⅰ.①唐… Ⅱ.①王… Ⅲ.①地区经济—经济
史—研究—西北地区—唐代 Ⅳ.①F129.42

中国版本图书馆 CIP 数据核字(2010)第 100352 号

总 策 划　张余胜

书　　名　**唐代经营西北研究**
丛书主编　余太山
作　　者　王永兴　著
出版发行　兰州大学出版社　（地址 : 兰州市天水南路 222 号　730000）
电　　话　0931 - 8912613(总编办公室)　　0931 - 8617156(营销中心)
　　　　　0931 - 8914298(读者服务部)
网　　址　http://www.onbook.com.cn
电子信箱　press@lzu.edu.cn
印　　刷　兰州人民印刷厂
开　　本　700mm×1000mm　1/16
印　　张　31.25
字　　数　433 千
版　　次　2010 年 9 月第 1 版
印　　次　2012 年 5 月第 2 次印刷
书　　号　ISBN 978-7-311-03523-5
定　　价　94.00 元

出版说明

　　随着 20 世纪以来联系地、整体地看待世界和事物的系统科学理念的深入人心，人文社会学科也出现了整合的趋势，熔东北亚、北亚、中亚和中、东欧历史文化研究于一炉的内陆欧亚学于是应运而生。时至今日，内陆欧亚学研究取得的成果已成为人类不可多得的宝贵财富。

　　当下，日益高涨的全球化和区域化呼声，既要求世界范围内的广泛合作，也强调区域内的协调发展。我国作为内陆欧亚的大国之一，加之 20 世纪末欧亚大陆桥再度开通，深入开展内陆欧亚历史文化的研究已是责无旁贷；而为改革开放的深入和中国特色社会主义建设创造有利周边环境的需要，亦使得内陆欧亚历史文化研究的现实意义更为突出和迫切。因此，将针对古代活动于内陆欧亚这一广泛区域的诸民族的历史文化研究成果呈现给广大的读者，不仅是实现当今该地区各国共赢的历史基础，也是这一地区各族人民共同进步与发展的需求。

　　甘肃作为古代西北丝绸之路的必经之地与重要组

成部分,历史上曾经是草原文明与农耕文明交汇的锋面,是多民族历史文化交融的历史舞台,世界几大文明(希腊—罗马文明、阿拉伯—波斯文明、印度文明和中华文明)在此交汇、碰撞,域内多民族文化在此融合。同时,甘肃也是现代欧亚大陆桥的必经之地与重要组成部分,是现代内陆欧亚商贸流通、文化交流的主要通道。

基于上述考虑,甘肃省新闻出版局将这套《欧亚历史文化文库》确定为2009—2012年重点出版项目,依此展开甘版图书的品牌建设,确实是既有眼光,亦有气魄的。

丛书主编余太山先生出于对自己耕耘了大半辈子的学科的热爱与执著,联络、组织这个领域国内外的知名专家和学者,把他们的研究成果呈现给了各位读者,其兢兢业业、如临如履的工作态度,令人感动。谨在此表示我们的谢意。

出版《欧亚历史文化文库》这样一套书,对于我们这样一个立足学术与教育出版的出版社来说,既是机遇,也是挑战。我们本着重点图书重点做的原则,严格于每一个环节和过程,力争不负作者、对得起读者。

我们更希望通过这套丛书的出版,使我们的学术出版在这个领域里与学界的发展相偕相伴,这是我们的理想,是我们的不懈追求。当然,我们最根本的目的,是向读者提交一份出色的答卷。

我们期待着读者的回声。

总序

　　本文库所称"欧亚"(Eurasia)是指内陆欧亚,这是一个地理概念。其范围大致东起黑龙江、松花江流域,西抵多瑙河、伏尔加河流域,具体而言除中欧和东欧外,主要包括我国东三省、内蒙古自治区、新疆维吾尔自治区,以及蒙古高原、西伯利亚、哈萨克斯坦、乌兹别克斯坦、吉尔吉斯斯坦、土库曼斯坦、塔吉克斯坦、阿富汗斯坦、巴基斯坦和西北印度。其核心地带即所谓欧亚草原(Eurasian Steppes)。

　　内陆欧亚历史文化研究的对象主要是历史上活动于欧亚草原及其周邻地区(我国甘肃、宁夏、青海、西藏,以及小亚、伊朗、阿拉伯、印度、日本、朝鲜乃至西欧、北非等地)的诸民族本身,及其与世界其他地区在经济、政治、文化各方面的交流和交涉。由于内陆欧亚自然地理环境的特殊性,其历史文化呈现出鲜明的特色。

　　内陆欧亚历史文化研究是世界历史文化研究中不可或缺的组成部分,东亚、西亚、南亚以及欧洲、美洲历史文化上的许多疑难问题,都必须通过加强内陆欧亚历史文化的研究,特别是将内陆欧亚历史文化视做一个整

1

体加以研究,才能获得确解。

中国作为内陆欧亚的大国,其历史进程从一开始就和内陆欧亚有千丝万缕的联系。我们只要注意到历代王朝的创建者中有一半以上有内陆欧亚渊源就不难理解这一点了。可以说,今后中国史研究要有大的突破,在很大程度上有待于内陆欧亚史研究的进展。

古代内陆欧亚对于古代中外关系史的发展具有不同寻常的意义。古代中国与位于它东北、西北和北方,乃至西北次大陆的国家和地区的关系,无疑是古代中外关系史最主要的篇章,而只有通过研究内陆欧亚史,才能真正把握之。

内陆欧亚历史文化研究既饶有学术趣味,也是加深睦邻关系,为改革开放和建设有中国特色的社会主义创造有利周边环境的需要,因而亦具有重要的现实政治意义。由此可见,我国深入开展内陆欧亚历史文化的研究责无旁贷。

为了联合全国内陆欧亚学的研究力量,更好地建设和发展内陆欧亚学这一新学科,繁荣社会主义文化,适应打造学术精品的战略要求,在深思熟虑和广泛征求意见后,我们决定编辑出版这套《欧亚历史文化文库》。

本文库所收大别为三类:一,研究专著;二,译著;三,知识性丛书。其中,研究专著旨在收辑有关诸课题的各种研究成果;译著旨在介绍国外学术界高质量的研究专著;知识性丛书收辑有关的通俗读物。不言而喻,这三类著作对于一个学科的发展都是不可或缺的。

构建和发展中国的内陆欧亚学,任重道远。衷心希望全国各族学者共同努力,一起推进内陆欧亚研究的发展。愿本文库有蓬勃的生命力,拥有越来越多的作者和读者。

最后,甘肃省新闻出版局支持这一文库编辑出版,确实需要眼光和魄力,特此致敬、致谢。

余太山

2010 年 6 月 30 日

目录

1 唐灭高昌及置西州、庭州考论

《资治通鉴》卷195"唐太宗贞观十三年"略云：

> 高昌王麹文泰多遏绝西域朝贡。伊吾先臣西突厥，既而内属，文泰与西突厥共击之。上下书切责。颉利之亡也，中国人在突厥者或奔高昌，诏文泰归之，文泰蔽匿不遣。又与西突厥共击破焉耆，焉耆诉之。上遣虞部郎中李道裕往问状，且谓其使者曰："高昌数年以来，朝贡脱略，无藩臣礼，所置官号，皆准天朝，筑城掘沟，预备攻讨。明年当发兵击汝。"

> 十二月壬申，遣交河行军大总管、吏部尚书侯君集、副总管兼左屯卫大将军薛万均等将兵击之。

同书同卷"贞观十四年"略云：

> [高昌王文泰]及闻唐兵临碛口，忧惧不知所为，发疾卒，子智盛立。军至柳谷（《新志》：西州交河县北行二百一十里至柳谷渡），谍者言文泰刻日将葬，国人咸集于彼，诸将请袭之。侯君集曰："不可，天子以高昌无礼，故使吾讨之，今袭人于墟墓之间，非问罪之师也。"于是鼓行而进，至田城，谕之不下，诘朝攻之，及午而克，虏男女七千余口。夜，趋其都城。先是，文泰与西突厥可汗相结，约有急相救助；可汗遣其叶护屯可汗浮图城，为文泰声援。及君集至，可汗惧而西走千余里，叶护以城降。智盛穷蹙，癸酉，开门出降。九月，以其地为西州，以可汗浮图城为庭州（西州治高昌县，汉车师前王庭也。庭州治金满县，汉车师后王庭也），各置属县。乙卯，置安西都护府于交河城，留兵镇之。

《新唐书·高昌传》、《旧唐书·高昌传》均记载唐灭高昌的过程和设置西、庭二州。《资治通鉴》总括诸书记载，记事及时间均较准确，故简要引录如上。关于庭州之置，《旧唐书》卷198《高昌传》与上引《通鉴》大致相同；但《旧唐书》卷40《地理志》"河西道北庭都护府"条云：

"[贞观]二十年四月,西突厥泥伏沙钵罗叶护阿史那贺鲁率众内附,乃置庭州,处叶护部落",与《通鉴》不同。《新唐书》卷221(上)《高昌传》与《通鉴》略同,唯《通鉴》之"西突厥可汗",《新唐书·高昌传》作"西突厥欲谷设";又《新唐书》卷40《地理志》"陇右道"云:"北庭大都护府,本庭州,贞观十四年平高昌,以西突厥泥伏沙钵罗叶护阿史那贺鲁部落置",与《通鉴》不同,与《旧唐书·地理志》略同,唯《旧唐书·地理志》之贞观二十年,《新唐书·地理志》作贞观十四年。永兴按,新、旧《唐书·地理志》皆非是。据《册府元龟》卷977《外臣部·降附》云:

> [贞观]二十二年四月,西突厥泥伏沙钵罗叶护阿史那贺鲁率众属于庭州。

《资治通鉴》卷199"唐太宗贞观二十二年"云:

> [四月]乙亥,贺鲁帅其余众数千帐内属,诏处之于庭州莫贺城(庭州西延城西六十里有沙钵城守捉,盖即莫贺城也;以贺鲁后立为沙钵罗叶护可汗,故改城名也),拜左骁卫将军。

据此可知,贺鲁部落内属,处之于庭州,并非因贺鲁部落内属而设置庭州也。《旧唐书·地理志》之贞观二十年与《新唐书·地理志》之贞观十四年,可不辨矣。至于《新唐书·地理志》所云贞观十四年置庭州后,"寻废,显庆三年复置",恐亦不确。上引《资治通鉴》及《册府元龟》记载贞观二十二年四月,处内属贺鲁部落于庭州,可证明庭州在贞观二十二年未废。《资治通鉴》卷199"唐高宗永徽二年春正月"条谓贺鲁"闻太宗崩,谋袭取西、庭二州,庭州刺史骆弘义知其谋,表言之","秋七月"条谓西突厥沙钵罗可汗寇庭州,攻陷金岭城及蒲类县",均可证明永徽二年时庭州并未废也。至于《元和郡县图志》卷40"陇右道(下)"云:

> 庭州,因王庭以为名也。后为贼所攻掠,萧条荒废,显庆中重修置,以来济为刺史,理完葺焉。

盖指州署公廨萧条荒废,显庆三年,刺史来济葺理重修置,并非庭州废,至显庆三年复置庭州。

唐太宗讨伐高昌以及灭高昌后设置西州,包括魏征、褚遂良在内的朝臣均反对，但太宗力排众议而行之。《唐会要》卷95《高昌》云：

> 中书侍郎岑文本上疏曰："高昌昏迷，人神共弃。在朝议者，以其地在遐荒，咸欲置之度外。惟陛下运独见之明，授决胜之略，君集奉行圣算，指期平殄。"

同书载魏征、褚遂良反对设置西州的意见。魏征之言曰：

> 太宗欲以其地（高昌）为州县，魏征谏曰："未若因抚其人而立其子，所谓伐罪吊民，威德被于遐外，为国之善者也。今若利其土壤，以为州县，常须千余人镇守，数年一易，往来交替，死者十有三四。遣办衣资，离别亲戚，十年之后，陇右空虚。陛下终不得高昌撮粟尺布，以助中国，所谓散有用而资无用（又见于《通鉴》卷195）。

褚遂良之言，《通鉴》系于贞观十六年，较《唐会要》所载者为详，与魏征的意见大致相同。魏征、褚遂良的意见均是，但所见者近而小。唐太宗坚持讨伐高昌，灭高昌后，设置西州、庭州，远见卓识，非魏征、褚遂良所能知能行也。本篇开端引《通鉴》载高昌王麹文泰之罪状，其一为遏绝朝贡，其二为与西突厥共击内属之伊吾，其三为蔽匿自突厥流移高昌之中国人，其四为与西突厥共击破焉耆。从这四条罪状看，太宗伐高昌，不仅为灭一小国，得一驯服外蕃之臣，其主要目的为控制西域。要确切完全理解唐太宗这一意图，首先要了解西、庭、伊三州之地理形势，即自河西首府凉州通往西域之钤键地区也。兹举出史料略考释之。

《新唐书》卷40《地理志》"陇右道西州交河郡条"云：

> 自州西南有南平、安昌两城。百二十里至天山西南入谷，经礌石碛，二百二十里至银山碛，又四十里至焉耆界吕光馆。又经盘石百里，有张三城守捉。又西南百四十五里经新城馆，渡淡河，至焉耆镇城。

据《通典》卷174《州郡四·交河郡》云："安西府 东至焉耆镇守军八百里，西至疏勒镇守捉（"捉"衍文）军三千里（《太平环宇记》作二千里），西南（《太平环宇记》作"南"）到于阗二千里。"《新唐书·地理志》所记者应为通行驿路，亦即行军大道。据上引，由驿路自西州西南行至焉耆,再西行八百里至安西都护府(龟兹),亦即到达了西域的心脏地区。

同书"北庭大都护府条"云:

> 自庭州西延城西六十里有沙钵城守捉,又有冯洛守捉,又八十里有耶勒城守捉,又八十里有俱六城守捉,又百里至轮台县,又百五十里有张堡城守捉,又渡里移得建河,七十里有乌宰守捉,又渡白杨河,七十里有清镇军城,又渡叶叶河,七十里有叶河守捉,又渡黑水,七十里有黑水守捉,又七十里有东林守捉,又七十里有西林守捉。又经黄草泊、大漠、小碛,渡石漆河,逾车岭,至弓月城。过思浑川、蛰失蜜城,渡伊丽河,一名帝帝河,至碎叶界。又西行千里至碎叶城。

永兴按,《元和郡县图志》卷40"陇右道(下)庭州"条云:"沙钵镇,在府西五十里,当碎叶路",当即上引《新唐书·地理志》之沙钵城守捉;"俱六镇,在州西二百四十里,当碎叶路",当即《新唐书·地理志》之俱六城守捉,二地均为自庭州西去碎叶行军大道上之军镇也。以上据《新唐书·地理志》简述自西州西南行至焉耆的道路和自庭州西行通往碎叶的道路,前者在天山南,后者在天山北;通往西域两条大道均自西、庭地区开始,在军事上及一般交通上,西、庭地区的重要意义可知也。

《新唐书》卷40《地理志》"陇右道伊州伊吾郡"条略云:

> 纳职,下。自县西经独泉、东华、西华驼泉,渡茨其水,过神泉,三百九十里有罗护守捉;又西南经达匪草堆,百九十里至赤亭守捉,与伊西路合。别自罗护守捉西北上乏驴岭,百二十里至赤谷,又出谷口,经长泉、龙泉,百八十里有独山守捉,又经蒲类,百六十里至北庭都护府。

据上引,自伊州纳职县西行至罗护守捉,折向西南为去西州驿路,折向西北为去庭州驿路。按《元和郡县图志》卷40"陇右道(下)"略云:

> 伊州,伊吾,下。

> 八到:东南取莫贺碛路至瓜州九百里。

又按"沙州都督府图经残卷"(伯2005号)略云:

185　双泉驿

186　右在州东北四百七十七里一百六十步瓜

187　州常乐县界。唐仪凤三年闰十月奉

188　敕移稍竿道就第五道莫贺延碛

189　置，沙州百姓越界捉。奉如意元年

190　四月三日　　敕，移就稍竿道行。至

191　证圣元年正月十四日　　敕，为沙州

192　遭贼，改第五道来往。南去瓜州常乐

193　县界乌山驿六十九里二百六十步。北去

194　第五驿六十里八十步。

可知《元和郡县图志》之"莫贺碛路"即沙州都督府图经之"第五道莫贺延碛置"也，《元和郡县图志》脱"延"字。此即伊州至瓜州之驿路，经肃州、甘州，到达凉州。伊州西及西北通西州、庭州，东南经瓜、肃、甘三州通凉州，其重要意义亦可知也。西、庭、伊三州这一地区，西及西南有二路通往西域，东南通凉州，在军事上和一般交通上，其地位十分重要。上述情况，严耕望先生在《唐代交通图考》中已有详尽论述，读者可参阅。上文简要考释西、庭、伊三州之重要地理位置，借以说明唐太宗灭高昌设置西州、庭州的重要意义。

关于庭州与伊州的居民情况，应略加说明。按《元和郡县图志》卷40"陇右道（下）"略云：

庭州，北庭。开元户二千六百七十六。

[显庆中]，以来济为刺史，请州所管诸蕃，奉敕皆为置州府，以其大首领为都督、刺史、司马，又置参将一人知表疏等事。其俗帐居，随逐水草。帐门皆向东开门，向慕皇风也。其汉户，皆龙朔已后流移人也。

同书同卷又略云：

伊州，伊吾。开元户一千七百二十九。

贞观四年，胡等慕化内附，于其地置伊州。

纳职县，下，贞观四年置。其城鄯善人所立，胡谓鄯善为纳职，

5

因名县焉。

庭州、伊州的情况相同。贞观年间均无汉户,诸蕃族可以为兵,但人数又少。两州所以受到重视,实因其地理位置。

贞观十四年唐灭高昌,得户八千四十六,口一万七千七百(《资治通鉴》卷195),亦即此年九月西州初建时之户口数。据史籍及吐鲁番出土文书,高昌及初建时之西州,社会经济相当发达。除重要地理位置外,这一点亦应使西州受到重视。但若使西州发挥其重要地理位置及相当发达的社会经济的作用,必须在西州贯彻实行唐中央政府的法令,而田制、赋役制、兵制及其他制度的更新则为先决条件。所谓更新即建立与实行在关陇地区、中原地区早已行之的各种制度。西州确如此做了,并为时较早,效率很高,兹举出史料以证明之。

《吐鲁番出土文书》(四)载"唐西州某乡户口帐"云:

(一)

(前缺)

1. 　　　人□
2. 合 当乡归朝总□
3. 　　　六人并　□
4. 　　　四人　男□
5. 　　　二人　妇女
6. 合当乡良贱总四百廿七
7. 　四　百　廿七　　良
8. 　一百六十九　　男夫
9. 　二百五十八　　妇女
10. □　□　　　人　贱
11. □当乡白丁、卫士三百卌五人
12. □ 十 七人卫士、队□
13. 　　□人校尉、旅帅、队副已上
14. 　　四人侍丁

6

15.　六十人见在

16.　二百六十八人白丁

17.　〇〇杂任

18.　二人医学生

19.　七□州学生

20.　□人县□生

21.　□人□士

22.　□白直

23.　□人□衣

24.　　　□五十四人见在
（后缺）
（二）
（前缺）

1.　廿五　□

2.　五　□

3.　二百　　□

4. 合当乡残疾一　□
（后缺）
（三）
（前缺）

1.　合□

2.　　　卅□□身

3.　　　卅人复身

4. □当乡鳏夫五十三老夫男

5.　卅五人老妇女

6.　　十九人小

7.　□□□□□骡马牛车

7

8. 　　　一百卅六犍牛

9. 　　　卅七牸牛

10. 　　六匹□马

11. 　　七头□驴

12. 　　一百五口羊

13. 　　一百卅 五 □

首先应确定上列文书的时间,文书出自哈拉和卓一号墓,编者说明略云:"本墓经盗扰,所出文书兼有麴氏高昌及唐代。其有纪年者,最早为高昌延寿十六年(639),最晚为唐贞观十四年(640)。"因为文书出土墓经过盗扰,"贞观十四年"这一纪年只能作为确定该文书时间的参考。有的敦煌、吐鲁番学研究者考定,该文书的时间为自唐贞观十四年至贞观二十三年之间。这一考定很稳妥,但我认为应更确切更早一些。文书第 2 行"合当乡归朝总 ⎕","归朝",归于天朝也,此乃以旧高昌臣民向唐天子及唐中央政府第一次报告之用语,其时间应在西州设置后的一二年间,即贞观十五年或十六年,不应再晚了。

同书载"唐贞观十八年西州高昌县武城等乡户口帐"略云:

1. 合当乡新 旧 □

2. 　　一千二百 　□

3. 　　六口新附

13. 　　　　贞观十八年三月　日里正阴曹曹牒

16. 武城乡

17. 合去年帐后已 来 　□

这里的"旧"指的是前一年计账中的数字,从 17 行看,前一年,即贞观十七年,西州各县已正式申账了。据此可以推知,西州贞观十五、十六年初报户口,称归朝,以后格式则如十八年文书所示,称"新旧","去年帐后已来"了。据此将上件文书时间限定为贞观十五或十六年。

文书 1 至 10 行为当乡总人口数及良贱制,文书 11 至 13 行为府兵制,14 行为亲侍制,17 行为杂徭制,18 至 20 行为州县学制。21 行"士"

上缺一字,应填"幕",即幕士;23 行"衣"上缺一字,应填"执",即执衣;幕士、白直、执衣均为色役,此三行乃色役制也。

以上六种制度均为唐制。在西州建置后一二年的短时间内,行之于关陇地区及中原地区的多种唐制,已行之于西州,殊堪注意。此外,哈拉和卓一号墓出土的还有唐西州高昌县顺义等乡勘田簿、唐西州左照妃等勘田簿、唐西州赵相熹等勘田簿、唐西州张庆贞等勘田簿。众多民众于广大地区上进行勘田,其目的应为实行均田制作准备。从原高昌田制改为唐均田制,州、县、乡官府必须掌握民户所有土地的实际情况,因而要勘测田地。可以推断,勘田之后紧接着实行均田制,其时间应在置西州后数年之内。均田制为唐代前期多种制度中最重要者。西州实行均田制的同时,赋役制亦必实行。均田制、租庸调制和户口账所反映的六种制度,几乎为唐前期所实行制度的全部。在这远离首都五千里以外新征服的边境地区,短短几年内迅速地几乎全部实行了唐中央政府制定的制度,其原因、其意义,不能不引起我们的深思。

唐灭高昌、置西州,乃太宗力排众议所定的政治军事策略。置西州后迅速实行的一整套制度,实为前一政治军事策略的继续。当太宗决定伐高昌设置西州时,当然要考虑到此后的一系列措施,以达到控制西域的目的。西州既已建立,地方官府推行国家制度,此乃经常之事;但在短短二三年内,如此迅速地实行均田制等一整套制度,除唐代前期一般行政效率较高这一因素外,我认为,唐太宗的特殊关注,应是重要原因。要研究贞观后期唐在建设西北边境地区并由此经营西域取得的成功,首先应了解唐太宗的思想性格,因为灭高昌、设西州庭州和安西都护府、伐焉耆、征讨龟兹、南迁安西都护府等等,主要是太宗决定的。他高瞻远瞩,善于抓住时机,这是唐太宗思想性格的一个方面;勇于进取(攻),以攻为守则是另一个方面。两方面互相结合,在实行关中本位政策的唐初,即出现了西北地区的一系列军事行动。贞观后期,吐蕃虽逐渐强大,但还无力进攻以龟兹为中心的天山以南地区;在天山以北的西突厥,因内部不统一,力量互相削弱,不能向南发展。这一时机,对唐是有利的。因此从贞观十四年到二十二年的八年期间,贞观

9

天子把唐帝国的军事政治力量牢固地安置在西州地区,并发展到天山以南的龟兹地区,设置四镇,初步控制了西域。

在上述一系列军事政治措施中,发展建设西州,使西州富庶强大并贯彻执行唐中央政府的法令,是最重要的。上文据几件吐鲁番文书考定,在设置西州后的两三年中,即贞观十五、十六年及稍后,唐在西州实行了国家制定的均田制等一系列制度,这本身就是执行国家的法令,又为随时颁布法令并顺利执行创造了有利条件。这一系列制度的实行促进了社会经济的发展,特别是农业、商业的发展。充分发挥西州和庭州、伊州在驿路交通上的枢纽作用,也需要西州富庶,如粮食充裕等。上文引《新唐书·地理志》所载几条驿路,如伊州至西州和庭州的驿路上,有罗护守捉、赤亭守捉、独山守捉等。多处驻军与保护驿路有关,这为数不少的兵士需要沿路及其附近供给粮食,以下举出一件为时较晚的吐鲁番文书,作为推论证明。

《大谷文书集成》(二)载唐天宝年间北庭(永兴按,原书作"河西",误)天山军兵士食仓粮文书(大谷三三五四),兹移录有关数行:

会□ 　　　　　　 罗护加破卅五人,覆加八人,覆同。及。

1. 廿□人蒲昌县界

2. 一十九人罗护镇界

文书"会"下一行为勾官朱书,所缺字为某某仓,言罗护镇驻军食仓粮若干人,此罗护镇即《新唐书·地理志》所载自西州至伊州驿路上的罗护守捉。

又同上文书另一断片(大谷三三五五)之二行云:

银山支,及。

5. 四人天山县界。

"银山支"一句乃勾官名"及"者朱书,银山指银山仓,天山县界驻军四人食银山仓粮也。据《新唐书·地理志》,自西州至焉耆的驿路经过天山县,在天山县界内保护驿路之兵士食附近银山仓粮。

天宝年间上至贞观后为时百年,我推测,也许具体的兵员布置及因军事重心不同,配食之仓及人数有所变化,但驻军食当地或附近仓粮的原则,应前后一致。

可见,若发挥西州地区(包括庭州、伊州)驿路交通枢纽的作用,必须有富庶的西州,而实行均田制等一系列制度则为必要的客观条件。

除交通枢纽的重要作用外,西州地区还是肇端于贞观后期完备于开天之际的西北军事格局(河西、北庭、安西)中的组成部分,即安西都护府及四镇的前沿根据地也。唐太宗经营西域的策略之一为进可攻退可守,如贞观二十二年平龟兹,设置四镇,安西都护府由西州南迁龟兹,即进攻;永徽二年,由于贺鲁强大南犯,唐不得不放弃四镇,安西都护府北还西州,即退守也。这一策略的制定及实施,有赖于西州地区的富庶坚强,能真正发挥前沿根据地的作用。由于在西州迅速实行均田制等国家制度,西州地区富庶坚强,既能发挥其交通枢纽作用,又能发挥其前沿根据地作用,此即灭高昌设西州并迅速实行国家各种制度之深远意义所在。那位身居长安而心悬五千里之外西疆的贞观天子之所以当初运独见之明,灭高昌,置西州、庭州,派兵驻守,其目的和作用正在于此。

2 论唐代前期河西节度

唐帝国在西及西北地区的军事格局,创建于太宗之世,而完备于武后及玄宗在位期间。开天时期西及西北地区的重大军事成就,是此军事格局百余年来所发生的效果。唐帝国立足于当时世界文明强大国家之林,西及西北地区的军事成就是其重要基石之一。

唐开天之际的边境十节度,重要者为河西、陇右、安西四镇、北庭、朔方、河东、范阳。前四者均在西及西北地区,朔方虽居北面,但在战争中则与河西相倚重。西及西北地区四节度有共同任务,即保卫本地区并经营西域;但由于所处地域不同,任务又各自不同。四节度中,河西及陇右互相支持;河西、安西四镇、北庭则以河西为中心,以安西四镇、北庭为两翼;河西为经营西域的后方总部,安西四镇、北庭则为两个前沿根据地。此即西及西北地区的军事格局。

2.1 河西节度的设置及历任节度使

《资治通鉴》卷210"唐睿宗景云元年"云:

> 置河西节度、支度、营田等使,领凉、甘、肃、伊、瓜、沙、西七州,治凉州(唐制:凡天下边军,皆有支度使,以计军资粮仗之用。节度不兼支度者,支度自为一司;其兼支度者,则节度使自支度。凡边防镇守转运不给,则开置屯田以益军储,于是有营田使)。

《新唐书》卷67《方镇四》云:

> 河西 景云元年置河西诸军州节度、支度、营田、督察九姓部落、赤水军兵马大使,领凉、甘、肃、伊、瓜、沙、西七州,治凉州。
>
> 副使治甘州,领都知河西兵马使。

据上引,河西节度使置于景云元年。但《唐会要》卷78《节度使》云:

> 河西节度使,景云二年四月,贺拔延(延)嗣为凉州都督,充河

西节度使,自此始有节度之号。

《通典》卷32《职官十四》云:

> 其边方有寇戎之地,则加以旌节,谓之节度使。自景云二年四月,始以贺拔延嗣为凉州都督,充河西节度使。其后诸道因同此号,得以军事专杀。行则建节,府树六纛,外任之重莫比焉。

《新唐书》卷50《兵志》云:

> 自高宗永徽以后,都督带使持节者,始谓之节度使,然犹未以名官。景云二年,以贺拔延嗣为凉州都督、河西节度使。自此而后,接乎开元,朔方、陇右、河东、河西诸镇,皆置节度使。

《唐会要》、《通典》、《新唐书·兵志》均称河西节度使设置于景云二年。两种意见,孰是孰非,应暂存疑。但有一点必须注意,即司马温公指出,"节度之名不始于[贺拔]延嗣也"(上文引《唐会要》节度使门、《通典·职官一四》、《新唐书·兵志》均谓节度之号始自贺拔延嗣)。兹引司马温公之言如下:

《资治通鉴》卷210"唐睿宗景云元年"云:

> [十月]丁酉,以幽州镇守经略节度大使薛讷为左武卫大将军兼幽州都督。节度使之名自讷始。(《考异》曰:《统记》:景云二年四月,以贺拔延秀为河西节度使,节度之名自此始。《会要》云:景云二年,贺拔延嗣为凉州都督,充河西节度,始有节度之号。又云:范阳节度自先天二年始除甄道一。《新表》:景云元年置河西诸军州节度、支度、营田大使。按,讷先已为节度大使,则节度之名不始于延嗣也。今从《太上皇实录》。)

按,节度使的设置乃唐代军事史及职官制的大事,始于何人何时,必须考定,司马温公之说甚是,应从之。本篇虽旨在论述河西节度,但与之有关的重大问题,不能不略为涉及。

据《资治通鉴》,幽州(即范阳)于景云元年十月丁酉首设节度使,同年稍后,于凉州继设河西节度使。据《新唐书·兵志》,自景云以后,"接乎开元",朔方、陇右、河东,皆置节度使。

关于河西节度使领州,上引《资治通鉴》卷210及《新唐书·方镇表》均为凉、甘、肃、伊、瓜、沙、西七州。《资治通鉴》可能即据《新唐书·方镇表》。

《资治通鉴》卷215"唐玄宗天宝元年"略云：

> 河西节度统赤水、大斗、建康、宁寇、玉门、墨离、豆卢、新泉八军，张掖、交城、白亭三守捉，屯凉、肃、瓜、沙、会五州之境，治凉州。

按，宁寇军，《资治通鉴》注云："在凉州东北千余里。"《旧唐书》卷38《地理志》同。中华书局标点本《旧唐书》校勘记云："据《通典》卷172、《元和志》卷40，'凉州'应为'甘州'之误"，所言甚是。据此，河西节度使屯兵之州应有甘州，共为六州，非五州也。

《资治通鉴》景云元年及《新唐书·方镇表》，均称河西节度使领州之中有伊、西二州，但《资治通鉴》天宝元年记河西节度使屯兵之州中无伊、西二州。此点应略加说明。按《资治通鉴》卷207"则天后长安二年"云：

> [十二月]戊申，置北庭都护府于庭州。

《元和郡县图志》卷40"陇右道（下）"略云：

> 庭州，长安二年改置北庭都护府，按三十六蕃。

《唐六典》卷30"都护府"条云：

> 都护、副都护之职，掌抚慰诸蕃，辑宁外寇，觇候奸谲，征讨携离。

就都护之职而言，都护府领蕃州，不领一般州县。长安二年设置的北庭都护府，治于庭州，但不领毗邻的伊、西州。因此，在八年后即景云元年设置河西节度使时，属于陇右道距凉州不远的伊、西二州，当然就成节度使的领州了。两年后，形势发生变化，按《唐会要》卷78《节度使》略云：

> 先天元年十一月，史献除伊西节度兼瀚海军使，自后不改。至开元十五年三月，又分伊西、北庭为两节度。至二十九年十月二十九日，移隶伊西北庭都督四镇节度使。

伊、西两州自成节度和移隶四镇节度，则天宝元年时之河西节度使领州中当然不包括伊、西两州了。

九姓部落应与赤水军联系,此暂不论。

《新唐书·方镇表》所云河西节度副使治甘州,诸书不载,《岑嘉州诗》可与之相印证。《岑嘉州诗》卷2《送张献心充副使归河西杂句》诗末云:

> 花门南,燕支北,张掖城头云正(一作碛云)黑。送君一去天外忆。

张掖即甘州,不需解释。关于花门,《新唐书》卷40"陇右道甘州张掖郡"略云:

> 县二。
>
> 删丹。中下。又北三百里有花门山堡。

《元和郡县图志》卷40"陇右道(下)甘州"条云:

> 删丹县,本汉旧县,属张掖郡。按焉支山(永兴按:中华书局本校勘记引《考证》云:一作"燕支"、"焉耆"),一名删丹山,故以名县。山在县南五十里,东西一百余里,南北二十里,水草茂美,与祁连山同。

据此,北有花门山堡,南有燕支山之城即张掖(甘州)城也。岑参送行去张掖之张献心,即河西节度副使也。

关于河西历任节度使,吴廷燮著《唐方镇年表》言之颇详,自景云元年至天宝十五载之四十六年中,共十七人。请读者参看吴廷燮氏书,此不具述。吴廷燮氏考证严谨,但也有可议之处,兹一一陈述如下。

2.1.1 景云元年

贺拔延嗣

此下,吴氏引《新唐书·方镇表》所载河西节度使的设置及所领州。关于贺拔延嗣首任河西节度使,吴氏未提出史料依据。据吴氏《唐方镇年表》载,景云二年,河西节度使仍为贺拔延嗣,吴氏引《唐会要》"景云二年四月,贺拔延嗣为凉州都督,充河西节度使"为证。按《唐会要》原文,在"充河西节度使"之后,有"自此始有节度之号"一句。据此应定,贺拔延嗣为河西节度使始于景云二年四月,与景云元年无涉。吴氏考定景云元年的河西节度使为贺拔延嗣,似不妥。

·欧·亚·历·史·文·化·文·库·

据上引《资治通鉴》，景云元年十月丁酉，薛讷为幽州节度大使。同年十月丁酉之后，始置河西节度使，则《唐会要》云节度之名始自景云二年四月贺拔延嗣充河西节度使之时，亦不确。其次，如据《资治通鉴》，景云元年十月丁酉之后，已有河西节度之设置，则同时应有任节度使之人为始任者，此人为谁？或者，虽有职位之设置，在景云二年四月之前，虚其位无任职之人？上述两种情况都需要进一步研究。

2.1.2　开元十四年

> 王君㚟　《张燕公集·左羽林大将军王公碑》：维开元十五年，持节河西陇右两道节度使、营田、九姓兼赤水大使、摄御史中丞、判凉州都督、晋昌伯薨于巩笔亭。

> [开元]十五年

> 王君㚟　《册府元龟·帝王部》：开元十五年，凉州都督王君㚟破吐蕃凯旋，诏置酒朝堂宴之。

以上为吴廷燮氏原文。永兴按，开元十四年、十五年王君㚟为河西节度使，不误，但引证史料则非是。兹分析如下：

《新唐书》卷133《王君㚟传》（《旧唐书》卷103《王君㚟传》同）云：

> 开元十四年，吐蕃酋悉诺逻寇大斗拔谷，君㚟间其急，率秦州都督张景顺乘冰度青海袭破之。以功迁大将军，封晋昌县伯；拜其父寿为少府监，听不事。君㚟凯旋，玄宗宴君㚟及妻夏于广达楼，赐金帛，夏亦自以战功封武威郡夫人。

《资治通鉴》卷213"唐玄宗开元十五年"云：

> 去冬，吐蕃大将悉诺逻寇大斗谷，进攻甘州，焚掠而去。（王）君㚟度其兵疲，勒兵蹑其后，会大雪，虏冻死者甚众，自积石军西归。君㚟先遣人间道入虏境，烧道旁草。悉诺逻至大非川，欲休士马，而野草皆尽，马死过半。君㚟与秦州都督张景顺追之，及于青海之西，乘冰而度。悉诺逻已去，破其后军，获其辎重羊马万计而还。君㚟以功迁左羽林大将军，拜其父寿为少府监致仕。

关于此次唐王君㚟与吐蕃悉诺逻战役，上引《新唐书·王君㚟传》与《通鉴》纪事基本相同，如《新唐书·王君㚟传》"十四年"，《通鉴》虽置于开元十五年,但有"去冬"一句,亦十四年也。又如秦州都督张景顺,拜王君㚟父寿为少府监致仕,王君㚟以功迁左羽林(《新唐书·王君㚟传》脱此三字)大将军等,两书均同,唯《通鉴》略去宴赏一事。此外,《新唐书》卷216(上)《吐蕃传》略云:

> [开元]十二年,(王君㚟)破吐蕃,献俘。后二年,悉诺逻兵入大斗拔谷,遂攻甘州,火乡聚。王君㚟勒兵避其锐,不战。会大雪,吐蕃鞍冻如积,乃逾积石军趋西道以归。君㚟率秦州都督张景顺约赉穷蹑,出青海西,方冰合,师乘而度。

开元十二年之后二年,即开元十四年,与《新唐书·王君㚟传》、《资治通鉴》相同。这些记载可充分证明王君㚟于开元十四年时任河西节度使。吴廷燮氏以开元十五年王君㚟之死证明开元十四年河西节度使为王君㚟,只能是推论,非强有力之根据也。

关于《册府元龟·帝王部》载开元十五年凉州都督王君㚟破吐蕃凯旋事,其他有关诸书均不载,以此单例来证明王君㚟于开元十五年在河西节度使之职位,不如以王君㚟巩笔驿之死作为依据,更为恰当有力。《册府元龟》记事虽为原始史料,但时间性往往有误,而开元十五年闰九月王君㚟为回纥承宗族子瀚海司马护输所杀,《资治通鉴》及新、旧《唐书·王君㚟传》均言之甚详,实为强有力之证据也。

2.13　开元十五年

> 萧嵩　《旧纪》:闰月庚申制,检校兵部尚书萧嵩兼判凉州事,回纥部杀王君㚟于巩笔驿。

以上为吴廷燮氏原文。

永兴按,《资治通鉴》卷213"唐玄宗开元十五年"云:

> [十月]辛巳,以朔方节度使萧嵩为河西节度等副大使。时王君㚟新败,河、陇震骇。

《新唐书》卷101《萧嵩传》云:

> [开元]十四年,以兵部尚书领朔方节度使。既赴军,有诏供帐饯定鼎门外,玄宗赋诗劳行。会吐蕃大将悉诺逻恭禄及烛龙莽布支陷瓜州,执刺史田元献;回纥又杀凉州守将王君㚟,河陇大震。

帝择堪任边者,徙嵩河西节度使、判凉州事。

《通鉴》与《新唐书·萧嵩传》同。《新唐书·萧嵩传》记述详明,萧嵩自朔方节度使徙任河西节度使,《旧唐书·玄宗纪》(《旧唐书·萧嵩传》同)不确。吴廷燮氏书朔方部分亦引《资治通鉴》云:"《通鉴》:是年(十五年)闰月辛巳,萧嵩自朔方为河西。"甚是。但吴氏之"闰月辛巳"则非是。《资治通鉴》原文为"十月辛巳"。开元十五年闰九月,闰九月中无辛巳,十月辛巳乃十月十三日也。

2.1.4 开元十六年

萧嵩 《通鉴》:十一月癸巳,河西节度使萧嵩同平章事。

十七年

萧嵩 《旧纪》:六月甲戌,兵部尚书萧嵩兼中书令。《旧传》:十七年,兼中书,常带河西节度。

牛仙客《旧传》:萧嵩为河西,以军政委于仙客。嵩入知政事,判凉州别驾,仍知节度留后,竟代嵩为河西节度使。

十八年

牛仙客

十九年

牛仙客

二十年

牛仙客

二十一年

牛仙客

二十二年

牛仙客 《玉海》:开元二十二年二月十九日辛亥,初置十道采访处置使,河西牛仙客。

二十三年

牛仙客 《曲江集·敕四镇节度王斛斯书》:苏禄忘我大惠,敢作寇仇,已敕河西节度使牛仙客,令河西于诸军州简练骁健五千人,相续发遣。

18

以上为吴氏原文。

开元十六年十一月癸巳（一日），萧嵩自河西节度使入相，只能证明十一月一日以前萧嵩为河西节度使，《旧唐书·玄宗纪》、《新唐书·玄宗纪》、《旧唐书·萧嵩传》、《新唐书·萧嵩传》及《新唐书·宰相表》均未言萧嵩入相后遥领河西，则此年十一月、十二月河西节度使阙。按《旧唐书》卷103《牛仙客传》（《新唐书》卷133《牛仙客传》同）云：

> 及嵩入知政事，数称荐之。稍迁太仆少卿，判凉州别驾事，仍知节度留后事。竟代嵩为河西节度使，判凉州事。历太仆卿、殿中监，军使如故。

《资治通鉴》卷213"唐玄宗开元二十年"云：

> ［九月］壬子，河西节度使牛仙客加六阶。初，萧嵩在河西，委军政于仙客，仙客廉勤，善于其职。嵩屡荐之，竟代嵩为节度使。

萧嵩任河西节度使至开元十六年十一月一日，此年十一月、十二月当另有掌管河西节度之事之人，此人应为牛仙客，其职位应为河西节度留后，则在年表中，应列萧嵩及牛仙客（应注明为节度留后）二人，此一也。

节度留后虽掌管节度使之事，但其地位与名义仍与节度使不同。牛仙客在开元十六年十一、十二两月为河西节度留后，可以肯定。但他在节度留后职位上多久？何时改任节度使？史籍未载，殊难推定。据上引《资治通鉴》，开元二十年九月，牛仙客已是河西节度使，而非节度留后。当然，此种情况应早于开元二十年九月。读吴氏年表自开元十七年至二十年一段，应了解上述分析，此二也。

2.1.5　开元二十四年

> 牛仙客　《旧传》：二十四年，代信安王祎为朔方。右散骑常侍崔希逸代仙客知河西节度事。

以上为吴氏原文。

永兴按，《旧唐书》卷103《牛仙客传》云：

> 开元二十四年秋，代信安王祎为朔方行军大总管。

19

《资治通鉴》卷214"唐玄宗开元二十四年"云:

> [四月]乙丑,朔方、河东节度使信安王祎贬衢州刺史。

牛仙客代信安王祎为朔方节度使,其时间据《通鉴》应为开元二十四年四月乙丑,《旧唐书·牛仙客传》作二十四年秋,不确。吴氏引《旧唐书·牛仙客传》脱"秋"字,则更为笼统。牛仙客在开元二十四年四月任朔方节度使,则崔希逸代牛仙客为河西节度使,亦应在开元二十四年四月。

2.1.6　开元二十五年

> 崔希逸　《通鉴》:二月己巳,河西节度使崔希逸袭吐蕃,破之青海西。吐蕃复绝朝贡。孙逖《授崔希逸河南尹制》,衔为河西节度经略支度营田九姓长行转运等副大使、知节度使、判凉州事、赤水军使。

以上为吴廷燮氏原文。

永兴按,《资治通鉴》卷214"唐玄宗开元二十五年"云:

> [三月(永兴按:此为我所加,开元二十五年二月乙巳朔,无己亥。前一条,"乙酉,幽州节度使张守珪破契丹于捺禄山。"此年二月亦无乙酉。此年三月乙亥朔,乙酉为十一日,己亥为二十六日。据此可知《通鉴》开元二十五年纪事,乙酉条及己亥条均为三月之事)]己亥,河西节度使崔希逸袭吐蕃,破之于青海西。

《册府元龟》卷986《外臣部·征讨五》云:

> [开元二十五年]三月,河西节度使崔希逸自凉州南率众入吐蕃界二千余里,至青海西郎佐素文子觜,与贼相遇,大破之,斩首二千余级。

《通鉴》纪事与《册府元龟》同,崔希逸破吐蕃在三月。吴廷燮氏引《通鉴》在二月己巳,与通行本(中华书局标点本)《通鉴》不同,或吴氏另据善本耶?

2.2　河西节度使辖军

《元和郡县图志》卷40"陇右道(下)凉州武威郡"略云:

河西节度使(都管兵七万三千人,马万八千八百匹),统赤水军(在凉州城内。管兵三万三千,马万三千四。本赤乌镇,有青赤泉,名焉。军之大者,莫如赤水,幅员五千一百八十里,前拒吐蕃北临突厥者也),大斗军(凉州西二百里,本是赤水军守捉,开元十六年改为大斗军,因大斗拔谷为名也。管兵七千五百人,马二千四百匹),建康军(证圣元年尚书王孝杰开镇,周回以甘、肃两州中间阔远,频被贼抄,遂于甘州西二百里置此军。管兵五千二百人,马五百匹。东去理所七百余里也),宁寇军(甘州东北十余里。天宝二年置。管兵一千七百人,马五百余匹),玉门军(肃州西二百余里。武德中杨恭仁置。管兵千人,实三百人,马六百匹。东去理所一千一百余里),墨离军(瓜州西北一千里。管兵五千人,马四百匹。东去理所一千四百余里),新泉军(会州西北二百里。大足初郭元振置,管兵七千人。西去理所四百里也),豆卢军(沙州城内,以当匈奴要路,山川迥阔,神龙初置立豆卢军以镇之。管兵四千五百人,马四百匹。去理所一千七百余里),张掖守捉(东去理所五百里,管兵六千五百人,马一千匹),交城守捉(凉州西二百里,管兵一千人),白亭军(凉州西北三千里,管兵一千七百人)。

《通典》卷172《州郡二·序目(下)》"大唐"、《旧唐书》卷38《地理志》、《资治通鉴》卷215唐玄宗天宝元年均载河西节度使辖军全部。《唐会要》卷78《节度使》、《唐六典》卷5《兵部》、《新唐书》卷50《兵志》亦载有河西节度使辖军,但不完全。拟以上列诸书互校,藉以探讨河西节度使辖军的设置时间及地区、军使、管兵及马数、军费等等。

2.2.1　赤水军

《唐会要》卷78《节度使》略云:

　　河西节度使,景云二年四月,贺拔延(延)嗣为凉州都督,充河西节度使。至开元二年四月,除杨执一,又兼赤水九姓、本道支度、营田等使。

《新唐书》卷67《方镇表》云:

　　景云元年,置河西诸军州节度、支度、营田、督察九姓部落、赤水军兵马大使。

"九姓"即九个蕃族部落。据上引史料,河西节度使与九姓关系密切,特别是赤水军,出自九姓,乃蕃族部落兵也。兹考释九姓:

《旧唐书》卷40《地理志》"河西道"云:

> 凉州中都督府
>
> 吐浑部落　兴昔部落　阁门府　皋兰府　卢山府　金水州
>
> 蹛林州　贺兰州
>
> 上八州府,并无县,皆吐浑、契苾、思结等部,寄在凉州界内,共有户五千四十八,口一万七千二百一十二。

永兴按,以上八州府,皆蕃州也,即八个蕃族部落,居凉州境内,亦即上引《唐会要》及《新唐书·方镇表》所云九姓之八,尚缺一姓。

《新唐书》卷43(下)《地理志》"羁縻州"略云:

> 陇右道
>
> 突厥州三,府二十七。
>
> 皋兰州(贞观二十二年,以阿史德特健部置,初隶燕然都护,后来属)。
>
> 兴昔都督府
>
> 　　右隶凉州都督府
>
> 回纥州三,府一。
>
> 蹛林州(以思结别部置)。　金水州　贺兰州
>
> 卢山都督府(以思结部置)。
>
> 　　右初隶燕然都护府。总章元年,隶凉州都督府。
>
> 吐谷浑州一。
>
> 阁门州
>
> 　　右隶凉州都督府

上引《新唐书·地理志》蕃州府七,即七姓,较《旧唐书·地理志》少一姓,尚缺二姓。

《新唐书》卷110《诸夷蕃将传》"契苾何力传"(《旧唐书》卷109《契苾何力传》略同)云:

契苾何力,铁勒哥论易勿施莫贺可汗之孙。父葛,隋末为莫贺咄特勒(勤),以地近吐谷浑,隘陋多疠暍,徙去热海上。何力九岁而孤,号大俟利发。

贞观六年,与母率众千余诣沙州内属,太宗处其部于甘、凉二州,擢何力左领军将军。

[贞观]十四年,为葱山道副大总管,与讨高昌,平之。

始,何力母姑臧夫人与弟沙门在凉州。沙门为贺兰都督。十六年,诏何力往视母(永兴按,《旧唐书·契苾何力传》云:诏许何力觐省其母,兼抚巡部落),于是(永兴按,《旧唐书·契苾何力传》作"时")薛延陀毗伽可汗方强,契苾诸酋争附之。

据此,铁勒的契苾部在贞观初期曾徙居甘、凉二州。《旧唐书·地理志》所载隶属凉州都督府的契苾部族应包括有唐一代名将契苾何力所在的部落,可无疑也。

《旧唐书》卷199(下)《铁勒传》略云:

[贞观]二十一年,契苾、回纥等十余部落,以薛延陀亡散殆尽,乃相继归国。太宗各因其地土,择其部落,置为州府。以回纥部为瀚海都督府,仆骨为金微都督府,多览葛为燕然都督府,拔野古部为幽陵都督府,同罗部为龟林都督府,思结部为卢山都督府,浑部为皋兰州,斛薛部为高阙州,奚结部为鸡鹿州,阿跌部为鸡田州,契苾部为榆溪州,思结别部为蹛林州,白霫部为寘颜州。至则天时,突厥强盛,铁勒诸部在漠北者渐为所并。回纥、契苾、思结、浑部徙于甘、凉二州之地。

上列贞观时之诸蕃州府,与武则天时在甘、凉二州之九蕃州府相同者为卢山、皋兰、蹛林,但已徙居内地,与边境外的一般羁縻州有所不同。按,《新唐书》卷217(上)《回鹘传》亦载回纥等部为瀚海等十二蕃州府,并云:"武后时,突厥默啜方强,取铁勒故地,故回纥与契苾、思结、浑三部度碛徙甘、凉间。"总之,武后在位期间,徙于甘、凉二州者为回纥、契苾、思结、浑四部族。《旧唐书·地理志》载此四族之八州府,较《新唐书·方镇表》之九姓,尚少一部落。此一部落应为《旧唐书·铁勒传》之"契苾部为榆溪州"。

根据以上分析,处于甘、凉间之回纥、契苾、思结、浑四族九州府(部落),即九姓;联系上文引《唐会要》所云"又兼赤水(军)九姓(使)"及《新唐书·方镇表》所云"督察九姓部、落赤水军兵马大使",可知赤水军之官兵来自回纥、契苾、思结、浑四族九部落(九姓),赤水军乃蕃族所组成之部落军队或具有部落性质之军队也。按《唐会要》卷98《回纥》云:

> 独解支卒,子伏帝匐立,为河西经略副使,兼赤水军使。

《册府元龟》卷974《外臣部·褒异一》云:

> [开元七年]七月甲申,河西经略副大使、兼赤水军使、左金吾卫大将军员外置同正员回纥伏帝匐卒,赠特进,赐帛三百段,遣中使吊祭。

按唐徙回纥部族于甘、凉间,其内徙部族长为独解支,在高宗末及武后在位初期。伏帝匐继独解支为部族长,推测应在武后在位期间。伏帝匐一生以回纥部族酋长的身份为赤水军使,则其部落成员即为赤水军兵士。契苾、思结、浑三部族亦应如此,部族酋长为赤水军将官,部落一般成员为赤水军兵士。赤水军乃蕃族部落兵也。

上引《元和郡县图志》云,河西节度使管兵七万三千人,有马一万八千八百匹。兵士与军马之比约为7∶1,骑兵较多。赤水军管兵三万三千,有马一万三千匹,兵士与军马之比约为3∶1,骑兵更多。

《新唐书》卷217(上)《回鹘传》云:

> 武后时,突厥默啜方强,取铁勒故地,故回纥与契苾、思结、浑三部度碛徙甘、凉间。然唐常取其壮骑佐赤水军云。

《唐会要》卷98《回纥》亦载此事,文云:

> 婆闰卒,子比来粟代立,比来粟卒,子独解支立。其都督亲属及部落征战有功者,并自碛北移居甘州界。故天宝末,取骁壮以充赤水军骑士。

文中"天宝末"乃误书。细读《旧唐书·回纥传》及《新唐书·回鹘传》,回纥独解支时相当于唐高宗末,而伏帝匐时则为武则天在位期间。"取骁壮以充赤水军骑士",不可能迟至天宝末也。

关于唐取回纥、契苾、思结、浑之壮骑佐赤水军之意义,论述如下:

《唐会要》卷72《诸蕃马印》略云:

> 契(苾)马与阿跌马相似,在阎洪达井已北,独乐水已南,今榆
> 溪州。
>
> 蹛林州匐利羽马。
>
> 回纥马与仆骨相类,同在乌特勒山北安置。
>
> 思结马,碛南突厥马也,煴漫山西南,阎洪达井东南,于贵摩施
> 岑卢山都督。
>
> 契苾马,与碛南突厥相似,在凉州阙氏岑,移向特勒山住。
>
> 浑马,与斛薛马同类,今皋兰都督。又分部落在皋兰山、买浚
> 鸡山。

据上引《唐会要》:"突厥马,技艺绝伦,筋骨合度。其能致远,田猎之用
无比。史记匈奴畜马,即驹騄也。"而"思结马,碛南突厥马也","契苾
马,与碛南突厥(马)相似","浑马,与斛薛马同类",而"斛薛马,与碛
南突厥(马)同类",皆良马也,回纥马亦是良马。以善于骑射之勇士,
御劲于驰驱之良马,宜赤水军成为所向无敌之劲旅也。

《资治通鉴》卷203"唐则天后垂拱元年"云:

> [六月]同罗、仆固等诸部叛,遣左豹韬卫将军刘敬同发河西
> 骑士出居延海以讨之(甘州删丹县北渡张掖河,西北行,出合黎山
> 峡口,傍河东壖,屈曲东北行千里,有宁寇军,军东北有居延海),
> 同罗、仆固等皆败散。敕侨置安北都护府于同城以纳降者。

《陈子昂集》卷6《燕然军人画像铭并序》云:

> 龙集丙戌,有唐制匈奴五十六载,盖署其君长,以郡县畜之,荒
> 服赖宁,古所莫记。是岁也,金微州都督仆固始桀骜,惑乱其人。
> 天子命左豹韬卫将军刘敬周(同)发河西骑士,自居延海入以讨
> 之。特敕左补阙乔知之摄侍御史护其军。夏五月,师舍于同城,方
> 绝大漠,以临瀚海。

同书卷4《为乔补阙论突厥表》云:

25

　　臣某言,臣以专蒙,叨幸近侍,陛下不以臣不肖,特敕臣摄侍御
史监护燕然西军。

刘敬周(同)统率的河西骑士,即《陈子昂集》卷 6 所说的燕然军人,亦
即同书卷四所说的燕然西军。河西骑士何所指? 燕然军人或燕然西军
何以就是河西骑士? 兹申述之。

《唐会要》卷 73《安北都护府》略云:

　　[贞观]二十一年正月九日,以铁勒回纥十三部内附,置六都
督府(回纥部置瀚海都督府,多滥葛部置燕然都督府,仆骨部置金
微都督府,拔野古部置幽陵都督府,同罗部置龟林都督府,思结部
置卢山都督府),七州(浑部置皋兰州,斛萨部置高阙州,奚结部置
鸡鹿州,阿跌部置鸡田州,契苾部置榆溪州,思结别部置蹛林州,白
霫部置寘颜州),并各以其酋帅为都督、刺史,给元金鱼、黄金为
字,以为符信。至四月十日,置燕然都护府,以扬州司马李素立为
都护,瀚海等六都督(府)、皋兰等七州并隶焉。

根据上文分析,河西赤水军之官兵来自回纥、契苾、思结、浑四族九姓之
徙居甘、凉二州者。据上引《唐会要》,此四族均在燕然都护府境内,可
称他们为燕然军人。垂拱初年,燕然都护府虽已改称瀚海都护府(见
《唐会要》卷 73 及《资治通鉴》卷 201"唐高宗龙朔三年"),但文学之士
习惯使用旧时之燕然称号,且有传为佳话载诸史册关于燕然的汉代古
典;陈伯玉书垂拱年间事而称燕然军人,并非错误。考辨至此,我们可
以认为,赤水军之官兵可称为燕然军人,则河西骑士即赤水军中之骑
兵部队也。上文引《元和郡县图志》,赤水军管兵三万三千,马一万三
千匹。在河西诸军中,骑兵最多,所乘之马皆为良马,勇敢善战。河西
骑士之佳称,非赤水军莫属也。

　　关于上引陈伯玉《为乔补阙论突厥表》中之"燕然西军",试释如
下:武后之世,内属之回纥、契苾、思结、浑四部族,居于甘州、凉州,并组
成赤水军。甘州在凉州之西北,赤水军的总部应在凉州,在甘州的赤水
军,可称之为赤水西军,亦即燕然西军也。上引《通鉴》所载垂拱元年
刘敬同发河西骑士讨同罗、仆固,似发自甘州,胡注"甘州删丹县北渡

张掖河"云云,亦似有此意。以上解释,证据殊不足,仅作推测,留待再考。

关于赤水军的名称,据上引《元和郡县图志》:"本赤乌镇,有青赤泉(《唐会要》卷78作"有泉水赤"),名焉。"姑从之。至于赤水军设置的时间,《唐会要》卷78《节度使》云:

> 武德二年七月,安修仁以其地来降,遂置军焉。

恐不可信。但赤水军设置之时间早于河西节度,应在武后在位期间,回纥、契苾四蕃族内属凉州甘州之后。据上文分析,可推知也。

2.2.2 豆卢军

《唐会要》卷78《节度使》云:

> 豆卢军,置在沙州,神龙元年九月置军。

《元和郡县图志》卷40"陇右道(下)",《新唐书》卷40《地理志》"陇右道"也有相同的记载。但《吐鲁番出土文书》(七)载"武周圣历二年(699年)豆卢军残牒"云:

原编者说明:本件有"豆卢军经略使之印"二处。

（前缺）

1 〿 付康福下兵〿

2 〿 为 此 已各牒讫〿

3 [上残]□历二年七月四日典〿

4 〿 管 王新

永兴按:文书三行"月"、"日"均为武周新字,为便于排印,改为通用字。

此吐谷浑归朝文书之一也,我另有专文考释。此处仅注意其年月,三行"历"字之前应填"圣"字,即圣历二年七月四日。按《资治通鉴》卷206"唐则天后圣历二年"略云:

> 初,吐蕃赞普器弩悉弄尚幼,论钦陵兄弟用事,皆有勇略,诸胡畏之。钦陵居中秉政,诸弟握兵分据方面,赞婆常居东边,为中国患者三十余年。器弩悉弄浸长,阴与大臣论严谋诛之。会钦陵出外,赞普诈云出畋,集兵执钦陵亲党二千余人,杀之,遣使召钦陵兄

27

弟，钦陵等举兵不受命。赞普将兵讨之，钦陵兵溃，自杀。夏四月，赞婆率所部千余人来降。太后命左武卫铠曹参军郭元振与河源军大使夫蒙令卿将骑迎之。钦陵子弓仁，以所统吐谷浑七千帐来降。

　　[秋七月]丙辰，吐谷浑部落一千四百帐内附。

据上引，《通鉴》记述吐谷浑内附之时间与吐鲁番文书同，即圣历二年。吐鲁番出土吐谷浑归朝文书钤有豆卢军经略使之印，可见圣历二年已有豆卢军。《唐会要》、《元和郡县图志》、《新唐书·地理志》载豆卢军设置于神龙元年（晚于圣历二年六年），均误，应从吐鲁番文书。

　　沙州置军何以名曰豆卢，豆卢之义云何，有何重要意义？兹申论之。

　　《通典》卷190《边防六·西戎二》"吐谷浑条"略云：

　　　　武太后朝，郭元振上《安置降吐谷浑状》曰：臣昨见唐休璟、张锡等众议商量，其吐谷浑部落，或拟移就秦（今天水郡），陇（今汧阳郡）。或欲移近丰（今九原郡）。灵（今灵武郡），贵令渐去边隅，使居内地。臣以为并是偏见之一端，未为长久之深册。今吐谷浑之降者，非驱略而来，皆是渴慕圣化，冲锋突刃，弃吐蕃而至者也。臣谓宜当循其情以为制，勿惊扰之，使其情地稍安，则其系恋心亦日厚。当凉州降者（今武威郡），则宜于凉州左侧安置之。当甘州（今张掖郡）、肃州降者（今酒泉郡），则宜于甘、肃左侧安置之。当瓜州（今晋昌郡）、沙州降者（今敦煌郡），则宜于瓜、沙左侧安置之。但吐浑所降之处，皆是其旧居之地，斯辈既投此地，实有恋本之情。若因其所投之地而便居之，其情易安。

上引郭元振上状，对于申论本文主旨很重要。首先，必须明确上状的时间。据《新唐书》卷61《宰相表》和同书卷113《张锡传》，张锡在久视元年闰七月为宰相，据《资治通鉴》卷207"唐纪二十三"，久视元年闰七月时，唐休璟为陇右诸军大使，不久即为魏元忠所代。唐休璟与张锡议安置内降吐谷浑的时间应在久视元年闰七月；郭元振上安置内降吐谷浑状也应在同时或稍后。久视元年的前一年即圣历二年，此年六、七月,大批吐谷浑人内附,即吐鲁番文书所记吐谷浑人进入瓜、沙、甘、肃、凉五州归朝内属,则郭元振建议安置者正是这一大批吐谷浑部落,可确言也。

为了支援吐谷浑北返归朝,唐使用的兵力为豆卢军、墨离军、建康军。按《旧唐书》卷38《地理志》卷首"河西节度使条"略云:

> 建康军,在凉州西百二里,管兵五千三百人,马五百匹。

《唐会要》卷78《节度使》云:

> 建康军,置在甘、肃二州界。证圣元年,王孝杰开四镇回,以两州界回远,置此军焉。

豆卢军在沙州,墨离军在瓜州,建康军如上所述。三军涉及瓜、沙、甘、肃、凉五州。这和郭元振上安置状中所说吐谷浑所降之处的五州完全相同。安置状中的"但吐浑所降之处,皆是其旧居之地,斯辈既投此地,实有恋本之情"一段十分重要。这一段话说明,在圣历二年以前的长时期内,瓜、沙以及河西一带早已有大批吐谷浑人居住。由于长时期与汉人杂居,吐谷浑人逐渐汉化,大批吐谷浑人从事农耕;但也一定有相当的吐谷浑人仍保留骑射游猎的习俗,能武善战。唐政府把这些善于骑射的吐谷浑人组建成备边的军队。这就是吐鲁番文书记载的最迟在圣历二年已存在的豆卢军。

《北史》卷68《豆卢宁传》云:

> 豆卢宁字永安,昌黎徒何人。其先本姓慕容氏,燕北地王精之后也。高祖胜,以燕(永兴按,原文如此)。皇始初归魏,授长乐郡守,赐姓豆卢氏。或云北人谓归义为"豆卢",因氏焉,又云避难改焉,未详孰是。

《隋书》卷39《豆卢勣》传云:

> 豆卢勣字定东,昌黎徒何人也。本姓慕容,燕北地王精之后也,中山败归魏。北人谓归义为"豆卢",因氏焉。

据此,鲜卑慕容氏因归义而为豆卢氏,则同出于鲜卑的吐谷浑人,因归义亦可为豆卢氏。我认为这就是最迟在圣历二年已建置的沙州豆卢军得名的缘由,豆卢军是吐谷浑人组成的军队。

·欧·亚·历·史·文·化·文·库·

在唐中央官府或地方官府看来,无论是在唐或唐前入居沙州一带的吐谷浑人及其子孙,只要他们还未完全汉化且保留鲜卑旧习,都可目之为归义的吐谷浑人,由这样一大批人组成的军队称之为豆卢军。

豆卢军得名的由来如上所述。这一史实反映了唐代前期,特别是圣历二年吐谷浑北返归朝之后,居住在瓜、沙河西地区的吐谷浑人增加很多,可能有更多的吐谷浑人参加军队,增强了唐的军事力量。

2.2.3　墨离军

《元和郡县图志》载墨离军(上文已引原文):瓜州西北一千里,管兵五千人,马四百匹,东去河西节度使理所一千四百余里。《通典》、《旧唐书·地理志》同。《资治通鉴》卷215"唐玄宗天宝元年"胡注云:

> 墨离军本月氏国,在瓜州西北千里,管兵五千人。

《唐会要》卷78《节度使》云:

> 墨离军,本是月支旧国。武德初置军焉。

"本月氏国"或"月支旧国",殊难考定,暂置之。关于《元和郡县图志》、《通典》、《旧唐书·地理志》所云,墨离军东去凉州一千四百里,严耕望氏在《唐代交通图考》第二卷第十二篇云:

> 《通典》、《元和志》,皆云此军东至凉州一千四百里,正为瓜州至凉州之里数。

严氏指出此点很重要,据此,墨离军即在瓜州附近,不可能远在千里之外也。

平日读书,笔记有关墨离及墨离军的史料。汇集这些史料加以分析,产生疑问:置军瓜州,何以名曰墨离?此军的构成如何?兹条列史料如下:

《旧唐书》卷103《张守珪传》(《新唐书》卷133《张守珪传》同)云:

> [开元]十五年,吐蕃寇陷瓜州,王君㚟死,河西恟惧。以守珪为瓜州刺史、墨离军使。

同上引书《王忠嗣传》云:

> [天宝五载]后频战青海、积石,皆大克捷。寻又伐吐谷浑于墨离,虏其全国而归(《新唐书·王忠嗣传》作:"平其国")。

永兴按,《资治通鉴》卷 215 "唐玄宗天宝五" 载云:"与吐蕃战于青海、积石,皆大捷。又讨吐谷浑于墨离军,虏其全部而归。"《册府元龟》卷 358《将帅部·立功一一》王忠嗣条亦载此事,作"墨离",与旧、新传同,《通鉴》衍"军"字。

《新唐书》卷 40《地理志》"陇右道鄯州西平郡" 略云:

　　鄯城

　　自振武经尉迟川、苦拔海、王孝杰米栅,九十里至莫离驿。

永兴按,严耕望著《唐代交通图考》第二卷篇十三河湟青海地区军镇交通网图八,莫离驿的位置在吐谷浑故都(1)树敦城之南,在吐谷浑故都(2)伏俟城之东南,在青海湖之南,即在吐谷浑人长期居住的地区。我认为"莫离"即是"墨离",乃吐谷浑语之音译。据此,我推测,设置于瓜州的墨离军,乃吐谷浑人所组成的军队,故以吐谷浑语墨离名其军。上文考释豆卢时已指出,瓜州及其附近,固为大批吐谷浑人居住也。上引《旧唐书·王忠嗣传》"寻又伐吐谷浑于墨离",此墨离当然在吐谷浑地区。"墨离"为吐谷浑语,以其名某一地,亦可以其名吐谷浑人组成之军队,即墨离军也。以上述两条史料推测瓜州墨离军得名之缘由,请读者教之。至于"墨离"一词之意云何,不能解释,暂存疑。

　　关于瓜州墨离军设置的时间,《唐会要》所云武德初,亦难考定。兹据下列史料推论之。

《新唐书》卷 218《沙陀传》云:

　　龙朔初,以处月酋沙陀金山从武卫将军薛仁贵讨铁勒,授墨离军讨击使。

《册府元龟》卷 956《外臣部·种族》云:

　　沙陀突厥,本西突厥之别种也。唐则天通天中有黑(墨)离军讨击使沙陀金山为金满州都督。

《旧五代史》卷 25《唐书·武皇纪》云:

　　始祖拔野,唐贞观中为墨离军使,从太宗讨高丽、薛延陀有功,为金方道副都护,因家于瓜州。

以上三书所记之时间不同。唯《新唐书·沙陀传》及《册府元龟》所载可相通。沙陀金山在龙朔初为墨离军讨击使,三十年后即武后万岁通天时仍任或又任同一职务,亦可能之事。《旧五代史》之"因家于瓜州",可注意。如龙朔初设置以吐谷浑人为主体的墨离军,选择居于瓜州另一善战的蕃族首领为军使,亦可有之事也。

台湾苏莹辉先生撰关于墨离军之论文,久欲拜读。该文载于台湾唐代学会第一次国际学术讨论文集,我无此书,又借阅不得,殊为憾事。

2.2.4. 大斗军 建康军 宁寇军 玉门军 新泉军 张掖守捉 白亭守捉

大斗军设置于开元十六年。得名于此军所在之大斗拔谷,《元和郡县图志》、《唐会要》同,可为定论。但《通典》卷172《州郡二·序目(下)》大唐:"大斗军,武威郡西二百余里。"《旧唐书·地理志》:"大斗军,在凉州西二百余里。"《资治通鉴》卷215"唐纪胡注"本:"大斗军在凉州西二百余里甘、肃二州界。"均不确。

关于大斗军至凉州的里数,在《唐代交通图考》一书中,严耕望氏曾有考证。其文略云:

> 凉州、删丹、大斗拔谷三地略呈直角三角形。由凉州西北至甘州五百里,即凉州西北至删丹县三百八十里。今删丹南至大斗拔谷二百里,则大斗拔谷东至凉州必三百里以上,决不止二百里。胡注云"甘、肃二州界",亦非三百里以上不可也。[1]

永兴按,严氏之说甚是,应从之。大斗拔谷东距凉州三百余里,大斗拔谷或其附近之大斗军,东去凉州当亦为三百里以上,《通典》、《旧唐书·地理志》作二百余里,均误。

建康军,《资治通鉴》卷215"唐纪胡注"云:

> 建康军在凉州西二百里,兵五千三百人。

永兴按,《通典》卷172:"建康军,张掖郡西二百里。"《元和郡县图志》、《旧唐书·地理志》(中华书局标点本)均同。

---

[1] 严耕望:《唐代交通图考》,台湾:"中央研究院"历史语言研究所,1985年,第2卷,第521页。

《元和郡县图志》卷40"陇右道(下)甘州"条云:

    建昌军,在州西北一百九十里。

《新唐书》卷40《地理志》"陇右道"云:

    甘州张掖郡,下。

    西北百九十里祁连山北有建康军。证圣元年,王孝杰以甘、肃
    二州相距回远,置军。

据此,《元和郡县图志》之"建昌军","昌"字误,应作"康"。建康军在
甘州西(或西北)一百九十里,以整数言,可为二百里,《通鉴》胡注误,
《通典》、《元和郡县图志》、《旧唐书·地理志》均是。

    《通典》、《元和郡县图志》、《唐会要》、《新唐书·地理志》均以建
康军的设置在武后证圣元年,如《元和郡县图志》云:

    建康军,证圣元年,尚书王孝杰开镇,周回以甘、肃两州中间阔
    远,频被贼抄,遂于甘州西二百里置此军(兴按,以上引文据中华
    书局标点本)。

永兴按,上列引文有脱衍讹误,致文义难晓,《唐会要》卷78《节度
使》云:

    建康军,置在甘、肃二州界。证圣元年,王孝杰开四镇回,以两
    州界回远,置此军焉。

则上引《元和郡县图志》"开镇",脱"四"字,"周"乃衍文,"回"应连上
读,即"开四镇回"。按王孝杰开四镇,应即是收复四镇,在长寿元年,
而非证圣元年。《通鉴》系王孝杰复四镇于长寿元年十月丙戌,开四镇
回并设置建康军应在长寿元年末或长寿二年初。诸书以建康军设置
在证圣元年,均误。复次,据《通鉴》卷205,天册万岁元年前九个月为
证圣元年,因是年九月始改元天册万岁也。是年正月丙午,王孝杰为朔
方道行军总管,击突厥,七月辛酉,王孝杰为肃边道行军大总管以讨寇
临洮的吐蕃,皆与安西四镇无涉,不可能是年于四镇回并设置建康
军也。

    宁寇军,其地理位置诸书记载不同,《元和郡县图志》云:"甘州东
北十余里。"《通典》云:"张掖郡东北千余里。"《旧唐书·地理志》云:

"在凉州东北千余里。"《资治通鉴》胡注云："在凉州东北千余里。"《唐会要》卷78《节度使》云：

> 宁寇军，旧同城守捉，天宝二年五月五日遂置焉。

《新唐书》卷40《地理志》"陇右道甘州张掖郡"条云：

> 删丹，中下。北渡张掖河，西北行出合黎山峡口，傍河东壖屈曲东北行千里，有宁寇军，故同城守捉也，天宝二载为军。军东北有居延海，又北三百里有花门山堡，又东北千里至回纥衙帐。

《唐会要》与《新唐书·地理志》均谓，宁寇军乃旧同城守捉，《新唐书·地理志》描述其地理形势甚详，如居延海、花门山堡等。据此，宁寇军应在甘州张掖郡东北千余里，《元和郡县图志》之"十余里"，应为千余里。《通典》是。《旧唐书·地理志》之"凉州"应改为甘州，中华书局标点本校勘记已指出此点。《资治通鉴》胡注之"凉州"，亦应改为"甘州"。

关于宁寇军管兵及马数，诸书记载亦不同。《通典》云："管兵千七百人，马百匹。"《元和郡县图志》云："管兵一千七百人，马五百余匹。"《资治通鉴》胡注云："兵八千五百人。宁寇、玉门军共管马六百匹。"永兴按，《通典》、《元和郡县图志》、《旧唐书·地理志》、《资治通鉴》均谓河西节度使管兵七万三千人，以八军三守捉管兵共计之，如宁寇军为一千七百人，与节度使管兵总数基本相同，如宁寇军为八千五百人，比节度使管兵总数多六千人，两者不符合。据此，《通典》、《元和郡县图志》所记一千七百人，是；而《资治通鉴》胡注之八千五百人，则非也。

至于宁寇军管马数，诸书所记不同，但由于《通典》载河西节度使管马总数为一万九千四百匹，而《元和郡县图志》则为一万八千八百匹。两处总马数不同，宁寇军管马数，诸书有歧异，殊难考定，暂置之。

玉门军，应考定者，一是置军之时间，按《元和郡县图志》云："武德中，杨恭仁置。"《通典》同，唯"恭仁"作"恭义"误。检两《唐书·杨恭仁传》，无置玉门军事。《资治通鉴》卷187"唐高祖武德二年五月"，遣黄门侍郎杨恭仁安抚河西，乃临时差遣。《资治通鉴》卷188"武德三年"云："突厥莫贺咄设寇凉州，总管杨恭仁击之。"总管虽治军事，当时尚无边境固定驻军制度,不可能置军。《通典》、《元和郡县图志》谓武德中杨恭仁置玉门军,不可信。

《唐会要》卷78《节度使》云:

玉门军,本废玉门县,开元六年置军焉。

《元和郡县图志》卷40"陇右道(下)肃州条"云:

玉门县

玉门军,开元中,玉门县为吐蕃所陷,因于县城置玉门军。

永兴按,《新唐书》卷40《地理志》"陇右道肃州条"亦谓玉门县,"开元中没吐蕃,因其地置玉门军"。总之,据《唐会要》、《元和郡县图志》肃州条及《新唐书·地理志》,玉门军置于开元六年或开元中。其实,玉门军的设置在开元前。按池田温著《中国古代籍帐研究》载大谷二八四〇号文书,池田温拟题为"周长安二年(702年)十二月豆卢军牒(豆卢军兵马使之印、敦煌县之印)"文书云:

1. 豆卢军   牒敦煌县

2. 军司   死官马肉钱叁阡柒伯捌拾文。

3.   壹阡陆伯伍拾文索礼   壹伯陆拾文郭仁福

4.   叁伯文刘怀委   叁伯文氾索广

5.   壹伯玖拾文马楚   叁伯叁拾文唐大浓

6.   壹伯伍拾文阴琛(出索礼)   叁伯文王会

7.   肆伯文张亮

8. 牒被检校兵马使牒称,件状如前者。

9. 欠者,牒敦煌县请征,便付玉门军。仍

10. 牒玉门军,便请受领者。此已牒玉门

11. 讫。今以状牒,牒至准状。故牒。

12.   长安二年十二月十一日典画(?)怀牒

13.   判官   郭意(?)

14.   十二月十五日录事彻受

15.   尉摄主簿   付司兵

16.……检案……泽白…………缝背署"泽"…

17.　　　　　　　十六日

18.牒,检案连如前,谨牒。

19.　　　　　　十二月十六日史郭怀牒

20.　　　帖追　泽白

21.　　　　　　　十七日

永兴按:上列文书中的年、月、日等武周新字及"肉"的俗体字,均改为通用字。

上列出土文书的内容为:沙州豆卢军牒敦煌县司,请征索礼等人所欠死马肉钱,便付玉门军。该文书为长安二年十二月者,当时已有玉门军。长安二年早于开元六年十六年。玉门军设置之始应在长安二年之前,可见《唐会要》、《元和郡县图志》、《新唐书·地理志》所记玉门军的设置在开元六年或开元中,均不确。玉门军的设置最晚应在长安二年,或者更早一段时间。

《通典》、《旧唐书·地理志》、《资治通鉴》胡注均谓玉门军有兵五千二百人,但《元和郡县图志》云:玉门军"管兵千人,实三百人"。兹从《通典》、《旧唐书·地理志》、《资治通鉴》胡注。

新泉军,其管兵,《通典》、《旧唐书·地理志》、《资治通鉴》胡注均谓千人,唯《元和郡县图志》作七千人。按《唐代墓志汇编》天宝019《唐苑玄亮墓志》略云:玄亮,"为□州都督杨执一所器,恩敕迁新泉军大使",其时在开元初。可推知新泉军为大军,恐《元和郡县图志》之七千人为是。

张掖守捉,《通典》及《元和郡县图志》皆云:东去理所五百里,即甘州至凉州之距离。《旧唐书·地理志》及《通鉴》胡注作"在凉州南二百里",误。《通典》及《元和郡县图志》皆谓,张掖守捉(《通典》作张掖郡守捉)管兵五百人。《旧唐书·地理志》及《通鉴》胡注皆云管兵五百人。按,此守捉在郡城,张掖郡又驻有河西节度副使,管兵应较多,恐以《通典》及《元和郡县图志》之兵数为是。

白亭守捉,《通典》云:"武威郡西北五百里。"《旧唐书·地理地》及《资治通鉴》胡注同。但《元和郡县图志》云:"凉州西北三千里。"

"千"显系"百"字之误书。按《元和郡县图志》"凉州姑臧县"条云：

> 白亭军，在县北三百里马城河东岸。旧置守捉，天宝十年哥舒
> 翰改置军，因白亭海为名也。

据此，李吉甫原文应为凉州西北三百里，与姑臧县条基本一致。《新唐书》卷40《地理志》"陇右道凉州"条云："西北五百里有白亭军"与《通典》、《旧唐书·地理志》、《资治通鉴》胡注同。五百里抑或三百里？二说不知孰是。

《通典》载河西节度使管军尚有乌城守捉，在武威郡南二百里，管兵五百人。《新唐书·地理志》亦云：凉州东南二百里有乌城守捉。附志于此。

河西节度使所辖军，诸书记载多有歧异，简要校勘，至此结束。从上述论证中，我们可以看到，赤水军、豆卢军、墨离军为蕃族所组成，值得注意。赤水军三万三千人，为回纥、契苾、思结、浑四部族九部落所组成。豆卢军四千五百人，墨离军五千人，二者均是以吐谷浑人为主体的军队。此三军共四万二千五百人，约占河西节度管兵七万三千人之五分之三。三军外之五军三守捉所管兵中，尚有昭武九姓胡、党项人。总计之，河西节度所辖军七万三千人中的大多数为蕃族。河西节度所管军为蕃、汉组成以蕃族为主体的部队，可确言也。不仅河西节度如此，安西四镇节度及北庭节度也是如此。唐官府文献中也反映出这一情况。

《册府元龟》卷992《外臣部·备御五》略云：

> ［开元］十五年十二月制曰：唯吐蕃小丑忘我大德，侵轶封域，
> 抄掠边甿。故纠合诸军，团结劲卒。河西道蕃、汉兵团结二万六
> 千人。

蕃、汉兵并举，此一例也。

《唐大诏令集》卷130"景龙四年"《命吕休璟等北伐制》略云：

> 赤水军大使、凉州都督司马逸客，与右武卫将军陈家丘，右金
> 吾卫翊府中郎将李玄道，副使、右骁骑卫鹿陵府折冲能昌仁，左卫
> 神山府折冲陈义忠等，领当军及当界蕃、汉兵募健儿七万骑。

·欧·亚·历·史·文·化·文·库·

蕃、汉兵并举,此又一例也。

《曲江集》卷8《敕河西节度使牛仙客书》(开元后期)略云:

> 宜密令安西征蕃、汉兵一万人,仍使人星夜倍道与大食计会,取叶护勃达等路入碎叶。令王斛斯自领精骑,取其家口。河西节度内发蕃、汉二万人,取瓜州北高同伯帐路西入。

蕃、汉兵并举,此再一例也。

河西节度、安西四镇节度、北庭节度构成的西北军事格局,为全国军事大格局的组成部分。此西北军事格局的武装力量为蕃、汉组成以蕃兵为主体的军队。这一性质的形成乃由于大批蕃族内徙,居住于河西各地。

早在武德初年,凉州已有相当多的昭武九姓胡居住。如《资治通鉴》卷187"唐高祖武德二年"略云:

> 李轨将安修仁兄兴贵,仕长安,表请说轨。兴贵曰:"臣家在凉州,奕世豪望,为民夷所附;弟修仁为轨所信任,子弟在机近者以十数。"

> 兴贵至武威。于是退与修仁阴结诸胡起兵击轨。

安氏乃昭武九姓之一。据上引,可见昭武九姓胡内徙居于凉州者之多。

《册府元龟》卷977《外臣部·降附》略云:

> [贞观]六年十月,契苾何力率其部六十余家款塞,帝处之凉州。是年,党项等羌前后内属者三十万口。

《新唐书》卷221(上)《西域(上)·党项传》略云:

> 又有白兰羌,吐蕃谓之丁零,左属党项,右与多弥接,俗与党项同。贞观六年,与契苾数十万内属。

《册府元龟》卷977《外臣部·降附》略云:

> [玄宗开元二年]十月,胡禄屋二万帐诣北庭内属。

《资治通鉴》卷206"则天后圣历二年"略云:

> [夏四月]钦陵子弓仁,以所统吐谷浑七千帐来降。

> [秋七月]丙辰,吐谷浑部落一千四百帐内附。

永兴按,圣历二年内附之吐谷浑部落,置于瓜、沙河西一带。

自武德至开元年间,类似上列蕃族内属的史实很多,限于此文篇幅,不能备举。

内属的蕃族大多保持原有部落,时间久了,也有些解散部落,与汉人杂居。内属蕃族习于骑射,能武善战,因而被组成军队,成为以河西节度、安西四镇节度、北庭节度所构成的西北军事格局的主要武装力量。

唐代前期百余年中大批蕃族内徙,主要由于亚洲大陆发生了几次重大历史事件。如,贞观四年东突厥汗国的瓦解;显庆二年西突厥贺鲁汗国的覆灭;圣历年间吐蕃的严重内讧;开元四年,结合东、西突厥的默啜汗国的消亡,等等。

2.3　河西节度与西北军事格局

《资治通鉴》卷215"唐玄宗天宝元年"略云:

> 是时,置十节度、经略使以备边。安西节度抚宁西域,统龟兹、焉耆、于阗、疏勒四镇,治龟兹城,兵二万四千(焉耆治所在安西府东八百里)。北庭节度防制突骑施、坚昆,统瀚海、天山、伊吾三军,屯伊、西二州之境,治北庭都护府,兵二万人(突骑施牙帐在北庭府西北三千余里;坚昆在北七千里。瀚海军在北庭府城内,兵万二千人。天山军在西州城内,兵五千人。伊吾军在伊州西北三百里甘露川,兵三千人)。河西节度断隔吐蕃、突厥(永兴按,河西节度统军及屯兵之境,前文已引录,兹不重述)。

按《通典》卷172《州郡二·序目(下)》、《元和郡县图志》卷40《陇右道(下)》"庭州"及《旧唐书》卷40《地理志》卷首称:北庭节度使防制突骑施、坚昆、斩啜。多"斩啜","斩啜"即默啜,盖《通典》等书所指时间在开元四年之前。其时,结合东突厥、西突厥的默啜汗国,对唐西北威胁甚大。《通典》、《元和郡县图志》及《旧唐书·地理志》称河西节度使断隔羌胡,与《资治通鉴》称断隔吐蕃、突厥同。盖旧史谓吐蕃所居本汉西羌之地,目之为羌也。

抚宁西域,必须北防突骑施之南侵,南防吐蕃之北犯;更重要的是,切断吐蕃与突骑施之联结,以免四镇受到南北夹击。此外,防御大食东侵,也是安西四镇和北庭节度的任务。《通典》、《资治通鉴》诸书均未述及,可能因大食之东犯为时较晚也。这一地理形势和军事形势是河西、安西、北庭构成军事格局的客观条件。易言之,西北军事格局是地理条件和当时的客观形势所造成的。陇右节度使的任务为备御吐蕃,与西北军事格局有关;但陇右与剑南构成西南军事格局,更符合当时的实际情况。因此,这里暂不论述陇右节度。

2.3.1　西北军事格局形成历程简论

以河西节度为主与安西四镇节度、北庭节度构成的西北军事格局之形成,应追溯至唐太宗贞观十四年。该年,侯君集灭高昌,设置西州,并在交河城设置安西都护府。这是唐太宗一个人的决策。他不顾全部朝臣(包括元老重臣如魏征、褚遂良)的反对,高瞻远瞩,毅然采取了影响唐前期一百多年的策略。在新征服而居有众多蕃户的土地上,设置西州和安西都护府;特别是九年之后,即贞观二十三年阿史那社尔平龟兹之后,安西都护府南迁龟兹,并设置龟兹、于阗、焉耆、疏勒四镇。安西都护府及四镇处于西域的心脏地区,远离唐西北边境地区。这四个军事据点,有如在众多蕃族的汪洋大海中的四个孤岛。正是这四个军事据点,成为唐经营西域的根据地。我推测,唐太宗之意为:经营并控制西域,借此保护唐的西北地区,并进一步保护关陇地区。这是以关中本位立国的大唐帝国必须采取的策略,但唯独具有远见卓识、雄才大略的唐太宗才能真知之并决然实行之。

贞观二十三年,安西都护府迁往龟兹并统辖四镇,西州都督府统辖西、伊、庭三州并备御迄西迄北诸蕃族。这样,从武后在位至开元年间逐渐完备的西北军事格局的三个方面,基本上已具备两个。这是唐太宗在位期间已经实行了的。武则天、唐玄宗继续实行唐太宗的策略。论唐代前期西北军事格局,不能不自贞观十四年始。

则天后长安二年十二月戊申,置北庭都护府于庭州,按三十六蕃。唐睿宗景云元年末,置河西节度使,治凉州。按三十六蕃,即控制庭州以北以西广大地区诸蕃族部落,则北庭都护府设置之目的是为加强西州都督府,即西北军事格局中的一个方面。置河西节度使、辖八军三守捉,不仅加强了西北边境地区的军事力量,更重要的是,西北军事格局有了核心,有了后方总部。至是,包括三个方面以河西节度为主的西北军事格局初具规模。

兹应进一步论述者,何以在此期间(长安二年至景云元年为时八载)设置北庭都护府与河西节度使? 其原因安在? 我认为,其主要原因为结合东、西突厥的默啜汗国的强大并威胁唐西北地区。按《新唐书》卷 215(上)《突厥传》云:

> 默啜负胜轻中国,有骄志,大抵兵与颉利略等,地纵广万里,诸蕃悉往听命。复立咄悉匐为左察,骨咄禄子默矩为右察,皆统兵二万。子匐俱为小可汗,位两察上,典处木昆等十姓兵四万,号拓西可汗。

《旧唐书》卷 194(上)《突厥传》,"左察"为"左厢察","右察"为"右厢察",亦载默啜子为拓西可汗典处木昆等十姓兵马,并系此事于长安二年,即置北庭都护府之年也。拓西可汗"典处木昆等十姓兵马"即原西突厥诸部族及其兵马也。这一局势如再发展,则永徽初西突厥贺鲁汗国对北庭以及四镇的侵犯和严重威胁势必重现。因此,唐只能加强西北地区的军事力量和完备西北军事格局,以应付此严重危机的局势。故自长安二年至景云元年约八年期间,先后设置北庭都护府和河西节度使。特别是河西节度使的设置,使西北军事格局臻于完备,为开天期间唐经营西域获得成功创造了重要条件。

自长安二年至开元年间,西北军事格局中的河西、安西及北庭的军事力量又有所加强。其一为北庭节度兵力的加强。按《元和郡县图志》卷 40"陇右道(下)庭州"云:

> 瀚海军(北庭都护府城中。长安二年初置烛龙军,三年,郭元振改为瀚海军。开元中,盖嘉运重加修筑,管兵一万二千人,马四千二百匹焉)。

按《唐会要》卷 78《节度使》亦云:"长安二年十二月,改为烛龙军,三年,郭元振奏置瀚海军。"此军前后两个名称都与回纥有关。

《新唐书》卷43(下)《地理志》"羁縻州"云:

> 关内道
>
> 回纥州十八府九(贞观二十二年分回纥诸部落置)。
>
> 烛龙州[贞观二十二年析瀚海都督(府)之掘罗勿部置,侨治温池]。

《资治通鉴》卷198"唐太宗贞观二十一年"云:

> [春正月]丙申,诏以回纥部为瀚海府。

同书"贞观二十二年"云:

> 三月己丑,分瀚海都督(府)俱罗勃部置烛龙州。

"俱罗勃部"应即是《新唐书·地理志》羁縻州之"掘罗勿部"。按,《新唐书·回鹘传》亦作"俱罗勃"。烛龙州置于贞观二十二年。

据上引,因回纥所置之府曰瀚海,因回纥所置之州曰烛龙,则所以名曰烛龙军或瀚海军者,必为因回纥而置也。据此推论,北庭之烛龙军或瀚海军乃回纥人所组成之军队,或此军之主要组成部分为回纥人也。但庭州居民无回纥人,组成瀚海军之回纥人来自何处?

《资治通鉴》卷199"唐高宗永徽二年"云:

> 秋七月,西突厥沙钵罗可汗寇庭州,攻陷金岭城及蒲类县,杀略数千人。诏左武候(严:"候"改"卫")。大将军梁建方、右骁卫大将军契苾何力为弓月道行军总管,右骁卫将军高德逸、右武候将军薛(严:"薛"改"萨")。孤吴仁为副,发秦、成、岐、雍府兵三万人及回纥五万骑以讨之。

永兴按,《新唐书·契苾何力传》作"燕然都护回纥"。此次战役使用了燕然都护府回纥五万骑兵。战役结束后,我推测,救援庭州而西来的回纥骑兵,可能被留下一部分以增强庭州的防御力量。这一部分回纥骑兵的后代,在长安年间组成烛龙军,又改称瀚海军。

北庭节度加强的兵力还有天山军,据《元和郡县图志》此军驻西州城内,开元二年置,管兵五千人,马五百匹;另外还有伊吾军,据《元和郡县图志》,此军驻伊州西北甘露川,景龙四年置,管兵三千人,马三百匹。总之,自长安二年至开元二年之十一年中,北庭增强兵力二万人。

其二为河西节度兵力的加强。如"大斗军,本是赤水军守捉,开元十六年改为大斗军,管兵七千五百人,马二千四百匹"(见《元和郡县图志》)。由守捉改为军,兵马数必大有增加。据其兵、马数,大斗军乃大军也。又有"宁寇军,天宝二年置,管兵一千七百人,马五百余匹"(见《元和郡县图志》)。

其三为安西都护府兵力的加强。据《资治通鉴》卷196"唐太宗贞观十六年"云:

> 初,高昌既平,岁发兵千余人戍守其地。

同书卷199"贞观二十二年"略云:

> [阿史那]社尔拔其城(龟兹),使安西都护郭孝恪守之。孝恪营于城外,那利奄至,孝恪帅所部千余人将入城。

可见,安西都护府初建立时之兵马不多,虽不止千余人,至多亦不过数千人。但《资治通鉴》记安西四镇天宝元年之兵数为二万四千人、马二千七百匹,增加多倍。我推测,增加兵力的大多数,应在武后末年至玄宗初年之间。

以上简述自贞观十四年至天宝元年西北军事格局形成的过程。景云元年河西节度使之设置为此历程中最重要事件,因西北军事格局以河西节度为主也。其兵力之增强,从贞观末年之数千人,至天宝元年增至十一万七千人、马二万六千三百匹,可谓强大矣。

2.3.2 河西节度在西北军事格局中的督统作用及其重要意义

《曲江集》卷12《敕河西节度副大使牛仙客书》略云:

> 敕河西节度副大使、太仆、卿摄御史大夫牛仙客:突骑施连岁犯边,凶恶如此。自夏及今,连营不散。疏勒虽解,边城见侵。卿可于河西诸军州拣练骁雄五千人,即赴安西,受王斛斯分部(兴按,应作部分)。朕当发遣十八年安西应替五千四百八十人,与彼相续,足得成师。已敕盖嘉运与王斛斯,审量事宜,临时为计。既为卿采访所管,亦宜随要指麾。兼有别敕发三万人。又恐安西资用之乏,卿可于凉府将二十万段物往安西,令随事支拟,及充宴赐。

·欧·亚·历·史·文·化·文·库·

朕则续支送凉州,云云。

首先应确定此敕书的时间,敕书云:"既为卿采访所管,"则可知当时牛仙客兼河西采访使,按《唐会要》卷78《采访处置使》云:

> 开元二十二年二月十九日,初置十道采访处置使。

《玉海》卷132《唐采访使》略云:

> 《会要》:开元二十二年二月十九日辛亥,初置十道采访处置使(三月二十三日置印)。河西牛仙客。张九龄奏置。

敕书又云:"朕当发遣十八年安西应替五千四百八十人。"开元年间,戍边兵募五年一替,据此,敕书应在开元二十二年,与上引《唐会要》载牛仙客任河西采访使于开元二十二年一致。因敕书有"自夏及今"之语,可确定敕书的时间为开元二十二年秋至冬季。

敕书载突骑施连岁犯边事,很重要,姑置不论。兹讨论两点:一为敕书所云,盖嘉运与王斛斯事,"既为卿采访所管,亦宜随要指麾"。开元二十二年,盖嘉运为北庭节度使,王斛斯为安西四镇节度使。据敕书所云,北庭及安西四镇事,兼河西采访使之河西节度使可随要指麾,这一点说明河西节度使在西北军事格局中处于指挥督察地位,处于督统地位。论西北军事格局者不可不知也。

北庭处于河西境内,当然应由兼采访使之河西节度使所督统。特别值得注意的是,处于西域心脏地区的安西都护府及四镇,亦由兼采访使之河西节度使所督统。但一考察安西都护府及四镇之实际情况,必然认为安西四镇为河西节度使所督统指挥,也是当然的,理应如此的。

关于安西四镇之实际情况,试论述如下。黄文弼著《塔里木盆地考古记》载杨思礼残牒云:

(前缺)

1. 碛行军押官杨思礼请取▢

2. 阗镇军库讫,被问依▢

3.　　　　　　更问▢

(后缺)

在此书第 95 至 96 页，黄文弼先生说明云："图 4，杨思礼残牒，出拜城克子尔明屋佛洞，长 14.2、宽 11.4 厘米，起'碛行'讫'被问依'。"黄氏在"碛"下填"西"字，在"闐"上填"于"字，均是；并云："按此残纸为押官杨思礼赴于闐镇军库文书，惜多残破，仅存两行，然亦足够珍贵。"亦是。

据残文书，杨思礼乃碛西节度使下之行军押官，"于闐镇军库"即于闐镇守使下储藏军械之库。按《资治通鉴》卷 214"唐玄宗开元二十七年条"略云：

> 秋八月乙亥，碛西节度使盖嘉运擒突骑施可汗吐火仙。嘉运攻碎叶城，吐火仙出战，败走，擒之于贺逻岭，分遣疏勒镇守使夫蒙灵詧与拔汗那王阿悉烂达干潜引兵突入怛逻斯城，擒黑姓可汗尔微。

可见唐置安西四镇，每镇皆有镇守使，出土文书中之"于闐镇军库"属于于闐镇守使，其官职与疏勒镇守使同。推而言之，焉耆、龟兹皆有镇守使，安西都护为唐中央政府任命的安西四镇地区之军政长官，其下的各镇镇守使为四镇之军政长官，其下又有守捉（如葱岭守捉）。凡此，皆唐行于边境十节度地区之制度，行军押官亦行使于各节镇之制度。总之，安西四镇地区军事、政治之行政制度，与北庭、河西基本相同。开天期间，龟兹、焉耆、于闐、疏勒虽仍保留国王及其下官僚，但实际掌权者为以安西都护为首的行政系统及各级军政官吏，这些皆为唐制，此点与羁縻府州不同。根据上述分析，河西节度使可指挥北庭，同样可指挥安西四镇。敕书所云，非一时权宜之计，乃经常之制也。

二为敕书所云，发河西兵五千人赴安西及于凉府将二十万段物往安西，即安西四镇兵员之调动补充及军费，皆须经过河西节度，北庭亦应如此。这是河西节度对安西四镇及北庭在人力财力两方面的督统。凉州是当时财务行政在河西地区的配所，北庭及安西的军费均取之于凉府。关于此点，请读者参看李锦绣著《唐代财政史稿》（上卷），[1]此

---

〔1〕 李锦绣：《唐代财政史稿》（上卷），北京大学出版社，1995 年。

处不赘述。

河西节度使在西北军事格局中的督统作用表现为如上两点。

关于西北军事格局中三个方面的职能，即北庭防制突骑施、坚昆，安西抚宁西域，河西断隔吐蕃、突厥（即突骑施），此乃就地理形势以及由此而产生的军事政治形势之不同而言，非谓断隔吐蕃、突厥只由河西兵力，防制突骑施仅由北庭兵力，而抚宁西域只是安西之职责也。三者是统一不可分、互相错综联系的。此统一的职能即保全四镇，控制西域也。其次，必须注意，在开天期间，由大食逐渐东来而产生的西北军事格局对大食之职能。唐有时联合大食以防制突骑施及吐蕃，但更为频繁的是，吐蕃联合大食或突骑施联合大食侵犯四镇，唐不得不防制两方面的进攻。此即西北军事格局对大食之职能。

关于唐挫败吐蕃与突骑施联合侵犯四镇的史实甚多，如《曲江集》卷12《敕吐蕃赞普书》略云：

> 彼突骑施，偏僻荒远，赞普背朕宿恩，共彼相厚。今与突骑施和亲，密相结托，阴有赞助。

同书《敕吐蕃赞普书》略云：

> 今得安西表来，莽布支率众已到，今见侵轶军镇，并践暴屯苗。突骑施异方禽兽，不可以大道论之。赞普与其越境相亲，只虑野心难得。

同书卷10《敕安西节度王斛斯书》略云：

> 敕王斛斯：吐蕃与我盟约，歃血未干，已生异心，远结凶党，而甘言缓我，欲待合谋。连衡若成，西镇何有。

同书同卷《敕安西节度王斛斯书》略云：

> 去岁因有狂贼在彼，屡有战亡，昨得表言，对之怆恻。兼闻吐蕃与此贼（指突骑施）计会，应是要路，斥候须明。

据敕书"吐蕃与我盟约，歃血未干"之语，此次吐蕃与突骑施联合进犯四镇，当在开元二十二年或稍后，因《旧唐书》卷196（上）《吐蕃传》有二十二年，遣将军李佺于赤岭与吐蕃分界立碑之记载也。此时，王斛斯任安西节度使。敕书中"连衡若成，西镇何有"，表明唐为保全四镇而战。在战役中玄宗仍敕吐蕃赞普书,是要以政治攻势破坏吐蕃与突骑施的联合。

关于吐蕃与大食、突骑施的联合,《资治通鉴》卷211"开元五年"条记载:

> 安西副大都护汤嘉惠奏突骑施引大食、吐蕃,谋取四镇,围钵换及大石城(钵换即拨换城;大石城盖石国城也),已发三姓葛逻禄兵与阿史那献击之。

此突骑施、吐蕃、大食联合图取四镇的一次战役。可见丝绸之路上,战役频仍,西北军事格局正为保护四镇、保障丝绸之路而设。

开天期间,吐蕃与突骑施联合,吐蕃与大食、突骑施联合进犯四镇的战争发生多次。唐以河西节度为主的西北军事兵力,多次取得胜利,保全了四镇、控制了西域,同时保证了丝绸之路的畅通,因而河西关陇地区长期稳定,经济文化得以发展,唐帝国能居于当时世界强大国家的前列。西北军事格局为唐帝国繁荣强大的重要条件之一,其作用可谓大矣。

3　论唐代前期北庭节度

　　唐代的单于都护府、安北都护府、安东都护府、安南都护府、安西都护府均设置于建国初期。"都护、副都护之职,掌抚慰诸蕃,辑宁外寇,觇候奸谲,征讨携离"(《唐六典》卷30"大都护府上都护府"条)。可见都护府的设置,是为了统治周边诸蕃族的,故东有安东都护府,西有安西都护府,南有安南都护府;北边之外有地广而强大的北突厥和善战的铁勒诸部族,故有单于、安北两个都护府。五都护府对外,五大都督府对内,形成统治广土众民辑宁东亚大陆大唐帝国的盛强局势。

　　北庭都护府是为了加强和配合安西都护府而设置的,比安西都护府的设置晚六十二年,必有其政治军事上的特殊需要,本文首论之。

3.1　庭州、北庭都护府、北庭节度

　　北庭都护府治庭州。庭州的情况特殊,应略加考释。北庭节度是为了扩大加强北庭都护府的职能而设置的,也应同时论述。

3.1.1　庭州

　　《通典》卷174《州郡四》"古雍州(下)"略云:

> 庭州,今理金满县。在流沙之西北,前汉乌孙之旧壤,后汉车师后王之地,历代为胡虏所居。大唐贞观中,征高昌。于时西突厥屯兵于可汗浮图城,与高昌相影响。及高昌既平,惧而来降,以其地为庭州,后置北庭都护府。

"历代为胡虏所居"和于西突厥曾屯兵的可汗浮图城设置庭州,这就是庭州的特殊情况。这种特殊情况,在《旧唐书·地理志》和《元和郡县图志》中也有记载。按《旧唐书》卷40《地理志》"河西道北庭都护府条"略云:

> 金满(庭州属县),流沙州北,前汉乌孙部旧地,方五千里。后

汉车师后王庭。胡故庭有五城,俗号五城之地。贞观十四年平高
昌后,置庭州以前,胡及突厥常居之。

《元和郡县图志》卷40"陇右道(下)"云:

　　庭州,北庭。

　　庭州,因王庭以为名也。后为贼所攻掠,萧条荒废。显庆中重
修置,以来济为刺史,理完葺焉。请州所管诸蕃,奉敕皆为置州府,
以其大首领为都督、刺史、司马,又置参将一人知表疏等事。其俗
帐居,随逐水草。帐门皆向东开门,向慕皇风也。其汉户,皆龙朔
已后流移人也。

《旧唐书·地理志》所谓"平高昌后,置庭州以前,胡及突厥常居之",在
时间上不确(下文当详论之)。胡及突厥常居则是事实。金满县如此,
轮台等二县亦如此。《元和郡县图志》的记述详而确,龙朔以前庭州无
汉户,胡及突厥则常居之。至于龙朔以后流徙汉人,即《资治通鉴》所
记"高昌旧民与镇兵及谪徙者杂居西州",至龙朔时,这类因罪流放之
人,也居于庭州了。总之,据《通典》、《旧唐书·地理志》、《元和郡县图
志》的记载,在唐代以前胡及突厥常居之地,在设置庭州前后,仍然是
蕃族部落聚居,汉户很少。庭州的特殊情况如此,因此,在大多数居住
汉人的西州可以行府兵制,设置天山、岸头等折冲府,庭州则无折冲府。
"其俗帐居,随逐水草"的居民区,不可能实行府兵制。

　　关于庭州设置的时间,《资治通鉴》有明确的记载。《资治通鉴》卷
195"唐太宗贞观十四年"云:

　　九月,以其地为西州,以可汗浮图城为庭州。(庭州治金满
县,汉车师后王庭也。)各置属县。

《新唐书》卷40《地理志》同《资治通鉴》。《旧唐书》卷40《地理志》云:
"二十年四月,西突厥泥伏沙钵罗叶护阿史那贺鲁率众内附,乃置庭
州,处叶护部落。"误。贺鲁率众内附,处于庭州之莫贺城,与庭州之设
置无关,其时间为贞观二十二年四月(见《资治通鉴》卷199)。

　　唐在蕃族聚居全无汉户之地设置庭州,实由于其地理位置的重
要,伊州设置前后的情况全同庭州,亦以同样的地理位置而设州也。请

49

·欧·亚·历·史·文·化·文·库·

読者閲読厳耕望著《唐代交通図考》第二巻河隴磧西区図九唐代瓜、沙、伊、西、安西、北庭交通図,对于庭州、伊州的重要地理位置,即可一目了然。盖自瓜州至常乐县,再循第五道至伊州,或自沙州至玉门故关,再循稍竿道至伊州。从伊州西北去庭州,西南去西州,均有驿路可行。从庭州西去轮台,有通天山以北碎叶城之路;从西州交河城,西南行有通焉耆再西去天山以南龟兹之路。据此,庭州、伊州在自凉州(唐代前期西北地区的政治、经济、军事、文化中心)至西北边境的交通线上,在自凉州至西域天山南北地区的交通线上,其重要性可知也。我研究唐代前期西北地区军事史,读严耕望先生书,颇受教益,于此谨致感谢。

3.1.2 北庭都护府的设置和原因及其重要意义

北庭都护府设置于长安二年(702 年),《资治通鉴》卷 207 "则天后长安二年" 云:

> [十二月]戊申,置北庭都护府于庭州(太宗平高昌,于西州之北置庭州,即汉车师后王之地)。

《元和郡县图志》卷 40 "陇右道(下)"、《旧唐书》卷 40《地理志》"河西道"、《新唐书》卷 40《地理志》"陇右道"均同。

为什么在唐建国后八十四年设置以 "抚慰诸蕃、辑宁外寇" 为使命的北庭都护府?其原因当于西域的政治军事形势中求之。

《新唐书》卷 215(上)《突厥传》略云:

> 默啜负胜轻中国,有骄志,大抵兵与颉利时略等,地纵广万里,诸蕃悉往听命。复立咄悉匐为左察,骨咄禄子默矩为右察,皆统兵二万;子匐俱为小可汗,位两察上,典处木昆等十姓兵四万,号拓西可汗。岁入边,戍兵不得休,乃高选魏元忠检校并州长史为天兵军大总管,娄师德副之,按屯以待。又徙元忠灵武道行军大总管,备虏。

> 默啜剽陇右牧马万匹去,俄复盗边,诏安北大都护相王为天兵道大元帅,率并州长史武攸宜、夏州都督薛讷与元忠击虏,兵未出,默啜去。

50

长安三年,遣使者莫贺达干请进女女皇太子子,后使平恩郡王重俊、义兴郡王重明盛服立诸朝。默啜更遣大酋移力贪汗献马千匹,谢许婚,后渥礼其使。中宗始即位,入攻鸣沙,于是灵武军大总管沙吒忠义与战,不胜,死者几万人,虏遂入原、会,多取牧马。帝诏绝昏,购斩默啜者王以国、官诸卫大将军。

玄宗立,绝和亲。明年,使子移涅可汗引同俄特勒(勤)、火拔颉利发石矢毕精骑攻北庭,都护郭虔瓘击之,斩同俄城下,虏奔解。

初,景云中,默啜西灭娑葛,遂役属契丹、奚,因虐用其下。既年老,愈昏暴,部落怨畔。十姓左五咄陆、右五弩矢毕俟斤皆请降。葛逻禄胡屋鼠尼施三姓、大漠都督特进朱斯、阴山都督谋落匐鸡、玄池都督踢实力胡鼻率众内附,诏处其众于金山。

根据上引史料,则天后在位后期、中宗、睿宗以及玄宗初年,东突厥默啜的势力发展极大。东役属契丹、奚,统治大河以北、漠南,西至北庭以北,更西统摄西域天山以北地区。从景云后一段时间内,十姓左五咄陆、右五弩矢毕俟斤向唐请降一事,可推知,西突厥全部曾完全役属于默啜。玄宗初,默啜遣兵围攻北庭,是默啜势力强大并西向侵犯的必然表现。默啜之子,即拓西可汗典处木昆等十姓兵马,必然要与唐争夺北庭。总之,在东突厥默啜兵力强大已统摄西域天山以北十姓之地的情况下,不仅天山以南的安西四镇受到威胁,唐经营西域的前沿根据地北庭以及唐经营西域的全部措施,都发生危机。在这样的情况下,唐不得不加强经营西域的力量,即于长安二年设置北庭都护府。

其次,唐设置北庭都护府,也与西域受到来自南面的威胁有关。《新唐书》卷216(上)《吐蕃传》略云:

证圣元年,钦陵、赞婆攻临洮,(王)孝杰以肃边道大总管战素罗汗山,虏败还。又攻凉州,杀都督。遣使者请和,约罢四镇兵,求分十姓地。武后诏通泉尉郭元振往使,道与钦陵遇。元振曰:"东赞事朝廷,誓好无穷,今猥自绝,岁扰边,父通之,子绝之,孝乎?父事之,子叛之,忠乎?"钦陵曰:"然!然天子许和,得罢二国戍,使十姓突厥、四镇各建君长,俾其国自守,若何?"元振曰:"唐以十姓、四镇抚西土,为列国主,道非有它,且诸部与吐蕃异,久为唐编人矣。"钦陵曰:"使者意我规削诸部为唐边患邪?我若贪土地财赋,彼青海、湟川近矣,今舍不争,何哉?突厥诸部碛漠广莽,去中国远甚,安有争地万里外邪?且四夷唐皆臣并之,虽海外地际,靡不磨灭,吐蕃适独在者,徒以兄弟小心,得相保耳。十姓五咄陆近安西,于吐蕃远,俟斤距我才一碛,骑士腾突,不易旬至,是以为忧也。青海之役,黄仁素约和,边守不戒,崔知辩径俟斤掠我牛羊万计,是以求之。"使使者固请,元振固言不可许,后从之。

关于郭元振与论钦陵的谈判以及"元振固言不可许,后从之",《通鉴》有简要记载,兹略引之。

《资治通鉴》卷205"则天后万岁通天元年"略云:

> 吐蕃复遣使请和亲,太后遣右武卫胄曹参军贵乡郭元振往察其宜。吐蕃将论钦陵请罢安西四镇戍兵,并求分十姓突厥之地。元振曰:"四镇、十姓与吐蕃种类本殊,今请罢唐兵,岂非有兼并之志乎?"钦陵曰:"吐蕃苟贪土地,欲为边患,则东侵甘、凉,岂肯规利于万里之外邪?"乃遣使者随元振入请之。

> 朝廷疑未决,元振上疏,以为:彼四镇、十姓,吐蕃之所甚欲也。且四镇、十姓款附日久,今未察其情之向背,事之利害,遥割而弃之,恐伤诸国之心,非所以御四夷也。太后从之。

据《新唐书·吐蕃传》及《资治通鉴》记载,万岁通天元年时(在长安二年置北庭都护府的前十年),吐蕃要取得四镇、十姓(实际上即天山南北)之志很明显。如文中"约罢四镇兵,求分十姓地","请罢安西四镇戍兵,并求分十姓突厥之地",十分明确地表明吐蕃的意向。只是由于武则天实行了郭元振的政治策略,吐蕃发生内讧,使吐蕃进犯凉州和安西四镇推迟了。

根据以上论述,由于东突厥默啜和吐蕃对西域北、南两方面的威胁,唐不能不加强经营西域的力量,这就是长安二年北庭都护府设置的背景。

唐代经营西域的方针策略,多为太宗所制定:以凉州为经营西域的总部,以西州为前沿根据地,以在龟兹的安西都护府为前方指挥机构。从凉州进至西州,从西州沿银山道经焉耆进至龟兹,形成自经营西域的总部到前方指挥机构的大动脉。在长安二年设置北庭都护府之前,设在龟兹的安西都护府统辖天山南北,兵力主要在天山以南的四镇地区。在设置北庭都护府之后,唐经营西域的军事形势改变了,凉州仍是其后方总部。北庭(包括庭、西、伊三州)既是前沿根据地(就安西都护府而言),又是天山以北(见下文按三十六蕃)的前方指挥机构。安西都护府是天山以南以及三十六蕃以外的地区的前方指挥机构。这样就形成了西北军事格局。北庭都护府的设置对西北军事格局的形成,具有重要意义,这是显而易见的。

3.1.3 北庭节度使的设置及其原因和重要意义

《元和郡县图志》卷40"陇右道(下)"略云:

> 庭州,北庭。开元二十一年改置北庭节度使。

但《资治通鉴》卷212"唐玄宗开元十年"云:

> 吐蕃围小勃律王没谨忙,谨忙求救于北庭节度使张嵩曰:"勃律,唐之西门,勃律亡则西域皆为吐蕃矣。"嵩乃遣疏勒副使张思礼将蕃汉步骑四千救之(据《新书》,张嵩即张孝嵩),昼夜倍道,与谨忙合击吐蕃,大破之,斩获数万。

《新唐书》卷5《玄宗纪》"开元十年"云:

> [九月]癸未,吐蕃攻小勃律,北庭节度使张孝嵩败之。

据《新唐书·玄宗纪》及《通鉴》记载,开元十年已有北庭节度使。《元和郡县图志》谓开元二十一年改置北庭节度使,非也。

《唐会要》卷78《节度使》云:

> 又先天元年十一月,史献除伊西节度兼瀚海军使,自后不改。
> 至开元十五年三月,又分伊西北、庭为两节度。

《新唐书》卷67《方镇表》"安西"栏云:

> 先天元年,北庭都护领伊西节度等使。

按史献即阿史那献,先天元年时为北庭都护,此年十一月,又除史献为伊西节度兼瀚海军使,即《新表》之"北庭都护领伊西节度等使"也。

吐鲁番文书亦有关于上述官制改变的记载。按《吐鲁番出土文书》(八)载"唐开元十年(722年)伊吾军上支度营田使留后司牒为烽铺营田不济事",兹移录 7 至 14 行如下：

7. ☐ 无 田 水。纵有者,去烽卅廿

8. ☐☐上,每烽烽子只有三人,两人又属警固,近烽不敢

9. 不营,里数既遥,营种不济,状上者。曹判:近烽者,即

10. 勒营种,去地远者,不可施功。当牒上支度使讫。 至

11. 开十闰五月廿四日,被支度营田使留后司五月十八☐

12. 牒称:伊吾军牒报 ☐ 烽多无田水。 纵☐

13. 有 者 ☐ 薄恶不任☐ 称 人力不☐

14. ☐ 言 不可固,即非☐

（后缺）

此书编者说明云:本件盖有朱印二处,印文为"伊吾军之印"。另背面有残印痕。

此件为伊吾军呈报上级官府之文书。文书 10 行之"牒上支度使讫"及 11 行之"被支度营田使留后司五月十八☐牒称",支度使及支度营田使乃伊吾军之上级官府。按支度使及支度营田使均隶属于节度使。按此件文书之时间为开元十年闰五月,如为伊吾军呈报北庭节度使之文书,则北庭节度使的存在,较上引《新唐书·玄宗纪》北庭节度使张孝嵩败吐蕃早两个月。

在同一书中,在本件文书之后,同为阿斯塔那 226 号墓出土的同类文书,尚有两件。一件为"唐开元十一年(723年)状上北庭都护所属诸守捉廨田顷亩牒"文书的两行为:

11. ☐ 北 庭 副 都 (兴按,此下脱"护"字)兼☐使赐紫金☐

12. ☐光禄大夫检校北庭都护兼经 略 ☐

另一件为"唐北庭都护支度营田使文书",文书的三行为:

2. 朝请 大 夫检校北庭副都护 兼 ☐

3.　　　　　　　中散大夫 [   ] 上柱国周

4. □副大使银青光禄大夫检校北庭都护□□营田等使

上柱国杨楚客

据上引,这两件文书呈报者的上级官府均为北庭都护府,则唐开元十年伊吾军上支度营田使留后司牒为烽铺营田不济事,应亦为伊吾军呈报北庭都护府者,非呈报北庭节度使者。这一问题涉及唐都护府制和节度使制,也涉及唐官府和民间对都护、节度使兼领官职的习惯称谓。事虽琐细,却不能不分析清楚。

《通典》卷32《职官十四·州郡(上)》云:

都护

大唐永徽中,始于边方置安东、安西、安南、安北四大都护府,后又加单于、北庭都护府。府置都护一人,副都护二人,长史、司马各一人(录事、功曹、仓曹、户曹、兵曹、法曹参军各一人,参军事三人)。

永兴按,《唐六典》卷30所载都护、副都护以下属官与《通典》同,均无支度、营田使等。

《新唐书》卷49(下)《百官志·外官》略云:

节度使、副大使知节度事、行军司马、副使、判官、支使、掌书记、推官、巡官、衙推各一人。节度使兼观察使,又有判官、支使、推官、巡官、衙推各一人;兼支度、营田、招讨、经略使,则有副使、判官各一人;支度使复有遣运判官、巡官各一人。

《通典》卷32《职官十四》略云:

其边方有寇戎之地,则加以旌节,谓之节度使。本皆兼支度、营田使。

据上引《新唐书·百官志》和《通典》,唐官制规定,支度、营田等使是节度使的兼官或属官,与都护无涉。

《唐会要》卷78《节度使》略云:

开元九年十一月四日,河东河北不须别置支度,并令节度使

55

自领支度。

　　陇右节度使,至[开元]十五年十二月,除张志亮,又兼经略、支度、营田等使。已后为定额。

　　河西节度使,至开元二年四月,除阳执一,又兼赤水九姓本道支度、营田等使。十一年四月,除张敬忠,又加经略使。十二年十月,除王君㚟,又加长行转运使。自后遂为定额也。

上引《唐会要》所载,乃《新唐书·百官志》、《通典》所载节度使领官兼官制度的实行情况。节度使领或兼支度、营田使乃经常之事。

　　讨论至此,回顾上文引录的三件吐鲁番文书。第一件,唐开元十年伊吾军上支度营田使留后司牒为烽铺营田不济事,"支度、营田使"之上,省去"北庭节度使"领或兼,据上文引《新唐书·百官志》及《通典》所载制度,支度营田使乃节度使下之领官或兼官也。北庭节度使之上,又省去"北庭都护",官府文书中常有此种情况。兹举一例,《旧唐书》卷104《封常清传》略云:

　　十一载,正见死,乃以常清为安西副大都护、摄御史中丞、持节充安西四镇节度、经略、支度,营田副大使,知节度事。

《资治通鉴》卷217"唐玄宗天宝十四"载云:

　　[十一月]辛未,安西节度使封常清入朝,上问以讨贼方略。

封常清的安西都护衔可以省去,开元十年伊吾军上牒中的北庭都护衔当然也可以省去。《曲江集》中唐玄宗《敕安西节度使王斛斯书》,王斛斯的安西都护衔大多省去不书。第二件吐鲁番文书12行末的空缺字,应为"节度使"和"支度、营田使"。第三件吐鲁番文书4行,省略"北庭节度",不再一一分析。

　　第一件吐鲁番文书的时间为开元十年闰五月。当时,北庭节度使已经设置,其始设置的时间应更早一些。至于《唐会要》所载:"至开元十五年三月,又分伊西、北庭为两节度。"我推测,前此包括上文引录的吐鲁番文书所载开元十年北庭节度使,似包括先天元年史献所担任的伊西节度,至开元十五年,又分为两节度了。

　　大约设置于开元初期的北庭节度使,其职能比北庭都护扩大了。

一方面代替北庭都护"抚慰诸蕃",同时又是西、伊、庭三州的军政长吏,并能充分利用三州的人力(包括兵力)、物力、财力和三州的交通枢纽作用。西域日益紧张的政治军事形势导致了北庭节度的出现,从而代替了北庭都护。

北庭节度使的设置,加强和完备了以河西节度为主的西北军事格局。它与安西四镇节度互相配合,有时二节度合为一,有时分为二,有时以安西四镇节度为主,有时以北庭节度为主。在突骑施南侵,吐蕃北犯,大食东来,时而三者联合,时而二者联合的复杂、紧迫的形势下,西北军事格局实现了唐中央政府经营西域的方针、策略。在唐成为广土众民(人口多、民族多)的强大文明国家的伟大事业中,西北军事格局发挥了极其重要的作用。

3.2　北庭都护府按三十六蕃(州)

《元和郡县图志》卷40"陇右道(下)庭州"条云:

> 长安二年改置北庭都护府,按三十六蕃。(永兴按,脱"州"字。)

以下稽考三十六蕃州。按《旧唐书》卷40《地理志》"河西道"云:

> 北庭都护府
>
> 盐治州都督府　　盐禄州都督府　　阴山州都督府
>
> 大漠州都督府　　轮台州都督府　　金满州都督府
>
> 玄池州　哥系州　咽面州
>
> 金附州　孤舒州　西盐州
>
> 东盐州　叱勒州　迦瑟州
>
> 冯洛州　已上十六番(蕃)州,杂戎胡部落,寄于北庭府
>
> 界内,无州县户口,随地治畜牧。

以上十六蕃州应是北庭都护府按三十六蕃州的一部分。《旧唐书·地理志》明言:居民为戎胡部落,治畜牧,乃随逐水草以畜牧为生的蕃族。《旧唐书·地理志》未说明此十六蕃州属于何种蕃族。

·欧·亚·历·史·文·化·文·库·

《新唐书》卷43(下)《地理志》"羁縻州"云:

陇右道

特伽州　鸡洛州(开元中又有火拔州、葛禄州,后不复见)。

濛池都护府(显庆二年禽贺鲁,分其地,置都护府二、都督府八,其役属诸胡皆为州)。

昆陵都护府

匐延都督府(以处木昆部置)。

喝鹿州都督府(以突骑施索葛莫贺部置)。

洁山都督府(以突骑施阿利施部置)。

双河都督府(以摄舍提暾部置)。

鹰娑都督府(以鼠尼施处半部置)。

盐泊州都督府(以胡禄屋阙部置)。

阴山州都督府(显庆三年,分葛逻禄三部置三府,以谋落部置)。

大漠州都督府(以葛逻禄炽俟部置)。

玄池州都督府(以葛逻禄踏实部置)。

金附州都督府(析大漠州置)。

轮台州都督府

金满州都督府(永徽五年,以处月部落置为州,隶轮台。龙朔二年为府)。

咽面州都督府(初,玄池、咽面为州,隶燕然,长安二年为都督府,隶北庭)。

盐禄州都督府

哥系州都督府

孤舒州都督府

西盐州都督府

东盐州都督府

叱勒州都督府

迦瑟州都督府

凭洛州都督府

沙陀州都督府

答烂州都督府

右隶北庭都护府

以上都护府二、都督府四、带都督府州十九、不带都督府州四。《旧唐书·地理志》所载十六蕃州均在带都督府之十九州中。四都督府属于处木昆一，属于突骑施一，属于摄舍提暾一，属于鼠尼施处半一。十九带都督府州注明属于何部族者八：一属于突骑施，一属于胡禄屋阙，五属于葛逻禄，一属于处月。

《通典》卷199《边防十五》"西突厥"略云：

阿史那贺鲁者，曳步利设射匮特勤之子也。阿史那步真既来归国，咄陆可汗乃立贺鲁为叶护，以继步真，居于多逻斯川，在西州直北千五百里，统处月、处密、姑苏、葛逻禄、弩矢毕五姓之众。永徽二年，（贺鲁）与其子咥运率众西遁，据咄陆可汗之地，总有西域诸部，建牙于双河及千泉，自号沙钵罗可汗，统摄咄陆、弩矢毕十姓。其咄陆有五啜，弩矢毕有五俟斤，各有所部，胜兵数十万，并羁属贺鲁（其咄陆有五啜：一曰处木昆律啜，二曰胡禄屋阙啜，三曰摄舍提暾啜，四曰突骑施贺逻施啜，五曰鼠尼施处半啜。弩矢毕有五俟斤：一曰阿悉结阙俟斤，二曰哥舒阙俟斤，三曰拔塞干暾沙钵俟斤，四曰阿悉结泥熟俟斤，五曰哥舒处半俟斤）。

把《通典》这一记述与上引《新唐书·地理志》所载隶属北庭都护府的匐延等四都督府、嗢鹿州等带州十九都督府所属蕃族相比较，其处木昆、胡禄屋、摄舍提暾、突骑施、鼠尼施处半均为咄陆五啜，而处月、葛逻禄亦为西突厥沙钵罗可汗统治下的蕃族种落。

《新唐书》卷217（下）《葛逻禄传》略云：

葛逻禄本突厥诸族，在北庭西北，金山之西。有三族：一谋落，或为谋剌，二炽俟，或为婆匐，三踏实力。永徽初，三族皆内属。显庆二年，以谋落部为阴山都督府，炽俟部为大漠都督府，踏实力部为玄池都督府，即用其酋长为都督。后分炽俟部置金附州。三族

59

当东、西突厥间,常视其兴衰附叛不常也。

据上引,《新唐书·葛逻禄传》与同书《地理志》羁縻州葛逻禄三部置三府相同,唯《新唐书·地理志》作显庆三年,误。按《资治通鉴》卷 200"唐高宗显庆二年"云:"(十二月)乙丑,分西突厥地置濛池、昆陵二都护府,(濛池都护府居碎叶川西,昆陵都护府居碎叶川东。)以阿史那弥射为左卫大将军、昆陵都护、兴昔亡可汗,押五咄陆部族;阿史那步真为右卫大将军、濛池都护、继往绝可汗,押五弩失毕部落。遣光禄卿卢承庆持节册命,仍命弥射、步真与承庆据诸姓降者,准其部落大小,位望高下,授刺史以下官。"则葛逻禄三姓为阴山等三都督府在显庆二年末,非显庆三年。又昆陵都护府押五咄陆部落,在碎叶川东,上引《新唐书·地理志》羁縻州隶属于北庭都护府之处木昆、胡禄屋、摄舍提暾、突骑施、鼠尼施处半均属五咄陆部,可知均在碎叶川东,也可知北庭都护府所按诸蕃州均在碎叶川以东,则碎叶川以西诸蕃州应属于安西都护府。

《新唐书》卷 215(下)《西突厥贺鲁传》略云:

> 骆弘义献计曰:且兵本诛贺鲁,而处蜜、处木昆等亦各欲自免,请宽处月、处蜜等罪,专诛贺鲁。天子然其奏,诏弘义佐(梁)建方等经略之。处月朱邪孤注者,引兵附贼,建方等攻之,斩孤注。永徽四年,罢瑶池都督府,即处月置金满州。

上引《新唐书·地理志》羁縻州之金满州与此同,唯作永徽五年置。按《资治通鉴》卷 199"唐高宗永徽五年"云:

> 闰月[四月]丙子,以处月部置金满州(其地近古轮台,属北庭都护府)。

则《新唐书·地理志》作永徽五年,是;《新唐书·西突厥贺鲁传》作永徽四年,非也。

《新唐书》卷 218《沙陀传》略云:

> 沙陀,西突厥别部处月种也。始,突厥东西部分治乌孙故地,与处月、处蜜杂居。贞观七年,太宗以鼓纛立利邲咄陆可汗,而族人步真觖望,谋并其弟弥射,乃自立。弥射惧,率处月等入朝。其

大酋乙毗咄陆可汗建廷镞曷山之西，号"北庭"，而处月等又隶属之。处月居金娑山之阳，蒲类之东，有大碛，名沙陀，故号沙陀突厥云。永徽初，贺鲁反，而朱邪孤注亦杀招慰使连和。明年，弓月道总管梁建方、契苾何力引兵斩孤注。又明年，即处月地置金满、沙陀二州。

《新唐书·地理志》羁縻州中有沙陀州，未言属于何族。据上引，沙陀州与金满州均以处月地置。处月为西突厥别部，可知处月非突厥族也。对晚唐历史有颇大作用的沙陀从处月种出，故以处月地所置州名为沙陀州。

《新唐书》卷215(下)《突骑施传》略云：

> 突骑施乌质勒，西突厥别部也。圣历二年，遣子遮弩来朝。神龙中，封怀德郡王。是岁，乌质勒死，其子嗢鹿州都督娑葛为左骁卫大将军，袭封爵。

《资治通鉴》卷208"唐中宗神龙二年"云：

> [十二月]戊戌，以娑葛袭嗢鹿州都督、怀德王(高宗显庆元年，以突骑施索葛莫贺部置嗢鹿州都督府)。

永兴按，初置嗢鹿州应在显庆二年或三年，不在元年。据此可知，突骑施亦为西突厥统属的部族。

根据以上全部史料和考证，《旧唐书·地理志》所载属于北庭都护府的十六蕃州，《新唐书·地理志》羁縻州所载属于北庭都护府的二十七蕃州(包括《旧唐书·地理志》所载十六蕃州)，应即是《元和郡县图志》所谓北庭都护府按三十六蕃州中之大部分也。这些蕃州就西突厥族及西突厥所统属诸蕃族如葛逻禄、处月、突骑施等所居州而设置，在天山北之碎叶川东，其时间在显庆三年(658年)西突厥贺鲁被俘、西突厥平定之后。按《资治通鉴》卷200"唐高宗显庆三年"略云：

> 阿史那贺鲁既被擒，贺鲁至京师，甲午，献于昭陵。赦免其死。分其种落为六都督府，其所役属诸国皆置州府，西尽波斯，并隶安西都护府。

北庭都护府设置于长安三年，从显庆三年到长安三年之前，这些蕃州

61

·欧·亚·历·史·文·化·文·库·

隶属于安西都护府。从长安二年起,这些蕃州属于北庭都护府。《元和郡县图志》所谓北庭都护府按三十六蕃州乃长安二年以后之事也。北庭都护府按三十六蕃州体现了北庭都护府设置的目的,即分担经营西域的重担,与安西都护府互相配合,共同经营西域。

我们只考定三十六蕃州中的二十七蕃州,余九蕃州在何地、属于何族、设置于何时,留待再考。

3.3 北庭天山军食仓粮问题初探

本节分析北庭天山军兵士食仓粮文书。该文书的图版与录文载于小田义久主编《大谷文书集成》二,其录文亦见于池田温著《中国古代籍帐研究》。检《大谷文书集成》二图版55、56,文书原件为三断片,即大谷三三五四号和大谷三三五五号(1)、(2),兹据图版录文并拟题如下:

唐天宝年间北庭天山军兵士食仓粮账(大谷三三五四、三三五五号)

(前缺)

会 ⬚ 罗护加破卅五人,覆加八人,覆同。及。

1. 廿 □ 人 蒲 昌 县 界

2. 一 十 九 人 罗 护 镇 界
　　会柳中仓加破六人,覆会同。及。

3. 七 人 柳 中 县 界
　　又郡仓支拾日,泰。贰拾肆人,银山全支。及。

4. 卅 四 人 天 山 县 界
　　支银山仓,及。

5. 一 十 二 人 鸜 鹆 镇 界
　　郡仓支,十五日。

6. 一 十 人 烧 炭 支 安 昌 界
　　　　及。□□人,及同。及。

会交河仓,加破二十二人,七人料仓支十日,泰。

7. 五 十 四 人 交 河 县 界

8. 六 人 白 水 镇 界

又数内天山全支。壹□□□□拾□□及
壹阡贰伯陆人,郡仓□支,壹拾伍人。及。□□拾二人
全支 □□□叁□

9. □ □ 四 百 五 人 郡 城 界

及。叁拾叁人,天山全支。□
及。壹拾捌□
□人交河仓,及。肆拾叁人支蒲昌□
□壹人支天山仓。及。

10. □奏傔兵健等破除见在总九百九□

11. □七 人 衔

12. □七 人 行 官 奏□

13. □ 破 除 □

14. □人 应 在 见 在 □

(后缺)

(前缺)

□蒲昌仓

1. □人蒲 昌 县 界
□陆人,柳中给讫。及。

2. □ 人 柳 中 县 界
交河仓同支。及。

3. 四 人 交 河 县 界
交河仓支。及。

4. 一 人 白 水 镇 界
银山支。及。

5. 四 人 天 山 县 □

天山仓支。及。

6. □ 人 安 昌 仓 支

永兴按:以下残存五行,残缺甚,略去;第三断片亦残缺甚,略去不录。

对于这件文书,池田温氏拟题为:"唐天宝时代河西天山军兵员给粮文书。"小田义久氏拟题为:"河西天山军兵员给粮文书。"按文书中有郡城、郡仓,"郡",交河郡也,不称西州而称交河郡,标明文书的时间为天宝年间,池田温氏拟题中的"天宝"云云,是对的。按《通典》卷172"州郡二"、《元和郡县图志》卷40"陇右道(下)"、《旧唐书》卷38《地理志》、《资治通鉴》卷215"唐玄宗天宝元年",北庭节度使下有天山军,非属于河西节度使者。池田温、小田义久二氏拟题中的"河西",均误。"兵员给粮",其意不误,但不确切;据文书内容,乃兵士食仓粮也。"文书"一词,不误,但笼统;据文书格式及内容,乃具有勾官检勾记事之账也。

首先应读懂文书。文书标出 1、2、3 等行为墨书,每行右侧之文字为朱书,朱书为勾官勾检标志。

第一断片 1 行 2 行右侧的勾检记事,其意为:"会",乃勾官勾检常用字,意为核算检查。"罗护",据《新唐书》卷40《地理志》"陇右道伊州"云:

> 纳职 自县西经独泉、东华、西华、驼泉,渡茨其水,过神泉,三百九十里有罗护守捉;又西南经达匪、草堆,百九十里至赤亭守捉,与伊西路合。别自罗护守捉西北上乏驴岭,百二十里至赤谷;又出谷口,经长泉、龙泉,百八十里有独山守捉;又经蒲类,百六十里至北庭都护府。

据上引,罗护镇(或曰罗护守捉)在自伊州至西州和自伊州至北庭都护府两条驿路交会之处,应属于西州蒲昌县。"加破",按"破"为"破费"之意,在此处意为食用,"加破"即增加食用之人也。"会"及"罗护"之间所缺字,应为"蒲昌仓","罗护"后似脱"仓"字。此句第一部分的意思是:经过核算检查,蒲昌仓及罗护仓食用仓粮者加为三十五人。其次,"覆加八人","覆"亦勾检用字,意为核对。经过核对,加食用仓粮者八人。"覆同",经再次核对,同上措施,即加为三十五人,再加八人也。"及"为勾官签署;"及",勾官之名也。全部勾检句之意如此。1行:"廿"之后缺字,应填"四"字,全行意为在蒲昌县界的二十四人。2行:意为在罗护镇界的十九人。两行共四十三人,与勾检句中之三十五人加八人共四十三人相同。结合勾检句,可知:在蒲昌县界的二十四人食用蒲昌仓粮;在罗护镇界的十九人食用罗护仓粮;分配者与负责者为勾官"及"。

　　根据以上考辨,文书3、4、5、6行及其勾检语句,均可解释,不赘述。文书4行的勾检句中之"银山"为银山镇,见《新唐书》卷40《地理志》西州条所载自西州至焉耆的驿路:"经礌石碛,二百二十里至银山碛。"银山镇即在此处,属天山县。文书5行的鸜鹆镇,见于《大谷文书集成》二载大谷三四七三号西州天山县事目历,文云:"兵曹帖,为追鸜鹆镇典别将康□。",可知鸜鹆镇属天山县,近银山镇,故食银山仓粮也。6行之安昌,见于上引《新唐书·地理志》,文云:"自州西南有南平、安昌两城。"近郡,故食郡仓也。

　　文书7、8两行及其勾检语句,不易理解,试释如下:"会交河仓,加破",意为勾官与交河仓计算,增加食仓粮人,由勾官"及"签署。"□□人",细审图版,此处漫漶难识,所缺者似为三字,就7、8两行共六十人而言,所缺三字,应填"三十八",以下勾官"及"表示同意并签署。另行二十二人中,七人料交河仓支用十日,此为另一勾官"泰"所决定者。六十人中,五十四人在交河县界,六人在白水镇界。白水镇在何处?考证颇费周折。我在《吐鲁番出土唐西州某县事目文书研究》[1]一文中,已推定白水镇在交河县境,故食交河仓也。

　　文书9行及其勾检语句,更难理解。图版印制模糊,殊难辨认。池田温氏、小田义久氏据文书原件录文,亦不同。兹列二人的录文如下:

---

〔1〕 王永兴:《吐鲁番出土唐西州某县事目文书研究》,载《国学研究》第1卷,北京大学出版社,1993年,第347~400页。

池田温录文：

又数内天山全支。

壹阡贰伯陆人，郡仓□支，壹拾伍人。及。移拾壹人□□□

叁□

小田义久录文：

又数内天山仓支壹□□□□□拾□□及。

壹阡贰伯陆人，郡仓各（?）支。壹拾伍人。及。□□拾二人

全支□□□叁□

两件录文如此不同，可能文书原件过于漫漶难识。因此，不能详确理解，只能略述其大意：一千二百六人食粮由郡仓支。9 行之"四百五人"之上缺字，应有"一千"二字，即一千四百五人在郡城界。勾检句中之"数内"，应为一千四百五人数内，天山仓支付粮食者，"壹"下应为"百"字，即一百九十九人。在郡城界的总人数为一千四百五人，除郡仓支粮的一千二百六人外，余一百九十九人之粮，由天山仓支付。

文书 10 行右侧的勾检语句，乃 10 至 14 行的共同勾检语句。因此，首先要明确理解这五行文书的内容。10 行所记乃军使治事之衙中的小吏及兵士总人数，11 行 12 行为破除两分项，13 行为破除总人数，14 行为应在见在人数。这几行决定此件为天山军文书。其中"奏傔"，据《唐六典》卷 5"兵部郎中员外郎"条云：

凡诸军镇、大使副使已下，皆有傔人、别奏以为之使。大使三品已上傔二十五人，别奏十人。

四品、五品傔递减五人，别奏递减二人。副使三品已上傔二十人，别奏八人。

四品、五品傔递减四人，别奏递减二人。总管三品已上傔十八人，别奏六人。

四品、五品傔递减三人，别奏递减二人。子总管四品已上傔十一人，别奏三人。

五品六品傔递减二人，别奏递减一人。

文书中的"奏傔"乃别奏、傔人之简称。别奏、傔人为如军使等高级武

官服役之人。据《资治通鉴》卷215，"天山军在西州城内，兵五千人"。此残卷为天山军文书，可无疑问。文书12行之"行官"，据《资治通鉴》卷216"唐玄宗天宝六载十二月"胡注云："行官，主将命往来京师及邻道及巡内郡县。"其身份有类小吏。

文书14行残，军使治事衙中应在见在的人数不可知，这些人应是勾检语中食仓粮的人数，但勾检语亦残，食仓粮的人数不可知矣。应注意者，军使治事衙中兵士小吏等等在交河郡城内，但却食郡城外的天山仓、交河仓、蒲昌仓的仓粮。这可能由于郡城内食郡仓粮的人太多，郡仓不能供给；天山军食军仓粮的人也太多，军仓不能供给；军使治事衙中的数百人只能由天山仓、交河仓、蒲昌仓供给粮食了。

文书第二断片残存六行，文义明确，不须解释。它应是与第一断片不同时间的另一笔账。

文书解读至此，总括之：食仓粮者为天山军两部分人，一部分是在西州所属各县界和驿路上各驿站镇戍守捉的兵士，另一部分是在郡城界和军使衙中的兵士、胥吏等。文书所载这两部分人约为三千。文书残缺，天山军五千人中的其余两千人食仓粮的记载缺失了。我推测，这两千人中应有食军仓者。各军有仓，可从伊吾军军仓例推知之。按《吐鲁番出土文书》（八）载"唐伊吾军上西庭支度使牒为申报应纳北庭粮米事"云：

本件盖有"伊吾军之印"二方（永兴按，此为编者原说明）。

1. 敕伊吾军 　　　　牒上西庭支度使

2. 合军州应纳北庭粮米肆阡硕（叁阡捌伯伍拾叁硕捌斗叁胜伍合，军州前后检纳得，肆拾叁硕壹斗陆胜伍合，前后欠不纳）。

3. 　　　壹伯玖拾柒硕纳伊州仓讫。叁阡陆伯肆拾陆硕捌斗叁胜伍合，纳军仓讫。

（后缺）

此军仓当为伊吾军仓。军仓制应为全国的普遍制度，如伯3348 V"唐天宝三—四载河西豆卢军交朵帐"，其4行云："其斛斗收附军仓，三载夏季载支粮帐讫"，其28行云："其斛斗收附军仓，同前载冬季载支粮帐

·欧·亚·历·史·文·化·文·库·

讫"。此军仓乃河西豆卢军仓也。据此,北庭天山军必有军仓。两千人中的多数应为食天山军军仓者。两千人中的其余人应在其屯戍驿路上的驿镇食当地或附近仓粮。

论述至此,可以肯定,此残卷乃北庭天山军兵士食仓粮文书。我们还应进一步探讨:这一文书是天山军哪一部门制造的,制造这一文书的用意何在,意义何在? 以下提出我推测性的简略回答。

《唐六典》卷30"地方官"略云:

> 上镇,将一人,正六品下。
>
> 仓曹参军事一人,从八品下。
>
> 兵曹参军事一人,从八品下。
>
> 仓曹掌仪式、仓库、饮膳、医药,付事勾稽,省署抄目,监印,给纸笔,市易、公廨之事。
>
> 兵曹掌防人名帐、戎器、管钥、差点及土木兴造之事。

永兴按,《新唐书》卷49(下)《百官志·外官》,在记述上镇、中镇、下镇之后,又云:

> 凡军镇,二万人以上置司马一人,正六品上;增仓曹、兵曹参军事各一人,从七品下。不及二万者,司马从六品上,仓曹、兵曹参军事,正八品上。
>
> 仓曹参军事,掌仪式、仓库、饮膳、医药,付事勾稽,省署抄目,监印,给纸笔,市易、公廨。
>
> 兵曹参军事,掌防人名帐、戎器、管钥、马驴、土木、谪罚之事。

《通典》卷29《职官十一·折冲府》略云:

> 兵曹一人,判府事,付事勾稽,监印,给纸笔。

据上引,镇的仓曹参军乃勾官也。除掌仓库等事外,还行使勾官的职能。上引《新唐书·百官志》"凡军镇"云云,军、镇并提;《唐六典》卷5"兵部郎中员外郎"条,在记述诸军之后,又记述镇,然后军、镇并提,如"凡诸军、镇每五百人"云云,"凡诸军、镇大使副使已上"云云。可推知,军的仓曹参军事的职能同镇的仓曹参军事,掌仓库外,还实行勾检。军的兵曹参军事的职能与镇同。由于《通典》载折冲府兵曹参军事是勾官,我推测,军的兵曹参军也可能具有勾官的职能。

根据以上论述,我认为天山军兵士食仓粮账,是天山军仓曹参军和兵曹参军共同制造的。文书上墨书部分是兵曹参军书写的,他掌管兵士名册和兵士屯戍守捉的安排。文书上朱书部分是仓曹参军书写的,他不仅熟悉本军的仓粮,同时也熟悉上级仓粮、平级仓粮、下级仓粮的情况,能适当安排多少人食某某仓粮,食某某仓粮的人数应加应减。他以军勾官的身份作出决定。文书上勾检语后的"及",就是这一仓曹参军以勾官身份签署的。文书上勾检语后的"泰",我推测是兵曹参军的签署。据上文分析,天山军的兵曹参军也可能具有勾检职能,在文书上少数几处,他以朱书签署。

天山军兵士食仓粮账的作用为:事前有准备地解决了散布在全州各县各驿镇兵士的食粮问题。这对于加强军队的战斗力和保卫西州全境,都具有重要意义。

天山军兵士食仓粮账可能每年一造。文书的第二断片可能是另一年的。

3.4 北庭都护考略和北庭与安西的分合问题简述

自武后长安二年(702年)至玄宗天宝十四载(755年)为时53年,历任北庭都护者多人。据《新唐书》卷215(下)《西突厥传》云:

> 长安中,以阿史那献为右骁卫大将军,袭兴昔亡可汗、安抚招慰十姓大使、北庭大都护。

但《唐会要》卷78《节度使》云:

> 又先天元年十一月,史献除伊西节度,兼瀚海军使。

《册府元龟》卷133《帝王部·褒功二》云:

> 开元二年六月丁卯,北庭大都护、瀚海军使阿史那献枭都担首,献于阙下。

伊西节度常由北庭都护领,则先天元年时阿史那献任北庭都护。自长安二年至先天元年为时十年,史献连任十年,似不可能。开元二年二月,《资治通鉴》载北庭都护郭虔瓘败东突厥同俄特勒(勤),此一年中不可能有二人同时任北庭都护。凡此种种,均有待于进一步稽考。

北庭与安西的时合时分,为研究唐代前期以河西节度为主的西北军事格局必须注意之事。西北军事格局的两翼——安西与北庭,因西域军事形势的变化而时分时合。《新唐书·方镇表》的简要有类似制度的记载,为我们研究提供了线索;但有时与史实不尽符合或完全不符合,不知何故。在《方镇年表》中,吴廷燮氏注意安西与北庭的时合时分,并提出重要意见,但吴氏的一些意见不确切或不妥,不能遵循。对《新唐书·方镇表》记载不符合史实者和吴廷燮氏的意见不妥者,或史实中存在的问题,我提出意见,但均非定论,聊备一说而已。

在论述中,我使用了几件吐鲁番文书和敦煌文书,补史证史。对有的出土文书,不能不考释其内容和性质,颇费笔墨,似嫌琐碎,不得已也。

我依据吴氏《唐方镇年表》碛西北庭部分,按时间顺序论述,但只是讨论问题。至于历任都护,有吴氏年表在,不必重复。

吴廷燮著《唐方镇年表》碛西北庭部分,自景云元年起,请读者参阅。吴氏书中有可议者数处,兹讨论如下:

《唐方镇年表》云:

先天二年(713)

《册府元龟·帝王部》:开元二年六月丁卯,北庭大都护、瀚海军使阿史那献枭都担首献阙,胡禄等五万帐内属。

永兴按,吴廷燮氏以开元二年(714年)事证明阿史那献于先天二年任北庭都护,恐不妥。

《资治通鉴》亦载阿史那献擒都担事,唯阿史那献的任官职称及月份不同,按《资治通鉴》卷211"唐玄宗开元二年"云:

西突厥十姓酋长都担叛。三月,己亥,碛西节度使阿史那献克碎叶等镇,擒斩都担,降其部落二万余帐(《考异》曰:《实录》此月云:"献擒贼帅都担,六月,枭都担首。"盖此月奏擒之,六月传首方至耳。《实录》此月又云:"以西域二万余帐内附。"六月云:"擒其

部落五万余帐。"《新传》云"三万帐"。盖兵家好虚声,今从其少
者)。

记述同一事件,《资治通鉴》以阿史那献为碛西节度使,而非北庭大都
护,司马温公必有所据;同时,也可能考虑郭虔瓘任北庭都护的时间。
按《旧唐书》卷103《郭虔瓘传》(《新唐书》卷133《郭虔瓘传》同)云:

> 开元初,累迁右骁卫将军,兼北庭都护。二年春,突厥默啜遣
> 其子移涅可汗及同俄特勤率精骑围逼北庭,虔瓘率众固守。

永兴按,《资治通鉴》系此事于开元二年二月乙未。引文的"开元初",
当然是开元元年,因下文有"二年春"也。据此,开元元年、二年之北庭
都护均为郭虔瓘。《册府元龟》书开元二年六月阿史那献任北庭大都
护,不确,应从《通鉴》。吴廷燮氏于《唐方镇年表》先天二年下引用《册
府元龟》的记载,恐失于考虑未周也。

《旧唐书》、《新唐书·郭虔瓘传》均未言郭虔瓘始任北庭都护在开
元元年的月份。按先天二年十二月方改元开元,则所谓开元元年者,其
绝大部分时间为先天二年。吴廷燮氏据《唐会要》卷78《节度使》云:
"先天元年十一月,史献除伊西节度,兼瀚海军使。"《新唐书》卷67《方
镇表》安西栏云:"先天元年,北庭都护领伊西节度等使。"证明先天元
年阿史那献任北庭都护,甚是。据此可推知:先天二年,阿史那献仍可
能继续任北庭都护之职。如此推论不误,则先天二年,亦即开元元年,
阿史那献及郭虔瓘前后任北庭都护。此年,北庭都护有二人。

《唐方镇年表》云:

> 开元三年(715)
>
> 郭虔瓘 《册府元龟·帝王部》:开元三年二月,敕虔瓘为北
> 庭都护,累破吐蕃及突厥默啜,玄宗置酒劳之。

永兴按,吴廷燮氏所引《册府元龟》的记述,见于《册府元龟》卷133《帝
王部·褒功》,原文"虔瓘"上有"郭"字,无"敕"字。吴氏以此条史料
来证明开元三年郭虔瓘任北庭都护。但《资治通鉴》卷211"唐玄宗开
元二年"云:

> [七月]壬寅,以北庭都护郭虔瓘为凉州刺史、河西诸军州节

度使。

同书"唐玄宗开元三年"云：

> ［夏四月庚申］（以）左卫大将军郭虔瓘为朔州镇［军］大总
> 管，和戎等军并受节度，居并州（"朔州"，蜀本作"朔川"；《新纪》
> 亦然），［章：十二行本正作"川"，乙十一行本同］勒兵以备默啜。

据上引，郭虔瓘已于开元二年七月改官凉州，至开元三年四月，又从凉
州改官朔川，两度改官。"开元三年二月，敕虔瓘为北庭都护"，乃不可
能之事。按《册府元龟》原文云：

> ［开元］三年二月，郭虔瓘为北庭都护，累破吐蕃及突厥默啜，
> 斩获不可胜计，以其俘来献，玄宗置酒劳之。及将士等，并赐帛。
> 手诏谓曰：默啜残凶，屈强边徼。吐蕃小丑，孤负圣恩。我国家豫
> 在怀柔，未遑吊伐，而乃敢肆蜂虿，屡犯疆陲。虔瓘心蕴六奇，折冲
> 千里，追奔迈于三搜，受降逾于万计。建功若此，朕实嘉之。

我认为，《册府元龟》此段乃追述郭虔瓘任北庭都护时之事，非开元三
年二月之事。"累破吐蕃及突厥"云云，非一时一事也。《资治通鉴》卷
211"唐玄宗开元二年"云：

> ［七月］壬寅，以北庭都护郭虔瓘为凉州刺史、河西诸军州节
> 度使。

同书同卷同年又云：

> ［十月］突厥十姓胡禄屋等诸部诣北庭请降（此西突厥也），命
> 都护郭虔瓘抚存之。

永兴按，吴氏《唐方镇年表考证》卷上"北庭、碛西、伊西"部分云：

> 郭虔瓘
>
> 开元元年除伊西。《通鉴》：二年七月改河西，十月复为伊西，
> 三年四月庚申迁。

吴氏亦断定郭虔瓘于开元二年七月自北庭改官河西，当年十月，复由
河西改官北庭。上引《通鉴》的记述固如是也。按《资治通鉴考异》（详
见下文引）引《实录》云："十月庚辰，胡禄屋二万帐诣北庭内属。""宜
令北庭都护汤嘉惠与葛逻禄、胡屋等相应。""胡屋"即"胡禄屋"，上引

《资治通鉴》卷211开元二年十月突厥十姓胡禄屋等诸部诣北庭请降，与《资治通鉴考异》引《实录》所记述者完全相同，唯《实录》谓与来降西突厥部族相应（亦即《资治通鉴》之抚存）者为北庭都护汤嘉惠，而非北庭都护郭虔瓘也。我认为，应从《实录》。

据上论，郭虔瓘任北庭都护止于开元二年七月。其后，何人任北庭都护？按《资治通鉴》卷211"唐玄宗开元三年"云：

> 突厥十姓降者前后万余帐。高丽莫离支文简，十姓之婿也，二月，与跌跌都督思泰等亦自突厥帅众来降（《考异》曰：《实录》，二年九月壬子，"葛逻禄、车鼻施失钵罗侯斤等十二人诣凉州内属。"乙卯，"胡禄屋阙及首领等一千三十一人来降。"十月庚辰，"胡禄屋二万帐诣北庭内属。"明年正月，"突厥葛逻禄下首领裴罗达干来降。"二月，"突厥十姓部落左厢五咄陆啜、右厢五弩失毕侯斤等相继内属，前后二千余帐。"三月，"突厥支副忌等来朝，诏曰：'胡禄屋大首领之匐忌。'"四月，"三姓葛逻禄率众归国"。五月，"诏葛逻禄、胡屋、鼠尼施等"。又云："宜令北庭都护汤嘉惠与葛逻禄、胡屋等相应。安西都护吕休璟与鼠尼施相应"）。

永兴按，"胡屋"即"胡禄屋"，开元二年十月有二万帐诣北庭内属；"葛逻禄"即裴罗达干等首领，开元三年正月来降者。唐中央诏北庭都护汤嘉惠与之相应，则开元二年十月，汤嘉惠已任北庭都护；开元三年正月，汤嘉惠仍是北庭都护也。由此可知，开元二年七月郭虔瓘调离北庭后，继其任者为汤嘉惠，开元三年汤嘉惠仍是北庭都护。吴廷燮氏《唐方镇年表》，开元二年北庭都护只郭虔瓘一人，无汤嘉惠，不确；应为：开元二年七月壬寅（十七日）以前，北庭都护为郭虔瓘；此后则为汤嘉惠。

《唐方镇年表》，开元三年北庭都护为郭虔瓘、汤嘉惠二人，亦不确。据上文分析，此年之北庭都护应为汤嘉惠一人。

《唐方镇年表》，开元四年北庭都护仍为郭虔瓘与汤嘉惠二人。关于郭虔瓘，吴氏未举出证明史料，恐不确。关于汤嘉惠，吴氏举出《资治通鉴》卷211载开元三年四月北庭都护汤嘉惠发兵救葛逻禄等部事以为证,推定开元四年之北庭都护仍为汤嘉惠,可从之。

《唐方镇年表》云:

> 开元五年(717)
>
> 郭虔瓘 《册府元龟·帝王部》:开元五年六月,突骑施首长苏禄潜窥亭障,安西都护郭虔瓘及十姓可汗阿史那献皆反侧不安,各以表闻,乃遣使赍玺书慰谕之。

永兴按,《册府元龟》卷992《外臣部·备御五》云:

> [开元五年七月]初,帝欲遣阿史那献为北蕃主,而苏禄拒而不纳,乃命王惠宣恩赐慰谕。惠未行,会安西阳(汤)嘉惠奏至,宰相宋璟、苏颋奏曰:嘉惠表称:突骑施车鼻施勾引大食、吐蕃,拟取四镇,见围钵换及大石城,嘉惠已发三姓葛逻禄兵与史献同掩袭。臣等伏以突骑施等迹已叛换,葛逻禄等志欲讨除。自是夷狄相攻,元非朝廷所遣。若大伤小灭,皆利在国家。成败之状,即当闻奏。王惠充使,本为绥怀,事意既殊,未可令去。望待以西表至,续更商量。从之。

据上引,开元五年六月,安西都护为郭虔瓘,同年七月,安西都护为汤嘉惠;原文"安西汤嘉惠奏至",观奏文内容,汤嘉惠乃安西都护也。否则,同时有两个安西都护,皆为主宰者,又如何解释?

按吴氏《唐方镇年表考证》卷上"北庭、碛西、伊西"部分云:

> 杜暹
>
> 见《通鉴》、《新表》。按自杜暹后,安西、北庭合而为一,后至盖嘉运又分。

据《资治通鉴》卷212"唐玄宗开元十二年"云:"春三月甲子,起暹为安西副大都护、碛西节度等使。"吴氏所谓"自杜暹后,安西、北庭合而为一",诚是。又按《新唐书》卷67《方镇表》"安西"栏云:

> 开元六年,安西都护领四镇节度、支度、经略使;副大都护领碛西节度、支度、经略等使,治西州。

按,自开元四年陕王嗣昇为安西大都护而不出阁后,安西都护即为副大都护。《唐方镇年表》之"副大都护领碛西"云云,"副大都护"即副都护也。《新唐书·方镇表》所云即安西、北庭合而为一，唯始于开元六年，非始于开元十二年也。

我认为，上文所云开元五年有两个安西都护，一为都护郭虔瓘，治在龟兹（安西府）；一为副都护汤嘉惠，治在西州，负责北庭事。观上引《册府元龟》所载汤嘉惠表，其内容如有关突骑施、葛逻禄等事，均在天山以北北庭统摄地区。副都护有时也可以称为都护。如此说不误，则实际处理北庭军政事务者为汤嘉惠。在《唐方镇年表》北庭部分，开元五年应为汤嘉惠；安西部分，开元五年应为郭虔瓘。但吴廷燮氏《唐方镇年表》，则与此恰相反，不知何故？我在本书《唐代前期安西都护府及四镇研究》一部分略陈所见，也可能我对吴氏的深意理解不够，请读者教之。

《唐方镇年表》云：

［开元］六年

郭虔瓘　《旧传》：转安西副大都护、四镇经略安抚使，寻迁右威卫大将军，以疾卒。以张孝嵩为安西都护，代虔瓘。务农重战，安西充实。转太原尹，卒官。

张孝嵩　《新表》：安西副大都护、领碛西节度支度经略等使，治西州。

按，据吴氏引《旧唐书·郭虔瓘传》，郭虔瓘不只是安西副大都护（亲王遥领安西大都护，不出阁，副大都护实即大都护也），还是四镇经略安抚使，其职务均在安西。按《文苑英华》卷416中书制诰苏颋《封郭虔瓘潞国公兼食邑实封制》略云：

右羽林大将军、兼安西大都护、四镇经略大使、上柱国、太原郡开国公郭虔瓘，可进封潞国公，食邑三千户，仍赐实封一百户，余并如故。主者施行。

制文与《旧唐书·郭虔瓘传》同，则《旧唐书·郭虔瓘传》不误。在开元六年三月置四镇节度使（见《唐会要》卷78）之前，四镇经略大使为实际处理安西四镇军政事务的长官，其职务在安西。据郭虔瓘的官职衔称和他自北庭迁安西后的军政行为，均与北庭无涉，吴廷燮氏置郭虔

·欧·亚·历·史·文·化·文·库·

瑾于《唐方镇年表》北庭部分中(开元六年),不知何故?

《旧唐书》、《新唐书·郭虔瓘传》附《张孝嵩传》,均极简略,不能据之以考定张孝嵩的重要事迹。但《资治通鉴》卷212"唐玄宗开元十年八月"条,已有张孝嵩为北庭节度使的记载。北庭节度使的设置早于开元十年,张孝嵩始任北庭节度亦应在开元十年之前。《太平广记》卷420《龙三》"沙州黑河"条有"唐开元中,南阳张嵩奉诏都护于北庭"之记载。张嵩即张孝嵩,他任职北庭,可无疑问。

总括上述,我认为,开元六年之北庭都护或安西副都护领北庭节度为张孝嵩,当年任长吏于安西者,三月之前为郭虔瓘,此后为汤嘉惠,安西、北庭合而为一。

《唐方镇年表》的碛西北庭部分,自开元七年至开元十年,均列张孝嵩,均是;北庭与安西的关系,同开元六年。

《唐方镇年表》碛西北庭部分,未列开元十一年任北庭长吏之人。按《新唐书》卷133《郭虔瓘传》附《张孝嵩传》云:

> 徙太原尹,卒。以黄门侍郎杜暹代。

《新唐书》卷126《杜暹传》云:

> 会安西都护张孝嵩迁太原尹,或言暹往使安西,虏伏其清,今犹慕思,乃夺服拜黄门侍郎,兼安西副大都护。

均未言张孝嵩迁太原尹与杜暹初任安西副大都护之时间。

《旧唐书》卷98《杜暹传》云:

> [开元]十二年,安西都护张孝嵩迁为太原尹,或荐暹往使安西,蕃人伏其清慎,深思慕之,乃夺情擢拜黄门侍郎,兼安西副大都护。暹单骑赴职。

但《旧唐书》卷103《郭虔瓘传》附《张孝嵩传》云:"[开元]十年,转太原尹,卒官。"与《旧唐书·杜暹传》不同。据吐鲁番文书中有关北庭都护的记载,《旧唐书·张嵩传》所记他在开元十年转太原尹,是对的。兹列三件吐鲁番文书如下:

《吐鲁番出土文书》(八)载"唐开元十年(722年)残状"云:

（前缺）

1. 右奉 □□ 送前□

2. 宅上一 □□ 送杨大□

3. 州讫, 谨 以 状上。

4. 　　　　　　　开元十年□

同书载"唐开元十一年（723 年）状上北庭都护所属诸守捉屚田顷亩牒"云：

本书编者原说明：本件纪年残存"一年七月□牒"，"一"上缺字非"十"即"廿"，唐代前期纪年达十一年或廿一年者，唯贞观、开元及天宝。贞观时尚无北庭都护，天宝称载不称年。知此为开元十一年或廿一年无疑。据本墓二《唐开元十年伊吾军牒》亦叙烽铺屚田事，今拟为开元十一年。另本件有残印痕，印文不可辨识。

（前缺）

1. □白粟　叁拾伍□

2. □俱 六守捉并床□

3. □神 山守捉并 麦 □

4. □凭洛守捉并 床 □

5. □前件屚田 □□ 状

6. □顷亩到日 □□ 上

7. □一年　七月 □□ 牒

8. □郎 行仓曹参 军 □

9. □州和政府折冲 都 □

10. □□府崇信府折□

11. □北 庭 副 都 [1] 兼□使赐紫金 □□

12. □光禄大夫检校 北 庭 都护兼经 略 □

---

〔1〕 "北庭副都"下脱"护"字。

77

13.   八月

同书载"唐北庭都护支度营田使文书"云：

> **本书编者原说明：本件纪年已缺。北庭都护杨楚客，检吴廷燮**
> **《唐方镇年表》未见，疑即本墓三《唐开元十年残状》中之"杨大**
> **（夫）"，但无确据。**

（前缺）

1. 　　　　　　　副使游击▢

2. 　　　　朝请大夫检校北庭副都护兼▢

3. 　　　　中散大夫　　　　　　　　上柱国周▢

4. ▢副大使银青光禄大夫检校北庭都护▢▢营田等使上柱
国杨楚客

5. ▢如

6. ▢吾军未报。典康元。又检神状主帅王▢▢通。典康元。

7. 　　　　　　神▢冶其所种田军报不

8. 　　　　　　涉欺隐▢

（后缺）

永兴按，第三件文书的编者说明指出，杨楚客，"疑即本墓三《唐开元十
年残状》中之杨大（夫）"，甚是。唐代都护或节度使等称为大夫，史籍
及出土文书中常见。如《吐鲁番出土文书》（十）载"唐天宝十三至十四
载交河郡长行坊支贮马料文卷"中，多处称当时北庭都护封常清为封
大夫或大夫。又如《旧唐书》卷104《封常清传》载边令诚以玄宗命诛
高仙芝时，曰："大夫亦有恩命。"四镇节度使高仙芝入朝在潼关御安禄
山之时也。这可能由于当时都护、节度使多带宪衔御史大夫，不知是
否？上引第二件文书"北庭都护兼经略"之下人名缺，"光禄大夫"上缺
字中应有"银青"二字，则与上引第三件文书中之杨楚客的散阶相同，
其人即杨楚客也。总之，这三件吐鲁番文书所载之人均为北庭都护杨
楚客，其时间为开元十年十一年。上引《旧唐书·张孝嵩传》，他在开
元十年迁官太原，未言月份。第一件吐鲁番文书的"十年"下月份亦残

缺。合二者,则张孝嵩于开元十年某月从北庭都护迁官太原尹,杨楚客于开元十年此月之后任北庭都护,应无误也。据《资治通鉴》卷212,开元十年九月癸未(十五日),北庭节度使张孝嵩遣疏勒副使张思礼将蕃、汉步骑四千救小勃律。张孝嵩迁官太原应在开元十年九月以后矣。吴廷燮《唐方镇年表》碛西、北庭部分开元十一年北庭都护为何人,空缺。上文引三件吐鲁番文书中的北庭都护杨楚客,正可补《唐方镇年表》之缺。实际上,杨楚客任北庭都护自开元十年年末始,而止于开元十二年二月,因杜暹任碛西节度使始于此年三月也。

《旧唐书·杜暹传》言,暹赴安西之明年(开元十三年),于阗王尉迟眺叛乱,《资治通鉴》系此事于开元十三年末,系杜暹初任安西副大都护、碛西节度等使于开元十二年三月甲子(均见《资治通鉴》卷212)。兹从《旧唐书·杜暹传》及《资治通鉴》,杜暹初任安西在开元十二年初。《资治通鉴》同卷"开元十一年末"云:"及安西都护阙,或荐暹往使安西,人服其清慎。时暹自给事中居母忧。"《新唐书》卷133《郭虔瓘传》附《张孝嵩传》云:"徙太原尹,卒。以黄门侍郎杜暹代。"则所谓安西都护阙,即张孝嵩自北庭迁官太原也。其事应在开元十一年秋冬,则此年任北庭长吏者,仍是张孝嵩,继开元十年北庭节度使之任也。

《唐方镇年表》云:

[开元]十二年(724)

杜暹 《通鉴》:十二年三月甲子,起杜暹为安西副大都护、碛西节度使。

[开元]十三年(725)

杜暹

[开元]十四年(726)

杜暹 《旧纪》:九月己丑,碛(永兴按,"碛"误,应作"安")西副大都护杜暹同平章事。

赵颐贞 《通鉴》:十四年十二月,杜暹入朝,赵颐贞代为安西都护。

安西与北庭合而为一有两种形式,一为《新唐书》卷67《方镇表》

"安西"栏云:"〔开元〕六年安西都护领四镇节度、支度、经略使,副大都护领碛西节度、支度、经略等使,治西州。"这一形式,自开元五年已经开始,上文已略论之。自开元十二年起,杜暹任安西副大都护(即安西都护)、碛西节度使,吴廷燮氏《唐方镇年表考证》卷上云:"见《通鉴》、《新表》。按自杜暹后,安西、北庭合而为一,后至盖嘉运又分。"集安西、北庭之事于一人,这是另一种形式。吴氏所谓"见《通鉴》、《新表》",《资治通鉴》卷 212 载杜暹任职安西,但《新唐书》卷 67《方镇表》安西栏并无记载,不知吴氏何所指也。吴氏《唐方镇年表》"安西四镇"部分自开元十二年至十七年,无任职之人,吴氏之意:杜暹及赵颐贞已在《唐方镇年表》"碛西北庭"部分,安西四镇部分当然空缺也。但此点不确切,应加商讨。

《旧唐书》卷 98《杜暹传》云:

> 明年(开元十三年),于阗王尉迟眺阴结突厥及诸蕃国图为叛乱,暹密知其谋,发兵捕而斩之,并诛其党与五十余人,更立君长,于阗遂安。暹以功特加光禄大夫。

永兴按,《新唐书》卷 126《杜暹传》及《资治通鉴》卷 212 亦载此事。《通鉴》标出:"安西副大都护杜暹发兵捕斩之。"平定安西四镇之一于阗叛乱,乃安西都护之职责也。就史籍所载而论,杜暹的治所在安西(龟兹),他的主要行动亦在安西四镇,安西都护年表中无杜暹名,不妥。我意,杜暹在任期间,安西、北庭合而为一,安西为主,北庭为从,故杜暹治于安西(龟兹)而不治于北庭。

关于赵颐贞继杜暹为安西都护,《资治通鉴》卷 213"唐玄宗开元十四年末"云:

> 突骑施可汗苏禄大怒,发兵寇四镇。会(杜)暹入朝,赵颐贞代为安西都护,婴城自守;四镇人畜储积,皆为苏禄所掠,安西仅存。

据此,赵颐贞虽代杜暹,其职位为安西都护,并未兼碛西或北庭之职。此时,安西、北庭是否合而为一,是否集于一人之身,值得怀疑。

《资治通鉴》卷 213"唐玄宗开元十五年"云:

闰月（九月）庚子，吐蕃赞普与突骑施苏禄围安西城，安西副大都护赵颐贞击破之。[永兴按，《旧唐书》、《新唐书·玄宗纪》、《新唐书》卷216(上)《吐蕃传》云："回寇安西，副都护赵颐贞击却之。"《新唐书》卷200《赵冬曦传》云："(兄)颐贞，安西都护。"]

同书"开元十六年"云：

> 春正月壬寅，安西副大都护赵颐贞败吐蕃于曲子城（永兴按，《旧唐书》卷8《玄宗纪》、《册府元龟》卷358《将帅部·立功一一》同）。

赵颐贞任职安西约三年余，史籍记载其官称均为安西副大都护或安西都护，其治所在安西（龟兹），其主要行动大多在安西四镇地区而非北庭地区，则赵颐贞之名应列安西表内，吴廷燮氏列其名于北庭表内，恐不妥。

《唐方镇年表》云：

> [开元]二十二年(734)

> 刘涣　《旧纪》：四月甲寅，北庭都护刘涣谋反，伏诛。

> 盖嘉运　《曲江集·敕北庭经略使盖嘉运书》：突骑施虽请和好，其意不真，近敕彼军与天山计会，当审观事势，先据如无应会，不可虚劳。

按刘涣于开元二十二年四月甲寅（二十三日）谋反事，《新唐书》卷5《玄宗纪》同，均极简略。《曲江集》卷8《敕安西节度王斛斯书》云：

> 顷者刘涣凶悖，遂起奸谋，朕以偏荒，比加隐忍；而恶迹转露，人神不容。忠义之徒，复知密旨。自闻伏法，自取诛夷。狂愚至深，亦何足道。卿与彼地近，想备知之。夏初已热，卿及将士已下平安好。

同书《敕西州都督张待宾书》云：

> 累得卿表，一一具知。刘涣凶狂，自取诛灭，远近闻者，莫不庆快。卿诚深疾恶，初屡表闻。边事动静，皆尔用意，即朕无忧也。夏初渐热，卿及将士官僚百姓已下并平安好。

同书《敕伊吾军使张楚宾书》云：

·欧·亚·历·史·文·化·文·库·

　　近得卿表，知沙陀入界。此为刘涣凶逆，处置狂疏，遂令此蕃，暂有迁转。今刘涣伏法，远近知之。计沙陀部落，当自归本处，卿可具宣朝旨，以慰其心，兼与盖嘉运相知，取其隐便。丰草美水，皆在北庭，计必思归，从其所欲也。卿可量事安慰，仍勿催迫，处置了日，具以状闻。夏中盛热，卿及将士百姓已下并平安好。

以上三件的时间均在刘涣叛乱之后，均在开元二十二年五六月间。敕张待宾书较早，书末"夏初渐热"，应在五月初，在刘涣叛乱（四月二十三日）之后十数日。西州离北庭最近，故最早向唐中央表报刘涣事。敕王斛斯书在敕张待宾书之后，书末"夏初已热"，应在五月后期。书中"忠义之徒，复知密旨"，可见平刘涣叛乱，唐中央曾有指挥；"忠义之徒"，当指在张待宾及张楚宾指挥下的西州伊州将士。敕张楚宾书在敕王斛斯书之后，书末"夏中盛热"，应在六月间。此敕书所云，有两点值得注意：其一，在刘涣叛乱中并与之密切相关一事，为沙陀从北庭金满迁转至伊州界，按《册府元龟》卷956《外臣部·种族》云：

　　沙陀突厥，本西突厥之别种也。唐则天通天中，有黑（墨）离军讨击使沙陀金山为金满州都督。其后又有沙陀骨咄支、沙陀尽忠等十余人，皆官至将军，仍兼金满州都督。

《新唐书》卷218《沙陀传》略云：

　　沙陀，西突厥别部处月种也。龙朔初，以处月酋沙陀金山从武卫将军薛仁贵讨铁勒，授墨离军讨击使。长安二年，进为金满州都督，累封张掖郡公。金山死，子辅国嗣。先天初避吐蕃，徙部北庭，率其下入朝。开元二年，复领金满州都督。

《新唐书》卷43（下）《地理志》"羁縻州"云：

　　轮台州都督府

　　金满州都督府（永徽五年以处月部落置为州，隶轮台。龙朔二年为府）。

　　右隶北庭都护府

据上引，永徽龙朔以后，处月种的沙陀部落居于属北庭都护府的金满州。敕张楚宾书说：由于刘涣"处置狂疏，遂令此蕃，暂有迁转"，进入伊州界内。这当然与刘涣叛乱有关。其二,如敕张楚宾书中所说,劝导沙陀返回北庭原居地,"兼与盖嘉运相知,取其隐便"。可见,开元十二年六月,盖嘉运已任北庭都护。

《曲江集》卷8《敕北庭将士百姓等书》,是唐中央因刘涣叛乱,特向北庭将士百姓等颁布的慰谕之文。书末"夏中甚热",说明其时间在开元十二年六月,应在敕张楚宾书之前,因书中未述及北庭长吏,应在盖嘉运就任北庭都护之前。

《唐方镇年表》引《曲江集·敕北庭经略使盖嘉运书》,以为盖嘉运开元二十二年任北庭长吏之证明。敕书简略内容吴氏已举出(见上文)。细读《曲江集》该敕书全文,其时间非开元二十二年。为此,移录载于《曲江集》卷10的敕书全文如下:

> 敕盖嘉运:卿久在边镇,庶事用心。又去年出兵,冒远入贼。诸下皆赏,卿岂无功,言念忠勤,不忘褒进。今授卿雄要,仍兼旧官。宜知朕心,当重寄也。突骑施虽请和好,其意不真。近敕彼军与天山计会。当审观事势,远着候人。若有形势,事变先据。如无应会,不可虚劳。势在临时,固难遥断。秋后渐冷,卿及将士已下并平安好。遣书指不多及。

《文苑英华》卷402《中书制诰》孙逖《授盖嘉运兼金吾卫将军制》云:

> 门下:右威卫将军、兼北庭都护盖嘉运,百夫称勇,万里将军,智则有谋,忠而能毅。顷者,狂寇作梗,锐师深入,用奇以往,决胜而归。式畴其庸,言命之赏。宜增秩于中尉,仍握兵于外域。可左金吾卫将军、兼北庭都护,余如故。

敕书与制文均未标明时间,但合二者而稽考之,其时间,约略可知。敕书云:"今授卿雄要,仍兼旧官。"即制文之"可左金吾卫将军、兼北庭都护"也。"北庭都护"乃盖嘉运之"旧官",即制文首称"右威卫将军、兼北庭都护"也。可见敕书所称之盖嘉运,非始任北庭都护者。仅据此点即可确定《曲江集》载敕盖嘉运书之时间非开元二十二年,而是盖嘉运任北庭都护后数年也。吴廷燮氏以开元二十二年后数年有关盖嘉运授官之敕书,证明盖嘉运于开元二十二年任北庭都护,不妥。

至于敕书称盖嘉运为北庭经略使而非北庭都护,应略加说明。从开元初期设置北庭节度使后,北庭节度实际上已代替北庭都护,北庭都护之职官制仍未废,故北庭长吏之全称应为北庭都护领北庭节度使或经略使。"北庭都护"可省,而称为北庭节度使或经略使。自开元二十二年后,盖嘉运任北庭都护领北庭节度使或经略使,"北庭都护"可省去。

敕书所举史实,可考辨其时间,亦可进一步确定敕书的时间。敕书云:"又去年出兵,冒远入贼。诸下皆赏,卿岂无功。"按《资治通鉴》卷214"唐玄宗开元二十四年"云:

> [正月]北庭都护盖嘉运击突骑施,大破之(永兴按,《旧唐书》、《新唐书·玄宗纪》同)。

"去年出兵"即开元二十四年正月,盖嘉运破突骑施也,可知敕书之时间为开元二十五年。

敕书又云:"突骑施虽请和好,其意不真。"《资治通鉴》卷214"唐玄宗开元二十四年"云:

> [八月]甲寅,突骑施遣其大臣胡禄达干来请降,许之。

《新唐书》卷5《玄宗纪》"开元二十四年"云:

> 八月甲寅,突骑施请和。

据上引,敕书所云"突骑施虽请和好",即《资治通鉴》及《新唐书·玄宗纪》所载之事。开元二十五年敕盖嘉运书,叙述开元二十四年八月突骑施请和事,是合理的。因该年正月,盖嘉运曾击败突骑施,八月虽请和好,但其意不真,故敕书下文嘱盖嘉运"审观事势",而有所准备也。

吴廷燮氏以开元二十五年敕盖嘉运书来证明盖嘉运于开元二十二年任北庭都护,误。上文引《曲江集》卷8《敕伊吾军使张楚宾书》(该件的时间为开元二十二年五、六月)中有"兼与盖嘉运相知"一语,可推知盖嘉运在刘涣叛乱后被任命为北庭都护,此可补吴氏之缺。

总之,开元二十二年北庭都护二人,大约五月前为刘涣;五六月间任命盖嘉运。

吴廷燮氏在《唐方镇年表考证》卷上云:"按自杜暹后,安西、北庭合而为一，后至盖嘉运又分。"我在上文曾论证，杜暹在任期间，集安西、北庭于一身，即安西、北庭合而为一也，唯以安西为主。继杜暹为安西都护之赵颐贞在任期间，安西、北庭合而为一的局势恐已有改变；安西、北庭分为二，恐亦不始于盖嘉运。刘涣以北庭都护的身份，阴谋叛乱在开元二十二年四月，但他始任北庭都护恐早于开元二十二年也。而王斛斯在开元二十一年除安西四镇节度使，则安西、北庭已分为二矣。

研究唐安西、北庭的历史，应注意二者时合时分。《新唐书·方镇表》所载这类意见，可使我们易于掌握二者时合时分发展变化的线索；但有时与史实不甚符合，难于理解。如《新唐书》卷67《方镇表》安西栏云：

> [开元十九年]合伊西、北庭二节度为安西四镇北庭经略、节度使。

《唐会要》卷78《节度使》云：

> 至开元十五年三月，又分伊西、北庭为两节度（兴按，《新唐书·方镇表》亦载），至二十九年十月二十九日，移隶伊西、北庭都督四镇节度使。

《旧唐书》卷8《玄宗纪》"开元二十三年"云：

> 冬十月辛亥（二十九日），移隶伊西、北庭都护属四镇节度。

上引三书记载，虽措词不同，时间各异，但意思大致相同，即伊西、北庭隶属安西四镇成为一个安西四镇北庭经略节度使。稽考史实，开元十九年，安西四镇节度使为汤嘉惠，而北庭节度使为何人？史籍似无记载，亦难推知；是否北庭节度隶属安西？值得讨论。至于开元二十三年，安西四镇节度为王斛斯，北庭节度为盖嘉运，似不可能以北庭隶于安西之下也。迨开元二十九年，《新唐书·方镇表》云："复分置安西四镇节度，治安西都护府。北庭、伊西节度使，治北庭都护府。"不可能有安西、北庭合而为一之事。或者"二十三年"、"二十九年"均为"十九年"之误书，有待于进一步详为考辨也。但《旧唐书》载来曜任职，值得注意。按《旧唐书》卷114《来瑱传》略云：

·欧·亚·历·史·文·化·文·库·

父曜，开元十八年，为鸿胪卿同正员、安西副都护、持节碛西副
大使、四镇节度使。

《新唐书》卷144《来瑱传》云："父曜，奋行间，开元末，持节碛西副大
使、四镇节度使，著名西边。"与《旧唐书·来瑱传》略同。《旧唐书·来
瑱传》之"副都护"应作"副大都护"。据《旧唐书·来瑱传》，来曜任职
与《新唐书·方镇表》同，即安西四镇北庭经略节度使也。

《唐方镇年表》卷8"碛西北、庭"部分云：

[开元]二十三年(735)

盖嘉运 《曲江集·敕北庭都护盖嘉运书》：苏禄猖狂，方拟
肆恶边城，经冬不去，西州近复烧屯，亦有杀伤。西庭虽无节度，固
是一家，有贼共除，何待奏闻。

吴廷燮氏引敕盖嘉运书以证明开元二十三年盖嘉运任北庭都护，诚
是；但此敕书未标明时间，读者不易理解。兹补充说明如下：

《资治通鉴》卷214"唐玄宗开元二十三年"云：

冬十月戊申，突骑施寇北庭及安西拨换城（永兴按，《旧唐书
·玄宗纪》同，唯作十月辛亥）。

按《曲江集》卷10载《敕安西节度王斛斯书》中亦有"苏禄凶徒，本是乌
合"及"贼等肆恶，经冬不去"之语，与敕盖嘉运书同。因此冬突骑施寇
边，如《资治通鉴》记载，同时侵犯北庭及安西也。其时间为开元二十
三年冬，可以之证明开元二十三年盖嘉运任北庭节度使。敕盖嘉运书
末有"春初余寒"句，敕书在开元二十四年初春，敕书所述乃开元二十
三年冬之事也。

北庭都护府的治所，《通典》、《元和郡县图志》诸书均有记载。按
《通典》卷174《州郡四》略云：

北庭府庭州（今理金满县。）后汉车师后王之地。大唐贞观
中，以其地为庭州，后置北庭都护府。领县三：

金满

蒲类

轮台（其三县，并贞观中平高昌后同置）。

《元和郡县图志》卷40"陇右道(下)"略云：

> 庭州，北庭。因王庭以为名也。长安二年改置北庭都护府，开元二十一年改置北庭节度使。管县三：
>
> 后庭县(郭下)，贞观十四年于州南置蒲昌县，长安二年改为金蒲(按，应作"满")县，宝应元年改为后庭县。
>
> 蒲类县，贞观十四年置，因蒲类海为名。先天二年为默啜所陷，开元十四年复置。
>
> 轮台县，长安二年置。

《旧唐书》卷40《地理志》"河西道"略云：

> 北庭都护府，(贞观)二十年四月，西突厥泥伏沙钵罗叶护阿史那贺鲁率众内附，乃置庭州，处叶护部落。长安二年，改为北庭都护府。
>
> 金满　后汉车师后王庭。
>
> 轮台　取汉轮台为名。
>
> 蒲类　海名。
>
> 已上三县，贞观十四年与庭州同置。

《新唐书》卷40《地理志》"陇右道"略云：

> 北庭大都护府，本庭州。长安二年为北庭都护府。县四：
>
> 金满
>
> 轮台(有静塞军，大历六年置)。
>
> 后庭
>
> 西海(宝应元年置)。

以上四书所记庭州及其属县，颇多分歧，与本文主旨无关，暂置不论。四书记庭州属县三或四，均以金满为首。其意为：金满为庭州治所之地也。这可能是为一般史家所承认的观点，即从贞观十四年庭州设置之始，至安史乱后北庭陷于吐蕃，金满始终是庭州治所所在之地。我们习用的历史地图，亦如是也。读《岑嘉州诗》和吐鲁番文书，使我对这一传统的见解产生了疑问，兹陈述如下：

《岑嘉州诗》卷1《北庭西郊候封大夫受降回军献上》(永兴按，只移录有关诗句)云：

> 胡地苜蓿美,轮台征马肥。大夫讨匈奴,前月西出师。甲兵未
> 得战,降虏来如归。西郊候中军,平沙悬落晖。驿马从西来,双节
> 夹路驰。喜鹊捧金印,蛟龙盘画旗。

合诗题诗句并观之,北庭西郊即轮台西郊也。"前月西出师",出自轮台之骑士也。出自轮台,回到轮台,故于轮台西郊候节度使凯旋归来。据此,北庭都护府的治所,似应在轮台,而不在金满。

同书《登北庭北楼呈幕中诸公》略云：

> 尝读西域传,汉家得轮台。日暮上北楼,杀气凝不开。上将新
> 破胡,西郊绝尘埃。

合诗题诗句并观之,北庭北楼即轮台北楼也。"上将新破胡,西郊绝尘埃",即前诗所咏之事。西郊乃轮台之西郊,亦即北庭之西郊。诗咏北庭北楼,无一字述及金满,则北庭都护府的治所,似不在金满;诗及题,北庭与轮台并提,似北庭都护府的治所应在轮台。

《岑嘉州诗》卷1《北庭贻宗学士道别》略云：

> 万事不可料,叹君在军中。读书破万卷,何事来从戎。曾逐李
> 轻车,西征出太蒙。荷戈月窟外,擐甲昆仑东。西度皆破胡,朝廷
> 轻战功。忽来轮台下,相见披心胸。饮酒对春草,弹棋闻夜钟。今
> 且还龟兹,臂上悬角弓。

诗题"北庭贻宗学士道别",诗句内容:宗学士自轮台去龟兹,与岑嘉州相别;亦即自北庭赴安西,故岑参赋诗道别。则北庭即轮台明矣。"饮酒对春草,弹棋闻夜钟",均为岑参与宗学士在轮台下之事,亦即在北庭之事也。诗中无一字道及金满,似北庭都护府的治所不应在金满,而应在轮台也。

《岑嘉州诗》卷1《使交河郡郡在火山东脚其地苦热无雨雪献封大夫》云：

> 奉使按胡俗,平明发轮台,暮投交河城,火山赤崔巍。

按《吐鲁番出土文书》(十)载"唐天宝十四载(755年)交河郡某馆具上载帖马踏历上郡长行坊状",其59行云：

郡坊帖马陆匹,迎岑判官,八月廿四日食麦肆斗伍胜。付马子张什件。

"岑判官"应即岑参,他在天宝十三载(754年)八月时任北庭都护封常清的判官。据《通典》卷32《职官十四》"都督"条云:

[节度使下]判官二人(分判仓、兵、骑、胄四曹事,副使及行军司马通署)。

判官乃节度使下地位相当高且掌要权之官员也。岑参以判官的身份,奉北庭都护封常清之命,出使交河郡,"平明发轮台",自轮台始发,则轮台之为北庭都护府的治所,似不应有疑问也。

《岑嘉州诗》卷1《白雪歌送武判官归京》略云:

北风卷地白草折,胡天八月即飞雪。都护铁衣冷难著,瀚海阑干百尺冰。中军置酒饮归客,胡琴琵琶与羌笛。纷纷暮雪下辕门,风掣红旗冻不翻。轮台东门送君去,去时雪满天山路。

此诗最重要的一句,为"轮台东门送君去"。岑参与武判官同在北庭都护封常清幕府,幕府当然应在北庭都护府的治所,治所为轮台,故岑参送别武判官于轮台东门也。诗中"都护铁衣"、"中军置酒"、"辕门",都是轮台为北庭都护府治所之衬托,可不多论。

《岑嘉州诗》卷2《轮台歌奉送封大夫出师西征》云:

轮台城头夜吹角,轮台城北旄头落。羽书昨夜过渠黎,单于已在金山西。戍楼西望烟尘黑,汉兵屯在轮台北。上将拥旄西出征,平明吹笛大军行。

按此诗应作于上引《北庭西郊候封大夫受降回军献上》一诗之前。此诗所咏者为北庭都护封常清率兵自轮台出征,后者所咏为封常清率兵回师至轮台即北庭也。"上将拥旄西出征",上将指北庭都护封常清,北庭都护当然居住于其治所,也当然从其治所出发西征。诗中一而再再而三地描述大军出发及出发前后轮台的情景,因轮台为北庭都护府治所也。

以上岑参诗六首,据诗的内容,似可证明天宝十三至十四载时,北庭都护府的治所在轮台,不在金满。《岑嘉州诗》中尚有数首诗述及轮台,亦可参证。

我认为,轮台为北庭都护府治所,不仅天宝十三、十四载两年;唐德宗贞元六年北庭最后陷于吐蕃之前,北庭都护府的治所始终在轮台,不在金满。自天宝十三载(754 年)至贞元六年(790 年)计三十六年,似轮台为北庭治所所在。

《旧唐书》卷40《地理志》"河西道安西大都护府"条云:

> 至德后,河西、陇右戍兵皆征集,收复两京。上元元年,河西军镇多为吐蕃所陷。有旧将李元忠守北庭,郭昕守安西府,二镇与沙陀、回鹘相依,吐蕃久攻之不下。建中元年,元忠、昕遣使间道奏事,德宗嘉之,以元忠为北庭都护,昕为安西都护。其后,吐蕃急攻沙陀、回鹘部落,北庭、安西无援,贞元三年,竟陷吐蕃。

永兴按,《新唐书》卷40《地理志》"陇右道安西大都护府"条亦载李元忠坚守北庭,郭昕坚守安西,至贞元三年陷于吐蕃;亦有二镇"与沙陀、回纥相依"之语。

《资治通鉴》卷233"唐德宗贞元五年"云:

> 先是,安西、北庭皆假道于回鹘以奏事(为吐蕃所隔,河、陇之路不可由也,故假道于回鹘以入奏),故与之连和。北庭去回鹘尤近[章:乙十六行本"近"下有"回鹘"二字;乙十一行本同;张校同,云无注本亦无],诛求无厌。又有沙陀六千余帐与北庭相依(沙陀,西突厥别部处月种也,居金娑山之阳,蒲类海之东,有大碛名沙陀,故自号沙陀)。及三葛禄、白服突厥皆附于回鹘,回鹘数侵掠之。吐蕃因葛禄、白服之众以攻北庭,回鹘大相颉干迦斯将兵救之。

同书"贞元六年"云:

> 回鹘颉干迦斯与吐蕃战不利,吐蕃急攻北庭。北庭人苦于回鹘诛求,与沙陀酋长朱邪尽忠皆降于吐蕃,节度使杨袭古帅麾下二千人奔西州。

上引《旧唐书·地理志》及《新唐书·地理志》均有北庭、安西与沙陀、回鹘相依之记载,《通鉴》的记载更为明确,即"又有沙陀六千余帐与北庭相依"也。

《新唐书》卷43(下)《地理志》"羁縻州"云：

> 轮台州都督府
>
> 金满州都督府(永徽五年以处月部落置为州,隶轮台。龙朔二年为府)。

《资治通鉴》卷199"唐高宗永徽五年"云：

> 闰月丙子,以处月部置金满州(其地近古轮台,属北庭都护府)。

《新唐书》卷218《沙陀传》略云：

> 沙陀,西突厥别部处月种也。贺鲁来降,诏拜瑶池都督,徙其部庭州之莫贺城。处月朱邪阙俟斤阿厥亦请内属。
>
> 永徽初,贺鲁反,而朱邪孤注亦杀招慰使连和,引兵据牢山。又明年,即处月地置金满、沙陀二州,皆领都督。
>
> 龙朔初,以处月酋沙陀金山从武卫将军薛仁贵讨铁勒,授墨离军讨击使。长安二年,进为金满州都督,累封张掖郡公。金山死,子辅国嗣。开元二年,复领金满州都督。死,子骨咄支嗣。死,子尽忠嗣。至德、宝应间,中国多故,北庭、西州闭不通,朝奏使皆道出回纥,虽沙陀之倚北庭者,亦困其暴敛。

《旧五代史》卷25《唐书一·武皇纪(上)》略云：

> 太祖武皇帝,讳克用,本姓朱耶氏(兴按,即朱邪氏,上引《新唐书·沙陀传》之处月朱邪阙俟斤阿厥、朱邪孤注均为朱耶克用之远祖),始祖拔野。永徽中,以拔野为都督。曾祖尽忠(永兴按,即朱邪尽忠,《新唐书·沙陀传》中金满州都督骨咄支之子尽忠)。

上引《新唐书·沙陀传》,稍详细说明《资治通鉴》卷233"唐德宗贞元五年"所记与北庭相倚之沙陀六千帐,即同书贞元六年所记沙陀酋长朱邪尽忠奉领之沙陀部落,亦即自龙朔初处月酋沙陀金山之后裔朱邪尽忠也。自永徽、龙朔至贞元六年一百数十年间代为隶于轮台之金满州都督,最后与北庭相倚,同时为吐蕃攻陷。考证至此,可以明确,史称以处月地置金满州或以处月部落置金满州,即以沙陀部落置金满州,

·欧·亚·历·史·文·化·文·库·

金满州之世代都督即沙陀人也。

据《新唐书·地理志》羁縻州，金满州隶轮台，可知毗近或毗连轮台也。天宝十四载北庭都护府治轮台，至德至贞元初期，轮台可能仍是北庭都护府的治所，故能在吐蕃进攻下，与居住金满州之沙陀六千帐相倚，坚守孤城。如北庭都护府治所在金满县，据《新唐书》卷40《地理志》"陇右道北庭大都护府"条云：

> 自庭州西延城西六十里有沙钵城守捉，又有冯洛守捉，又八十里有耶勒城守捉，又八十里有俱六城守捉，又百里至轮台县。

则金满县至羁縻州之金满州（即沙陀六千帐所居之地）约四五百里，在吐蕃围攻的战乱局势下，若北庭都护府在金满县，则不可能与四五百里外之沙陀六千帐相倚，此为事理之常也。

又据上书云：

> ［轮台］有静塞军，大历六年置。

《旧唐书》卷11《代宗纪》"大历六年"云：

> ［九月］戊申，于轮台置静塞军。

静塞军的兵、马数，史籍无载。当时北庭处境困难危急，如轮台不是治所所在之地，不可能于其地置军也。

4 唐代前期安西都护府与四镇研究

《资治通鉴》卷195"唐太宗贞观十四年"云：

> ［九月］乙卯，置安西都护府于交河城，留兵镇之。

《唐会要》卷73《安西都护府》云：

> 贞观十四年九月二十二日，侯君集平高昌国，于西州置安西都护府，治交河城。

《旧唐书》卷3《太宗纪》"贞观十四年"云：

> ［九月］乙卯，于西州置安西都护府。

永兴按，贞观十四年九月乙未朔，乙卯乃二十一日，《唐会要》作"二十二日"，误，应从《通鉴》及《旧唐书·太宗纪》。贞观十四年九月二十一日于西州交河城置安西都护府。

关于都护府及都护的性质和职能，《唐六典》卷30"地方官"略云：

> 大都护府，大都护一人，从二品；副大都护一人，从三品；副都护二人，正四品上。

> 上都护府，都护一人，正三品；副都护二人，从四品上。

> 都护、副都护之职，掌抚慰诸蕃，辑宁外寇，觇候奸谲，征讨携离；长史、司马贰焉。

《通典》卷32《职官十四》"都护门"略云：

> 大唐永徽中，始于边方置安东、安西、安南、安北四大都护府，后又加单于北庭都护府。府置都护一人（掌所统诸蕃慰抚，征讨，斥堠，安辑蕃人及诸赏罚，叙录勋功，总判府事），副都护二人（掌贰都护事）。

关于都护之职，合《唐六典》及《通典》所记而并观之，可得其全貌，即都护为其所临诸蕃最高统辖者。安西都护全面统辖西域。

安西都护府的设置，是唐太宗经营西域政策的重要内容。贞观二十二年平龟兹后不久，安西都护府迁至龟兹，唐太宗经营西域政策的内容和重要意义更明确地显示出来了。

凉州为唐代前期西北地区的政治、经济和军事中心,是中央政府统治西北地区的总部,也是经营西域的总部。但凉州距离西域较远,执行如《唐六典》、《通典》所述都护之职,困难很大,甚至是不可能的。西州处于与西域毗连的东北侧,在诸蕃族之中,比较适宜执行都护之职,故设置西州后,即在该地区设置安西都护府。平龟兹后,安西都护府迁至龟兹。龟兹处于西域的心脏地区,最适宜执行都护之职。按《资治通鉴》卷215"唐玄宗天宝元年"云:

> 安西节度抚宁西域,统龟兹、焉耆、于阗、疏勒四镇,治龟兹城,
> 兵二万四千。

安西都护(后称为安西节度)以四镇为基地,在河西节度的统领支援和北庭都护(后称为北庭节度)的支援配合下,在南有吐蕃,北有西突厥与突骑施的夹击以及开元中以后西又有大食联合吐蕃侵犯的危险之艰难环境中,安西都护执行了唐太宗及其继承者的政策。基于这一政策,唐在西域开疆拓土。

《新唐书》卷43(下)《地理志》"羁縻州"记安西西出之路云:

> 自疏勒西南入剑末谷、青山岭、青岭、不忍岭,六百里至葱岭守
> 捉,故羯盘陀国,开元中置守捉,安西极边之戍。

按安西都护府东距长安近七千里,西距葱岭守捉约二千数百里(据《新唐书》卷43(下)《地理志》所载自安西都护府西达葱岭守捉各地里数相加),大数可言万里。这是唐太宗经营西域政策的成果,也是中华民族广土众民之国在唐朝前期的面貌(此广土众民之国在唐前的长时期中已在缔造)。

从唐贞观十四年到现在已一千三百五十三年,我们不能不缅怀祖先创业的艰难,其中有远见卓识雄才大略的贞观皇帝,他身居长安而心注万里西疆;其中也有勤劳勇敢的万千健儿,他们在穷冬酷暑之时,在绝漠峻阪之地,荷戈卫国,我们要不愧为他们的子孙。斯草撰此文致区区之敬意也。

自贞观末年安西都护府迁至龟兹后,即以四镇为经营西域的前沿

基地。自贞观末至则天武后长寿元年的四十余年中，唐经营西域遇到多次挫折，战胜挫折后又积极进取。安西都护府随之迁回西州，稍后又迁往龟兹；四镇也随之放弃，稍后又恢复。长寿元年以后，西域局势稳定下来，安西都护府治所在龟兹和四镇再无变化，直至天宝末年。四镇的放弃与恢复和安西都护府的北返与南迁，本不可分；但为了论述中眉目清楚，本篇分为两部分，第一部分稽考安西都护府的变化和历任安西都护，同时论述有关问题；第二部分稽考四镇的变化，着重考辨碎叶问题。

4.1　安西都护府治所的改变和历任都护

这一部分分为两段，第一段的内容为：稽考从贞观十四年(640 年)到景云元年(710 年)之间的历任安西都护以及安西都护府治所的改变，同时，研究这一期间有关西域的重要问题。第二段的内容为：就吴廷燮著《唐方镇年表》安西四镇部分，研讨吴氏所列自景云元年至天宝十四载(755 年)历任都护，对吴氏的不妥意见，提出我的意见；对所缺者加以补充；同时，研究这一期间有关西域的重要问题。最后，列出自贞观十四年至天宝十四载安西都护府历任都护年表。

4.1.1　从贞观十四年至景云元年七十年间历任安西都护及其治所考和这一时期有关西域重要问题研究

安西都护府设置于贞观十四年九月二十一日，郭孝恪任安西都护在贞观十六年九月二十日(详见下文)。这两年间，何人任安西都护？

《文馆词林》卷 664《贞观年中巡抚高昌诏》略云：

> 门下，高昌之地，虽居塞表，编户之甿，咸出中国。朕往岁出师，应时克定；所以置立州县，同之华夏。宜遣五品一人驰驿往西州，宣扬朝旨，慰劳百姓。高昌旧官人并首望等，有景行淳直及为乡闾所服者，使人宜共守。安西都护乔师望，景(量)拟骑都尉以下官奏闻。使人仍巡问百姓，有病患者量给医药，老病及茕独粮食交绝者，亦量加振(赈)给。

在《西突厥史料补阙及考证》的第一部分《西突厥史料编年补阙》中,岑仲勉先生对上引诏书曾有意见为:"此著都护乔师望,则殆廿二年底或廿三年初所下。"永兴按,仲勉先生之说非是。据《册府元龟》卷164《帝王部·招怀二》云:

> [贞观]十六年正月乙丑,遣使往西州抚慰。其旧首望有景行淳直者,量拟骑都尉以下官奏闻。百姓疾患赐医药,老病茕独粮食乏绝者,咸加赈给。

与上引《文馆词林》所载诏令相同,所谓贞观年中即贞观十六年正月乙丑(九日)也。其时,乔师望任安西都护。贞观十六年正月上距安西都护府初置之日,即贞观十四年九月,为时一年十一个月;下距郭孝恪任安西都护之日,即贞观十六年九月,为时九个月。据此可以推知,此两年中,乔师望任安西都护,即安西都护府第一任都护。安西都护府在西州交河城。

郭孝恪为安西都护府第二任都护。按《资治通鉴》卷196"唐太宗贞观十六年"云:

> [九月]癸酉,以凉州都督郭孝恪行安西都护、西州刺史。

《旧唐书》卷83《郭孝恪传》云:

> 贞观十六年,累授金紫光禄大夫,行安西都护、西州刺史。

《册府元龟》卷398《将帅部·抚士卒》云:

> 郭孝恪为安西都护,督西、伊、庭三州诸军事。

据唐官制,阶高而职卑则曰"行",按上引《旧唐书·郭孝恪传》,贞观十六年时,郭孝恪的散阶为金紫光禄大夫正三品,安西都护的品秩应低于正三品,故曰"行"。《唐六典》、《旧唐书·职官志》、《新唐书·百官志》仅载大都护府上都护府的官员及其品秩,大都护府都护从二品,上都护府都护正三品。据此可推知,一般都护府的都护,其品秩必卑于正三品也。安西都护府应为一般都护府。

《册府元龟》云郭孝恪"督西、伊、庭三州诸军事",按《资治通鉴》卷196"唐太宗贞观十六年"云:"初,高昌既平,岁发兵千余人戍守其地。"此西州之兵也。伊州、庭州人户不多,且大多为蕃族,此二州之兵均出自蕃户。西、伊、庭三州之兵力乃蕃、汉组成的军队,恐以蕃兵为主体。

郭孝恪任安西都护期间,可注意的军事行动有三:

一为平息延陁的窜扰。此事史籍记载不多,但吐鲁番出土文书中有所反映。大谷文书中有贞观十七年六月西州官府文书五断片,其图版及录文均载于小田义久编《大谷文书集成》一。兹据该书图版105及106,参考小田义久先生录文,移录如下:

大谷一四一九、一二五六两断片拼接:

(前缺)

1. 牒追□上件陆人等至,谨牒
2.   六月二日府宋师牒
3.   各以状问,其善
4.   熹及阿孙更以不
5.   画状问。 实心白。
6.   二日。

大谷二八三一、一〇一三两断片拼接:

(前缺)

1.   奴俊延妻孙年卅三 |||
2.   孙辩,被问,善熹所款,破城之日,延陁
3.   身在柳中,因何前款称在大城者。谨审,
4.   破城之日,延陁实在柳中,前责问日
5. □往在大城。被问依实,谨辩。
6.   贞观十七年六月   日
        □心 白

大谷一〇三七、一二五四拼接:

(前缺)

1. □□□ □□□□□□□□
2. □送粮不虚,前辩所往五月,实是虚
3. 妄。被问依实,谨辩。

4.　　　　　　贞观十七年六月二日

5.　　　　　　连，实心白。

6.　　　　　　　　二日。

以上六个断片，拼接成三件残文书，均据图版，乃小田氏缀合。这三件残文书是有关延陁文案的残留。文案的时间为贞观十七年六月初；地区为西州，因第二件残文书载有柳中，西州柳中县也；第二件残文书7行"心白"之上，应有"实"字，即"实心白"，则三件残文书均有"实心"人名。据"连，实心白"这一文案用语，"实心"乃安西都护府的判官，即此一文案之主要行判者。

据第一件残文书，有六人被传讯，安西都护府判官实心初判云：六人"各以状问"，其中善熹及阿孙"画状问"，此二人可能与案情关系密切。第二件残文书即阿孙的"画状问"。第三件残文书应是善熹的画状问，1行之前画指部分残缺了。据第二件文书"前款"及第三件文书"前辩"用语，善熹及阿孙已被审问过，其他四人应是初审。文书的形式构成和内容分析如上。

据文书内容，延陁问题显系此文案之主要案情。我认为，延陁指延陁人，即薛延陀。第二件残文书载"破城之日"，可见在西州有较大的军事行动。是延陁人破城，抑或延陁人已攻占之城为安西都护府军队所攻破？恐是后者。薛延陀本在朔方漠北，何故远来西州侵犯？按《唐会要》卷96略云：

薛延陀者，自云本姓薛氏，其先击灭延陀而有其众，因号薛延陀。

［贞观］十六年，太宗以其数与思摩交兵，乃降玺书责让之。

初，延陀请以其庶长子曳莽为突利失可汗，居东方，所统者杂种。嫡子拔灼为四叶护可汗，居西方，所统者皆延陀，诏许之。

《册府元龟》卷964《外臣部·封册二》云：

［贞观］十二年九月诏曰：薛延陀真珠毗伽可汗，其子拔灼可四叶护可汗，仍赐狼头纛四鼓四，颉利苾可汗达莫贺咄叶护赐狼头纛二鼓二。

初,延陀请以庶长子曳莽为突利失可汗,居东方,所统皆杂种。

嫡子拔灼为四叶护可汗,居西方,所统皆延陀。诏许之,并以礼册命。

据上引史料,薛延陀为薛及延陀两部族所组成。贞观十二年,以真珠可汗一子统东方薛及其他族,另一子统西方延陀族,乃早已有之之形势也。至于四叶护可汗所统西方延陀在何地,可就下列史料考知。

《旧唐书》卷199(下)《铁勒传》略云:

[贞观]十九年,拔灼轻骑遁去,其余众尚五六万,窜于西域。

据此,四叶护可汗(拔灼)所统之地本在西域之天山以北,乃延陀久居之处,故战败而西遁也。其地距西州不远,故趁安西都护府建立之初,统治尚不稳固,东向进犯。文书中称延陁而不称薛延陀,也表明侵犯者为居于西方延陀部族,而非朔方漠北之薛延陀。

此次延陁侵犯西州与薛延陀和唐在军事上对抗的形势有关。唐遣思摩率东突厥北渡河至漠南,即遭到薛延陀的攻击,即上文引《唐会要》所云"以其数与思摩交兵"。接着,薛延陀进一步侵犯河南和夏州(见《资治通鉴》卷198"贞观十九年")。总之,从贞观十六年至十九年,在东方的薛延陀与唐军事对抗,在西方出现延陀侵犯西州,乃东方军事对抗的延续,非偶然之事也。

二为贞观十八年征焉耆。对于这次战争,《资治通鉴》、《旧唐书·郭孝恪传》、《新唐书·郭孝恪传》均有记载。《资治通鉴》卷197"唐太宗贞观十八年九月"略云:

焉耆贰于西突厥,西突厥大臣屈利啜为其弟娶焉耆王女,由是朝贡多阙;安西都护郭孝恪请讨之。诏以孝恪为西州道行军总管,帅步骑三千出银山道以击之。会焉耆王弟颉鼻兄弟三人至西州(永兴按,《新唐书》卷221(上)《焉耆传》作"会王弟颉鼻、栗婆准叶护等三人来降"),孝恪以颉鼻弟栗婆准为乡导,焉耆城四面皆水,恃险而不设备,孝恪倍道兼行,夜,至城下,命将士浮水而渡,比晓,登城,执其王突骑支。

辛卯,上谓侍臣曰:"孝恪近奏称八月十一日往击焉耆,二十日应至,必以二十二日破之,朕计其道里,使者今日至矣!"言未毕,驿骑至。

按西州西南至焉耆七百一十里,行军十日,作战三日。结果为俘焉耆王,焉耆向唐按时朝贡。太宗发动这次战争,主要目的为打通天山以南的道路,为积极进取西域作准备,迫使焉耆朝贡不阙乃其次要者。为此,必须明了从西州至焉耆以及至龟兹的交通道路。这条道路即上引《资治通鉴》所云郭孝恪行军之银山道。按《新唐书》卷40《地理志》"陇右道西州交河郡"云:

> 自州西南有南平、安昌两城,百二十里至天山西南入谷,经礌石碛,二百二十里至银山碛,又四十里至焉耆界吕光馆。又经盘石百里,有张三城守捉。又西南百四十五里经新城馆,渡淡河,至焉耆镇城。

贞观末期,从西州进入西域有天山南北两路。天山以北为西突厥控制的地区,进入颇为困难。唐太宗选择了天山以南,即从焉耆西至龟兹以及更西。此次征焉耆为从南路进入西域的第一步,亦即唐太宗经营西域策略的第一步。这是对贞观十八年征焉耆的性质及意义的正确理解。

三为贞观二十二年灭龟兹,亦即唐太宗经营西域策略的第二步。这是具有决定意义的一步。《旧唐书》、《新唐书》、《资治通鉴》对此次战争均有记载,《资治通鉴》记述较全面,兹略引其文如下。

《资治通鉴》卷198"唐太宗贞观二十一年十二月"云:

> 龟兹王伐叠卒,弟诃黎布失毕立,浸失臣礼,侵渔邻国。上怒,戊寅,诏使持节昆丘道行军大总管(自古相传,西域有昆仑山,河源所出。又《尔雅》曰:三成为昆仑丘,故曰昆丘道)、左骁卫大将军阿史那社尔、副大总管右骁卫大将军契苾何力、安西都护郭孝恪等将兵击之,仍命铁勒十三州、突厥、吐蕃、吐谷浑连兵进讨。

同书卷199"贞观二十二年"略云:

> 九月庚辰,昆丘道行军大总管阿史那社尔击处月、处密,破之,余众悉降。

[十月]阿史那社尔既破处月、处密,引兵自焉耆之西趋龟兹北境,分兵为五道,出其不意,焉耆王薛婆阿那支弃城奔龟兹,保其东境。社尔遣兵追击,擒而斩之,立其从父弟先那准为焉耆王,使修职贡。龟兹大震,守将多弃城走。社尔进屯碛口,去其都城三百里,遣伊州刺史韩威帅千余骑为前锋,右[骁]卫将军曹继叔次之。至多褐城,龟兹王诃利布失毕、其相那利、羯猎颠帅众五万拒战。锋刃甫接,威引兵伪遁,龟兹悉众追之,行三十里,与继叔军合。龟兹惧,将却,继叔乘之,龟兹大败,逐北八十里。

[十二月]龟兹王布失毕既败,走保都城,阿史那社尔进军逼之,布失毕轻骑西走。社尔拔其城,使安西都护郭孝恪守之。沙州刺史苏海政、尚辇奉御薛万备帅精骑追布失毕,行六百里,布失毕窘急,保拔换城(自安西府西出柘厥关,渡白马河四百余里至拔换城),社尔进军攻之四旬,闰月丁丑,拔之,擒布失毕及羯猎颠。

阿史那社尔前后破其大城五,遣左卫郎将权祗甫诣诸城,开示祸福,皆相帅请降,凡得七百余城,虏男女数万口。社尔乃召其父老,宣国威灵,谕以伐罪之意,立其王之弟叶护为王;龟兹人大喜。西突厥、于阗、安国争馈驼马军粮,社尔勒石纪功而还。

上引《通鉴》的记述表明,这一重大战役所取得的成果,不仅灭龟兹,还取得焉耆、于阗和疏勒,《通鉴》的记述中无疏勒,但从贞观二十三年置四镇包括疏勒一点,可说明疏勒亦在唐统治之下。其次,唐攻占了以龟兹为主的西域心脏地区,威慑了天山以北的西突厥诸部族和昭武九姓所居地区,唐基本上控制了整个西域。唐经营西域取得成功。唐太宗经营西域的策略,从贞观十四年灭高昌置西州和安西都护府,到贞观十八年征服焉耆,再到贞观二十二年灭龟兹并占有包括焉耆、于阗、疏勒的西域心脏地区,一步一步地实施并获得胜利。上述三次事件有其内在联系,是必然的发展。

这次重大战役的主要指挥者为两位著名蕃将:即突厥族的阿史那社尔和铁勒契苾族的契苾何力。兵士中包括众多蕃人,主要为铁勒族的健儿。这一史实说明,唐代初期既已大量使用蕃将和蕃兵,在国家的军事力量中,蕃将蕃兵占有重要地位,甚至是主要地位。

郭孝恪死于此次战役中,据《资治通鉴》卷199"唐太宗贞观二十二年"云:"闰月(十二月)丁丑,拔之,擒布失毕及羯猎颠。那利脱身走,潜引西突厥之众并其国兵万余人,袭击孝恪。孝恪营于城外,龟兹人或告之,孝恪不以为意。那利奄至,孝恪帅所部千余人将入城,那利之众已登城矣,城中降胡与之相应,共击孝恪,矢刃如雨,孝恪不能敌,将复出,死于西门。"郭孝恪死于贞观二十二年闰十二月,上距其初为安西都护之时,即贞观十六年九月,为时六年又三个月,他是安西都护府第二任都护,治所在西州。

安西都护府第三任都护为何人?安西都护府何时自西州迁往龟兹?兹就下列史料并参证有关吐鲁番文书推知之。

《旧唐书》卷198《龟兹传》云:

> 先是,太宗既破龟兹,移置安西都护于其国城,以郭孝恪为都护,兼统于阗、疏勒、碎叶,谓之四镇。高宗嗣位,不欲广地劳人,复命有司弃龟兹等四镇,移安西依旧于西州。

上引《旧唐书》的记述为研究安西都护府提供具体事实、重要线索和重要问题,同时,记述中也有错误。

《新唐书》卷221(上)《龟兹传》关于安西都护府的记述,可与《旧唐书·龟兹传》互补互证。兹略引其文如下:

> [阿史那]社尔执诃黎布失毕、那利、羯猎颠献太庙,帝受俘紫微殿。拜布失毕左武卫中郎将。始徙安西都护于其都,统于阗、碎叶、疏勒,号四镇。

> 高宗复封诃黎布失毕为龟兹王,与那利、羯猎颠还国,久之,王来朝。那利烝其妻阿史那,王不能禁,左右请杀之,由是更猜忌。使者言状,帝并召至京师,囚那利,护遣王还。羯猎颠拒不内。诏左屯卫大将军杨胄发兵禽羯猎颠,以其地为龟兹都督府。是岁,徙安西都护府于其国,以故安西为西州都督府,即拜左骁卫大将军兼安西都护麹智湛为都督。

关于安西都护府从西州迁往龟兹的时间,上引《新唐书·龟兹传》

与《旧唐书·龟兹传》记载似有不同。《旧唐书·龟兹传》笼统地说,在破龟兹之后;《新唐书·龟兹传》则明确记载在阿史那社尔献龟兹之俘于太庙之后。按《旧唐书·太宗纪》、《新唐书·太宗纪》及《资治通鉴》卷199均系献俘事于贞观二十三年正月辛亥,即正月六日。据此,《旧唐书·龟兹传》所谓安西都护府迁往龟兹在破龟兹之后,其时间不在贞观二十二年,而在贞观二十三正月六日之后。这是可以肯定的。至于确定的时间,则应进一步考证。而有关史料,多有参差甚至互相矛盾之处。兹移录这些史料如下:

《册府元龟》卷991《外臣部·备御四》云:

> 高宗永徽二年十一月丁丑,以高昌故地置安西都护府,以尚舍奉御天山县公麴智湛为左骁卫大将军兼安西都护府(兴按,"府"字应作"西")州刺史,往镇抚焉。

同书又云:

> [显庆]三年正月,立龟兹王布失毕之子白素稽为龟兹王。初布失毕妻阿史那氏与其国相那利私通,布失毕知而不能禁。布失毕左右频请讨之,由是国内不和,递相猜阻,各遣使来告难,帝闻而尽召之。既而(至)京师,囚那利,而遣左领军郎将雷文成送布失毕归国,行至龟兹东由(?)分泥师城,而龟兹大将羯猎颠发众拒之。仍通使降于贺鲁。布失毕据城自守,不敢进。于是诏左屯卫大将军杨胄发兵讨之。会布失毕病死,胄与羯猎颠决战,大破之,擒羯猎颠及其党,尽杀之。乃以其地为龟兹都督府,又拜白素稽为都督,以统其众。又移安西都护府于龟兹国。旧安西复为西州都督府,左骁卫大将军兼安西都护天山县公麴智湛为西州都督,以统高昌之故地。

上引《册府元龟》显庆三年条,与前引《新唐书·龟兹传》高宗复封布失毕以下的记述,基本相同。这些记载以及上引《册府元龟》永徽二年条与《旧唐书·龟兹传》、《新唐书·龟兹传》所云灭龟兹后迁安西都护府于其地全无关涉,引用此史料似嫌迁远。但有些研究者置《旧唐书·龟兹传》所载灭龟兹后徙安西都护府于其地于不顾,也置《新唐书·龟兹传》所载贞观二十三年正月七日献龟兹俘于太庙后徙安西都护府于龟兹于不顾,径置安西都护府第一次自西州迁往龟兹于显庆三年。其实,显庆三年置安西都护府于龟兹乃是第二次南迁,非第一次。不解决这一问题,则《旧唐书·龟兹传》、《新唐书·龟兹传》所载灭龟兹后或献龟兹俘于太庙后迁安西都护府于龟兹之比较确定的时间无从推知。因此,不能不作如此迂远的论述。

上引《册府元龟》"永徽二年"条:"麴智湛为左骁卫大将军兼安西都护、西州刺史。"而此句上文为"永徽二年十一月丁丑,以高昌故地置安西都护府"。这段记载说明,贞观十四年九月,于高昌故地西州所置之安西都护府,在永徽二年十一月之前,曾发生地理位置的变化;因此,命麴智湛为安西都护时,特标明于西州置安西都护府。倘若贞观十四年西州之安西都护府在地理上并未改变,仍在西州的话,何必另标明在西州?史籍纪事,不可能如此,不待烦言。《旧唐书·龟兹传》、《新唐书·龟兹传》记载灭龟兹后安西都护府自西州迁往龟兹,这正是贞观十四年西州所置安西都护府在地理上的改变。至永徽二年,安西都护府自龟兹迁回西州,在地理上又一次有所变化,故命麴智湛为安西都护时,特标明于西州置安西都护府。

据以上论述,应进一步讨论两个问题:其一,灭龟兹后迁安西都护府于其地,在何时?何人任安西都护?永徽二年十一月七日,安西都护府自龟兹迁回西州,此年不可能有安西府自西州迁往龟兹之事,可不多论。《旧唐书·龟兹传》、《新唐书·龟兹传》均称灭龟兹后安西府自西州迁往龟兹,则安西府南迁之时间应与灭龟兹之时间相距不远,恐应在贞观二十二年末及贞观二十三年中求之;不可能在永徽元年也。

《旧唐书》卷198《龟兹传》云:

> 先是,太宗既破龟兹,移置安西都护府于其国城,以郭孝恪为都护。

岑仲勉先生在《西突厥史料补阙及考证》的第一部分《西突厥史料编年补阙》中,对上引《旧唐书·龟兹传》"以郭孝恪为都护"的记述,提出疑问云:"按未破龟兹之先,孝恪已为安西都护,见此传上文及同书卷83

"孝恪本传";且龟兹未定,孝恪已被害。'以孝恪为都护'句,殊犯语病。"永兴按,仲勉先生的疑问甚是。据《资治通鉴》卷199记载,郭孝恪死于贞观二十二年闰十二月一日,当时,唐军虽已攻占龟兹都城,但战争仍在继续,局势尚未稳定,恐不可能移置安西都护府于龟兹国城,郭孝恪任此南迁后安西府之都护亦无可能也。《新唐书·龟兹传》置安西府南迁于贞观二十三年正月献龟兹俘于太庙之后,这是合乎情理的。按《吐鲁番出土文书》(六)载"贞观二十三年(649年)安西都护府户曹关为车脚价练事"云:

编者原说明:本件残存"安西都护府之印"三处。

（前缺）

1. □主将 启 □

2. □车脚 □

3. □憙车 □

4. □计 欠 　　　 太 憙车 □

5. □准其 　　　 还今 □

6. □练壹匹 肆 (?) 　　 判下柳 中 □

7. 　　　谨关。

8. 　　贞 观 廿三年正月 □

9. 　　　　　 □

10. 　　户曹关 称 □

11. 　　中县人曹太 □

12. 　　脚价练壹 □

13. 　　　 □ 追 □

（后缺）

同书载"唐贞观二十三年(649年)残牒为纸笔价钱事"云:

（前缺）

105

　　　　　　　　　□ [1]

1.□上件钱以不者。其□

2.□纸笔价。谨牒。

3.　　　　　贞观廿三年三月　日白□

4.　　　　　□将仕郎秦智

5.　　　　　　　　□

7.　　　　　　　　　　丗日

同书载"唐贞观二十三年(649 年)杜崇礼等辩辞为绫价钱事"云：

　　编者原说明：本件人名残,据后件,知"崇"下缺一"礼"字,又五、六行之间夹行书写为朱笔批语,三、四行之间亦见有朱笔批语,残缺不可识。

1.□人杜 崇 □

2.□人孟□

3.□紫绅绫□

　　　　　　　　　　　□

4.□辩被　　　　　　将□

5.□以不者　　　　件□

　　　　□□领八　四同□

6.□ 两 匹今并领得。被问依□

7.　　　　　　贞观廿三年正月廿□

　　以上三件残文书均出自阿斯塔那 210 号墓。其中一件钤有"安西都护府之印",是官府文书；另两件均有勾官的朱笔批语,也是官府文书。三件残文书的内容均有关财务。第三件"两匹今并领得",这两匹应是该文书 5 行的紫绅绫。《李筌太白阴经·军资篇》兵赐中有绯紫绫,此残文书的两匹紫绅绫"今并领得",也是兵赐,则该文书是安西都护府的,与第一件同。我推测第二件也是安西都护府文书。三件文书

──────────

〔1〕　此处原有朱笔批语,残不可识。

的时间均为贞观二十三年,同在一处出土,可以推定,这三件残文书是安西都护府文案的三个断片。第一个断片书有"判下柳中"及"(柳)中县人曹太[熹]",可见安西都护府仍在西州,包括三个断片在内的文案也是在西州制造的,安西都护府仍在西州,尚未南迁龟兹。第二个断片的时间最晚,为贞观二十三年三月卅日。据此推测,安西都护府南迁龟兹应在此日之后,即贞观二十三年四月至十二月之间。

安西都护府第一次南迁龟兹在何时? 安西都护府第三任都护为何人? 可就下列史料推知。

新疆吐鲁番地区文管所整理《高昌墓砖拾遗》(见《敦煌吐鲁番文献研究论集》第三辑)载永徽五年令狐氏墓志,全文如下:

1. 大唐永徽伍年十月廿九日,董□
2. 隆母令狐年八十有余,
3. 安西都护府 天山县南平乡。
4. 右授魏州顿丘县达安乡君。
5. 牒奉 诏版授官如右。
6. 右牒 贞观廿三年九月
7. 七日,典王仵牒。朝散郎行
8. 户曹参军判使事姬孝敏。
9. 敕使使持节西、伊、庭三州诸军事、
10. 兼安[西]都护、西州刺史、上柱国谯国公柴哲威。

据上引,贞观二十三年九月,安西都护为柴哲威,安西都护府仍在西州,未南迁也。柴哲威为继郭孝恪的第三任安西都护,任职之始,应在贞观二十三年初,因郭孝恪死于贞观二十二年末。柴哲威任安西都护至何时止? 柳洪亮在《安西都护府治西州境内的时期及年代考》[1]一文中,确定柴哲威任职约近三年,至永徽二年十一月。柳洪亮氏的推定是可能的,但应考虑另一史料。按周绍良编《唐代墓志汇编》上载证圣 008《大周唐故左戎卫右郎将古君夫人匹娄氏墓志并序》略云:

〔1〕 柳洪亮:《安西都护府治西州境内的时期及年代考》,新疆社会科学,1986 年第 2 期。

夫人讳净德,其先代郡人也。父武彻,朝散大夫,唐秦府库真,骠骑将军,右卫中郎将,檀、云、朔等州刺史,安西都护,使持节,上柱国,济源县开国公。

永兴按,匹娄武彻曾为秦府库真,应在武德年间,他初入仕途,可能二十几岁。历经右卫中郎将,檀、云、朔等州刺史,均应在贞观年间,为时可能二十余年,到永徽元年或二年时,匹娄武彻可能已四十五岁以上年近五十矣,至显庆末、龙朔初年时,他已是年近六十的老人了。我提出永徽元年或二年以及显庆末、龙朔初,因考察唐代前期历任安西都护年表,显庆末至龙朔初的几年中,安西都护为何人,不能考知,匹娄武彻于此时任安西都护,有可能;但以年近六十的老人,任此紧要军职,又似乎不可能。永徽元年或二年时,匹娄武彻年不及五十,在柴哲威之后,任安西都护,是可能的。我暂假定为后者,即自贞观二十三年初至永徽二年十一月约三年间,安西都护为二人,即柴哲威、匹娄武彻。

其二,南迁龟兹之安西都护府,至永徽二年七月,何故又北徙西州?我认为,其原因应当从西突厥贺鲁的强大并寇庭州中求之。

《资治通鉴》卷199"唐高宗永徽二年"[参看《旧唐书》卷194(下)《西突厥贺鲁传》、《新唐书》卷215(下)《西突厥贺鲁传》]云:

> [春正月]左骁卫将军、瑶池都督阿史那贺鲁招集离散,庐帐渐盛,闻太宗崩,谋袭取西、庭二州。庭州刺史骆弘义知其谋,表言之。上遣通事舍人桥宝明驰往慰抚。宝明说贺鲁,令长子咥运入宿卫,授右骁卫中郎将,寻复遣归。咥运乃说其父拥众西走(永兴按,贺鲁居庭州莫贺城,见《资治通鉴》卷199),击破乙毗射匮可汗,并其众。建牙于双河及千泉,自号沙钵罗可汗。咄陆五啜、弩失毕五俟斤皆归之,胜兵数十万,与乙毗咄陆可汗连兵。处月、处密及西域诸国多附之。
>
> 秋七月,西突厥沙钵罗可汗寇庭州,攻陷金岭城及蒲类县(西州交河县北行八十里入谷,又百三十里经柳谷,渡金沙岭,百六十里至庭州蒲类县,属西州,后属庭州,又改为后庭县),杀略数千人。诏左武候[严:"候"改"卫"]大将军梁建方、右骁卫大将军契

苾何力为弓月道行军总管（弓月城在庭州西千有余里），右骁卫将军高德逸、右武候将军薛[严："薛"改"萨"]孤吴仁为副，发秦、成、岐、雍府兵三万人及回纥五万骑以讨之。

据上引《通鉴》记述，"处月、处密及西域诸国多附之"，可见永徽初年西突厥贺鲁之强大。贺鲁谋攻取西州、庭州，并已侵占庭州的金岭城和蒲类县。庭州、西州的形势岌岌可危。这不能不使包括安西都护府（治所在龟兹）的唐在西域的势力受到极大威胁。但促使安西都护府移回西州并放弃四镇者，尤在于安西都护府（治所在龟兹）与西州、庭州的唇齿关系。治于龟兹的安西都护府，其后方根据地为西州、庭州。由凉州向安西输送兵力和财物之主要道路，必经由西州和庭州。如贺鲁攻占西州、庭州，安西都护府失去后方根据地，失去一切增援人力物力之可能，孤立无援，四面受敌，势必全部覆灭。因此，在庭州部分被西突厥贺鲁侵占以及安西都护府受到威胁之际，安西都护府不得不迅速撤回西州，放弃四镇。唐经营西域受到暂时挫折。

据上文引《新唐书·龟兹传》及《册府元龟·外臣部·备御》有麹智湛的记述，安西都护府在永徽二年十一月从龟兹迁回西州后，任都护者为麹智湛。他任此职五年有余（自永徽二年十一月至显庆三年五月），是安西都护府第五任都护。

上文引《新唐书·龟兹传》，麹智湛为右骁卫大将军，但《册府元龟》记麹智湛为左骁卫大将军，二者不同。按《册府元龟》卷964，显庆三年五月，白素稽为右骁卫大将军。据唐官制，左右骁卫大将军各一员，则麹智湛应为左骁卫大将军。《新唐书》作右骁卫大将军，恐非是。

麹智湛为原高昌王麹智盛之弟，《新唐书》、《旧唐书》高昌传均谓麹智湛麟德中终于左骁卫大将军、西州刺史。永徽二年十一月，安西都护府撤回西州，西州、庭州的形势危急可虑。唐中央政府起用麹智湛为安西都护、西州刺史，其目的为安定原高昌贵族和庶民，稳定西州和庭州。

自永徽二年至显庆三年期间，西域形势发生了重大变化，主要为唐击败西突厥贺鲁并俘获贺鲁，瓦解沙钵罗汗国，唐完全控制西域。关

·欧·亚·历·史·文·化·文·库·

于这一重大变化,诸书均有记载,史料很多。兹引《通鉴》的记述如下。

《资治通鉴》卷200"唐高宗显庆二年"略云:

闰月(正月)庚戌,以左屯卫将军苏定方为伊丽道行军总管(伊丽河,一名帝帝河),帅燕然都护渭南任雅相,副都护萧嗣业发回纥等兵,自北道讨西突厥沙钵罗可汗。

初,右卫大将军阿史那弥射及族兄左屯卫大将军步真,皆西突厥酋长,至是,诏以弥射、步真为流沙安抚大使,自南道招集旧众。

苏定方击西突厥沙钵罗可汗,至金山北,先击处木昆部,大破之,其俟斤嬾独禄等帅万余帐来降,定方抚之,发其千骑与俱。

定方至曳咥河西(曳咥河在伊丽河东),沙钵罗帅十姓兵且十万,来拒战(咄陆五啜,弩失毕五俟斤,是为西突厥十姓)。定方将唐兵及回纥万余人击之。沙钵罗轻定方兵少,直进围之。定方令步兵据南原,攒矟外向,自将骑兵陈于北原。沙钵罗先攻步军,三冲不动,定方引骑兵击之,沙钵罗大败,追奔三十里,斩获数万人;明日,勒兵复进。于是胡禄屋等五弩失毕悉众来降,沙钵罗独与处木昆屈律啜数百骑西走。时阿史那步真出南道,五咄陆部落闻沙钵罗败,皆诣步真降。定方乃命萧嗣业、回纥婆闰将胡兵趋邪罗斯川(《旧书》,贺鲁居多逻斯川,在西州直北一千五百里。此邪罗斯川当在伊丽水之西),追沙钵罗,定方与任雅相将新附之众继之。会大雪,平地二尺,军中咸请俟晴而行,定方曰:虏恃雪深,谓我不能进,必休息士马,亟追之可及,若缓之,彼遁逃浸远,不可复追,省日兼功,在此时矣!乃蹋雪昼夜兼行。所过收其部众,至双河,与弥射、步真合,去沙钵罗所居二百里,布陈长驱,径至其牙帐(贺鲁牙帐在金牙山,直石国东北)。沙钵罗与其徒将猎,定方掩其不备,纵兵击之,斩获数万人,得其鼓纛。沙钵罗与其子咥运、婿阎啜等脱走,趣石国,定方于是息兵,诸部各归所居,通道路,置邮驿,掩骸骨,问疾苦,画疆场,复生业。凡为沙钵罗所掠者,悉括还之。十姓安堵如故。乃命萧嗣业将兵追沙钵罗,定方引军还。

沙钵罗至石国西北苏咄城。人马饥乏，遣人赍珍宝入城市马，城主伊沮达官诈以酒食出迎，诱之入，闭门执之，送于石国。萧嗣业至石国，石国人以沙钵罗授之。

显庆二年苏定方击败并俘获沙钵罗、瓦解沙钵罗汗国的大战役，对唐经营西域，具有决定意义。这次战役扫除了唐经营西域前进道路上的严重障碍；同时，也使西域各部族看到，唐经营西域的策略不是简单的武力征服。在用兵作战的过程中及以后，采用种种措施，使各部族获得安定生存和发展的环境，儒家的仁政思想在战争中体现出来。

苏定方在这次战争中的战略战术，与武德四年李世民打败王世充、窦建德战争中的战略战术基本相同，与贞观四年李靖击败并俘获东突厥颉利可汗战争中的战略战术更为相同。李靖击颉利战役，苏定方为前锋，其兵法应得自卫公。这三次大战役，对大唐帝国而言，虽在作用和性质上有所不同，但同样具有重大意义，故附此指出。

由于西突厥贺鲁的威胁，唐被迫把安西都护府迁回西州，由于击败并俘获贺鲁，扫除了经营西域前进路上的障碍，在显庆三年，唐第二次把安西都护府从西州迁往龟兹。

从显庆三年五月任治于龟兹的安西都护府的都护，是安西都护府的第六任都护，其人为高贤。兹举出有关史料如下：

《资治通鉴》卷201"唐高宗龙朔二年"略云：

> [十二月]胐海道总管苏海政受诏讨龟兹，敕兴昔亡、继往绝二可汗发兵与之俱。军还，至疏勒南，弓月部复引吐蕃之众来，欲与唐兵战。有阿史那都支及李遮匐收其余众，附于吐蕃。

《资治通鉴》卷201"唐高宗龙朔三年"云：

> [十二月]壬寅，以安西都护高贤为行军总管，将兵击弓月，以救于阗。

《资治通鉴》卷201"唐高宗麟德二年"略云：

> 闰月（三月），疏勒、弓月引吐蕃侵于阗，敕西州都督崔知辩、左武卫将军曹继叔将兵救之。

按苏海政事又见于《册府元龟》卷449《将帅部·专杀》，唯"受诏讨龟兹"作"受诏讨龟兹及疏勒",高贤事又见于《新唐书》卷 3《高宗纪》及《册府元龟》卷 414《将帅部·赴援》,疏勒、弓月引吐蕃侵于阗事又见于《册府元龟》卷 995《外臣部·交侵》。据上引史料,可知:

(甲)高宗龙朔三年,高贤任安西都护府都护。自显庆三年安西都护府移至龟兹,至麟德二年裴行俭任安西都护,为时七年。此七年中,高贤一人任都护,抑尚有他人亦任此职?暂难考定。我们只能说,在此七年中,高贤曾任安西都护,他可能是安西都护府第六任都护。

(乙)吐蕃侵入西域,并役使西突厥的残余势力,因而出现唐经营西域的新形势:即南有吐蕃的侵犯,北有西突厥残余势力和突骑施的干扰。南、北两方时常联合。

(丙)龙朔麟德时,四镇中的龟兹、疏勒实际上已叛唐。唐咸亨元年罢四镇,其来有渐。根据这一史实,治于龟兹的安西都护府的情况如何?它是否已撤离龟兹?这样的问题,虽难于解决,但必须提出。

上述(乙)(丙)两点为自显庆三年至麟德二年期间最应注意者,唐经营西域又遇到很大困难。吾人读史亦应注意这一期间唐经营西域的重大进展,即在西域全境设置都督府、州、县也。

《新唐书》卷 43(下)《地理志》"羁縻州"云:

> 西域府十六、州七十二(龙朔元年,以陇州南由令王名远为吐火罗道置州县使,自于阗以西,波斯以东,凡十六国,以其王都为都督府,以其属部为州、县。凡州八十八,县百一十,军府百二十六)。

《旧唐书》卷 40《地理志》"河西道"云:

> 西域十六都督州府
>
> 龙朔元年,西域诸国遣使来内属,乃分置十六都督府,州八十,县一百一十,军府一百二十六,皆隶安西都护府,仍于吐火罗国立碑以纪之。
>
> 右西域诸国,分置羁縻州军府,皆属安西都护统摄。自天宝十四载已前,朝贡不绝。今于安西府事末纪之,以表太平之盛业也。

《法苑珠林》卷 29《感通篇·述意部》云:

> 从于阗国至波斯国已来,大唐总置都督府及州县折冲府,合三百七十八所,九所是都督府,八十所是州,一百三十三所是县,一百四十七所是折冲府。

按《唐会要》卷 73《安西都护府》云:"龙朔元年六月十七日,吐火罗道置州县使王名远进《西域图记》,并请于阗以西,波期以东十六国,分置都督府及州八十,县一百一十,军府一百二十六,仍以吐火罗立碑,以记圣德,诏从之。"《太平环宇记》卷 156"安西大都护"条所记与《新唐书·地理志》、《旧唐书·地理志》、《唐会要》略同。《法苑珠林》所记与其他三书在数目上不同,暂置不论。应注意者,四书均记有折冲府或军府。据《唐会要》卷 73《府兵》,折冲府六百三十三,关内道有府三百六十一,河东道府额亚于关中,河北道置府不多,江南道更少,此皆中央政府直属之州。至于羁縻州,未见有设折冲府之制。两《唐书·地理志》记载之羁縻州,除西域十六都督府外,均无折冲府。西域十六都督府设折冲府虽见于上述四书,其史料来源,恐均为《唐会要》所载"王名远进《西域图记》(《西域图志》)"。虽仅据一书所载,不应遽作定论;但亦应重视,留待详考,因西域情况特殊也。

唐在西域设置军镇守捉,史籍记载颇多,亦甚重要,兹略论之。

《旧唐书》卷 40《地理志》"河西道"云:

> 北庭(兴按,应作"安西")都护府,本龟兹国。显庆中,自西州移府治于此。东至焉耆镇守八百里,西至疏勒镇守二千里,南至于阗二千里,东北至北庭府二千里,南至吐蕃界八百里,北至突骑施界雁沙川一千里。安西都护府:镇兵二万四千人,马二千七百匹。都护兼镇西节度使。
>
> 安西都护所统四镇
>
> 龟兹都督府　　胜兵数千。
>
> 毗沙都督府　　胜兵数千。
>
> 疏勒都督府　　胜兵二千。

永兴按,上引《旧唐书·地理志》二"镇守"后脱"使"字,"于阗"后脱"镇守使"三字,四镇漏焉耆都督府领兵数。

《新唐书》卷43(下)《地理志》"羁縻州"略云：

> 唐置羁縻诸州,皆傍塞外,或寓名于夷落。而四夷之与中国通者甚众。若将臣之所征讨,敕使之所慰赐,宜有以记其所从出。天宝中,玄宗问诸蕃国远近,鸿胪卿王忠嗣以《西域图》对,才十数国。其后贞元宰相贾耽考方域道里之数最详。其入四夷之路与关戍走集最要者七:五曰安西入西域道。

> 于阗西五十里有苇关,又西北经半城,百六十里至演渡州,又北八十里至疏勒镇。自疏勒西南入剑末谷、青山岭、青岭、不忍岭,六百里至葱岭守捉,故羯盘陀国,开元中置守捉,安西极边之戍。

> 又于阗东三百里有坎城镇,东六百里有兰城镇,南六百里有胡弩镇,西二百里有固城镇,西三百九十里有吉良镇。于阗东距且末镇千六百里。自焉耆西五十里过铁门关,又二十里至于术守捉城,又二百里至榆林守捉,又五十里至龙泉守捉,又六十里至东夷僻守捉,又七十里至西夷僻守捉,又六十里至赤岸守捉,又百二十里至安西都护府。

> 又一路自沙州寿昌县西十里至阳关故城,又西至蒲昌海南岸千里。又西经特勒井,渡且末河,五百里至播仙镇,故且末城也。高宗上元中更名。又西经悉利支井、祆井、勿遮水,五百里至于阗东兰城守捉。又西经移杜堡、彭怀堡、坎城守捉,三百里至于阗。

《太平环宇记》卷156《安西大都护府》与《旧唐书·地理志》略同,其述安西都护府八到,有"正南与于阗城守捉南北相当"、"自据史德城西南至疏勒镇城五百八十里"、"又东南至昆冈、三义等守捉戍一十五日程"数语。

据上引史料,唐在西域驻兵之镇十,守捉十三。此仅为一部分,非全数也。按《新唐书》卷50《兵志》云：

> 唐初,兵之戍边者,大曰军,小曰守捉,曰城,曰镇,而总之者曰道。

《唐六典》卷5"兵部郎中"条略云：

> 凡镇皆有使一人,副使一人。万人已上置司马、仓曹·兵曹参

军各一人，五千人已上，减司马。凡诸军、镇每五百人置押官一人，一千人置子总管一人，五千人置总管一人。凡诸军镇使、副使已上，皆四年一替。

《新唐书》卷49(下)《百官志》云：

> 凡上镇二十，中镇九十，下镇一百三十五。上戍十一，中戍八十六，下戍二百四十五。

据《资治通鉴》卷215、《旧唐书·地理志》、《通典》卷172《州郡二》，开元天宝十节度所辖为军及守捉。军，小者一般为四、五千人，大者一般为万人。守捉，小者一般为数百人，大者一般超过千人。上引书所载西域境内的镇、守捉，相当军、守捉，兵数应更少一些。但安西都护府有兵二万四千，可能记载不确。据上文统计，西域境内有镇十、守捉十三，仅为一部分，其驻军数应超过二万四千人。兵数与本文主旨关系不大，可暂不论。我强调的是，西域驻军本身和按照唐中央政府的制度驻军。

据上文论述，龟兹(今新疆库车)、于阗(今新疆和田)、疏勒(今新疆喀什噶尔)、焉耆(今新疆焉耆)四镇及其管辖区域均驻有唐军，亦即安西都护府所辖地区均驻有唐军，葱岭守捉在内为安西极边之戍，守卫西边国门。这说明包括葱岭守捉在内的安西都护府所统四镇地区是唐的领土，是中国的领土。中国领土由中国驻军守卫，这是理所当然的。在唐的领土上实行唐的制度，亦即在中国领土上实行中国的制度，这也是理所当然的。

《通典》卷172《州郡二·序目(下)》"大唐"略云：

> 大唐武德初，改郡为州，太守为刺史。贞观初，分为十道。既北殄突厥颉利，西平高昌，东西九千五百十里，南北万六千九百十八里；又开四镇，即西境拓数千里，于阗、疏勒、龟兹、焉耆诸国矣。天宝初，又改州为郡，刺史为太守。其地东至安东都护府，西至安西都护府，南至日南郡，北至单于都护府(今西极安西府)。

《通典》卷174《州郡四·古雍州(下)》：

> 安西府(东至焉耆镇守军八百里，去交河郡七百里。南至吐蕃界八百里。西至疏勒守捉军三千里，去葱岭守捉七百里。北至

突骑施界鹰婆川一千里。东南到吐蕃界屯城八百六十里。西南到于阗二千里。西北到疏勒二千里。东北到北庭府二千里。去西京七千六百里,去东京八千三百三十里。户一万一千一百六,口六万三千一百六十八)。

《旧唐书》卷38《地理志》云:

> 今举天宝十一载地理。唐土东至安东府,西至安西府,南至日南郡,北至单于府。南北如前汉之盛,东则不及,西则过之。

《新唐书》卷37《地理志》亦云:"然举唐之盛时,开元、天宝之际,东至安东,西至安西,南至日南,北至单于府,盖南北如汉之盛,东不及而西过之。"开、天之际,唐之领土,三书所言相同。东、南、北,此不论,"西至安西府"与上文所论,固相同也。杜佑所论最详,特标出四镇,即于阗、疏勒、龟兹、焉耆均为唐之领土,举出安西府八到及其户口数,与记述唐中央直辖州府之体例一致。唐之领土西极安西之葱岭守捉,唐、宋史家之记述无异词,历史地理学家所绘之唐代地图,亦复如是。此盖治唐史者之常识。我于此详为举证,反复论述,似可不必,但不得不如此,因有的研究者论述四镇的性质,与杜佑、刘昫、欧阳修不同,且以为创新之见也。

安西四镇与一般府州不同之处为,于阗、疏勒、龟兹、焉耆仍保留国王以及王室贵族的习俗制度。但应注意,国王必须得到唐册封,国王乃唐所册立之国王也。其事甚多,仅举一、二例,如《册府元龟》卷967《外臣部·封册二》云:

> [显庆]三年正月,立龟兹王嗣子白素稽为龟兹王,授右骁卫大将军,仍遣使就加册命。
>
> 上元二年正月,以于阗国为毗沙都督府,分其境内为十州,以于阗王尉迟伏阇雄为毗沙都督,击吐蕃有功故也。
>
> 天授二年腊月,以于阗王尉伏阇雄(尉迟伏阇雄)卒,册立其子璥为于阗王。

均是也。唐中央政府任命的安西都护是四镇的行政及军事长官,各镇的镇守使是该镇的行政及军事长官,实行唐中央政府制定的行政制度及兵制,驻有军队以维护治安和抗御外来侵犯。这就是作为大唐帝国领土一部分的安西四镇的实际情况。至于保存国王和王室贵族以及习俗等,乃是我中华民族博大恢弘精神的表现,在唐代前期,这一精神更为显豁光彩。保留国王等等无妨于四镇成为唐帝国的领土,无害于唐帝国之统一与中央集权也。

回顾上文论述,自显庆三年至麟德二年之七年期间,唐经营西域取得重大成果,即置十六都督府、八十州、一百一十县、一百二十六军府。设置府、州、县、军府表示唐对西域的统治。这一形势是自贞观十四年以来二十五年中艰苦经营不畏挫败所取得的。此七年中,任安西都护高贤,其人名不显于当时,有关史料亦少,不能多加论述。

高贤之后,安西都护为裴行俭。按《新唐书》卷 108《裴行俭传》略云:

> 麟德二年,擢累安西都护,西域诸国多慕义归附,召为司文少卿。

《旧唐书》卷 84《裴行俭传》与《新唐书·裴行俭传》同,均未确言裴行俭何时自安西都护拜司文少卿的。

《张说之文集》卷 14《赠太尉裴公神道碑》云:

> 显庆中,与长孙太尉、褚河南论及中宫废立,国家忧患。有公伯寮谮行于季氏,出为西州(永兴按,此处应补"长"字,《旧唐书·裴行俭传》"左授西州都督府长史")。史,又改金山副都护,又拜安西大都护。西域从政七年间,穷荒举落,重译向化,我之独贤,边之多幸。乾封岁,征为同(司)文少卿。

按麟德尽二年,其后为乾封,亦二年,据《神道碑》,如裴行俭于乾封二年迁司文少卿,他任安西都护仅三年或为时更短。此时,由于吐蕃侵入西域,唐经营西域受挫。上文引《资治通鉴》卷 201,在龙朔麟德年间,四镇中的龟兹、疏勒实际已叛唐。咸亨元年罢四镇乃多年挫败的结果。裴行俭为有唐名将,识略过人,似应改变唐在西域所处之劣势。但仅有的几条史料都未记述裴行俭在西域有何功绩,不必为贤者讳也。

裴行俭自麟德二年至乾封二年任安西都护,他是安西都护府第七任都护。

裴行俭于乾封二年卸安西都护之任。后两年,即咸亨元年,唐罢四镇。《资治通鉴》卷201"唐高宗咸亨元年"云:

> 夏四月,吐蕃陷西域十八州,又与于阗袭龟兹拨换城,陷之。罢龟兹、于阗、焉耆、疏勒四镇。

《资治通鉴》卷205"则天后长寿元年"云:

> 会西州都督唐休璟请复取龟兹、于阗、疏勒、碎叶四镇,敕以(王)孝杰为武威军总管,与武威大将军阿史那忠节将兵击吐蕃。冬十月丙戌,大破吐蕃,复取四镇。置安西都护府于龟兹,发兵戍之。

《唐会要》卷73《安西都护府》略云:

> 咸亨元年四月二十一日,吐蕃陷我安西,罢四镇。
>
> 苏氏记曰:咸亨元年四月,罢四镇,是龟兹、于阗、焉耆、疏勒。至长寿二年十一月复四镇敕,是龟兹、于阗、疏勒、碎叶。两四镇不同,未知何故?
>
> [长寿二年]王孝杰克复四镇,依前于龟兹置安西都护府。

《唐会要》"长寿二年",误。《旧唐书·则天皇后纪》作长寿元年,与《通鉴》同。由于《通鉴》、《唐会要》上述纪事:咸亨元年罢四镇,长寿元年复四镇,其间二十二年,四镇形势有变化,但往往为读史者所忽视。其实,咸亨元年罢四镇九年后,即调露元年,又复四镇;七年之后,即垂拱二年,再罢之。岑仲勉先生在《西突厥史料补阙及考证》中已简要指出此点。我在《吐鲁番出土文书泛达德告身考释》一文(见《敦煌吐鲁番文献研究论集》第二辑)中亦略有涉及。

由于上述情况,本段撰写的体例有改变。前此,本文以安西都护为中心线索撰写,一任都护为一段。现在改变为由总章二年至长寿元年之二十四年为一段,论述二十四年中西域的情况。

咸亨元年罢四镇,安西都护府是否撤回西州?自咸亨元年至长寿元年之二十二年期间,任安西都护者均为何人?都护府治所的变化情况如何?

《资治通鉴》卷202"唐高宗咸亨四年"云：

> 十二月丙午，弓月、疏勒二王来降。西突厥兴昔亡可汗之世，
> 诸部离散，弓月及阿悉吉皆叛（阿悉吉即阿悉结，弩失毕五俟斤之
> 一也）。苏定方之西讨也，擒阿悉吉以归。弓月南结吐蕃，北招咽
> 面（咽面，亦铁勒种，居得巍海），共攻疏勒，降之。上遣鸿胪卿萧
> 嗣业发兵讨之。嗣业兵未至，弓月惧，与疏勒皆入朝，上赦其罪，遣
> 归国。

上引文中之鸿胪卿萧嗣业，当时可能兼任安西都护。据上引史料，弓月
及阿悉吉均在西域之天山以北地区，萧嗣业所发之兵应来自西州，应
为安西都护府之兵。推测，咸亨元年罢四镇，安西都护府撤回西州，遵
往例也。如永徽二年安西府即由龟兹撤回西州。萧嗣业能发安西都护
府之兵，因身任安西都护也。但《通鉴》何以称萧嗣业为鸿胪卿？此可
举萧嗣业任鸿胪卿，兼单于大都护府长史相比说明之。

《新唐书》卷101《萧嗣业传》（《旧唐书》本传略同）略云：

> 钧兄子嗣业，擢累鸿胪卿，兼单于大都护府长史。调露中，突
> 厥叛，嗣业与战，败绩。

《资治通鉴》卷202"唐高宗调露元年"云：

> 冬十月，单于大都护府突厥阿史德温傅、奉职二部俱反，立阿
> 史那泥熟匐为可汗，二十四州酋长皆叛应之，众数十万，遣鸿胪卿
> 单于大都护府长史萧嗣业、右领军卫将军花大智、右千牛卫将军
> 李景嘉等将兵讨之。

按，《册府元龟》卷986《外臣部·征讨五》也记载此次战事，唯省去萧
嗣业的鸿胪卿衔。我认为鸿胪卿掌外番之事，故处理外番事的单于大
都护府长史可带鸿胪卿衔。鸿胪卿不管军队。咸亨四年时之萧嗣业，
只据鸿胪卿衔不可能发动并指挥军队，《通鉴》称"鸿胪卿……萧嗣业"
云云，乃省去"安西都护"，有如调露元年时之萧嗣业，《册府元龟》纪事
省去鸿胪卿也。但同一萧嗣业讨突厥事，亦有省去单于大都护府长史
只称鸿胪卿者。如《册府元龟》卷443《将帅部·败衄三》云：

> 萧嗣业为鸿胪卿。调露元年，突厥反叛，诏嗣业、（右）领军将

军花大智、千牛将军李景嘉等讨之。嗣业等初战频捷,遂不设备。俄逢大雪,兵寒冻,列营不整,贼徒乘夜逼之。嗣为窘迫,拔营而走。

鸿胪卿、单于大都护府长史萧嗣业之同一事件,史籍记事,可单称单于大都护府长史而省略鸿胪卿,亦可单称鸿胪卿而省去单于大都护府长史。书调露时之萧嗣业事如此,书咸亨时之萧嗣业事也可如此。据以上所举史料分析,暂推定咸亨四年时萧嗣业任安西都护,也可能是乾封二年裴行俭离安西后,萧嗣业即继任都护之职,即安西都护府第七任都护,都护府治所在西州。据上引《通鉴》纪事,萧嗣业讨弓月在咸亨四年,他任单于大都护府长史在调露元年,如萧嗣业曾任安西都护,他离安西都护之职必在调露元年之前也。

《资治通鉴》卷202"唐高宗调露元年"云:

[六月]初,西突厥十姓可汗阿史那都支及其别帅李遮匐与吐蕃连和,侵逼安西,朝议欲发兵讨之。吏部侍郎裴行俭曰:"吐蕃为寇,审礼覆没,干戈未息,岂可复出师西方!今波斯王卒,其子泥洹师为质在京师,宜遣使者送归国,道过二虏,以便宜取之,可不血刃而擒也。"上从之,命行俭册立波斯王,仍为安抚大食使。行俭奏肃州刺史王方翼以为己副,仍令检校安西都护。

《新唐书》卷111《王方翼传》略云:

再迁肃州刺史。裴行俭讨遮匐,奏为副,兼检校安西都护,徙故都护杜怀宝为庭州刺史。方翼筑碎叶城,南三门,纡还多趣以诡出入,五月毕。西域胡纵观,莫测其方略,悉献珍货。未几,徙方翼庭州刺史,而怀宝自金山都护更镇安西,遂失蕃戎之和。

永兴按,《旧唐书》卷185《良吏传·王方翼传》亦载检校安西都护事。据《通鉴》及《新唐书·王方翼传》记述,调露元年六月及其后一段时间,王方翼任安西都护;前此,安西都护为杜怀宝。据《通鉴》载,调露元年六月时,西突厥与吐蕃联合,侵逼安西。龟兹亦称安西,因安西都护府治所在龟兹也。据此可知,调露元年六月,唐已恢复四镇,安西都护府已由西州南迁龟兹。《册府元龟》卷967《外臣部·继袭二》"西突厥"条云："调露元年，以碎叶、龟兹、于阗、疏勒为四镇。"有年无月、日。上述分析可补《册府元龟》之不足。恢复四镇的时间，最迟在调露元年六月，或在元月至六月之间。

《资治通鉴》卷203"唐高宗永淳元年"略云：

> [四月]阿史那车薄围弓月城，安西都护王方翼引军救之，破虏众于伊丽水（自弓月城过思浑川、蛰失蜜城，渡伊丽河至碎叶界），斩首千余级。俄而三姓咽面与车薄合兵拒方翼，方翼与战于热海（碎叶城东有热海，地寒不冻），流矢贯方翼臂，方翼以佩刀截之，左右不知。既而分遣裨将袭车薄、咽面，大破之，擒其酋长三百人，西突厥遂平。方翼寻迁夏州都督。

热海苦战，王方翼为唐经营西域立了大功，故《通鉴》详书之。"方翼寻迁夏州都督"，则王方翼即于永淳元年卸安西都护之任。任安西都护凡三年。

据《新唐书·王方翼传》，王方翼为安西都护，其前任为杜怀宝，该时期安西都护府在西州。杜怀宝的前任应为萧嗣业，则杜怀宝第一次任安西都护的时间应为自咸亨四年至仪凤三年，凡五年。王方翼为安西都护之后任者，亦为杜怀宝。杜怀宝的继任者为阎温古和唐休璟。在叙述此三人任安西都护的事迹之前，应略论垂拱二年拔四镇之事。岑仲勉先生在《西突厥史料补阙及考证》中曾举出载于《千唐志斋藏志》的《裴府君墓志》及载于《全唐文》员半千《蜀州青城县令达悉思敬碑》两条史料，证明唐经营西域第三次挫折，即垂拱二年放弃四镇也。仲勉先生之说甚是。《裴府君墓志》亦见于周绍良主编《唐代墓志汇编》下册，兹移录一段如下。

《唐代墓志汇编》（下），开元213《大唐故忠武将军行左领军卫郎将裴府君墓志并序》略云：

> 公讳沙，字钵罗，疏勒人也。及长也，属藩落携贰，安西不宁，都护李君与公再谋，奏拔四镇。公乃按以戎律，导以泉井，百战无死败之忧，全军得生还之路。以开元十二年十二月卅日薨于私第，春秋八十一。

拔四镇事当于本文第二部分详论。"都护李君"一语殊可注意,此人当时任安西都护,乃垂拱二年拔四镇之指挥者。他何时任安西都护,在任多久,史均无载。

"都护李君"之后,任安西都护者为阎温古及唐休璟。此时,安西都护府撤回西州。按《资治通鉴》卷204"则天后永昌元年"云:

> [七月]韦待价至寅识迦河(据《旧书·韦待价传》,寅识迦河当在弓月西南),与吐蕃战,大败[章:十二行本"败"下有"会大雪,粮运不继"七字,乙十一行本同;孔本同;退斋校同]。待价既无将领之才,狼狈失措,士卒冻馁,死亡甚众,乃引军还。太后大怒,丙子,待价除名,流绣州,斩副大总管安西大都护阎温古。安西副都护唐休璟收其余众,抚安西土。太后以休璟为西州都督。

《旧唐书》卷93《唐休璟传》(《新唐书》卷111《唐休璟传》同)云:

> 垂拱中,迁安西副都护。会吐蕃攻破焉耆,安西道大总管、文昌右相韦待价及副使阎温古失利,休璟收其余众,以安西土,迁西州都督。

据上引,永昌元年时,安西都护为阎温古,副都护为唐休璟。阎温古因兵败被杀,唐休璟为都护,并兼西州都督,因当时安西都护府治所在西州。

永昌元年后三年,即长寿元年,唐恢复四镇,《资治通鉴》卷205记其事云:

> 会西州都督唐休璟请复取龟兹、于阗、疏勒、碎叶四镇,敕以(王)孝杰为武威军总管,与武卫大将军阿史那忠节将兵击吐蕃。
> 冬十月丙戌,大破吐蕃,复取四镇。置安西都护府于龟兹,发兵戍之。

《旧唐书·唐休璟传》亦云:"(休璟)上表请复取四镇,则天遣王孝杰破吐蕃,拔(按,此"拔"字应作"复取"解)四镇,亦休璟之谋也。"(《新唐书·唐休璟传》略同)唐休璟身为治于西州之安西都护府都护,宜其最关心恢复四镇并熟知复取四镇之时机,因而上表。据此似可推知,长寿元年十月恢复四镇后,安西都护府从西州迁至龟兹,唐休璟继续任安西都护,直至"圣历中,授凉州都督、右肃政御史大夫、持节陇右诸军副大使。"(见《新唐书》、《旧唐书》本传。)行文至此,关于自咸亨元年至长寿元年之二十二年间,安西都护府的变化的讨论,可以告一段落。但其头绪纷繁,为了眉目清楚,拟列表如下。

表4.1 安西都护府和安西都护年表

[咸亨元年(670年)——长寿元年(692年)]

年代	都护	都护府治所	备注
咸亨元年至仪凤四年	萧嗣业[1] 杜怀宝 (第九任)	西州 龟兹(仪凤三年至四年六月)	}共九年
调露元年至永淳元年	王方翼 (第十任)	龟兹	三年
弘道元年至垂拱元年	杜怀宝[2] (第十一任)	龟兹	三年
垂拱二年至垂拱四年	都护李君[3] (第十二任)	龟兹 西州	三年
永昌元年至长寿元年	阎温古 (第十三任) 唐休璟[4] (第十四任)	西州	四年

上文已考定,唐休璟任安西都护止于圣历二年,继其任者应为田扬名。《新唐书》卷221(上)《龟兹传》举出安西都护以政绩称于华狄者四人,其一即田扬名。

---

〔1〕 萧嗣业讨弓月在咸亨四年,如彼任安西都护,应早于该年。我推测,咸亨元年,萧嗣业已是安西都护。

咸亨四年至仪凤三年为时五年,杜怀宝即是调露元年六月任安西都护王方翼之前任,可能为萧嗣业的继任者。王方翼任安西都护时(调露元年六月)四镇已恢复。仪凤四年六月辛亥,始改元调露,则恢复四镇应在改元之前,其时杜怀宝正任安西都护。杜怀宝在任期间,安西都护府治所前一部分时间在西州,后一部分时间在龟兹。

〔2〕 王方翼之后任者为杜怀宝,而垂拱二年安西都护为"都护李君",则弘道元年之后至垂拱元年之三年间,任安西都护者为杜怀宝,治所在龟兹。

〔3〕 "都护李君"为此年拔四镇之指挥者,其任应止于阎温古任安西都护之前,即永昌元年之前。其治所前一部分时间在龟兹,后一部分时间在西州。

〔4〕 唐休璟在永昌元年七月之后任安西都护,至圣历二年改授凉州都督。本表止于长寿元年,故长寿元年后的任职时间未计。

·欧·亚·历·史·文·化·文·库·

《册府元龟》卷986《外臣部·征讨五》云：

> ［久视元年］九月，左金吾将军田扬名，左台殿中侍御史封思业斩吐蕃阿悉吉薄露（永兴按，《资治通鉴》卷207亦载此次战役，唯较简略，在"阿悉吉薄露"下，胡注云："阿悉吉，即西突厥弩失毕五俟斤之阿悉结也；薄露，其名。"胡注是。此时，吐蕃势力尚未发展到热海碎叶地区。"吐蕃"误，应改"突厥"），传首神都。初，薄露将叛也，令扬名率兵讨之。军至碎叶城，薄露夜伏兵于城傍，掠官驼马而去，思业率轻骑追击之，翻为所败。俄而扬名与阿史那斛瑟罗忠节率众大至，薄露据城拒守，扬名拔之。积十余日，薄露诈请降，思业诱而斩焉，遂虏其部落。

"令扬名率兵讨之"，此兵应为安西都护府之兵，因西突厥阿悉吉薄露所在地为西域天山以北，讨薄露乃安西都护首先应负之责，就近发兵讨之，田扬名应为安西都护，即第十五任安西都护。他任职的时间，可就他的前后任推知。前任都护止于圣历二年，后任都护郭元振约始于神龙二年（见下文），田扬名任安西都护约六年。

继田扬名为安西都护者为郭元振。按《旧唐书》卷97《郭元振传》（《新唐书》卷122《郭元振传》略同）略云：

> 郭元振，神龙中迁左骁卫将军，兼检校安西大都护（永兴按，《新唐书·郭元振传》无"检校"二字）。
>
> 先是，娑葛与阿史那阙啜忠节不和，屡相侵掠，阙啜兵众寡弱，渐不能支。元振奏请追阙啜入朝宿卫，移其部落入于瓜、沙等州安置，制从之。阙啜行至播仙城，与经略使、右威卫将军周以悌相遇，以悌谓之曰："国家以高班厚秩待君者，以君统摄部落，下有兵众故也。今轻身入朝，是一老胡耳。在朝之人，谁复喜见？何不厚赆二公（永兴按，指宗楚客、纪处讷），请留不行。仍发安西兵并引吐蕃以击娑葛，求阿史那献为可汗以招十姓，使郭虔瓘往拔汗那征甲马以助军用。"阙啜然其言，便勒兵攻陷于阗坎城，获金宝及生口，遣人间道纳赂于宗（楚客）、纪（处讷）（永兴按，此二人当时宰相）。元振闻其谋，遽上疏曰：

往者吐蕃所争,唯论十姓、四镇。今吐蕃不相侵扰者,直是其国中诸豪及泥婆罗门等属国自有携贰。故赞普躬往南征,身殒寇庭,国中大乱。非是本心能忘情于十姓、四镇也。今忠节(永兴按,即阿史那阙啜忠节)乃不论国家大计,直欲为吐蕃作乡导主人,四镇危机,恐从此启。故臣愚以为用吐蕃之力,实为非便。

又请阿史那献者,岂不以献等并可汗子孙,来即可以招胁十姓?但献父元庆、叔仆罗、兄侄子并斛瑟罗及怀道,岂不俱是可汗子孙?往四镇以他匐十姓不安,请册元庆为可汗,竟不能招胁得十姓,却令元庆没贼,四镇尽沦。顷年,忠节请斛瑟罗及怀道俱为可汗,亦不能招胁得十姓,却遣碎叶数年被围,兵士饥馁。

楚客等既受阙啜之赂,乃建议遣摄御史中丞冯嘉宾持节安抚阙啜,御史吕守素处置四镇,持玺书便报元振。除牛师奖为安西副都护,便领甘、凉已西兵募,兼征吐蕃,以讨娑葛。娑葛进马使娑腊知楚客计,驰还报娑葛。娑葛是日发兵五千骑出安西,五千骑出拨换,五千骑出焉耆,五千骑出疏勒。时元振在疏勒,于河口栅不敢动。阙啜在计舒河口候见嘉宾,娑葛兵掩至。生擒阙啜,杀嘉宾等。吕守素至僻城,亦见害。又杀牛师奖于火烧城,乃陷安西,四镇路绝。楚客又奏请周以悌代元振统众,征元振,将陷之。元振奏娑葛状,楚客怒,奏言元振有异图。元振使其子鸿间道奏其状,以悌竟得罪,流于白州。复以元振代以悌,赦娑葛罪。元振奏称西土未宁,事资安抚,逗留不敢归京师。会楚客等被诛,睿宗即位,征拜太仆卿。

按《资治通鉴》卷208"唐中宗神龙二年"云:"安西大都护郭元振诣突骑施乌质勒牙帐议军事。"与上引《旧唐书·郭元振传》、《新唐书·郭元振传》郭元振于神龙中任安西大都护相同。《资治通鉴》卷210"唐睿宗景云元年"云:"安西都护张玄表侵掠吐蕃北境。"同书景云二年云:"(正月)已未,以太仆卿郭元振、中书侍郎张说并同平章事。"与上引《旧唐书·郭元振传》郭元振在睿宗即位时被征拜太仆卿亦基本相同。景云元年末,安西都护已是张玄表,则此前,郭元振已卸去安西都

125

护之任,而为太仆卿,其事应在景元云年睿宗即位之初也;至景云二年正月己未,以太仆卿拜同平章事。总之,郭元振自神龙二年至景云元年任安西都护凡五年,为第十六任安西都护。

唐经营西域顺利与否,一方面是由于西域的情况,就中宗在位期间而论,南边的吐蕃强大,时时侵犯;天山以北之突骑施兴起,西突厥的残余势力往往干扰。此三种势力,时而互相牵制,时而联合。另一方面,则是由于唐的策略和执行策略之人,其中薰莸不等,产生不同效果。以上二者,又互相影响,致使唐经营西域,时而受阻,时而转危为安。郭元振任安西都护期间,是上述分析的实际情况,故引文稍详,以便分析也。

唐经营西域依靠军事力量,四镇等处驻兵两万四千人以及随时可以出动的西州、庭州军队,均是也;同时也依靠正确的政治策略。二者兼施并用,有时军事力量重要,有时政治策略重要。郭元振善于使用政治策略,并取得重大效果。在他任安西都护之前,对则天武后提出了经营西域的政治策略,并被采纳实行。据《旧唐书》卷97《郭元振传》(《新唐书》卷122《郭元振传》略同)云:

> 又上言曰:"臣揣吐蕃百姓倦徭戍久矣,咸愿早和。其大将论钦陵欲分四镇境,统兵专制,故不欲归款。若国家每岁发和亲使,而钦陵常不从命,则彼蕃之人怨钦陵日深,望国恩日甚,设欲广举丑徒,固亦难矣。斯亦离间之渐,必可使其上下俱怀猜阻。"则天甚然之。自是数年间,吐蕃君臣果相猜贰,因诛大将论钦陵。其弟赞婆及兄子莽布支并来降。则天仍令元振与河源军大使夫蒙令卿率骑以接之。后吐蕃将麹莽布支率兵入寇,凉州都督唐休璟勒兵破之。元振参预其谋,以功拜主客郎中。

此万岁通天元年郭元振所上奏疏,为武则天所采用,以为经营西域的政治策略。其效果,则是解除来自南面的吐蕃对四镇的威胁与侵犯。《资治通鉴》卷205及新、旧《唐书·郭元振传》和《吐蕃传》记述颇详,读者可参看。

郭元振任安西都护时,对突骑施也实行了正确的策略。《旧唐书》

卷97《郭元振传》(《新唐书》卷122《郭元振传》略同)云：

> 神龙中，迁左骁卫将军，兼检校安西大都护。时西突厥首领乌
> 质勒部落强盛，款塞通和，元振就其牙帐计会军事。时天大雪，元
> 振立于帐前，与乌质勒言议，须史，雪深风冻，元振未尝移足，乌质
> 勒年老，不胜寒苦，会罢而死。其子娑葛以元振故杀其父，谋勒兵
> 攻之。副使御史中丞解琬知其谋，劝元振夜遁。元振曰："吾以诚
> 信待人，何所疑惧，且深在寇庭，遁将安适？"乃安卧帐中。明日，
> 亲入虏帐，哭之甚哀，行吊赠之礼。娑葛乃感其义，复与元振通好。
> 因遣使进马五千匹及方物。

《资治通鉴》卷208也记载了上述之事。神龙年间，突骑施逐渐强大，
是天山以北的主要势力，由于郭元振的谋略与诚信，突骑施与郭元振
通好，在唐的控制之下。南北两方面的威胁解除，唐取得经营西域的大
好形势。郭元振所依靠的主要不是军事力量，而是正确的政治策略。

郭元振、武则天经营西域的正确策略被昏庸无能的唐中宗和贪赃
误国的宰相宗楚客、纪处讷破坏了。其结果如上文引郭元振传所说的，
突骑施四路出兵攻安西、拨换、焉耆、疏勒，宗、纪任命代替郭元振为安
西都护的牛师奖被杀，安西失陷，四镇路绝，郭元振幸免于难。之后，这
位杰出的政治家、军事家在混乱中收拾残局，使唐经营西域的形势又
稳定下来。

郭元振上表中所说的"元庆没贼，四镇尽沦"，实为重要事件，岂长
寿元年复四镇之后，四镇又一度被迫放弃耶？当于下文论四镇部分详
加考之。

4.1.2 从景云元年(710年)至天宝十四载(755年)四十五年间历任安西都护考这一时期有关西域重要问题研究

郭元振任安西都护至唐睿宗即帝位，即景云元年，继郭元振为安
西都护者为张玄表。按《资治通鉴》卷210"唐睿宗景云元年末"云：

> 安西都护张玄表侵掠吐蕃北境。

《旧唐书》卷196(上)《吐蕃传》云：

> 时(睿宗即位)张玄表为安西都护，又与吐蕃比境，互相攻掠。

127

吐蕃内虽怨怒,外敦和好。

《通鉴》及《旧唐书·吐蕃传》所记者为同一事实,可不多论。张玄表初命为安西都护应稍早于景云元年末(永兴按,《通鉴》系于此年末,因不能确定在此年之月份),张玄表与郭元振任安西都护之职相连接,可无疑问。

论述至此,必须考虑两个问题。一是安西与北庭之关系;二是碛西与安西的关系。吴廷燮著《唐方镇年表》,分碛西北庭和安西四镇两部分。碛西北庭自景云元年始,安西四镇亦自景云元年始。《新唐书·方镇表》,只列安西一栏,其中包括北庭,亦自景云元年始。而景云元年又是张玄表始任安西都护之年,此后直至天宝末年。安西都护府之发展变化,不能不涉及北庭碛西。《新唐书·方镇表》之安西栏中,有碛西事;吴氏书有碛西北庭。同时另有安西四镇部分。何以如此?此二问题必须首先讨论。兹先讨论碛西问题。

《唐六典》卷5"兵部郎中"条略云:

> 凡天下之节度使有八:其七曰碛西节度使。其统有安西、疏勒、于阗、焉耆,为四镇经略使;又有伊吾、瀚海二军,西州镇守使属焉。

据此,碛西节度使包括安西及北庭。但《新唐书》卷67《方镇表》"安西栏开元六年"云:

> 安西都护领四镇节度、支度、经略使;副大都护领碛西节度、支度、经略等使,治西州。

永兴按,"治西州",恐指安西副都护。盖安西都护领四镇节度,治所在龟兹;而副都护领碛西节度,治所在西州。以治所之地区而言,似一在天山以南(治于龟兹者);一在天山以北(治于西州者)。此开元六年时之情况。

《资治通鉴》卷212"唐玄宗开元十二年"云:

> 春三月甲子,起(杜)暹为安西副大都护、碛西节度等使。

据《资治通鉴》卷213,开元十四年杜暹回京师入相之时,仍称之为安西副大都护、碛西节度使也。

《曲江集》卷11《敕碛西支度等使章仇兼琼书》云：

> 敕碛西支度营田等使、兼知长行事、殿中御史章仇兼琼，西庭既无节度，缓急不相为忧，藉卿使车，兼有提振，不独长行、转运、营田而已。

据以上分析及杜暹、章仇兼琼事，我推知：如安西都护为一人，其安西都护职任所在为天山以南四镇事，兼碛西节度使职任所在为天山以北西庭二州事，其治所在安西，杜暹即是如此。碛西支度等使章仇兼琼显然治所在西州，因西庭无节度使，故玄宗命彼"兼有提振"，实即行节度使事。至于《唐六典》之"碛西节度使"云云，乃编著者泛言之，兼统天山南之四镇及天山北之西、伊、庭也。或当时实有碛西节度使之设置耶？俟再考。

《新唐书·方镇表》与吴氏书之差异，可能由于欧阳修着眼于安西四镇之封疆大吏同时兼管北庭事，而吴氏着眼于安西四镇及北庭各有军镇使者。故前者只设安西一栏，而后者则分为碛西北庭及安西四镇两部分。是否如此，暂作如是解释。

回顾上文论述景云元年张玄表始任安西都护事，吴廷燮著《唐方镇年表》卷8"安西四镇"云：

景云元年(710)

《新表》：安西都护四镇经略大使。

二年(711)

先天元年(712)

二年

开元元年(713)

四年间无任安西都护者。上文已考定，景云元年末为张玄表任安西都护之始，则景云二年的安西都护仍是张玄表，先天元年及二年（亦即开元元年）、开元二年任安西都护者，也可能仍是张玄表。据此，张玄表为第十七任安西都护，在职五年。

《唐方镇年表》又云：

开元二年(714)

吕休璟

三年(715)

吕休璟 《通鉴》:开元三年十一月,拔那(永兴按,应作"拔汗那")王兵败,奔安西求救。张孝嵩谓都护吕休璟曰:"不救,无以号令西域。"

郭虔瓘 《通鉴》:开元三年十一月丁酉,以左羽林大将军郭虔瓘兼安西副大都护、四镇经略大使。

四年(716)

《新表》:安西大都护领四镇诸蕃落大使。

五年(717)

汤嘉惠 《册府元龟·外臣部》,开元五年七月,安西汤嘉惠奏至,宰臣宋璟、苏颋奏嘉惠表称,突骑施车鼻施勾引大食、吐蕃,拟取四镇,见围拔换及大召(石)城,已发三姓葛逻禄兵与史献同掩袭。

关于吕休璟、郭虔瓘任安西都护的时间,吴廷燮氏的意见恐误。这也涉及吴氏引《通鉴》不妥之处。兹按《通鉴》纪事原顺序,引文如下:

《资治通鉴》卷211"唐玄宗开元三年"略云:

[十一月]丁酉(十九日),以左羽林大将军郭虔瓘兼安西大都护、四镇经略大使。

拔汗那者,古乌孙也,内附岁久。吐蕃与大食共立阿了达为王,发兵攻之,拔汗那王兵败,奔安西求救。(张)孝嵩谓都护吕休璟曰:"不救则无以号令西域。"遂帅旁侧戎落兵万余人,出龟兹西数千里,下数百城,长驱而进。是月,攻阿了达于连城。

司马温公置攻拔汗那于开元三年十一月末,虽无确日,可肯定在十一月十九日之后。据此,郭虔瓘任安西都护在前,吕休璟在后。吴氏不按照《通鉴》纪事之时间顺序引文,置吕休璟在前,郭虔瓘在后,不确。其次,吕休璟在开元三年十一月末任安西都护,亦有疑问。第一,据上文,郭虔瓘于开元三年十一月十九日始任安西都护,十数日后,即十一月末为吕休璟所代替。史籍未载此十数日间发生特殊变故,则郭虔瓘任安西都护只十日,似不可能。第二,如吕休璟于开元三年十一月末任安西都护,至开元四年正月一日已为丰州都督西受降城使,何如此短暂?

《资治通鉴》卷211"唐玄宗开元四年"略云:

> [正月]丙午(二十九日),以陕王嗣昇为安西大都护、安抚河西四镇诸蕃大使,以安西都护郭虔瓘为之副。

据此,郭虔瓘于开元四年正月时仍为安西都护,乃他在开元三年十一月十九日任安西都护之继续。从开元三年十一月十九日至开元四年正月二十九日之两个多月期间,并未离任,亦不可能有吕休璟任安西都护之事,可确言也。《通鉴》载吕休璟于开元三年十一月末任安西都护事,恐不确。

《册府元龟》卷157《帝王部·诫励二》云:

> 开元五年六月,突骑施酋长苏禄潜窥亭障,安西东(都)护郭虔瓘及十姓可汗阿史那献皆反侧不安。

据此,开元五年六月时,安西都护仍是郭虔瓘也。郭虔瓘为安西都护府第十八任都护。

据上文分析,吴廷燮著《唐方镇年表》载开元二年、三年吕休璟为安西都护,误。

《资治通鉴》卷211"唐玄宗开元五年"略云:

> [七月]壬寅,安西副大都护汤嘉惠奏突骑施引大食、吐蕃,谋取四镇,围钵换及大石城(钵换即拨换城,大石城盖石国城也),已发三姓葛逻禄兵与阿史那献击之。

永兴按,此事亦见《册府元龟·外臣部·备御》。吴廷燮氏据此考定,开元五年七月时之安西都护为汤嘉惠,甚是。此年六月以前,郭虔瓘为安西都护,至七月,代为安西都护之人为汤嘉惠。新、旧《唐书》之《郭虔瓘传》均谓以张孝嵩代郭虔瓘为安西都护,非是。

郭虔瓘自开元三年十一月至开元五年六月任安西都护,约二年七个月,为第十八任安西都护。

上引《资治通鉴》言及大食,此点应注意。自此时起,大食大规模侵入西域,并与吐蕃联合,西域的形势更为复杂,唐经营西域遇到了更多的困难。

《唐方镇年表》载,自开元五年至开元二十年,汤嘉惠任安西都护十六年之久,疑问数处,应加讨论。

如《唐方镇年表》"安西四镇"部分云:

> 开元九年(721)
>
> 汤嘉惠 《册府元龟·外臣部》:开元中,安西都护汤嘉惠撰《西域记》,云坚昆人皆赤发绿睛,改称拈斯。《新·西突厥传》,突骑施围大石拨换,将取四镇,会嘉惠拜安西副大都护,发三姓葛罗禄兵击之。

据前引《资治通鉴》卷211"唐玄宗开元五年"略云:

> [七月]壬寅,安西副大都护汤嘉惠奏突骑施引大食、吐蕃,谋取四镇,围钵换及大石城(钵换即拨换城,大石城盖石国城也),已发三姓葛逻禄兵与阿史那献击之。

永兴按,这条史料与上文吴廷燮氏引《新唐书·西突厥传》所载突骑施围大石拨换城云云,所述者为同一事件。唯《通鉴》记述较详,其时间为开元五年七月。温公著《通鉴》,特重视史实的时间性,其言当不误。吴氏引《新唐书·西突厥传》,未言事件的时间。以开元五年七月之事,证明汤嘉惠开元九年任安西都护,当然是不可以的。其误甚为明显。又吴氏引《册府元龟·外臣部》"开元中,安西都护汤嘉惠撰《西域记》"云云,按,开元纪年尽二十九年,"开元中"恐亦不可视为开元九年也。

按《新唐书》卷215(下)《西突厥传》云:

> 方册拜突骑施都督车鼻施啜苏禄为顺国公,而突骑施已围拨换、大石城,将取四镇。会(汤)嘉惠拜安西副大都护,即发三姓葛逻禄兵与献共击之。

上文已论述发三姓葛逻禄兵击突骑施事,《通鉴》此事于开元五年,兹不再论。但"会(汤)嘉惠拜安西副大都护"一语,殊堪注意。此语可有两种解释,一是汤嘉惠第一次初任安西副大都护;二是汤嘉惠已为安西副大都护,中间改为他官,再任安西副大都护,均可谓"拜安西副大都护"。前者不可能,后者则很有可能。吴廷燮氏《唐方镇年表》,自开元五年至开元二十年,汤嘉惠任安西都护十五年之久,中间改任他官乃可能之事。又按《颜鲁公集》卷10《游击将军左领军卫大将军兼商州刺史武关防御使上柱国欧阳使君神道碑铭》略云:

> 使君讳琟,字子琟。开元十八年,解褐安西大都府参军,充汤嘉惠节度推勾官。夫人高平徐氏,安西都护高平县公钦识之女。

按吴廷燮氏曾引上述"充汤嘉惠节度推勾官"一句,藉以证明开元十八年时,汤嘉惠任安西节度,甚是。在"开元十五年"之下,又引"夫人高平徐氏,安西都护高平县公钦识之女。"并按语云:"按钦识为安西,当在开元中。"是否在开元中,难于考定。但在自开元五年至开元二十年之十五年期间,徐钦识曾任安西都护,可无疑问也。

吴廷燮氏《唐方镇年表》"安西四镇"部分,自开元十年至开元十七年八年中,任安西都护者均为汤嘉惠,只说开元中徐钦识当为安西都护。吴氏的推定,恐不符合当时的实际情况。

《资治通鉴》卷212"唐玄宗开元十一年十二月"云:

> 初,监察御史濮阳杜暹因按事至突骑施,突骑施馈之金,暹固辞。左右曰:"君寄身异域,不宜逆其情。"乃受之,埋于幕下,出境,移牒令取之。虏大惊,度碛追之,不及。及安西都护阙,或荐暹往使安西,人服其清慎。时暹自给事中居母忧。

同书"开元十二年"云:

> 春三月甲子,起暹为安西副大都护、碛西节度等使。

同书"开元十三年十二月"云:

> 于阗王尉迟眺阴结突厥及诸胡谋叛,安西副大都护杜暹发兵捕斩之,更为立王。

《资治通鉴》卷213"唐玄宗开元十四年"云:

> 九月己丑,以安西副大都护、碛西节度使杜暹同平章事。

同书"开元十四年十二月"云:

> 杜暹为安西都护,突骑施交河公主遣牙官以马千匹诣安西互市。使者宣公主教,暹怒曰:"阿史那女(交河公主,阿史那怀道之

133

女)何得宣教于我!"杖其使者,留不遣;马经雪死尽。突骑施可汗苏禄大怒,发兵寇四镇。会暹入朝,赵颐贞代为安西都护,婴城自守;四镇人畜储积,皆为苏禄所掠,安西仅存。既而苏禄闻暹入相,稍引退,寻遣使入贡。

吴廷燮著《唐方镇年表》卷8"碛西北庭部分"云:

> 开元十二年(724)
>
> 杜暹 《通鉴》:十二年三月甲子,起杜暹为安西副大都护、碛西节度使。
>
> 开元十三年(725)
>
> 杜暹
>
> 开元十四年(726)
>
> 杜暹 《旧纪》:九月己丑,碛西副大都护同平章事。(永兴按:《旧纪》原文如此,均误,应从上文引《通鉴》作安西副大都护、碛西节度使。)
>
> 赵颐贞 《通鉴》:十四年十二月,杜暹入朝,赵颐贞代为安西都护。

吴廷燮氏何以将杜暹事及赵颐贞事置于碛西北庭部分?请先论杜暹事。杜暹作为西疆大吏的官称,据《通鉴》,为安西副大都护、碛西节度使。他是以安西副大都护的身份兼管碛西节度使事。据上文引《通鉴》,杜暹的治所在安西(龟兹),亦即安西都护府的治所。开元十三年十二月,杜暹捕斩谋叛的于阗王;开元十四年十二月,杜暹处理突骑施在安西卖马事,均在安西四镇境内。据《资治通鉴》"开元十一年十二月"所云,"及安西都护阙,或荐暹往使安西",杜暹是因补安西都护之缺,出使安西(龟兹),治所在安西,处理安西都护应管之事。在《唐方镇年表》内,他应在安西四镇部分,因其兼管碛西事而把他置于碛西北庭部分,是不妥的。

关于赵颐贞,在任职之初,他代替杜暹为安西都护,再无其他职务。《资治通鉴》卷215"唐玄宗开元十五年"云:

> 闰月(九月)庚子,吐蕃赞普与突骑施苏禄围安西城,安西副

大都护赵颐贞击破之。

同书"开元十六年"云：

春正月壬寅,安西副大都护赵颐贞败吐蕃于曲子城。

赵颐贞身为安西都护,当然应置于《唐方镇年表》的安西四镇部分,吴氏置彼于碛西北庭部分,显然是不妥的。《唐方镇年表》碛西北庭部分之开元十五年、十六年、十七年,其长吏均为赵颐贞,均不妥。

上引《通鉴》载,开元十六年春,赵颐贞仍为安西副大都护,但《册府元龟》卷975《外臣部·褒异二》云：

[开元十六年]十一月乙酉,右羽林军大将军、兼安西副大都护、四镇节度等副大使谢知信卒,赠凉州都督,赙物五百段,官造灵轝,给递还乡。

则开元十六年安西都护前后二人,赵颐贞之后为谢知信。谢卒于十一月乙酉。按开元十六年十一月癸巳朔,无乙酉,十二月壬戌朔,乙酉为二十四日。《册府元龟》"十一月",误;应作十二月。至于赵、谢二人在一年中任职之期间,则无从考知矣。

总括上述,自开元五年至开元十八年,可定之安西都护为：

汤嘉惠　开元五年至开元七年(第十九任)

杜暹　开元十二年至开元十四年(第二十一任)

赵颐贞　开元十五年至开元十六年春(第二十二任)

谢知信　开元十六年(第二十三任)

汤嘉惠　开元十七至二十年(第二十四任)

开元十九年至二十一年王斛斯任安西四镇节度使之前,任安西都护者可能仍是汤嘉惠。考证推定如上,非定论也。

回顾景云元年以来,安西都护兼职、领职屡变,上文间有论及,此处总述之。史籍中之称谓亦有不同,应加解释。

《新唐书》卷67《方镇表》"安西"栏云：

[景云元年]安西都护四镇经略大使(永兴按,校勘记指出:据《考异》卷48,都护下当有"领"字)。

[开元四年]安西大都护领四镇诸蕃落大使。

[开元六年]安西都护领四镇节度、支度、经略使;副大都护领碛西节度、支度、经略等使;治西州(永兴按,唐制,亲王任都护称为大都护。亲王不出阁,遥领而已。副大都护,实即都护。安西都护统摄西域诸蕃,并处理有关四镇一切军政事,同时处理有关碛西一切军政事)。

[开元十五年]分伊西、北庭置二节度使。

[开元十九年]合伊西、北庭二节度为安西四镇北庭经略、节度使。

永兴按,安西四镇北庭经略、节度使乃安西都护之下差遣之职也,辖天山以南及天山以北地区。开元十五年之分伊西、北庭,开元十九年之合伊西、北庭,皆在安西都护之下之分与合也。

《唐会要》卷78《节度使》云:

安西四镇节度使 开元六年三月,汤嘉惠除四镇节度经略使,自此始有节度之号。十二年以后,或称碛西节度,或称四镇节度。至二十一年十二月,王斛斯除安西四镇节度,遂为定额。

永兴按,"或称碛西节度,或称四镇节度",似二者均指安西四镇节度使,但如究其实(即非泛称),碛西应与北庭连称,不可与安西四镇等同也。我认为,碛西节度与四镇节度均为安西都护之下两个差遣使职。二者虽各自分立,但统一于安西都护之下。

《新唐书》卷67《方镇表》"安西"栏云:

[开元二十九年]复分置安西四镇节度,治安西都护府;北庭伊西节度使,治北庭都护府。

永兴按,至此,安西、北庭分为二;前此,基本上合二为一。此后又有变化。安西、北庭(包括碛西)之分与合以及西、伊、庭三州之时合时分,颇为参错。《唐会要》记载较多,但有错误,使读史者不易分辨。兹分析如上,请读者指正。

《唐方镇年表》卷8"安西四镇"部分又云:

开元二十一年(733)

王斛斯 《唐会要》:开元二十一年十二月,王斛斯除安西四镇节度,遂为定额。

王斛斯于开元二十一年十二月初任安西四镇节度,即安西都护领四镇节度,吴廷燮氏举出《唐会要》记事为证,甚是。则此年十二月以前的安西都护,可推定仍为汤嘉惠也。

余读吐鲁番出土文书,其中有关王斛斯任西州都督者,恰可为王斛斯于开元二十一年初任安西都护之佐证。读书至此,颇为欣喜,今愿举出以为吴廷燮氏确论之补充。

《吐鲁番出土文书》(九)载"唐开元二十一年(733年)西州都督府案卷为勘给过所事"略云:

> 本件第 8 ~ 22 行盖有"西州都督府之印"6 处;第 51 ~ 60 行盖有"高昌县之印"3 处;第 194、195 行盖有"西州都督府之印"。另第 87、88 行有墨笔勾划(永兴按,此段为编者原说明)。

这是一件 188 行长卷,为西州都督府判案记录。我只举出西州都督府行判日期及判辞签署:

3.	正月廿四日受,廿五日行判。
4.	录事元肯检无稽失。
5.	功曹摄录事参军　思勾讫。
37.	既有保人,即
38.	非罪过,依判。
39.	斛斯示。
40.	廿五日
78.	付功曹推问过。
79.	斯示。
80.	廿八日
153.	谘,元璟白。
154.	五日
155.	依判,谘。齐晏示。
156.	五日

157.　　　　依判,谐。崇示。

158.　　　　　　五日

159.　　　　依判。斛斯示。

160.　　　　　　五日

第153~160行是四等官签署的较完整记载,元璟是西州都督府的判官,齐晏、崇是通判官,斛斯(即王斛斯)是长官,即西州都督也。其时间为开元二十一年正月。与此同类文书尚有三件,其一为"唐开元二十一年西州都督府残卷"(原书题为"唐开元二十一年(733年)残牒"),载有下列四行:

4.　　　开元廿一年闰三月　　▢

5.　　　　　　　　　　　　　▢

6.　　付　司　斛　斯　□

7.　　　　　　十五日

据唐代行案规定,王斛斯在开元二十一年闰三月十日之时,仍是西州都督。但同书载"唐开元二十二年(734年)杨景璿牒为父赤亭镇将杨嘉麟职田出租请给公验事",共三断片,第二个断片之1至5行云:

1.　　　依判,谐。▢

2.　　　依判,谐。崇示

3.　　　　　　廿八日

4.　　　依判。宾示。

5.　　　　　　廿八日

永兴按,赤亭镇在西州柳中县境,此件也是西州都督府文书。应注意四等官签署之残存部分,2行之"依判,谐。崇示。"与上文引文书第157行之"依判,谐。崇示。"完全相同,均为西州都督府通判官之签署。但第4行之"依判。宾示。"与上引文书第159行之"依判。斛斯示。"不同,因"宾"已代替"斛斯"(王斛斯)为西州都督。盖王斛斯已调任安西都护也。此件文书的时间为开元二十二年七月二十八日,上第二件文书之时间为开元二十一年闰三月十五日,故王斛斯调离西州在闰三月十五日之后。《唐会要》云:"开元二十一年十二月,王斛斯除安西四镇节度。"诚是也。

《唐方镇年表》卷8"安西四镇"部分又云:

> 开元二十二年(734)
>
> 王斛斯

吴廷燮氏可能据上一年末王斛斯已任安西都护之事推知,因而未举出史料加以证明。吴氏的推定可信,但如举出史料证明,则更为确凿也。

《曲江集》卷8《敕安西节度王斛斯书》略云:

> 敕安西副大都护王斛斯,使人兼(兴按,当作"傔")赵璧近至,省表具之。前已敕卿严加部勒,近得奏请,皆依处置。卿当此信任,必用尽诚。蕃镇之虞,且无西顾。顷者,刘涣囚(兴按,当作"凶")悖,遂起奸谋。朕以偏荒,比加隐忍,而恶迹转露,人神不容。忠义之徒,复知密旨。自闻伏法,自取诛夷。狂愚至深,亦何足道。卿与彼地近,想备知之。夏初已热,卿及将士已下平安好。遣书指不及多。

按《旧唐书》卷8《玄宗纪》"开元二十二年"云:

> [四月]甲寅,北庭都护刘涣谋反,伏诛。

《新唐书》卷5《玄宗纪》同。据此可知,《曲江集》载《敕王斛斯书》中之"刘涣凶悖,遂起奸谋"乃开元二十二年四月甲寅(二十三日)之事。这次反叛迅速被镇压下去。敕书末云:"夏初已热",应在四五月间,则敕书之时间为开元二十二年四月或五月。据此可证,开元二十二年,王斛斯任安西都护之职。

《唐方镇年表》卷8"安西四镇"部分又云:

> 开元二十三年(735)
>
> 王斛斯 《曲江集·敕护密国王书》:卿保我西陲,长守诚节。突骑施凶悖,恣其抄掠,卿宜善计,勿令不觉其来,已西商胡比遭发匍劫掠,道路遂断,远近吁嗟,卿可便与王斛斯计会。

永兴按,据吴廷燮氏引文,虽述及王斛斯,但全文无表示时间的记述,不能证明王斛斯于开元二十三年任安西都护。

按,《曲江集》载《敕护密国王书》两篇、《敕识匿国王书》一篇。三篇敕文的时间极为接近,但均无明确表述。须三文并读之,参以《册府元龟》有关记载,庶可得出其较准确的时间。兹按我所认为的时间顺序(与《曲江集》原顺序不同)移录三文如下:

《曲江集》卷12《敕识匿国王书》云:

> 敕识匿国王乌讷没莫贺咄:卿此(比)与护密相为唇齿,而发蔔凶狡,劫杀商胡,罪不容诛,走投异域。朕知其恶积,改立真檀。遽闻却来,还占本国,卿等仇疾顽暴,相率诛之。累岁逋逃,一朝剪灭,永言忠义,深所嗟称。今授卿将军,赐物二百四,锦袍、金钿带七事。已下节级者(亦)有衣物,各宜领取。夏末甚热,卿及百姓并平安好。遣书指不多及。

同上书《敕护密国王书》云:

> 敕护密国王真擅(檀):发蔔积恶,自取灭亡,想所知之,不复烦述。卿此(比)者虽受册立,缘此未得还蕃。彼既伏辜,固无隔阂。卿宣扬国命,抚慰远人,保我西陲,长守诚节。突骑施凶逆,虑其凶掠。卿宜善计,勿令不觉其来。已西商胡,北(比)遭发蔔劫掠,道路遂断,远近吁嗟。卿宜还国,必须防禁。蕃中事意,远路难闻,可量彼权宜,便与王斛斯计会。夏末甚热,卿及首领并平安好。遣书指不多及。

同上书《敕护密国王书》云:

> 敕护密国王真檀,朕知卿忠赤,能保国境,所以前加礼命,用叶蕃情。卿感此殊恩,尽力外御,闻有凶寇,能伸远绩,以义动众,虽弱必强。岂独人心,亦有神助。甚用嘉叹,不可忘也。冬末甚寒,卿及将士比并平安好。遣书指不多及。

《册府元龟》载有关护密国王史料两条,与上引三篇敕文可互相参证,移录如下:

《册府元龟》卷964《外臣部·封册二》云:

> [开元]二十年九月,护密王发卒(永兴按,"卒"字与"蔔"声近致误;其下有脱文),封其弟护真檀为护密国王。

[开元二十一年]九月,护密国王真檀来朝,宴于内殿,授左金吾卫将军员外置,赐紫袍、金带、鱼袋等七事及帛百匹,放还蕃。

对上引三篇敕文和两条史料的内容,我的解释如下:开元二十年九月,护密国王发圉劫杀商胡,受到唐廷的谴责惩处,反叛"走投异域"。唐乃册立发圉弟真檀为护密国王(见第一条史料及《敕识匿国王书》)。真檀册立后在回国途中,逃离护密国的发圉闻真檀被册立并回国,还并占领护密国(见《敕识匿国王书》)。真檀不得不于开元二十一年九月又回到长安(见第二条史料)。在这期间直至开元二十二年,识匿国王的兵力,也可能有护密国的首领与发圉战斗,发圉被杀(见《敕识匿国王书》)。真檀被遣送返回护密国。当时,突骑施威胁天山以南,故敕书中嘱真檀善于对付(见第一篇《敕护密国王书》)。发圉反叛将近三年,终于平息,唐廷赐书,加以慰勉(见第二篇《敕护密国王书》)。根据上述解释,我认为,《敕识匿国王书》的时间为开元二十二年夏末。自开元二十年九月以前发圉反叛,至开元二十二年夏被镇压,可谓"累岁逋逃,一朝剪灭"也。第一篇《敕护密国王书》的时间亦在开元二十二年夏末,比《敕识匿国王书》的时间稍晚,"彼(发圉)既伏辜",意与"一朝剪灭"基本相同,"卿宜还国",因反叛已平息也。第二篇《敕护密国王书》的时间在开元二十二年冬末,护密国内已平息,敕书真檀加以勉慰。

如上述分析不误,则吴廷燮氏以敕护密国王书证明王斛斯于开元二十三年任安西都护,不妥。

我认为可以证明王斛斯在开元二十三年任安西都护,有下列史料。

《曲江集》卷10《敕安西节度王斛斯书》略云:

敕四镇节度副大使、安西副大都护王斛斯及将士等,突骑施辄凶暴,侵我西陲。卿等悬军遇此狂贼。爰自去夏,以迄于今,攻战相仍,念甚勤苦。近者闻在拨换,兵少贼多,朕每忧之。

《资治通鉴》卷114"唐玄宗开元二十三年"云:

冬十月戊甲,突骑施寇北庭及安西拨换城。

此次突骑施侵犯两处,即北庭及拨换城,敕王斛斯书只说拨换,因拨换在安西管内也。据此《资治通鉴》开元二十三年突骑施寇北庭及安西拨换城,亦即《曲江集·敕王斛斯书》所载拨换城之战也。

《曲江集》卷10《敕北庭经略使盖嘉运书》略云：

> 敕盖嘉运等：安西去年屡有攻战，丑虏肆恶，悬军可忧。卿深识事宜，以时救援，先声既振，后殿载扬，凶党闻之，卷甲而遁，使我边镇，且得休息。

《资治通鉴》卷214"唐玄宗开元二十四年"云：

> [春正月]北庭都护盖嘉运击突骑施，大破之。

此次北庭盖嘉运破突骑施，乃与安西王斛斯互为声援，故述安西拨换城战事而兼之。

据上述史料及分析，开元二十三年时之安西都护乃王斛斯也。

《唐方镇年表》卷8"安西四镇"部分又云：

> 开元二十四年(736)
>
> 王斛斯 《文苑英华》中书制诰孙逖《授王斛斯太仆卿制》：安西大都护王斛斯，自膺边寄，颇洽人心。间岁以来，频有骚警，能清寇虏，不顿甲兵，可太仆卿员外置同正员，兼安西都护等如故。

永兴按，据《旧唐书》卷190中《孙逖传》云："[开元]二十四年，拜逖中书舍人。"吴廷燮氏以此文证明开元二十四年王斛斯任安西都护，诚是。

《唐方镇年表》卷8"安西四镇"部分云：

> 开元二十五年(737)
>
> 王斛斯 《曲江集·敕安西节度王斛斯书》，卿在西镇，军务烦劳，顷与突骑施攻战三年，降虏生俘，所获过当，朕甚嘉之。

永兴按，吴廷燮氏引文不全，如读吴氏所引张九龄的全文，可知吴氏之推定非是。兹移录全文如后。

《曲江集》卷10《敕安西节度王斛斯书》云：

> 敕王斛斯，卿在西镇，军务烦劳，皆能用心，处置不失。顷与突骑施攻战，历涉三年，降虏生俘，所获过当。悬军能尔，朕甚嘉之。行官已有赏劳，在卿固合优奖。今受(授)卿重职，兼彼领护，且复褒进，终为后图。吐蕃此来，意不徒尔。所有计较，前已略言，先觉

142

预防,无能为也。万里之外,三军之宜,一以委卿,勿失权断。秋后渐冷,卿及将士已下并平安好。遣书指不多及。

按敕文"顷与突骑施攻战,历涉三年",《曲江集》卷8载《敕安西节度王斛斯书》两篇,第一篇的时间为开元二十二年夏初,上文已考定;第二篇的时间可推知为开元二十二年冬初,均涉及与突骑施攻战之事。据此推算,"历涉三年",应至开元二十四年。此一也。

敕文又言:"今授卿重职,兼彼领护",上文已考定为开元二十四年授王斛斯太仆卿兼安西都护。此二也。

据上述两点,吴廷燮氏以此篇敕书证明王斛斯于开元二十五年任安西都护,非是,可以为证明者乃另一篇敕书。按《曲江集》卷10《敕四镇节度王斛斯书》略云:

> 敕四镇节度副大使、安西副大都护王斛斯及将士已下,万里悬军,属此狂寇,屡有攻战,能挫凶威。远闻义勇,孰不增气。然则盖嘉运北庭近亦深入,颇有所获,想彼知之。虏庭乍闻,当合惊骇。苏禄倘或觉此,革心请和,亦复量宜以时开纳,仍与嘉运计会。

《曲江集》卷10《敕北庭经略使盖嘉运书》略云:

> 敕盖嘉运,卿久在边镇,庶事用心。又去年出兵,冒远入贼,诸下皆赏,卿岂无功。言念忠勤,不忘褒进。

两篇敕书所云皆为与突骑施作战事。给王斛斯敕书中之"北庭近亦深入"即给盖嘉运敕书中之"去年出兵,冒远入贼"也,亦即《资治通鉴》所载开元二十四年春"北庭盖嘉运击突骑施,大破之"。"去年"即为开元二十四年,则给王斛斯敕书之时间乃开元二十五年也。

《唐方镇年表》卷8"安西四镇"部分云:

开元二十六年(738)

王斛斯

开元二十七年(739)

王斛斯 《文苑英华》孙逖《授王斛斯右羽林将军制》:守太仆卿同正员王斛斯,念其勤苦,既返旆于西域,任以腹心,宜典兵于北禁。又曰:顷膺朝寄,作捍边陲。惠威有孚,羌戎即序。

孙逖文无时间,王斛斯是否在开元二十七年从安西都护内迁右羽林将军? 应稽考之。

《旧唐书》卷190中《孙逖传》略云:

> 开元二十四年,拜逖中书舍人。丁父丧免。二十九年服阕,复为中书舍人。

唐制,父母弃世,服丧二十七个月(见《唐律疏议》卷3《名例律》、卷10《职制律》等)。如孙逖二十九年初服阕,上溯二十七个月为二十六年三月;孙逖二十九年中服阕,上溯二十七个月为二十七年十一月;如孙逖二十九年末服阕,上溯二十七个月为二十七年三月。他复为中书舍人的时间有二:一为开元二十七年三月,一为开元二十七年十一月。据此,他草王斛斯改官制,如在开元二十七年,无论三月或十一月,王斛斯不可能在开元二十八年仍任安西都护。吴廷燮氏《唐方镇年表》载,开元二十八年时王斛斯仍任安西都护,亦有可能。开元二十八年时,孙逖在丧服期间,尚未复官,不可能草拟王斛斯改官制,但可由其他中书舍人草制。按《唐会要》卷78《节度使》云:

> 平卢节度使,[开元]二十八年二月除王斛斯,又加押两蕃及渤海、黑水等四府经略处置使。遂为定额(永兴按,吴氏在考证中已指出)。

据此,开元二十八年二月,王斛斯已是平卢节度使,当然不能在《唐方镇年表》中列为开元二十八年的安西都护。此一也。据上文考证,孙逖草拟王斛斯除右羽林将军制之时间为开元二十七年三月或开元二十七年十一月,至开元二十八年二月改官平卢节度使;则王斛斯在开元二十七年任安西都护只有三个月或十一个月;其余九个月或一个月,何人任安西都护? 此二也。总之,王斛斯任安西都护止于开元二十七年三月或十一月,任职七年,为第二十五任都护。至于自开元二十七年三月或十一月之后至开元二十八年期间,何人任安西都护? 暂存此问题,留待再考。

《唐方镇年表》卷8"安西四镇"部分云:

> 开元二十八年(740)

王斛斯

田仁琬　《金石萃编·易州田公德政碑》:公名仁琬,字仲勤,
除易州刺史。二十八年春三月,制摄御史中丞,迁安西都护。

永兴按,上文已考证,吴廷燮氏列王斛斯为开元二十八年安西都护,误。
可不再论。

余所据扫叶山房本《金石萃编》,"公名仁琬"作"公名琬","字仲
勤"作"字正勤","春三月"作"春二月"。此盖各金石书著录不同,不
再考辨。

《唐方镇年表》卷8"安西四镇"部分云:

开元二十九年(741)

田仁琬

夫蒙灵詧　《旧·封常清传》:夫蒙灵詧为四镇节度使。开元
末,达溪部背叛,趋碎叶,玄宗敕灵詧邀击之。

兴按,吴廷燮氏引《旧唐书·封常清传》为证,诚是;如加引该传上文
"属夫蒙灵詧为四镇节度使"一句,则可使初学者更易于了解。

《资治通鉴》卷214"唐玄宗开元二十九年"云:

[冬十月]壬寅(二十五日),分北庭、安西为二节度。

按《新唐书》卷67"方镇表安西"栏亦有与《通鉴》相同的记载(上文已
引),但《唐会要》卷78《节度使》云:

至[开元]二十九年十月二十九日,移隶伊西北庭都督四镇节
度使。至天宝十二载三月,始以安西四镇节度封常清兼伊西北庭
节度,瀚海军使。

封常清兼伊西北庭事,留待下文论述。"移隶伊西北庭都督四镇节度
使",其时间仅在分北庭、安西为二节度之后四月,且其文字或有脱讹,文
义难解。如此句解释为,移伊西北庭隶于四镇节度,则北庭与安西四镇
又合为一。始分为二,四日后又合为一,似不可能。但从下文"始以安西
四镇节度封常清兼伊西北庭节度,瀚海军使"来理解上文"移隶"云云,似
亦可能。"移隶"云云仍是二节度,唯北庭隶于安西。至天宝十二载,安
西四镇节度兼北庭节度,始为一节度也。姑作此说,留待详考。

145

吴廷燮著《唐方镇年表考证》卷上"安西"部分"田仁琬"条云：

　　《王忠嗣传》，二十九年，仁琬为河东。

永兴按，吴氏指出此点甚是。按《旧唐书》卷103《王忠嗣传》云：

　　[开元]二十九年，代韦光乘为朔方节度使，仍加权知河东节

　　度事。其月，以田仁琬充河东节度使，忠嗣依旧朔方节度。

"其月"，不知何月，可知为开元二十九年某月也。田仁琬在开元二十九年某月之前，乃安西都护。

田仁琬为安西都护府第二十六任都护，任期约二年。

《唐方镇年表》卷8"安西四镇"部分云：

　　天宝元年（742）

　　夫蒙灵詧

　　天宝二年（743）

　　夫蒙灵詧

　　天宝三载（744）

　　夫蒙灵詧

天宝元年夫蒙灵詧为安西都护，可据开元二十九年夫蒙灵詧任安西都护推知，天宝二年亦可如此。但《资治通鉴》卷215"唐玄宗天宝三载"云：

　　五月，河西节度使夫蒙灵詧讨突骑施莫贺达干，斩之。

则天宝三载夫蒙灵詧已不是安西都护，吴廷燮氏恐误。按岑仲勉《唐方镇年表正补》云：

　　河西，"夫蒙灵詧，《通鉴》天宝三载五月见"，但表不著灵詧。

　　余按《通鉴》之河西，实安西误，今表安西四镇下自开元二十九年

　　至天宝六载固著灵詧也，吴氏漏未辨正。

永兴按，吴氏安西四镇表中之汤嘉惠，自开元五年至开元十八年之十四年中为安西都护。我在上文考证，此十八年中任安西都护者三人四任，因汤嘉惠不连续地两次充任。按此例，吴氏表中夫蒙灵詧自开元二十九年至天宝六载之七年中为安西都护，不能证明《通鉴》载天宝三载夫蒙灵詧为河西节度为误书。其次，吴氏表中，自天宝元年至天宝三载

列夫蒙灵詧为安西都护,均无史料证明;吴氏河西表中,自天宝二年至天宝四载列王倕为河西节度,亦均无史料证明;安知其间无错误乎? 仲勉先生指《通鉴》失误,亦无史料证据,他指出这一问题固是,但其结论未必然也。

《唐方镇年表》卷8"安西四镇"部分云:

> 天宝四载(745)
>
> 夫蒙灵詧 《通鉴》:天宝六载初,将军高仙芝从军安西,节度使夫蒙灵詧屡荐至安西副都护,充四镇节度副使。

永兴按,上文据《通鉴》载天宝三载夫蒙灵詧为河西节度使,吴廷燮氏《唐方镇年表》以夫蒙灵詧为天宝三载安西四镇节度使不确。因此,不可能推定天宝四载夫蒙灵詧为安西四镇之长吏。吴氏引《通鉴》记述天宝六载事来证明天宝四载事,显然不妥。

《唐方镇年表》卷8"安西四镇"部分云:

> 天宝五载(746)
>
> 夫蒙灵詧 《册府元龟·将帅部》,小勃律国王为吐蕃所招,妻以公主,西北二十余国皆为吐蕃所制,节度使田仁琬、盖嘉运、夫蒙灵詧累讨之,不捷。

永兴按,吴廷燮氏引《册府元龟》为证虽不误,但不确。《册府元龟》乃泛言之,非指天宝五载也。

《唐方镇年表》卷8"安西四镇"部分云:

> 天宝六载(747)
>
> 夫蒙灵詧
>
> 高仙芝

吴氏引《册府元龟·将帅部》证之,甚是。天宝六载八月以前之安西四镇节度使为夫蒙灵詧,八月以后为高仙芝。夫蒙灵詧为安西都护府第二十六任都护,任期约六年。

《唐方镇年表》卷8"安西四镇"部分云:

> 天宝七载(748)
>
> 高仙芝 《通鉴》:天宝六载十二月己巳,以仙芝为安西四镇

147

节度使,征灵詧入朝。

天宝八载(749)

高仙芝 《文苑英华》中书制诰《四镇经略副使前右羽林大将军同正员密云县男高仙芝起复右羽林大将军制》。

天宝九载(750)

高仙芝 《册府元龟》:天宝十载,安西四镇节度、鸿胪卿员外置同正员,摄御史中丞高仙芝,生擒突骑施可汗来献,加仙芝摄御史大夫。《通鉴》:二月,安西节度使高仙芝破羯师。

天宝十载(751)

高仙芝 《通鉴》:天宝九载十二月乙亥,安西四镇节度使高仙芝伪与石国约和,引兵袭之,虏其王以归。十载正月,安西节度使高仙芝入朝,寻以为河西节度使。

王正见

天宝十一载(752)

王正见 《旧·封常清传》,天宝十载,仙芝改河西节度,王正见为安西节度,十一载死。

据上引,自天宝六载至十载,安西都护为高仙芝,吴廷燮氏所述均是。唯其引证中有二事,须略陈鄙见。按《资治通鉴》卷216"唐玄宗天宝十载"云:

[正月]安西节度使高仙芝入朝,献所擒突骑施可汗、吐蕃首长、石国王、羯师王。加仙芝开府仪同三司。寻以仙芝为河西节度使,代安思顺;思顺讽群胡割耳剺面请留己,制复留思顺于河西。

吴氏引《通鉴》此段,止于"寻以仙芝为河西节度使"。据此,高仙芝任安西四镇节度使止于天宝十载正月。但《通鉴》下文"制复留(安)思顺于河西",则天宝十载正月后,安思顺仍为河西节度使,高仙芝仍任安西四镇节度使;高仙芝任安西非止于天宝十载正月也。

《资治通鉴》卷216"唐玄宗天宝十载"云:

[四月]高仙芝之虏石国王也,石国王子逃诣诸胡,具告仙芝欺诱贪暴之状。诸胡皆怒,潜引大食欲共攻四镇。仙芝闻之,将蕃

> 汉三万众击大食，深入七百余里，至恒罗斯城（或作怛罗斯城），与
> 大食遇。

怛罗斯战役，下文详加论述。此处应注意者，天宝十载四月，高仙芝仍是安西四镇节度使也。《通鉴》记述怛罗斯战役较详，自出兵至败退还至安西，可能需时数十日。如高仙芝在怛罗斯战役后即离安西都护之任，恐在天宝十载六月。此一事也。

上引年表，天宝八载高仙芝任安西四镇节度，吴廷燮氏引《文苑英华》载苏颋撰《授高仙芝右羽林军大将军制》以证之，不妥。吴氏引文简略，不能理解其内容。此文见《文苑英华》卷 401 中书制诰，全文如下：

> 门下，四镇经略副使、前右羽林军大将军员外置同正员、密云县开国男、赐紫金鱼袋、上柱国高仙芝，素称骁悍，兼闻智略，久在戎场，夙推武用。才有所适，礼则从权，宜复官资，更为边扞。可起复右羽林军大将军员外置同正员。

请读者注意"宜复官资"一句，它表明高仙芝的官资曾被罢黜，今又恢复也。故制文之始有，"前右羽林军大将军"云云，制文之末有"起复右羽林军大将军"云云。高仙芝的官资被罢黜，显然由于天宝十载四月至五、六月间怛罗斯战败，而此制文在天宝十载五、六月之后，应无疑问。吴氏以天宝十载高仙芝起复右羽林大将军之制文证明天宝八载高仙芝任安西都护之职，显然是不妥的。此二事也。

高仙芝天宝八载任安西都护，不举出史料证明，亦可肯定；因天宝六载十二月己巳高仙芝出任安西都护，史籍无载天宝七载高仙芝离职或使其可以离职之事，可推知天宝八载高仙芝仍任安西都护也。

按《旧唐书》卷 104《封常清传》云：

> ［天宝］十载，仙芝改河西节度使，奏常清为判官。王正见为安西节度，奏常清为四镇支度营田副使、行军司马。十一载，正见死，乃以常清为安西副大都护，摄御史中丞，持节充安西四镇节度、经略、支度、营田副大使，知节度事。

《旧唐书·封常清传》记述笼统，不可能确知高仙芝改官及王正见继任

安西都护的确定时间,姑且假定为天宝十载六、七月,十一载死,则王正见任安西都护约一年,甚为短暂。《资治通鉴》及《新唐书·封常清传》均不载王正见事,或因其任职短暂耶?抑有他故?值得再考。

总之,高仙芝为安西都护府第二十八任都护,自天宝六载至天宝十载任期约四年。故假定王正见为安西都护府第二十九任都护,自天宝十载至天宝十一载任期约一年。

怛罗斯战役为唐与大食最大的一次战役,唐遭受严重挫败。

先师陈寅恪先生在其传世不朽著作《唐代政治史述论稿》下篇指出:

> 玄宗之世,华夏、吐蕃、大食三大民族皆称盛强,中国欲保其腹心之关陇,不能不固守四镇。欲固守四镇,又不能不扼据小勃律,以制吐蕃,而断绝其与大食通援之道。当时国际之大势如此,则唐代之所以开拓西北,远征葱岭,实亦有其不容己之故,未可专咎时主之黩武开边也。

玄宗之世,唐经营西域的主要障碍为吐蕃、突骑施、大食。唐对吐蕃、突骑施的策略以及和或战的关系,治唐史者,多能言之,本篇上文亦有所论述。唐对大食的策略以及和战关系,治唐史者似有所忽略。上引寅恪先生之言,概括了唐对吐蕃与大食的策略,可谓不刊之论。我在下文引证史料及论述,乃寅恪先生论断之注脚也。

"玄宗之世,华夏、吐蕃、大食三大民族皆称盛强。"兹略述大食之强盛及其东进侵犯西域。

《资治通鉴》卷212"唐玄宗开元七年"云:

> 春二月,俱密王那罗延(俱密国治山中,在吐火罗东北,南临黑河;其王,突厥延陀种)、康王乌勒伽、安王笃萨波提(杜佑曰:康国在米国西南三百余里,汉康居国也),皆上表言为大食所侵掠,乞兵救援。

永兴按,《册府元龟》记载上述史实颇详,兹略引之。可更具体了解大食东犯与唐争夺西域之情况。

《册府元龟》卷999《外臣部·请求》略云:

[开元]七年二月，安国王笃萨波提遣使上表论事曰，臣笃萨波提言，自有安国已来，臣种族相继作王不绝，并军兵等并赤心奉国。从此年来，被大食贼每年侵扰，国土不宁。伏乞天恩滋泽，救臣苦难；仍请敕下突厥（骑）施，令救臣等。臣即统领本国兵马计会，翻破大食。伏乞天恩依臣所请。

　　其月戊辰，俱密国王那罗延上表曰：臣曾祖父叔兄弟等，旧来赤心向大国。今大食来侵，吐火罗及安国、石国、拔汗那国，并属大食。臣国内库藏珍宝及部落百姓物，并被大食征税将去。臣伏望天恩，处分大食，令免臣国征税。臣等即得久长守把大国西门。伏乞炤临，臣之愿也。

　　其月庚午，康国王乌勒伽遣使上表曰：臣乌勒伽言：臣种族及诸胡国，旧来赤心向大国，不曾反叛，亦不侵损大国。为大国行禅益士。从三十五年来，每共大食贼斗战。每年大发兵马，不蒙天恩送兵救助。经今六年，被大食元率将异密屈底波领众军兵来此，共臣等斗战。臣等大破贼徒，臣等兵士亦大死损。为大食兵马极多，臣等力不敌也。臣入城自固，乃被大食围城。伏乞天恩知委，送多少汉兵来此救助臣苦难。

八年后，吐火罗叶护向唐求兵以反抗大食，《通鉴》未载此事。按《册府元龟》卷999《外臣部·请求》云：

　　[开元]十五年，吐火罗叶护遣使上言曰：奴身罪逆不孝，慈父身被大食统押，应彻天聪。颂奉天可汗进旨云，大食欺侵，我即与你气力。奴身今被大食重税，欺苦实深，若不得天可汗救活，奴身自活不得。国土必遭破散，求防守天可汗西门不得。伏望天可汗慈悯，与奴身多少气力，使得活路。又承天可汗处分突骑施可汗云：西头事委你，即须发兵除却大食。

据《旧唐书》卷40"地理志河西道安西都护府西域十六都督州府"条及《新唐书》卷43（下）"羁縻州陇右道安西都护府西域府州"条所载：吐火罗叶护即月支都督府首领，领州二十五。（新、旧《唐书·地理志》）俱密国即至拔州（《旧唐书·地理志》）或至拔州都督府。（《新唐书·

·欧·亚·历·史·文·化·文·库·

地理志》）至于康国，乃《新唐书》卷221（下）《西域传（下）》之康居都督府；石国，乃《新唐书·西域传（下）》之大宛都督府；拔汗那，亦同书所载之休循州都督府也。在唐安西都护府统摄下的西域诸国，受到大食的侵犯，大食之目的是为进一步侵犯安西四镇。如俱密之至拔州都督府，距离疏勒镇及葱岭守捉都不甚远。上引寅恪先生的论述中，先生指出："（唐）欲固守四镇，又不能不扼据小勃律，以制吐蕃，而断绝其与大食通援之道。"先生之言诚是，史籍确有吐蕃与大食联合，甚至与突骑施联合进犯四镇之记载也。

《资治通鉴》卷211"唐玄宗开元三年"略云：

初，监察御史张孝嵩奉使廓州还，陈碛西利害，请往察其形势，上许之。

拔汗那者，古乌孙也，内附岁久。吐蕃与大食共立阿了达为王，发兵攻之，拔汗那王兵败，奔安西求救。孝嵩谓都护吕休璟曰："不救则无以号令西域。"遂帅旁侧戎落兵万余人，出龟兹西数千里，下数百城，长驱而进。是月，攻阿了达于连城。孝嵩自擐甲督士卒急攻，自巳至酉，屠其三城，俘斩千余级，阿了达与数骑逃入山谷。孝嵩传檄诸国，威振西域，大食、康居、大宛、罽宾等八国，皆遣使请降［章：十二行本"降"下有"勒石纪功而还"六字；乙十一行本同；孔本同；张校同；退斋校同］。

此大食与吐蕃联合进犯西域之一例也。"不救则无以号令西域"，意为不打破大食与吐蕃的联合进犯，则唐将失去统摄西域的形势。打破大食与吐蕃的联合进犯，则威振西域，西域最大的八个部族势力遣使请降。由此可见，大食东犯对唐威胁之大，唐对西域用兵，远征葱岭，实有其不容已之故也。故余详引《通鉴》之文。

《资治通鉴》卷211"唐玄宗开元五年"略云：

［七月］壬寅，安西副大都护汤嘉惠奏突骑施引大食、吐蕃，谋取四镇，围钵换及大石城（钵换即拔换城。大石城盖石国城也），已发三姓葛逻禄兵与阿史那献击之。

此大食与吐蕃联合进犯西域之又一例也。

《资治通鉴》卷212"唐玄宗开元八年"云：

夏四月丙午，遣使赐乌长王、骨咄王、俱位王册命。三国皆在大食之西(乌长即乌苌，又曰乌荼。骨咄在镬沙之东，或曰阿咄罗，治思助建城。俱位，或曰商弥，治阿赊飓师多城，在大雪山勃律河北，地寒，冬窟室)。大食欲诱之叛唐，三国不从，故褒之。

此非军事进犯，乃大食之政治谋略，其目的亦是与唐争夺西域也。

回顾上文引《册府元龟》及《资治通鉴》所载开元七年大食侵略俱密、康、安三国和《册府元龟》详载开元十五年大食侵犯压迫吐火罗，均是对唐统摄下西域的侵犯。此一也。《资治通鉴》记载开元三年大食与吐蕃联合兴兵进攻拔汗那和开元五年大食、吐蕃、突骑施联合谋取四镇，更是明显的与唐争夺西域。此二也。因怛罗斯之战，唐为大食所败，不能不在述及唐经营西域的过程中涉及大食之事。大食侵犯西域以及联合吐蕃、突骑施侵犯西域，虽曾使唐经营西域遭受挫折，但唐经营西域是成功的，西域成为大唐帝国的一部分。怛罗斯之败并未改变这一形势，天山南北、四镇十姓均仍是唐领护之区域也。

《唐方镇年表》卷8"安西四镇"部分云：

天宝十一载(752)

封常清　《通鉴》：十二月丁酉，以安西行军司马封常清为安西四镇节度使。

天宝十二载(753)

封常清　《旧传》：十一载，正见死，以常清为安西副大都护，摄御史中丞，持节充安西四镇节度经略支度营田副大使，知节度事。

天宝十三载(754年)

封常清　《册府元龟·帝王部》，天宝十三载三月，以安西节度使、卫尉少卿、员外置同正员、兼安西副大都护、摄御史中丞封常清，迁鸿胪卿同正员，余如故。

天宝十四载(755)

封常清　《通鉴》：十一月辛未，安西节度使封常清入朝。壬申,以常清为范阳、平卢。

　　梁宰　《旧·段秀实传》:肃宗即位于灵武,征安西兵,节度使梁宰潜怀异图。秀实谓嗣业,见宰,请发兵,从之。

永兴按,上引吴廷燮氏书所云天宝十三载封常清事及天宝十四载梁宰事,均应详考;但首先须明确当时安西与北庭之关系。

《新唐书》卷 67"方镇表安西"栏云:

　　[天宝十三载],安西四镇复兼北庭节度。是年,复置二节度(永兴按,吴氏亦引)。

《资治通鉴》卷 217"唐玄宗天宝十三载"云:

　　[三月]甲子,以(程)千里为金吾大将军,以封常清权北庭都护、伊西节度使。

《旧唐书》卷 104《封常清传》略云:

　　十三载入朝,摄御史大夫。俄而北庭都护程千里入为右金吾大将军,仍令常清权知北庭都护,持节充伊西节度等使。

《新唐书》卷 135《封常清传》云:

　　未几,改北庭都护,持节伊西节度使。

《唐会要》卷 78《节度使》云:

　　至天宝十二载三月,始以安西四镇节度封常清,兼伊西北庭节度,瀚海军使。

上引《资治通鉴》、《旧唐书·封常清传》、《唐会要》基本相同,即封常清仍任安西四镇节度权知北庭都护、伊西节度使也。《新唐书》方镇表亦同;唯"是年(天宝十三载),复置二节度",即北庭、安西仍分立,与前三书不同。《唐会要》"十二载","二"应作"三"。《新唐书·封常清传》只述及北庭、伊西,似封常清离任安西。诸书或同或异如上,以下据吐鲁番出土文书所载有关安西、北庭之事考辨之。

《吐鲁番出土文书》(十)载"唐天宝十三—十四载(754—755 年)交河郡长行坊支贮马料文卷"编者说明云:

　　本件首尾并中间皆有残缺,背面两纸粘接处骑缝编写序数。现存数字,起"廿二",止"二百五十三"。序数下多签一"彦"字,有的押"庭"或"仙"字。正面分别盖有"交河郡都督府之印"、"轮台县之印"、"天山县之印"、"柳中县之印"等朱红印鉴。本卷包括交河郡长行坊及所属诸馆往来牒状。现据原来编号顺序编排如次,计二十二件,并分别拟定名目。粘接线下写有数字和签名。现已残缺的编号,凡可据前后相连编号推补者,用补文号,无法推补者暂空。

永兴按,细读这一包括二十二件文书近一千七百行的长卷,其性质如长卷标题所说,乃交河郡长行坊马料文卷也。文卷内容多属财务范围,但也涉及军事方面。我在本文使用的为涉及军事方面的记述,不移录全文。为了本文不过于枝蔓,对文书的结构不作分析。据本文的需要和文卷的内容,草撰年表两件。年表中引文均标出文书原标题和编号以及原行数,按时间顺序引文。我的简短按语加括号,注释则列于年表之后,可使年表明晰易读,引文中的数字壹、肆等均改为一、四等,请读者谅之。

表 4.2 封常清事迹年表

吐鲁番出土文书引文	时间
唐天宝十四载(755年)某馆申十三载三至十二月侵食当馆马料帐历状	
23.同日(廿八日),郡坊帖马七匹,向金娑领(永兴按,原注,应作"岭")头迎大夫,食青麦二斗五升,床二斗五升。付槽头张瑰、判官杨千乘。	天宝十三载三月。23行为廿八日,其后之24行为廿五日,皆据原书。
24.廿五日,郡坊迎大夫驮角(脚)驴五头,食青麦七升五合,床七升五合。付槽头阎驾奴、判官杨千乘。	
唐天宝十四载(755年)交河郡某馆具上载帖马食踏历上郡长行坊状	前一行的时间为四月十三日。此二行的时间同。
39.郡坊迎 封大夫马四十八匹,四月廿〇四日食麦粟二硕四斗。 付 槽头张瑰□□□□乘。	

续表 4.2

吐鲁番出土文书引文	时间
42.同日,天山 军 □ 大夫征马三十四,食粟麦 □ 五 升 。付槽头 常 大 郎	
43.押官 □ 大宾。	
53.同日,郡坊石舍回细马五匹,并石舍送 大夫帖马五十 五匹,食麦	据上文,同日即四月 二十八日。
54.粟二硕五斗。付马子张什作。	
55.同日,大夫过腾北庭征马五匹,食麦踏五斗。判官杨 千 乘。	
唐天宝十四载(755 年)某馆申十三载三至十二月侵食当 馆马料帐历状	
30.四月廿八日,翰海军征马五十二匹,送 大夫至馆,兼 腾过向柳谷,来往共食青麦三硕六斗五升。	四月二十八日
唐天宝十四载(公元 755 年)某馆申十三载四至六月郡坊 帖马食踏历状	
25.廿九日,郡坊帖银山马廿匹,过 封大夫,并全食麦粟 两石。付健儿郭运、陈金。	据上文,此廿九日, 在四月。
26.同日,使田荣乘郡坊马五匹到,食麦粟五斗。付健儿 郭运。	
27.卅日,郡坊帖礌石马廿匹过 封大夫,食麦粟两石。付 健儿郭运。	
29.同日,郡坊帖银山马廿七匹过 封大夫,食麦粟两石七 斗。付健儿棠奉起、张瑰等。	
31.□帖马卅三匹过 封大夫,食麦粟三石三斗。付马子 张庭俊。	

吐鲁番出土文书引文	时间
34.四日,郡坊马四十六匹,送 封大夫回,并全食麦粟四石六斗。付健儿张庭俊。	上文有五月一日,此五月四日也。
35.同日,征马廿二匹,送 封大夫回,食麦粟一石二斗,付押官尚大宾。	
36.同日,刘总管郡坊马两匹,送 封大夫回到,食麦粟二斗。付秦仙。	
38.同日,送 封大夫回之马六匹,食麦粟六斗。付马子阎价奴。	
唐天宝十三载(754年)礌石馆具七至闰十一月帖马食历上郡长行坊状	
86.同日,郡坊马□□匹,帖银山迎封大夫,食麦一石五斗,付健儿张俊。	据上文,此日乃八月二十五日。
87.同日,郡坊卅一匹马帖礌石迎封大夫,食麦两石五斗六升。付赵瓘、吕祖。	
唐天宝十四载(755年)某馆申十三载七至十二月郡坊帖马食踏历牒	
81.同日,郡坊迎封大夫,马卅三匹,食麦三石四斗四升。付健儿张庭□。	据上文,此日乃八月二十五日。
唐天宝十四载(755年)交河郡某馆具上载帖马食踏历上郡长行坊状	
60.郡坊迎 封大夫□马四十匹,八月廿七日食麦二硕。付马子兹秀□、押官杨俊卿。	八月二十七日

续表 4.2

吐鲁番出土文书引文	时间
唐天宝十三载(754年)碻石馆具七至闰十一月帖马食历上郡长行坊状	
95.卅日,帖马三十五匹,当日便送封大夫向天山,食麦两石八斗。付马子赵璀。	据上文,此八月三十日也。
97.同日,郡坊帖马五十匹,从银山送封大夫到,食麦四石。付健儿张俊。	
唐天宝十四载(755年)交河郡某馆具上载帖马食醋历上郡长行坊状	
69.同日,酸枣馆 送 　大夫马三十七匹,食麦一硕八斗。付健儿兹充(秀)元、押官杨俊卿	据上文,此日为九月三日。
73.五日,郡□□ 　大夫回马四十匹,食麦二硕。付健儿陈景阳、押官杨卿	九月五日
74.雍□□。	
75.六日,郡坊送　大夫马四十匹,停一月,食麦二硕。付健儿陈景阳、押官雍彦之。	
111.廿一日,酸枣送大夫细马一匹,食麦一斗。付吕承祖。	据上文,此为十月廿一日。
119.二日,帖马七匹,便迎　封大夫。食麦七斗。付吕承祖。	十一月二日
131.十四日,郡坊后迎　封大夫,粗细马五十二匹,食麦二硕□	十一月十四日
132.头魏秀琳。	
唐天宝十三载(754年)碻石馆具七至闰十一月帖马食历上郡长行坊状	

吐鲁番出土文书引文	时间
145.同日,郡坊帖马卅五匹,送大夫到,本馆帖马廿匹,其日宿,共食麦五石。付槽头秦抱仙。	据上文,此日为十一月十七日。
146.十八日,郡坊送大夫简退回马廿二匹,食麦一石一斗。付健儿程彦琛。	
唐天宝十四载(755 年)某馆申十三载七至十二月郡坊帖马食䭾历牒	
127.同日,封大夫乘帖马卅二匹,食青麦两石。付健儿钟俊。	据上文,此日为十一月十八日。
128.同日,郡坊帖马卅五匹,送封大夫到吕光回,食麦三石二斗五升。付健儿钟光俊。	
唐天宝十四载(755 年)交河郡某馆具上载帖马食䭾历上郡长行坊状	
142.北庭送 封大夫征马二十匹,送至柳谷回。十一月十八日,食青麦二硕。	十一月十八日
143.付健儿高珍。	
唐天宝十四载(755 年)某馆申十三载七至十二月郡坊帖马食䭾历牒	
130.同日,郡坊马十五匹送封大夫回,食青麦七斗五升。付健儿陈金。	据上文,此日为十一月十九日。
唐天宝十三载(754 年)礌石馆七至闰十一月帖马食历上郡长行坊状	
149.同日,送大夫回马卅二匹,食麦三石,付健儿张俊。	据上文,此日为十一月廿日。

续表 4.2

吐鲁番出土文书引文	时间
唐天宝十四载(755 年)某馆申十三载三至十二月侵食当馆马料帐历状	
241.十二月一日,郡坊帖 大夫马二十三匹,共食床麦一硕六斗一升。付健儿魏琳。 (永兴按,此前一行为十一月廿三日者,言"从柳谷来帖马六十匹,送 大夫至。")	十二月一日
唐天宝十三载(754 年)礌石馆具迎封大夫马食蹗历上郡长行坊状	
1.礌石馆状上	
2.合郡坊帖馆迎封大夫马从十二月一日至十九日,食蹗历	十二月一日
3.十二月一日迎封大夫,郡坊帖银山、礌石马共册九匹,食青麦三硕四斗三升。付健儿钟	
4. 光俊 陈怀金 坊官果毅杨俊卿。	
24. 右郡坊马迎封大夫,从□二月一日至十九□,计侵食当馆	据上文,此为十二月十九日。
25.东西料青麦卅七石一斗六升。	
天宝十四载(755 年)交河郡某馆具上载帖马食蹗历上郡长行坊状	
192.同日,酸枣□送 大夫帖马四十匹,经宿腾过,两料,食八硕□□□儿薜□	据上文,此日为十二月二十三日。
195.廿四日,郡□□□ 大夫回马五十三匹,食麦□	
196.廿五日,魏琳下送 大夫汉戍回马三[十]八匹,食床粟共二硕六斗六升。	
197.付健儿魏琳。	

吐鲁番出土文书引文	时间
唐天宝十四载(755年)申神泉等馆支供(封)大夫帖马食 罄历请处分牒	
1.六硕六斗四升□ 泉 馆□	天宝十四载正月
2.七硕□斗八升罗护馆□	
3.二十六硕九斗五升赤亭馆□	
4.一十六硕六斗四升达匪 馆 □	
5. 右得郡坊帖马健儿赵璀等状□	
6. 大夫帖马食罄历并连朱帖具数如 前 □	
7. 坊过大夫帖马,先令每馆食前件 料 □	
8. 朱帖与食历同,具检如前,请处分。	
9.牒件检如前,谨牒。	
10. 正月 日典康□	
11. 神泉等四馆连朱帖□	
12. 坊 帖 马料麦粟共伍□	
13. 九斗。勘责食数同□	
14. 谘,荣□	
(下残)	
15.依 判(下残)	

对表4.2的解释:

(1)年表中的地名有:金娑岭、石舍、汉戍、银山、礌石、天山、酸枣、吕光馆、柳谷、神泉、罗护、赤亭、达匪。必须明确考知上述地名所在之处,才能明确推知封常清的行动及其意义。按《新唐书》卷40《地理志》"陇右道伊州伊吾郡"云:

纳职

自县西经独泉、东华、西华驼泉,渡茨其水,过神泉,三百九十

里有罗护守捉;又西南经达匪草堆,百九十里至赤亭守捉,与伊西
路合。

永兴按,上引《新唐书·地理志》的记载为自伊州至西州的驿道。上述
年表中之神泉、罗护、赤亭、达匪均在这条驿道上。

上引《新唐书·地理志》"西州交河郡"云:

> 自州西南有南平、安昌两城,百二十里至天山西南入谷,经礌
> 石碛,二百二十里至银山碛,又四十里至焉耆界吕光馆。又经盘石
> 百里,有张三城守捉。又西南百四十五里经新城馆,渡淡河,至焉
> 耆镇城。

按,上引《新唐书·地理志》的记载为自西州至安西焉耆的驿道。上述
年表中之天山、礌石、银山、吕光馆均在这条驿道上。

上引《新唐书·地理志》"西州交河县"云:

> 自县北八十里有龙泉馆,又北入谷百三十里,经柳谷,渡金娑
> 岭,百六十里,经石会汉戍,至北庭都护府城。

按,上引《新唐书·地理志》的记载为自西州至北庭都护府城的驿道。
上述年表中的柳谷、金沙(娑)岭、汉戍均在这条驿道上。

年表中的石舍在何处? 按,在《中国古代籍帐研究》中,日本学者
池田温氏用三件大谷文书所拼接的拟题为"唐开元一九年正月西州岸
头府到来符帖目"(永兴按:此件文书的拟题应为"唐开元十九年西州
高昌县抄目历")。文书9行、31行略云:

9.仓曹符,为当县石舍等镇戍秋冬季勾历,符到当日申事。

31.户曹符,当括检高昌县百姓口分讫申事。

可见,石舍(即石舍镇或戍)在西州高昌县境。

年表中的酸枣在何处? 按《吐鲁番出土文书》(九)载"开元二十一
(733年)年西州都督府案卷为勘给过所事",文书中载有关于酸枣戍事
诸行略云:

69.岸头府界都游弈所　　　状上州

70.安西给过所放还京人王奉仙

71.　　右件人无向北庭行文,至酸枣戍捉获,今随状送。

85．王奉仙年册

86．奉仙辩：被问："身是何色？从何处得来至酸枣

87．戍？仰答"者。谨审：但奉仙贯京兆府华源县，去

88．年三月内共驮主徐忠驱驮送安西兵赐至安西

89．输纳。却回至西州，判得过所，行至赤亭，为身患，

90．复见负物主张思忠负奉仙钱三千文，随后却

91．趁来。至酸枣趁不及，遂被戍家捉来。

125．安西给过所放还京人王奉仙

126．　　　右得岸头府都游奕所状称，"上件人无向北庭行文，至

127．　　　酸枣戍捉获，今随状送"者。依问王奉仙，得款："贯京兆府华

128．源县，去年三月内，共行纲李承胤下驮主徐忠驱驴，送兵赐

129．至安西输纳了。却回至西州，判得过所，行至赤亭为患。

130．复承负物主张思忠负奉仙钱三千文，随后却趁来至

131．酸枣，趁不及，遂被戍家捉来。所有行文见在，请检即知"

132．者。依检："王奉仙并驴一头，去年八月廿九日，安西大都护府

133．给放还京已来过所有实。其年十一月十日到西州，都督

134．押过。向东，十四日，赤亭镇勘过，检上件人，无却回赴北庭来

135．行文"者。又问王仙，得款："去年十一月十日，经都督批得过

136．所，十四日，至赤亭镇官勘过。为卒患不能前进，承有债

137．主张思忠过向州来，即随张忠驴驮到州，趁张忠不及，至

138．酸枣戍，即被捉来。所有不陈却来行文，兵夫不解，伏听

139．处分，亦不是诸军镇逃走及影名假代等色。如后推问，

140. 称不是徐忠作人,求受重罪"者。又款:到赤亭染患,在赤

141. 亭车坊内将息,经十五日到廿九日,即随乡家任元祥却

142. 到蒲昌,在任祥傔人姓王不得名家停止。经五十日余,今年

143. 正月廿一日,从蒲昌却来趁张忠,廿五日至酸枣,趁不及。这一案卷,勘数人过所,头绪纷繁,因此,不得不详引文书有关部分。读者细审以上引文,可知王奉仙从开元二十年三月至二十一年正月二十五日近十一个月中,从东西行,又从西东行,又从东折回西,又北至酸枣成被捉的全过程。又可知,王奉仙从高昌县又北向北庭趁张忠,被捉,可见王奉仙被捉之地酸枣成在高昌县北向北庭途中,离高昌县不远,当在高昌县境内。此酸枣成即上列年表中之酸枣也。

(2)吐鲁番出土马料账文书中,称为大夫者多人,如韦大夫、黎大夫、孙大夫、王大夫等等。唐时,称节度使或高级将领为大夫,如《资治通鉴》卷217载唐玄宗遣边令诚斩高仙芝,令诚谓仙芝曰:"大夫亦有恩命。"即一例也。文书载封大夫多处,亦有多处只称大夫者,俱缺二字书写;因封常清当时为北庭长官,案典对他表示尊敬。"封大夫"为封常清,"大夫"也是封常清。此点在下文中详为论述。

表 4.3 赵光烈事迹年表

吐鲁番出土文书引文	时间
唐天宝十四载(755年)某馆申十三载四至六月郡坊帖马食蹧历状	
14. 廿四日,郡坊帖银山馆马十三匹,迎赵都护,食麦粟八斗。付健儿上官什件。	天宝十三载四月二十四日、二十五日、二十六日。
15. 廿五日,郡坊上官下割留马三匹,帖碙石迎赵都护食麦粟一斗五升。付天山坊健儿赵嘉庆。	
17. 廿六日,郡坊帖马三匹迎赵都护,食麦粟一斗五升。付赵嘉庆。	

吐鲁番出土文书引文	时间
22.同日,郡坊帖银山马一十三匹,送赵都护到,便向天山,食麦粟一石二斗。付健儿上官什件。 (永兴按,银山南一站为焉耆界之吕光馆,已是安西管界;送赵都护至此,北庭马便北回向天山也。)	
唐天宝十四载(755年)交河郡某馆具上载帖马食踏历上郡长行坊状	
56.廿九日,郡坊送赵都护帖马一十四匹,食麦踏一硕四斗。付马子张什件。	据上文,此为四月二十九日、三十日。
58.卅日,送赵都护马十四匹,食麦七斗。付张什件。	
唐天宝十四载(755年)某馆申十三载四至六月郡坊帖马食踏历状	
59.六月四日,郡坊细马两匹过,赵烈到,内一匹腾向银山,食麦粟二斗。▢	据上文,此为天宝十三载六月四日、六日也。
60.六日,郡坊细马一匹,送使赵烈回,食麦粟一斗。付张什件。	
83.▢坊马八匹,帖天山馆送赵光烈家口到,食粟麦八斗。付健儿张庭俊。 (永兴按,赵光烈即上文之赵烈,唐人习惯,双名可省去中间一字或末一字。)	据上文,此日在六月末。
唐天宝十三载(754年)礌石馆具七至闰十一月帖马食历上郡长行坊状	

续表4.3

吐鲁番出土文书引文	时间
21.同日,郡坊马十四匹送赵都护家口,从银山到,便腾向天山。食麦一石四斗。付张延福。	据上文,此日为天宝十三载七月八日。后二日为七月十八日及七月二十一日。
37.同日,郡坊细马四匹,帖银山迎赵光烈,食麦四斗。付马子杨景秘。	
40.廿一日,郡坊帖银山马十匹,送赵光烈到,便回向天山馆,并食全料,麦一石。付赵璀。	
唐天宝十四载(755年)某馆申十三载三至十二月侵食当馆马料帐历状	
67.廿三日,帖马五匹,内三匹送 赵 都 □ □ □ 青 麦四斗付 □ 子。	据上文,此日为七月二十三日。
79.六日,帖马五匹,内两匹送赵都护,共 □	此日为八月六日。
唐天宝十三载(754年)礌石馆具七至闰十一月帖马食历上郡长行坊状	
62.同日,郡坊帖天山馆马六匹,送赵光烈,食麦三斗。付马子赵璀。	据上文,此日为八月八日。
唐天宝十四载(755年)某馆申十三载七至十二月郡坊帖马食蹈历牒	
57.八日,郡坊帖马十匹,内两匹送赵都护向西,食全料, □ □ □ 槽,半料,共 □ 麦八斗。付马子杨景秘。	据上文,此日为天宝十三载八月八日。

166

续表 4.3

吐鲁番出土文书引文	时间
(永兴按,以上 62、57 两行均为天宝十三载八月八日一人之事,一行曰赵光烈,一行曰赵都护,可知赵都护即赵光烈也。全卷中之赵光烈、赵烈、赵都护均为一人。57 行中"送赵都护向西",亦应注意,赵光烈应是安西都护,故向西,有关证据甚多,当于下文论述中详之。)	
145. 同日,赵都护乘礴石郡坊帖马六匹,食青麦三斗。付健儿陈金。	据上文,此日为十一月二十九日。

出土文书的重要作用之一为补史证史,我在上文使用吐鲁番出土之马料账历文书草拟"封常清事迹年表"及"赵光烈事迹年表",分析近两千行文书,按时间先后排列,颇费笔墨,乃为此段之主题即补史证史作准备。现在回到主题上,研究两个问题:

其一,封常清为北庭都护、伊西节度使的时间。

《资治通鉴》卷 217"唐玄宗天宝十三载"云:

> [三月]程千里执阿布思,献于阙下,斩之。甲子(二十八日),以千里为金吾大将军,以封常清权北庭都护、伊西节度使。

按《旧唐书》卷 9《玄宗纪》"天宝十三载"云:"[三月]壬戌,御勤政楼大酺。北庭都护程千里生擒阿布思,献于楼下,斩之于朱雀街。乙丑,左羽林上将军封常清权北庭都护、伊西节度使"(永兴按,"上将军"误,应作"大将军")。《新唐书》卷 5《玄宗纪》"天宝十三载"云:"五月壬戌,观酺于勤政楼,北庭都护程千里俘阿布思以献。"按天宝十三载三月壬戌为二十六日,五月壬戌为二十七日。程千里献俘的时间,旧、新《唐书·玄宗纪》不同。《资治通鉴》系程千里献俘于天宝十三载三月,未言何日。封常清为北庭都护、伊西节度使的时间,《资治通鉴》为天宝十三载三月甲子(二十八日),《旧唐书·玄宗纪》为同年三月乙丑(二十九日)。旧、新《唐书·封常清传》载其为北庭都护、伊西节度使事,均未言时间。

据上列"封常清事迹年表",天宝十三载三月二十八日,郡坊(交河郡长行坊)帖马七匹,向金娑岭头迎封常清,此为出土文书天宝十三载马料文书第一次见封常清(原文作"大夫")。按年表解释(1)引《新唐书·地理志》,金娑岭在交河郡通北庭都护府的驿路上,离北庭较近。交河郡帖马七匹向金娑岭乃迎新任北庭都护、伊西节度使封常清也。据此,出土文书与《资治通鉴》记载符合。文书可以证史。《资治通鉴》所载"以封常清权北庭都护、伊西节度使"之时间即天宝十三载三月廿八日,乃唐中央任命到达北庭之时;即于是日,交河郡遣骑迎之于金娑岭前来西州;此固事理之常也。《旧唐书·玄宗纪》作三月乙丑,误。乙丑为二十九日,如此日唐中央的任命始到达北庭,前一日(二十八日),交河郡已去金娑岭迎封常清,乃不可能之事。

附此简述程千里事。《吐鲁番出土文书》(十)载"唐天宝十四载(755 年)交河郡某馆具上载帖马食踏历上郡长行坊状"云:

19. 青麦贰拾硕

20. 右件麦,正月程中丞过,来往乘瀚海军马兼本郡帖马,共食

21. 麦伍拾硕 贰 斗 。内 叁 拾 硕 去载四月判量给

请讫,余贰拾 □

22. 至秋还未给。

31. 长行驴壹拾叁头,送中丞果子,十二月廿四日过,正月十三日回,来往食麦捌斗。

32. 付驴子车光孙。

永兴按,第 31 行之"中丞"即第 20 行之"程中丞",亦即程千里也。按《资治通鉴》卷 216"唐玄宗天宝十二载"云:

[九月]北庭都护程千里追阿布思至碛西,以书谕葛逻禄,使相应。

《资治通鉴》卷 217 唐玄宗天宝十三载三月,程千里执阿布思,献于阙

下（上文已引）。据此，天宝十二载及十三载三月时，程千里任北庭都护。当时的封疆大吏，均带宪衔，如封常清带御史大夫衔。程千里任北庭都护带御史中丞衔，可称程中丞或中丞也。上引文书载程千里事均在天宝十三载正月，在北庭都护府任内。至是年三月甲子（二十八日），程千里入京为（左或右）金吾卫大将军，离北庭都护任，由封常清继之。程千里事，出土文书亦可证史也。

上文引《通鉴》，"以千里为金吾大将军"，"金吾"前脱"左"或"右"字。

其二，赵光烈任安西都护及有关问题。

据上列"赵光烈事迹年表"，在吐鲁番出土交河郡长行坊马料账历文书中，赵光烈或赵烈或赵都护之名凡十七见，其期间为自天宝十三载四月二十四日至同年十一月二十九日，其行动范围为自交河郡至安西焉耆的驿路上。如年表载四月二十六日，"郡坊帖银山马一十三匹，送赵都护到，便向天山"。银山为此条驿路上交河郡界最南一站，下一站（即向南一站）为焉耆界内之吕光馆，已是安西管界。送赵都护至银山，交河郡长行坊之马便北向回天山。据此，赵都护从银山、吕光馆南至焉耆，再西向至安西都护府治所龟兹，他当然是安西都护了。又如年表七月八日，"郡坊马十四匹送赵都护家口，从银山到，便腾向天山"。其解释同上，赵都护的家口经过焉耆到达龟兹，赵都护当然是安西都护了。天宝十三载时，北庭都护为封常清，在北庭统管下交河郡的另一都护，只能是安西都护。据上述分析，吐鲁番文书中的赵都护为安西都护，可以肯定。但有两个问题必须同时解决，上引《资治通鉴》卷 217 天宝十三载三月二十八日："以封常清权北庭都护、伊西节度使，"《旧唐书·玄宗纪》同《通鉴》。《旧唐书·封常清传》则曰"权知"，亦与《通鉴》同。据此，天宝十三载三月以后，封常清以安西都护、安西四镇节度使权、（或权知）北庭都护、伊西节度使，即《新唐书》卷 67《方镇表》"安西"栏所云："（天宝十三载），安西四镇复兼北庭节度"也。封常清一身任安西都护、兼北庭都护，不可能有另一安西都护即赵光烈。这一问题如何解决，我认为应注意两点：一为《新唐书》卷 135《封常清传》云：

> 未几，改北庭都护，持节伊西节度使。

"改"与"权"（或"权知"）不同，改任北庭都护，不再是安西都护。二为《新唐书》卷 67《方镇表》"安西"栏云：

> 是年（天宝十三载），复置二节度。

封常清任北庭都护、伊西节度使，赵光烈任安西都护、四镇节度使，即复置二节度也。我推测，封常清任安西都护、四镇节度，权北庭都护、伊西节度使的时间很短，自天宝十三载三月廿八日至同年四月后半，可能不足一个月，因年表中，"赵都护"初见于此年四月二十四日也。我的推测和解释如上，也可能有其他推测和解释。我的上述推测遇到的最大难点是：

《资治通鉴》卷 217"唐玄宗天宝十四载"云：

> ［十一月］辛未，安西节度使封常清入朝。

则天宝十四载末，封常清仍是安西节度，而非北庭节度；有否可能封常清任职北庭一段时间，至天宝十四载某时，又改任安西？上述推测以及这一推测，均非定论，供研究者参考。我期待可以视为定论的推测解释出现，结束此一公案。无论如何解释，吐鲁番出土天宝十三载交河郡长行坊马料账文书所载赵光烈自天宝十三载四月二十四日至同年十一月二十九日任安西都护这一史实，是应该肯定的；由此造成一人任安西、另一人任北庭"复置二节度"的局面，也是应该肯定的。赵光烈事不见于史籍文献，出土文书可以补史也。讨论至此，暂告结束。

赵光烈任安西都护的时限，不应止于天宝十三载十一月二十九日。至何时止，无从推知。

回顾上文，封常清为安西都护府第三十任都护，任职期为自天宝十一载十二月至天宝十三载四月，约一年半。赵光烈为第三十一任安西都护，任职期为自天宝十三载四月至十四载，约一年有余。关于历任安西都护的稽考，至此结束。

唐前期开、天之际，置十节度、经略使以备边，此全国性的大军事格局也。西北边三节度，即河西节度、安西节度、北庭节度构成以河西节度为总部的西北军事格局。我在上篇《论唐代前期河西节度》中已略述此意。河西节度统管下的安西节度与北庭节度，其职能虽各有侧重，然因西域形势的变化，时分时合，《新唐书》卷67《方镇表》注意此点，多次指出。其间有疑问者，提出讨论，供读者参考。

《新唐书》卷67《方镇表》"安西"栏云：

> [开元六年]安西都护领四镇节度、支度、经略使，副大都护领碛西节度、支度、经略等使，治西州。

首先的疑问为：安西都护府的都护领四镇节度，未言治所，副大都护领碛西节度，治所在西州，实际情况是这样的吗？按《资治通鉴》卷211"唐玄宗开元四年"云：

> [正月]丙午，以郯王嗣真为安北大都护，安抚河东、关内、陇右诸蕃大使，以安北大都护张知运为之副。陕王嗣昇为安西大都护，安抚河西、四镇诸蕃大使，以安西都护郭虔瓘为之副。二王皆不出阁。诸王遥领节度自此始。

《旧唐书》卷103《郭虔瓘传》略云：

> 郭虔瓘，开元初，累迁右骁卫将军，兼北庭都护。虔瓘以破贼之功，拜冠军大将军，行右骁卫大将军。俄转安西副大都护、摄御史大夫、四镇经略安抚使。

《新唐书》卷133《郭虔瓘传》略云：

> 虔瓘以功授冠军大将军、安西副大都护，封潞国公。

永兴按，郭虔瓘破突厥同俄特勤立功迁官在开元三年，旧、新《唐书·郭虔瓘传》皆作安西副大都护。盖安西为大都护府，按制度设有大都护及副大都护也。至开元四年，陕王嗣昇遥领安西大都护，《资治通鉴》谓"安西都护郭虔瓘为之副"，此前，郭虔瓘以副大都护之名行都护之实职，故曰，安西都护郭虔瓘为陕王嗣昇即安西大都护之副，实即安西副大都护也，仍行安西都护之实职。此后，即成为经常制度矣。根据这一分析，回顾上引《新唐书·方镇表》之文，安西都护与副大都护乃同一人，以安西副大都护之职名，行安西都护之职实，一人领四镇节度

·欧·亚·历·史·文·化·文·库·

又兼领碛西节度也,杜暹即是一例。按《资治通鉴》卷212"唐玄宗开元十一年"云:

> 及安西都护阙,或荐暹往使安西,人服其清慎。

同书"开元十二年"云:

> 春三月甲子,起暹为安西副大都护、碛西节度等使。

同书"开元十三年"云:

> 于阗王尉迟眺阴结突厥及诸胡谋叛,安西副大都护杜暹发兵捕斩之,更为立王。

《资治通鉴》卷213"唐玄宗开元十四年"云:

> 九月己丑,以安西副大都护、碛西节度使杜暹同平章事。

同上书又云:

> 杜暹为安西都护,突骑施交河公主遣牙官以马千匹诣安西互市。使者宣公主教,暹怒曰:"阿史那女何得宣教于我!"杖其使者,留不遣,马经雪死尽。突骑施可汗苏禄大怒,发兵寇四镇。会暹入朝,赵颐贞代为安西都护,婴城自守,四镇人畜储积,皆为苏禄所掠,安西仅存。既而苏禄闻暹入相,稍引退,寻遣使入贡。

永兴按,《旧唐书》卷8《玄宗纪》"开元十四年"云:"九月己丑,检校黄门侍郎、兼碛西副大都护杜暹同中书门下平章事。"《旧唐书》卷98《杜暹传》云:"(开元)十二年,安西都护张孝嵩迁为太原尹,或荐暹往使安西,蕃人伏其清慎,深思慕之,乃夺情擢拜黄门侍郎,兼安西副大都护。"《旧唐书·玄宗纪》之"黄门侍郎、兼碛西副大都护","碛西"应作"安西"。《新唐书·玄宗纪》及《杜暹传》所记略同《通鉴》。

我详引《资治通鉴》关于杜暹任职安西的记事,与上引《新唐书·方镇表》关于安西、北庭相合为一,即一人为安西都护、又兼北庭之事对证。杜暹之职称名为安西副大都护,即《新唐书·方镇表》之副大都护领碛西节度,杜暹实兼碛西节度使也;杜暹的实职为安西都护,即《新唐书·方镇表》安西都护领四镇节度,杜暹实领四镇节度也。一人兼任四镇节度与碛西节度,即安西与北庭相合为一也。《新唐书·方镇表》之制度与杜暹之职任完全符合。观《资治通鉴》记杜暹事,均在安西(龟兹),突骑施卖马受杜暹杖责,明言在安西,可证杜暹的治所在安西,亦安西副大都护治所在安西,不在西州。《新唐书·方镇表》恐误。

安西、北庭合二为一的局势延续到何时?按《新唐书》卷67《方镇表》"安西"栏云:

> [开元二十九年],复分置安西四镇节度,治安西都护府。北庭、伊西节度使,治北庭都护府。

《资治通鉴》卷214"唐玄宗开元二十九年"云:

> [十月]壬寅,分北庭、安西为二节度。

似安西、北庭分为二节度始于开元二十九年,即合二为一的局势延续到开元二十九年。实际情况,恐非如此。

《曲江集》卷8《敕瀚海军使盖嘉运书》略云:

> 敕瀚海军使、北庭都护盖嘉运及将吏军士百姓已下:苏禄反虏,敢为寇仇,犯我边城。卿等坚守孤城,赤心边徼。初解重围,差有劳苦,将士已下,并得如宜。又卿表所云,叶护被杀,事势合尔,殆非妄传。向若安西出兵,乘虚讨袭,碎叶遗丑,皆可成擒。应为悬军,未能越境,逆虏漏刃,莫不由兹。今贼虽请和,恃我张势,以防大食之下,以镇杂虏之心,岂是真情。此其奸数,卿可与王斛斯计会。伺其动静,因利乘便,取乱悔(侮)亡。初冬渐寒,卿及将吏军士百姓并平安好。遣书指不多及。

《资治通鉴》卷214"唐玄宗开元二十三年"云:

> 冬十月戊申,突骑施寇北庭及安西拔换城。

同书"开元二十四年"云:

> [正月]北庭都护盖嘉运击突骑施,大破之。

> [八月]甲寅,突骑施遣其大臣胡禄达干来请降,许之。

《敕盖嘉运书》中之"苏禄反虏,敢为寇仇,犯我边城",即《通鉴》载开元二十三年冬十月突骑施寇北庭;《敕盖嘉运书》中之"(卿等)赤心边徼。初解重围",即《通鉴》载开元二十四年正月,盖嘉运击破突骑施;《敕盖嘉运书》中之"今贼虽请和",即《通鉴》载开元二十四年八月突

·欧·亚·历·史·文·化·文库·

骑施请降;《敕盖嘉运书》盖在八月突骑施请降后,即开元二十四年初冬,因敕书中有"初冬渐寒"之语也。

我注意敕书中的一段:"向若安西出兵,乘虚讨袭,碎叶逋丑,皆可成擒。应为悬军,未能越境,逆虏漏刃,莫不由兹。"这表明北庭及安西由二人指挥,各有统管之域,安西未能越境袭击突骑施,致使"逆虏漏刃"也。开元二十四年时,北庭都护为盖嘉运,安西都护为王斛斯。在开元二十九年唐中央规定北庭、安西分治之前五年,北庭与安西已分为二矣。

或有人以《旧唐书·突骑施传》载开元二十六年安西都护盖嘉运击都摩度事,证明盖嘉运身兼北庭与安西,在开元二十九年前,北庭与安西仍合而为一也。按此段记事见于《旧唐书》卷 194(下),其文略云:

> 有大首领莫贺达干、都摩度两部落。都摩度初与莫贺达干连谋,俄又相背。莫贺达干遣使告安西都护盖嘉运,嘉运率兵讨之。

同一事,《资治通鉴》卷 214"唐玄宗开元二十六年"略云:

> 酋长莫贺达干、都摩度两部最强。都摩度初与莫贺达干连谋,既而复与之异,与莫贺达干相攻。莫贺达干遣使告碛西节度使盖嘉运,上命嘉运招集突骑施、拔汗那以西诸国。

同书开元二十七年记述同一事件之继续。亦略曰:"碛西节度使盖嘉运擒突骑施可汗吐火仙。嘉运攻碎叶城,吐火仙出战,败走,擒之于贺逻岭。悉收散发之民数万以与拔汗那王,威震西陲。"《旧唐书》卷 9《玄宗纪》"开元二十七年七月"条记同一事则曰:"北庭都护盖嘉运以轻骑袭破突骑施于碎叶城,杀苏禄(永兴按,'杀苏禄'误),威震西陲。"据上引,自开元二十三年至二十七年,盖嘉运任北庭都护领碛西节度使。《旧唐书·突骑施传》之"安西都护"误。

开元二十九年唐中央规定安西、北庭分为二之前五、六年,安西、北庭实际上已分为二,唐中央之规定乃据已成之局势而定为制度。安西、北庭从合发展为分,与当时天山以北之政治军事形势有关。兹略引史料分析之。

《资治通鉴》卷214"唐玄宗开元二十六年"云：

突骑施可汗苏禄，素廉俭，每攻战所得，辄与诸部分之，不留私蓄，由是众乐为用。既尚唐公主，又潜通突厥及吐蕃，突厥、吐蕃各以女妻之。苏禄以三国女为可敦，又立数子为叶护，用度浸广，由是攻战所得，不复更分。晚年病风，一手挛缩，诸部离心。酋长莫贺达干、都摩度两部最强，其部落又分为黄姓、黑姓，互相乖阻（突骑施种人自谓娑葛后者为黄姓，苏禄部为黑姓），于是莫贺达干勒兵夜袭苏禄，杀之。都摩度初与莫贺达干连谋，既而复与之异，立苏禄之子骨啜为吐火仙可汗以收其余众，与莫贺达干相攻。莫贺达干遣使告碛西节度使盖嘉运，上命嘉运招集突骑施、拔汗那以西诸国；吐火仙与都摩度据碎叶城，黑姓可汗尔微特勒据怛逻斯城（碎叶川长千里，西属怛逻斯城。其城初属石国，石常分兵镇之），相与连兵以拒唐。

［至次年之］秋八月乙亥，碛西节度使盖嘉运擒突骑施可汗吐火仙。嘉运攻碎叶城，吐火仙出战，败走，擒之于贺逻岭。

《新唐书》卷215（下）《突骑施传》云：

［盖］嘉运俘吐火仙骨啜献太庙，天子赦以为左金吾卫员外大将军、修义王，顿阿波为右武卫员外将军。以阿史那怀道子昕为十姓可汗，领突骑施所部。莫贺达干怒曰："平苏禄，我功也。今立昕，谓何？"即诱诸落叛。诏嘉运招谕，乃率妻子及蠡官首领降，遂命统其众。后数年，复以昕为可汗，遣兵护送。昕至俱阑城，为莫贺咄所杀。

据上引，自开元二十四年后之十数年间，突骑施内部，特别是黄姓、黑姓之间，内讧交战，几无宁日。西突厥的残余势力也参预交战，遂造成长时间的战乱局势。唐不能不及时平息战乱，稳定天山以北的局面。以居于天山南的安西都护领碛西节度，不可能及时地平息战乱；天山以北的唐军只能独立作战，安西则处于配合地位，因而出现北庭、安西从合到分的局面，政治军事的形势使然也。

《新唐书》卷67《方镇表》"安西"栏云：

[天宝十三载]安西四镇复兼北庭节度。是年,复置二节度。《新唐书·方镇表》所记甚是,安西都护封常清权北庭都护、伊西节度使,可为明证。我在上文论述吐鲁番出土天宝十三载交河郡长行坊马料账文书时,已详言之,兹不赘述。同时,据马料账文书,封常清权知之时间很短,赵光烈于天宝十三载四月时已是安西都护。安西长吏与北庭长吏并列,即"复置二节度"也。

行文至此,应注意上文已提出的西北军事格局,以河西节度为总部,统摄安西四镇节度和北庭节度。唐中央以这样的军事格局经营西域,统治西域。安西节度的职能为"抚宁西域",北庭节度的职能为"防制突骑施、坚昆","防制突骑施、坚昆"也是为了"抚宁西域"。在唐经营西域的过程中,天山以南四镇之事较多,似以安西四镇为主,北庭为配合;安西可权知北庭或兼北庭也。但由于军事形势的需要,亦有以北庭为主之时。如《资治通鉴》卷212"唐玄宗开元十年"云:

> [八月]癸未,吐蕃围小勃律王没谨忙,(小勃律在大勃律西北三百里,去京师九千里而赢,东少南三千里距吐蕃赞普牙。)谨忙求救于北庭节度使张嵩曰:"勃律,唐之西门,勃律亡则西域皆为吐蕃矣。"嵩乃遣疏勒副使张思礼将蕃、汉步骑四千救之(据《新书》,张嵩即张孝嵩),昼夜倍道,与谨忙合击吐蕃,大破之,斩获数万。自是累岁,吐蕃不敢犯边。

这是一次重要战役,北庭长吏指挥安西四镇将士,击败吐蕃,稳定唐在西域的统治。此即"抚宁西域"以北庭为主之一例也。

本文第一部分的主旨之一为:稽考自贞观十四年(640年)至天宝十四载(755年)的一百一十五年间的历任安西都护和安西都护府的治所。上文虽已一一考定或推定,但引用史料,考证分析,致使头绪纷纭,读者难于检索。为解除这一困难,在第一部分之后,附唐前期安西都护年表,起自贞观十四年,止于天宝十四载。年表包括都护姓名、任职时限和任职次序、治所。

表 4.4　唐前期安西都护年表

都护	任职期间	任职次序	治所	备考
乔师望	贞观十四年九月至贞观十六年九月,约二年。	第一任	西州交河城	
郭孝恪	贞观十六年九月至贞观二十二年闰十二月,约六年又三个月。	第二任	西州	
柴哲威 匹娄武彻	贞观二十三年初至永徽二年十一月之前,约三年。	第三任 第四任?	西州 龟兹?	推测,安西都护府南迁龟兹在贞观二十三年九月至年末之间。
麹智湛	永徽二年十一月至显庆三年五月,约五年半。	第五任	西州	
高贤	显庆三年五月至麟德二年,约七年。	第六任?	龟兹	史料不足,暂推定高贤一人,应有第二人。
裴行俭	麟德二年至乾封二年,约三年。	第七任	龟兹	
萧嗣业	总章元年至咸亨三年,约四年。	第八任	龟兹 西州(咸亨元年四月以后)	萧嗣业任安西都护,系推测,可能有误。
杜怀宝	咸亨四年至仪凤三年,约五年。	第九任	西州	
王方翼	调露元年至永淳元年,约三年。	第十任	龟兹	
杜怀宝	弘道元年至垂拱元年,约三年。	第十一任	龟兹	
都护李君	垂拱二年至垂拱四年,约三年。	第十二任	龟兹 西州(垂拱四年)	

续表 4.4

都护	任职期间	任职次序	治所	备考
阎温古	永昌元年，只七个月。	第十三任	西州	阎温古于永昌元年七月被杀，任职似仅七个月。
唐休璟	天授元年至长寿元年末，约三年。长寿二年至圣历二年，约七年。	第十四任	西州	
田扬名	圣历二年至神龙二年，约六年。	第十五任	龟兹	
郭元振	神龙二年至景云元年，约五年。	第十六任	龟兹	
张玄表	景龙元年至开元二年，约五年。	第十七任	龟兹	
郭虔瓘	开元三年至开元五年，约三年。	第十八任	龟兹	
汤嘉惠	开元五年至开元七年，约三年。	第十九任	龟兹	
杜暹	开元十二年至开元十四年，约三年。	第二十一任	龟兹	开元七年至开元十二年之间为安西都护者，可能为徐钦识，不能确定。
赵颐贞	开元十四年至开元十六年春，约二年。	第二十二任	龟兹	
谢知信	开元十六年，约一年。	第二十三任	龟兹	
汤嘉惠	开元十七年至二十一年，约五年。	第二十四任	龟兹	
王斛斯	开元二十一年末至开元二十七年，约七年。	第二十五任	龟兹	

都护	任职期间	任职次序	治所	备考
田仁琬	开元二十八年至开元二十九年,约二年。	第二十六任	龟兹	
夫蒙灵詧	开元二十九年至开宝六载,约七年。	第二十七任	龟兹	
高仙芝	天宝六载至天宝十载,约四年。	第二十八任	龟兹	
王正见	天宝十载至天宝十一载,约一年。	第二十九任	龟兹	
封常清	天宝十一载至天宝十三载,约二年。	第三十任	龟兹	
赵光烈	开宝十三载至天宝十四载,约一年。	第三十一任	龟兹	

这份年表系根据全文对历任安西都护的考订而制。有些都护,除官改官有年月日,有些则只有年而无月日,这是一种情况;另一种情况是,一年之中有两任都护,一为始任,一为迁官离任。由于上述两种情况,年表中任职时间均作约若干年。

友人告知,曾看到一篇近年发表的论述历任安西都护的文章。我曾多方查阅此文,均未得见,至以为憾。

4.2 四镇问题初探

唐前期四镇问题是学术界所注意并长时间讨论的课题。研究者大多就《唐会要》卷73《安西都护府》载唐人苏冕之语展开讨论,由此得出结论。苏冕原语如下:

苏氏记曰:咸亨元年四月罢四镇,是龟兹、于阗、焉耆、疏勒。至长寿二年十一月,复四镇敕,是龟兹、于阗、疏勒、碎叶。两四镇不同,未知何故。

苏冕所说的两四镇,见《通鉴》。按《资治通鉴》卷201"唐高宗咸亨元年"云:

> 夏四月,吐蕃陷西域十八州,又与于阗袭龟兹拔换城,陷之。罢龟兹、于阗、焉耆、疏勒四镇。

同书卷205"则天后长寿元年"云:

> 会西州都督唐休璟请复取龟兹、于阗、疏勒、碎叶四镇,敕以(王)孝杰为武威军总管,与武卫大将军阿史那忠节将兵击吐蕃。冬十月丙戌,大破吐蕃,复取四镇。置安西都护府于龟兹,发兵戍之。

据《资治通鉴》,《唐会要》"长寿二年"应作"长寿元年";"十一月"应作"十月"。从咸亨元年至长寿元年为时二十二年,前一四镇之焉耆,后一四镇则为碎叶,何前后之不同如此,宜苏氏提出疑问也。就我所知,对于这一问题,研究者虽多,但对苏氏提出的疑问,似尚无使人满意并可作为定论的回答。日本学者松田寿南著《古代天山历史地理学研究》,[1]在该书的第三部分第五考"碎叶与焉耆"一段中,松田氏高度重视《唐会要》所载苏冕提出的两个四镇不同的问题。松田氏的分析深刻细致,使我受到启发。在这一段的结束语中,松田氏提出以下意见:

> 对安西都护府管辖下的重要四镇之一,由碎叶和焉耆二都督府交替占据的现象进行探讨的结果,我认为以下四件事情值得特别重视。
>
> (1)咸亨元年(670年)安西四镇为吐蕃陷没。此时的四镇为龟兹、于阗、疏勒、焉耆。
>
> (2)调露元年(679年)筑碎叶城。为此,龟兹、于阗、疏勒、碎叶成为四镇。

---

〔1〕 〔日〕松田寿南著,陈俊谋译:《古代天山历史地理学研究》,中央民族学院出版社,1987年。

(3)长寿元年(692年)安西四镇恢复。此时,四镇为龟兹、于阗、疏勒、碎叶。

(4)开元七年(719年)十姓可汗阿史那献移驻碎叶。其结果,四镇成为龟兹、于阗、疏勒、焉耆。

(1)、(2)、(3)条,诸书均有记载,亦为研究者所熟知,且与解决焉耆、碎叶相替问题关系不大,可不论。第四条很重要,松田氏的根据应为下列一条史料。

《新唐书》卷221(上)《焉耆传》云:

开元七年,龙嬾突死,焉吐拂延立。于是十姓可汗请居碎叶。安西节度使汤嘉惠表以焉耆备四镇。

松田氏用了很多笔墨来考证这条史料中的十姓可汗是阿史那献,姑从之。但史料中的"请居碎叶"与松田氏的第四条的"移驻碎叶",是不同的。这要研究两个问题。

第一,史料中的"请居碎叶"及松田氏的"移驻碎叶",其意云何?我认为,松田氏对"请居碎叶"的理解为:阿史那献以十姓可汗的身份,率其少数残破部落占有碎叶,使碎叶成为他所统治的城镇。松田氏的"移驻碎叶"也是此意。因此,碎叶不再是唐安西四镇之一,而汤嘉惠表以焉耆备四镇,即以焉耆代替碎叶备四镇之数也。否则,"请居碎叶"及"移驻碎叶"之意只是阿史那献和他的家族居住生活在碎叶,则何妨碎叶之为安西四镇之一,何必以焉耆代替碎叶备四镇之数也。即如阿史那献晚年居住生活在长安,无妨长安之为唐帝国之首都也。

第二,开元七年及其前后,碎叶的情况如何?阿史那献的请居有实现的可能吗?

《新唐书》卷215(下)《突骑施传》(《旧唐书》卷194(下)《突骑施传》略同)略云:

突骑施乌质勒,西突厥别部也。自贺鲁破灭,二部可汗皆先入侍,虏无的君。乌质勒隶斛瑟罗,为莫贺达干。斛瑟罗政残,众不悦;而乌质勒能抚下,有威信,诸胡顺附,帐落浸盛。乃置二十都督,督兵各七千,屯碎叶西北,稍攻得碎叶,即徙其牙居之。谓碎叶川为大牙,弓月城、伊丽水为小牙。其地东邻北突厥,西诸胡,东直西、庭州,尽并斛瑟罗地。

　　突骑施别种车鼻施啜苏禄者,衰拾余众,自为可汗。苏禄善抚循其下,部种稍合,众至二十万,于是复雄西域。开元五年,始来朝,授右武卫大将军、突骑施都督,却所献不受。以武卫中郎将王惠持节拜苏禄左羽林大将军、顺国公,为金方道经略大使。然诡猾,不纯臣于唐,天子羁系之,进号忠顺可汗。其后阅一、二岁,使者纳赞,帝以阿史那怀道女为交河公主妻之。

《资治通鉴》卷212"唐玄宗开元七年"云:

　　　[十月]壬子,册拜突骑施苏禄为忠顺可汗。

　　根据以上引文可知,天山以北热海之侧的碎叶是突骑施牙帐所在之地,是突骑施的政治军事中心。此一也。开元七年时,突骑施最为强大,大唐帝国对之无可如何,只能羁系而已。此二也。有此两点,十姓可汗阿史那献请居碎叶,绝无实现之可能。即便有阿史那献欲居碎叶之请,向何人请?当然是向唐天子请。有上述两点,唐玄宗绝对不会允许阿史那献之请,也绝对不会有十姓可汗阿史那献移驻碎叶之事。难道唐玄宗会以强大兵力把突骑施苏禄从碎叶驱逐出去,又以兵力把徒有其名的十姓可汗阿史那献护送移驻碎叶吗?这是不可能的,也是绝不会发生之事。

　　根据上述分析,《新唐书·焉耆传》中"于是十姓可汗请居碎叶"(或如松田氏所说的"十姓可汗阿史那献移驻碎叶")为不可能也绝不会发生之事;则下一句"安西节度使汤嘉惠表以焉耆备四镇",也就随之发生问题。因阿史那献未移驻碎叶,碎叶仍是四镇之一,用不着"汤嘉惠表以焉耆备四镇"了。因此,使用这条史料,不能说明何以要用焉耆代替碎叶。

　　《新唐书·焉耆传》这条史料,使我受到启发,如果阿史那献"请居碎叶"之碎叶不是天山以北、热海之侧突骑施牙帐所在的碎叶,而是另一碎叶,则以《新唐书·焉耆传》这条史料可以充分说明何以焉耆代替碎叶了。但这另一碎叶在何处呢?这条史料使我受到启发,还因为,即使没有十姓可汗阿史那献移驻碎叶之事,天山以北、热海之侧的碎叶也不能成为唐安西四镇之一,突骑施牙帐所在之地能成为驻有唐重兵的四镇之一吗?这是绝对不可能的。

唐前期自贞观二十三年设立安西四镇,得失四镇共七次,咸亨元年四镇与长寿元年四镇之焉耆、碎叶交替问题,其他几次置废四镇也有,学术界似乎并未解决。我认为应全面考察四镇的情况,或可找到解决问题的线索。兹先举出七次置废四镇的史实。

《旧唐书》卷198《龟兹传》略云:

> 先是,太宗既破龟兹,移置安西都护府于其国城,以郭孝恪为都护,兼统于阗、疏勒、碎叶,谓之四镇。

永兴按,本文前一部分已考定,第一次移安西都护府于龟兹在贞观二十三年年末,都护非郭孝恪。此不赘述。此即贞观四镇也,即为:龟兹、疏勒、于阗、碎叶。此碎叶是天山以北、热海之侧的碎叶城吗?

唐第一次放弃四镇的时间为永徽二年十一月,即第一次建置四镇之后二年。

《旧唐书》卷198《龟兹传》云:

> 高宗嗣位,不欲广地劳人,复命有司弃龟兹等四镇,移安西依旧于西州。

《旧唐书》卷4《高宗纪》"永徽二年"云:

> [十一月]丁丑,以高昌故地置安西都护府。

均未言及龟兹外其他三镇。我推测,仍是于阗、疏勒、碎叶,与设置时相同。至于放弃四镇的原因,已于上文详述,此不重复。

《资治通鉴》卷200"唐高宗显庆三年"云:

> 夏五月癸未,徙安西都护府于龟兹,以旧安西复为西州都督府,镇高昌故地。

《资治通鉴》卷201"唐高宗咸亨元年"云:

> 夏四月,吐蕃陷西域十八州,又与于阗袭龟兹拨换城,陷之。罢龟兹、于阗、焉耆、疏勒四镇。

《资治通鉴》虽未记载复置四镇事,但既然说徙安西都护府于龟兹,则四镇当然也就随之而恢复,即显庆四镇也。显庆四镇至咸亨元年又失陷于吐蕃,即咸亨四镇:龟兹、于阗、焉耆、疏勒。据此可以推知,显庆四镇也是龟兹、于阗、焉耆、疏勒。

《册府元龟》卷967《外臣部·继袭二》云:

> 调露元年,以碎叶、龟兹、于阗、疏勒为四镇。

按,四镇已于调露元年(679年)前九年即咸亨元年失陷于吐蕃,则《册府元龟》所记"调露元年"云云,当然是又恢复四镇也。调露元年恢复四镇之说的依据,不只是上引《册府元龟》一条史料,还有以下史料可为参证。

《旧唐书》卷84《裴行俭传》云:

> 仪凤四年,十姓可汗阿史那匐延都支及李遮匐扇动蕃落,侵逼安西(永兴按,可见唐在此时已恢复四镇,才有西突厥残余势力侵犯安西之事。仪凤四年六月十三日,方改元调露,见《资治通鉴》卷202胡注引《唐会要》),连和吐蕃,议者欲发兵讨之(永兴按,《新唐书》卷108《裴行俭传》略同,唯作"仪凤二年",误)

《资治通鉴》卷202"唐高宗调露元年"云:

> [六月]初,西突厥十姓可汗阿史那都支及其别帅李遮匐与吐蕃连和,侵逼安西,朝议欲发兵讨之。

《张说之文集》卷14《赠太尉裴公神道碑》略云:

> 仪凤二年(永兴按,应作"四年"),十姓可汗匐延都支、李遮匐潜构犬戎,傲扰西域,朝廷凭怒,将行人讨。公进议曰:今波斯王亡,侍子在此,若命使册立,即路由二蕃,便宜取之,是成禽也。高祖(宗)善其计,召公以名册送波斯兼安抚大食。公往莅遗爱治于人心。是行也,百城故老,望尘而雅拜;四镇酋渠,连营而谄酒。

据上引,调露元年时,安西四镇已恢复,故史籍中才有"侵逼安西"之语,裴行俭西行途中,才有"四镇酋渠,连营而谄酒"之事,《通鉴》对裴行俭西行途中的记述,更可证明此点。

《资治通鉴》卷202"唐高宗调露元年"略云:

> [七月]初,裴行俭尝为西州长史,及奉使过西州,吏人郊迎。

行俭徐召四镇诸胡酋长（四镇，龟兹、毗沙、焉者、疏勒四都督府也。）谓曰："昔在西州，纵猎甚乐，今欲寻旧赏，谁能从吾猎者？"诸胡子弟争请从行，近得万人。

调露元年唐恢复四镇，至垂拱二年又失之。

《吐鲁番出土文书》（七）载"武周延载元年（694年）氾德达轻车都尉告身"云：

1. 准垂拱二年十一月三日　敕，金牙军拔于阗、安□、□

2. 勒、碎叶等四镇，每镇酬勋一转，破都历岭等阵，

3. 共酬勋三转，总七转。

4. 　　　　西州氾德达高昌县

5. 　　　　□可轻车都尉

6. 鸾台□□□□□都尉张贵卿等壹佰肆拾肆

7. 人，并武艺可称，戎班早预，东逾兔堞，北指

8. 龙庭。既著美于摧凶，俾覃恩于赐服，可依

9. 前件。□□□行

10. 　　　延载元年九月廿九日

11. 　　　银青光禄大夫守内史上柱国臣豆卢^{被推}

12. 　　　朝请大夫守凤阁侍郎同凤阁鸾台平章事杜

景俭宣

13. 　　　给事郎守凤阁舍人内供奉臣孙行□

14. 朝请大夫□

15. 朝请大夫守鸾台侍郎同凤阁鸾台平章事臣

16. 朝请大夫给事中□□臣等言

17. 制书如□□□奉

18. 制付外施行，谨言。

19. 　　　延载元年十月十六□

20.　　　　　　　□ 可

21.　　　　　　十月十八日酉时都事^{下直}

22.　　　　　　左 司 郎 中^{下直}

23. 文　昌　左　相　　□

24. 文　昌　右　相^阙

25. 天　官　尚　□

26. 中大夫守天官侍郎颖川县开国男□

27. 朝议郎知天官侍郎事□

28. 朝议郎知天官侍郎□

29. 朝议大夫检校文昌左丞轻□

30. 告轻车都尉氾德达：奉被

31. 制书如右，符到奉行。

32.　　　　　　　　　主事　德

33. 司勋员外郎承嘉　　令史王仁

34.　　　　　　书令史范羽

35.　　　　　延载元年十月廿　日下

按垂拱二年放弃四镇，当其事者为金牙军（见文书第 1 行），故首先应解释金牙军。据《资治通鉴》卷 202"唐高宗开耀元年"云：

> 裴行俭军于代州之陉口，多纵反间，由是阿史那伏念与阿史德温傅浸相猜贰。伏念留妻子辎重于金牙山（突厥之初，建牙于金山，其后分为东、西突厥，凡建牙之地，率谓之金牙山。苏定方直抵金牙山擒贺鲁，此西突厥可汗所居之金牙山也。裴行俭遣程务挺等掩金牙山，取伏念妻子，此东突厥可汗所居之金牙山也。可汗所居，谓之金帐，故亦以金牙言之），以轻骑袭曹怀舜。

《资治通鉴》卷 203"唐高宗永淳元年"云：

> ［四月］辛未，以礼部尚书闻喜宪公裴行俭为金牙道行军大总管（此指西突厥之金牙山也），帅右金吾将军阎怀旦等三总管分道

186

讨西突厥。

据上引,金牙军与征讨突厥有关。但《文苑英华》卷 930 员半千《蜀州青城县令达悉昌神道碑》云:

> 垂拱之初,天命已改。二年,授高陵县主簿,以旧德起也。属西蕃不静,北方多难,被奏充(永兴按,金,据《全唐文》卷 165 员半千同文补)牙道行军司兵。事不获以,遂即戎焉。君设策请拔碎叶、疏勒、于阗、安西四镇,皆如所计。

垂拱二年,金牙军,碎叶、疏勒、于阗、安西(龟兹)四镇,均与吐鲁番文书同。神道碑中之"西蕃不静","西蕃",一般指吐蕃,但也可指突厥,与上引《资治通鉴》胡注解释金牙山之说,了无矛盾。唐高宗末与武则天在位期间,吐蕃时与突厥勾结侵犯四镇,垂拱二年之战役,即是一例,故征讨部队以金牙军为名,神道碑中有"西蕃不静"一语也。

延载元年(694 年)在垂拱二年(686 年)之后八年,垂拱二年立功,八年后始授勋,为时较晚。但检文书格式与唐《公式令》符合,故备引之。文书载垂拱二年拔四镇事,史籍失载,文书可以补史,此又一例。文书中应校释者多处,恐文章过于枝蔓,不赘述。

总括上文,调露元年恢复四镇:龟兹、于阗、疏勒、碎叶。垂拱二年拔(即撤离)四镇:龟兹、于阗、疏勒、碎叶。

垂拱二年,唐放弃四镇,六年后即长寿元年,又复得之。按《资治通鉴》卷 205 "则天后长寿元年"云:

> 初,新丰王孝杰从刘审礼击吐蕃为副总管,与审礼皆没于吐蕃。赞普见孝杰泣曰:"貌类吾父。"厚礼之,后竟得归,累迁右鹰扬卫将军。孝杰久在吐蕃,知其虚实。会西州都督唐休璟请复取龟兹、于阗、疏勒、碎叶四镇,敕以孝杰为武威军总管,与武卫大将军阿史那忠节将兵击吐蕃。冬十月丙戌,大破吐蕃,复取四镇。置安西都护府于龟兹,发兵戍之。

长寿元年王孝杰恢复四镇事,旧、新《唐书·则天后纪》及《王孝杰传》均有记载,四镇亦均为龟兹、于阗、疏勒、碎叶。

自贞观二十三年(649 年)至长寿元年(692 年)的四十三年中,唐

187

对四镇得而复失，失而复得，共七次。自长寿元年至天宝十四载（755年）的六十三年中，就四镇整体而言，唐未再失去。兹将自贞观二十三年至天宝十四载的一百零六年中四镇的变化列出，我们可就四镇存在的整个时期（就唐代前期而言）中的焉耆与碎叶问题，有一个新的认识。

贞观二十三年设置四镇：龟兹、于阗、疏勒、碎叶。

永徽二年失去四镇：龟兹、于阗、疏勒、碎叶。

显庆三年恢复四镇：龟兹、于阗、疏勒、焉耆。

咸亨元年失去四镇：龟兹、于阗、疏勒、焉耆。

调露元年恢复四镇：龟兹、于阗、疏勒、碎叶。

垂拱二年失去四镇：龟兹、于阗、疏勒、碎叶。

长寿元年恢复四镇：龟兹、于阗、疏勒、碎叶。

长寿元年至天宝十四载，唐的四镇：龟兹、于阗、疏勒、碎叶。

上列统计显示，自贞观二十三年至长寿元年的四十三年中，只显庆三年至咸亨元年的十二年，唐四镇为龟兹、于阗、疏勒、焉耆；其他三十一年，唐四镇为：龟兹、于阗、疏勒、碎叶。自贞观二十三年至天宝十四载的一百零六年中，只显庆三年至咸亨元年的十二年，唐四镇为龟兹、于阗、疏勒、焉耆；其他九十四年，唐四镇为：龟兹、于阗、疏勒、碎叶。这一现象说明什么？值得深思。我们应检视唐代史籍中记载四镇的另一方面的情况。

《唐六典》卷5"兵部郎中"略云：

> 凡天下之节度使有八：其七曰碛西节度使。其统有安西、疏勒、于阗、焉耆。

《通典》卷172《州郡二·序目（下）》"大唐"略云：

> 高宗平高丽、百济，得海东数千余里，旋为新罗、靺鞨所侵，失之。又开四镇，即西境拓数千里，于阗、疏勒、龟兹、焉耆诸国矣。

> 镇（安）西节度使，抚宁西域，统龟兹国、焉耆国、于阗国、疏勒国。

《旧唐书》卷38《地理志》卷首云：

安西节度使,抚宁西域,统龟兹、焉耆、于阗、疏勒四国。

同书卷40《地理志》"河西道安西大都护府"略云:

　　安西都护所统四镇

　龟兹都督府。

　毗沙都督府(按,即于阗)。

　疏勒都督府。

　焉耆都督府。

《新唐书》卷43(下)《地理志》"羁縻州"略云:

　　四镇都督府

　龟兹都督府。

　毗沙都督府。

　焉耆都督府。

　疏勒都督府。

《慧超往五天竺国传》(伯3532)残卷略云:

　　又从葱岭步入一月至疏勒,外国自呼名伽师祇离国,此亦汉
　军马守捉。又从疏勒东行一月至龟兹国,即是安西大都护府。汉
　国兵马大都集处。又安西南去于阗国二千里,亦足(是)汉军马领
　押。又从安西东行□□至焉耆国,是汉军兵领押。

按慧超过四镇时为开元十五年,四镇亦为龟兹、于阗、疏勒、焉耆。

　　以上五书所记唐四镇,均为龟兹、于阗、疏勒、焉耆,而非龟兹、于
阗、疏勒、碎叶;与上文分析自贞观二十三年至天宝十四载的一百零六
年中四镇的情况几乎相反。这应如何解释? 有些研究者据《新唐书》
卷221(上)《焉耆传》,认为《唐六典》等三书所记四镇乃开元七年以后
的情况,即开元七年焉耆代替碎叶备四镇之数,而此前,四镇中无焉耆。
为了讨论这种意见,重出《新唐书·焉耆传》之文如下:

　　开元七年,龙嬾突死,焉吐拂延立。于是十姓可汗请居碎叶,
　安西节度使汤嘉惠表以焉耆备四镇。诏焉耆、龟兹、疏勒、于阗征
　西域贾,各食其征,由北道者,轮台征之。

我在上文已分析,开元七年,十姓可汗阿史那献移驻并统治天山以北、

热海之侧的碎叶城,乃不可能之事,亦即不会有之事。行文至此,为了讨论有些研究者的上述意见,我们应当考察开元七年以后的一段时间内,是否有十姓可汗阿史那献或其子孙移居碎叶之事,也应考察开元七年以后的一段时间内,碎叶的情况如何。

《新唐书》卷215(下)《西突厥传》略云:

> 于是突骑施阴幸边隙,故(阿史那)献乞益师,身入朝,玄宗不许,诏左武卫中郎将王惠持节安尉。方册拜突骑施都督车鼻施啜苏禄为顺国公(永兴按,据《册府元龟》卷964《外臣部·封册二》云:开元六年五月,苏禄被封为顺国公,开元七年十月,册封苏禄为忠顺可汗),而突骑施已围拨换、大石城,将取四镇。会(汤)嘉惠拜安西副大都护,即发三姓葛逻禄兵与献共击之。帝将诏王惠与相经略,宰相臣璟、臣题曰:"突骑施叛,葛逻禄攻之,此夷狄自相残,非朝廷出也。大者伤,小者灭,皆我之利。方王惠往抚慰,不可参以兵事。"乃止。献终以娑葛强狠不能制,亦归死长安。

> 突骑施吐火仙之败(永兴按,据《资治通鉴》卷214,盖嘉运擒吐火仙在开元二十七年八月),始以怀道子昕为十姓可汗、开府仪同三司、濛池都护,册其妻凉国夫人李为交河公主,遣兵护送。昕至碎叶西俱兰城,为突骑施莫贺达干所杀,交河公主与其子忠孝亡归,授左领军卫员外将军,西突厥遂亡。

据上引,自开元六年至开元末,史籍无十姓可汗阿史那献或其子孙移驻天山之北、热海之侧碎叶城的记载,亦无西突厥另一族系移驻碎叶的记载。根据史料,我们只能认为开元七年及开元七年至开元末的二十几年中,并无十姓可汗阿史那献或其子孙或西突厥其他族人移驻碎叶城之史事。当时,突骑施强大,天山以北、热海之侧的碎叶城是突骑施的政治军事中心,是突骑施可汗牙帐所在之地,不可能拱手让予西突厥的残余势力也。此点,我在上文已就开元七年时突骑施的情况论述之;今再就开元七年后直至开元末年天宝期间突骑施的情况详为论述。

《新唐书》卷215(下)《突骑施传》略云:

其后(永兴按,大约在开元七年之后)阅一、二岁,使者纳赞,帝以阿史那怀道女为交河公主妻之。是岁,突骑施饟马于安西,使者致公主教于都护杜暹,暹怒曰:"阿史那女敢宣教邪?"笞其使,不报。苏禄怒,阴结吐蕃举兵掠四镇,围安西城。暹方入当国,而赵颐贞代为都护,乘城久之,出战又败。苏禄略人畜,发困贮,徐闻暹已宰相,乃引去;即遣首领叶支阿布思来朝,玄宗召见,飨之。

俄而莫贺达干、都摩支夜攻苏禄,杀之。都摩支又背达干立苏禄子吐火仙骨啜为可汗,居碎叶城,引黑姓可汗尔微特勒保怛逻斯城,共击达干。帝使碛西节度使盖嘉运和抚突骑施、拔汗那西方诸国。莫贺达干与嘉运率石王莫贺咄吐屯、史王斯谨提共击苏禄子,破之碎叶城。吐火仙弃旗走,禽之,并其弟叶护顿阿波。疏勒镇守使夫蒙灵詧挟锐兵与拔汗那王掩怛逻斯城,斩黑姓可汗与其弟拔斯,入曳建城,收交河公主及苏禄可敦、尔微可敦而还。嘉运俘吐火仙骨啜献太庙,天子敕以为左金吾卫员外大将军、修义王,顿阿波为右武卫员外将军。以阿史那怀道子昕为十姓可汗,领突骑施所部,莫贺达干怒曰:"平苏禄,我功也。今立昕,谓何?"即诱诸落叛。诏嘉运招谕,乃率妻子及蠹官首领降,遂命统其众。后数年,复以昕为可汗,遣兵护送。昕至俱兰城,为莫贺咄所杀。莫贺咄自为可汗,安西节度使夫蒙灵詧诛斩之,以大蠹官都摩支阙颉斤为三姓叶护。

天宝元年,突骑施部更以黑姓伊里底蜜施骨咄禄毗伽为可汗,数通使贡。十二载,黑姓部立登里伊罗蜜施为可汗,亦赐诏册。

至德后,突骑施衰,黄、黑姓皆立可汗相攻,中国方多故,不暇治也。乾元中,黑姓可汗阿多裴罗犹能遣使者入朝。大历后,葛逻禄盛,徙居碎叶川。二姓微,至臣役于葛禄,斛瑟罗余部附回鹘。

以上引文,可视为开元七年后突骑施的盛衰简史。我们可肯定一点,开元七年后至开元末,至天宝期间,天山以北、热海之侧的碎叶城始终为突骑施所有,从苏禄到吐火仙,到莫贺达干,始终如此。大历后,碎叶城可能为葛逻禄占有。引文较完备,以示非断章取义也。《旧唐书》

191

卷 194(下)《突骑施传》略同。

有些研究者据《新唐书·焉耆传》载十姓可汗请居碎叶，汤嘉惠表焉耆备四镇云云，判定开元七年后，焉耆代替天山以北、热海之侧的碎叶备四镇之数，因而开元七年以后史籍记载的四镇均为龟兹、于阗、疏勒、焉耆，只能是开元七年以后的四镇，而非自贞观二十三年至天宝十四载的一百零六年中的四镇。根据上引史料和论述，并无开元七年十姓可汗阿史那献请居碎叶之事，也无开元七年以后至开元末天宝期间西突厥可汗移驻碎叶之事，则以焉耆代碎叶备四镇云云，也就无从说起，无有其事，则有些研究者的意见亦难于成立。我认为，《唐六典》、《通典》以及《旧唐志》记载的唐四镇：龟兹、于阗、疏勒、焉耆，是载于国家典册上安西四镇的实际情况，是自贞观二十三年至天宝十四载的一百零六年中安西四镇的实际情况。我在上文分析的一百零六年中，只显庆三年至咸亨元年十二年中的四镇为：龟兹、于阗、疏勒、焉耆；其他九十四年中的四镇为：龟兹、于阗、疏勒、碎叶，也是安西四镇的实际情况。两个实际情况为什么不同，问题在于安西四镇中的碎叶是天山以北、热海之侧长时间作为西突厥和突骑施的政治军事中心的碎叶城吗？我在上文已一再讨论这个问题。为了使我的论述更为完备，兹再就贞观二十三年四镇中的碎叶，也就是唐代第一个四镇中的碎叶，申述我的意见。

贞观二十三年及其前后，正是西突厥乙毗射匮可汗、乙毗咄陆可汗相互攻击和贺鲁强大并自号沙钵罗可汗期间，以下引《通鉴》两段，借以推知天山以北、热海之侧的碎叶城的情况。

《资治通鉴》卷 199"唐太宗贞观二十二年"云：

> 初，西突厥乙毗咄陆可汗以阿史那贺鲁为叶护，居多逻斯水，在西州北千五百里，统处月、处密、始苏、歌逻禄、失毕五姓之众。乙毗咄陆奔吐火逻，乙毗射匮可汗遣兵迫逐之，部落亡散。[四月]乙亥，贺鲁帅其余众数千帐内属，诏处之于庭州莫贺城（庭州西延城西六十里有沙钵城守捉，盖即莫贺城也；以贺鲁后立为沙钵罗叶护可汗，故改城名也），拜左骁卫将军。贺鲁闻唐兵讨龟

兹,请为乡导,仍从数十骑入朝。上以为昆丘道行军总管,厚宴赐而遣之。

同书"唐高宗永徽二年"云:

　　左骁卫将军、瑶池都督阿史那贺鲁招集离散,庐帐渐盛,闻太宗崩,谋袭取西、庭二州。庭州刺史骆弘义知其谋,表言之,上遣通事舍人桥宝明驰往慰抚。宝明说贺鲁,令长子咥运入宿卫,授右骁卫中郎将,寻复遣归。咥运乃说其父拥众西走,击破乙毗射匮可汗,并其众,建牙于双河及千泉(自双河西南抵贺鲁牙帐二百里。千泉属石国界,又在贺鲁牙帐西南),自号沙钵罗可汗。咄陆五啜、努失毕五俟斤皆归之,胜兵数十万,与乙毗咄陆可汗连兵,处月、处密及西域诸国多附之。

永兴按,以上引文中的双河及千泉,据胡注,双河在贺鲁牙帐金牙山东北二百里,千泉又在贺鲁牙帐西南。自双河至千泉一带为天山以北的中心地区,碎叶及热海均在此地区且为此地区的中心,读《资治通鉴》卷200"唐高宗显庆二年"苏定方击败贺鲁之行军路线可知也。包括碎叶及热海这一地区,在贞观二十三年及其前后,先后为西突厥乙毗咄陆可汗、乙毗射匮可汗及沙钵罗可汗牙帐所在的政治军事中心地区,碎叶绝不可能成为唐安西四镇之一,情理至明,不待繁言可解也。

　　总括上文,我从多方面论证:天山以北、热海之侧的碎叶不可能也不是唐安西四镇之一,此一也。我也举出足够史料,说明唐安西四镇有碎叶,此二也。上述二者均为客观史实,但又相互矛盾,使我不能不作出如下假定:唐安西四镇之碎叶非天山以北、热海之侧的碎叶城,乃另一碎叶镇,在焉耆都督府境内。这一假定的根据如下:

《新唐书》卷42(下)《地理志》"羁縻州四镇都督府"云:

　　焉耆都督府　贞观十八年灭焉耆置。有碎叶城,调露元年都护王方翼筑,四面十二门,为屈曲隐出伏没之状云。

《资治通鉴》卷202唐高宗调露元年秋,裴行俭送波斯王,囚阿史那都支、李遮匐一段,有言曰:

　　留王方翼于安西,使筑碎叶城(碎叶城,焉耆都督府治所也。

方翼筑四面十二门,为屈曲隐出伏没之状)。

永兴按,上引史料中王方翼筑碎叶城,应为张说撰裴行俭神道碑中立碑碎叶之地。

《张说之文集》卷14《赠太尉裴公神道碑》略云:

仪凤二(按,应作"四")年,十姓可汗匐延都支、李遮匐潜构犬戎,傲扰西域,朝廷凭怒,将行人讨。公进议曰:敬玄败绩于茅戎,审礼免胄而入狄,岂可绝域更勤王师。今波斯王亡,侍子在此,若命使册立,即路由二蕃,便宜取之,是成禽也。高祖(宗)善其计,诏公以名册送波斯兼安抚大食。公往莅遗爱洽于人心,是行也,百城故老,望尘而雅拜;四镇酋渠,连营而谄酒。一言召蕃,万骑云集。公乃解严以反谍,托猎以训旅。误之多方,闻其无备。裹粮十日,执都支于帐前;破竹一呼,钳遮匐于麾下。华戎相庆,立碑碎叶。

这次裴行俭、王方翼西征,执阿史那都支及李遮匐,并立碑碎叶,筑碎叶城。值得注意的是,此次西行路线和战役所在的地区。裴行俭、王方翼的出发地点为西州,从西州西行有两条路,按伯2009号《西州图经残卷》云:

32.　白水涧道

33.　右道出交河县界,西北向处月已西诸蕃,

34.　足水草,通车马。

35.　银山道

36.　右道出天山县界,西南向焉耆国七百里,

37.　多沙碛卤,唯近烽足水草,通车马行。

这两条路,《新唐书·地理志》都记载较详。

《新唐书》卷40《地理志》"陇右道"云:

西州交河郡　自州西南有南平、安昌两城,百二十里至天山西南入谷,经礌石碛,二百二十里至银山碛,又四十里至焉耆界吕光馆。又经盘石百里,有张三城守捉。又西南百四十五里经新城馆,渡淡河,至焉耆镇城。

此即《西州图经》所载之银山道,各地里距相加约六百余里。据严耕望著《唐代交通图考》第二卷河陇碛西区图九唐代瓜、沙、伊、西、安西、北庭交通图,由西州交河县至庭州轮台县之路为白水涧道。上引《新唐书·地理志》记载自轮台至热海之侧的碎叶城颇详。兹移录如下:

> 又百里至轮台县,又百五十里有张堡城守捉,又渡里移得建河,七十里有乌宰守捉,又渡白杨河,七十里有清镇军城,又渡叶叶河,七十里有叶河守捉,又渡黑水,七十里有黑水守捉,又七十里有东林守捉,又七十里有西林守捉。又经黄草泊、大漠、小碛,渡石漆河,逾车岭,至弓月城,过思浑川、蛰失蜜城,渡伊丽河,一名帝帝河,至碎叶界。又西行千里至碎叶城。

《新唐书·地理志》中里距不全,估计,自轮台至碎叶约二千里,加上自轮台至交河县的里数,则西州至碎叶约二千数百里。

裴行俭、王方翼西行的两条路线:一为约七百里,一为约两千数百里。至于此次战役所在地区,《旧唐书》卷84《裴行俭传》云:"仪凤四年,十姓可汗阿史那匐延都支及李遮匐扇动蕃落,侵逼安西,连和吐蕃,议者欲发兵讨之。"《新唐书》卷108《裴行俭传》云:"仪凤二(永兴按,应作'四')年,十姓可汗阿史那都支及李遮匐诱蕃落以动安西,与吐蕃连和,朝廷欲讨之。"《资治通鉴》卷202"唐高宗调露元年"云:"初,西突厥十姓可汗阿史那都支及其别帅李遮匐与吐蕃连和,侵逼安西,朝议欲发兵讨之。"据"与吐蕃连和,侵逼安西",此次战役所在地区,应距安西不甚远之处。按《资治通鉴》卷199"唐太宗贞观二十二年十月"条记载阿史那社尔进攻龟兹的路线是:"阿史那社尔既破处月、处密,引兵自焉耆之西趋龟兹北境,分兵为五道,出其不意,焉耆王薛婆阿那支弃城奔龟兹,保其东境。"阿史那都支、李遮匐侵逼龟兹也可能走这条路线,即"自焉耆之西趋龟兹北境"。裴行俭、王方翼率领的万余蕃汉大军"去都支部落十余里"之处,可能即在焉耆境内,在焉耆与龟兹之间。以十日快速行军约七百里,这是合理的。我推测,阿史那都支"猝闻军至,计无所出,帅其子弟迎谒,遂擒之"之处即是碎叶城。因此,"因传其契箭,悉召诸部酋长,执送碎叶城"(见《资治通鉴》卷202)

·欧·亚·历·史·文·化·文·库·

也。"诸部酋长",乃阿史那都支可以控制的西突厥残余部落,并非胡注所云左五咄陆部及右五努失毕部也。

回顾上文所说裴行俭、王方翼西行路线,和执阿史那都支、李遮匐所在地区两个问题,经过分析考辨,这两个问题可以解决:裴行俭、王方翼是沿着银山道,从西州到焉耆境内进军,此一也。执阿史那都支、李遮匐战役所在地区,在焉耆境内,在焉耆城与龟兹之间,此二也。这两者是互相关联的。裴、王不可能沿白水涧道以及从轮台至热海地区进军,十日不可能行进二千余里也。由此可推定:擒阿史那都支、李遮匐战役所在地区不可能是包括碎叶城的热海地区。

基于以上论述,《新唐书·地理志》羁縻州所说的王方翼筑碎叶城在焉耆境内以及《通鉴》胡注所说的王方翼筑碎叶城在焉耆境内,是可信的。根据这一论断,从贞观二十三年到天宝十四载的安西四镇,其中九十四年为:龟兹、于阗、疏勒、碎叶,此碎叶在天山以南焉耆境内,非天山以北热海地区之四镇也;其中十二年为:龟兹、于阗、疏勒、焉耆,因碎叶城在焉耆境内,就地区而言,以焉耆代碎叶,是可以理解的。至于《唐六典》、《通典》诸书所载四镇,均为:龟兹、于阗、疏勒、焉耆,乃就四个都督府而言,碎叶城属于焉耆都督府,故不称碎叶而称焉耆。

以上是我的设想与推论,只是为了进一步解决问题,提供史料和意见,非确论也,请读者教之。

5　论唐代前期陇右节度

5.1　陇右节度设置的时间

《资治通鉴》卷211"唐玄宗开元二年"云：

> [十二月]甲子,置陇右节度大使,须嗣鄯、奉、河、渭、兰、临、武、洮、岷、郭、叠、宕十二州,("须"当作"领","嗣"字衍。"奉"当作"秦","郭"当作"廓"。)

《新唐书》卷67《方镇表》"陇右栏"云：

> [开元五年]置陇右节度,亦曰陇西节度,兼陇右道经略大使,领秦、河、渭、鄯、兰、临、武、洮、岷、廓、叠、宕十二州,治鄯州。

《唐会要》78《节度使》云：

> 陇右节度使,开元元年十二月,鄯州都督阳(永兴按,应作"杨")矩除陇右节度,自此始有节度之号。

据上引,《通鉴》载陇右节度设置的时间为开元二年十二月甲子(十一日),《新唐书·方镇表》载陇右节度设置的时间为开元五年,《唐会要》载陇右节度设置的时间为开元元年十二月。三种意见不同,何者为是?兹考订如下。

《新唐书》卷216(上)《吐蕃传》略云：

> [金城]公主至吐蕃,自筑城以居,拜(杨)矩鄯州都督。吐蕃外虽和而阴衔怒,即厚饷矩,请河西九曲为公主汤沐,矩表与其地。九曲者,水甘草良,宜畜牧,近与唐接。自是虏益张雄,易入寇(永兴按,《通鉴》置此事于唐睿宗景云元年末)。
>
> 玄宗开元二年,(吐蕃)坌达延将兵十万寇临洮,入攻兰、渭,掠监马。杨矩惧,自杀。有诏薛讷为陇右防御使,与王晙等并力击(永兴按,《通鉴》置杨矩自杀事于开元二年八月辛巳,置薛讷为陇

·欧·亚·历·史·文·化·文·库·

右防御使于此前,即八月乙亥。并云"以右骁卫将军郭知运为副
使")。

杨矩以河西九曲与吐蕃事,《旧唐书》卷216《吐蕃传》略同,杨矩的官
职,新、旧《唐书·吐蕃传》及《通鉴》均作鄯州都督。杨矩惧罪自杀时,
新、旧传均未书其官职,因杨矩仍任鄯州都督也。《通鉴》则书杨矩为
鄯州都督。如从《会要》,杨矩于开元元年十二月已任陇右节度使,则
开元二年八月他自杀时不可能不书他的新职衔。特别值得注意的是,
杨矩自杀后,开元二年八月乙亥朝廷任命陇右地区的军事长官薛讷,
其官衔为陇右防御使,而非陇右节度使,因尚未设置陇右节度使也。据
此分析,《唐会要》载陇右节度的设置始于开元元年十二月杨矩除陇右
节度使,误。

《册府元龟》卷358《将帅部·立功》云:

> 郭知运为伊吾军使。开元二年,副郭虔瓘破突厥于北庭,以功
> 封介休县公,擢拜右武卫将军。其年秋,吐蕃入寇,知运与薛讷、王
> 晙等掎角击败之,拜知运鄯州都督、陇右诸军节度大使。

《册元龟府》所云,可证《通鉴》载开元二年十二月设置陇右节度之正
确。《册府元龟》"其年秋,吐蕃入寇"云云,《旧唐书》卷103《郭知运
传》则云:

> 其秋(开元二年秋),吐蕃入寇陇右,掠监牧马而去,诏知运率
> 众击之。知运与薛讷、王晙等掎角击败之,拜知运鄯州都督、陇右
> 诸军节度大使。

《新唐书》卷133《郭知运传》亦言知运因击败吐蕃有功,"徙陇右诸军
节度大使,鄯州都督。"《册府元龟》、《旧唐书·郭知运传》、《新唐书·
郭知运传》均可证明温公之说确切无疑。其次,《通鉴》纪事有可为治
史之人之师法者,即时间准确。按《通鉴》卷211云:

> [开元二年八月]乙亥(二十日),吐蕃将坌达延、乞力徐帅众
> 十万寇临洮,军兰州,至于渭源,掠取牧马;命薛讷白衣摄左羽林将
> 军,为陇右防御使,以右骁卫将军常乐郭知运为副使,与太仆少卿
> 王晙帅兵击之。

此段记述为吐蕃入寇、唐命将兴师也。

《通鉴》又略云：

> 冬十月,吐蕃复寇渭源。甲子(十日),薛讷与吐蕃战于武街,大破之。时太仆少卿陇右群牧使王晙帅所部二千人与讷会击吐蕃。垒达延将吐蕃兵十万屯大来谷,晙选勇士七百,衣胡服,夜袭之,多置鼓角于其后五里,前军遇敌大呼,后人鸣鼓角以应之。虏以为大军至,惊惧,自相杀伤,死者万计。讷时在武街,去大来谷二十里,虏军塞其中间;晙复夜出袭之,虏大溃,始得与讷军合。追奔至洮水,复战于长城堡,又败之,前后杀获数万人。丰安军使王海宾战死。

此段记述唐军与吐蕃的战斗过程,唐获得了胜利。自十月十日起,应有相当的时间,可推知也。以下《通鉴》记述:"(十二月)甲子(十一日),置陇右节度大使。"并"以陇右防御副使郭知运为之"。盖酬功命官也。自开元二年八月二十日与师命将至十二月十一日战争胜利结束,酬功命官,四个月中之史实、时间均明确并条理清晰,千载后之读者犹历历在目。陈寅恪先生云:"而《资治通鉴》一书,尤为空前杰作。"考陇右节度设置之时间,应以《通鉴》为依据。

吴廷燮《唐方镇年表》,据《唐会要》以陇右节度设置于开元元年十二月,一时疏失致误。吴氏《唐方镇年表》中的其他疏误,在本文最后部分详考。

《新唐书·方镇表》置陇右节度设置于开元五年,就我所掌握的史料而言,似无依据,可能传抄传刻致误。暂置于此,留待详考。

5.2 陇右节度领州及其地理形势

本篇开端引《通鉴》及《新唐书·方镇表》,陇右节度始置使领州十二:鄯、秦、河、渭、兰、临、武、洮、岷、廓、叠、宕,几乎是陇右道的全部。陇右节度辖区之秦州、渭州、兰州北与关内道邻接,秦州、成州、武州东与山南西道邻接,武州、宕州东南与剑南道邻接,兰州、鄯州西及西北与河西道邻接。陇右节度辖区唯南边与外蕃即吐蕃接壤,唐与吐蕃之间居处党项及吐谷浑,亦即叠州、洮州、河州、廓州、鄯州南与党项、吐谷浑邻接。"陇右节度备御吐蕃"(见《通鉴》卷215"唐玄宗天宝元年"),则党项、吐谷浑的居处地以及二者与唐的关系颇为重要,应简略论之。

吐谷浑的居处地,史籍记述较明确;吐谷浑与唐的关系,我在上篇《论唐代前期河西节度》中稍详言之,此不赘述。

《通典》、《唐会要》、两《唐书》关于党项居处地的记载极简略,《太平环宇记》的记载稍详,兹移录如下,并略加考订。

《太平环宇记》卷184《党项》略云:

> 党项羌。在古析支之地,汉西羌之别种。魏晋已降,西羌微弱,周灭宕昌、邓至之后,党项始强,南杂春桑、迷桑等羌,北连吐谷浑。唐贞观五年,诏遣使开其河曲地为六十州,内附者三十万口。有羌酋拓拔赤辞者,甚为浑主伏允所昵,与之结婚,屡抗官军;后与诸首领归款,列其地为懿、嵯、麟、可等三十二州,以松州为都督府,羁縻存抚之;拜赤辞为西戎州都督,赐姓李氏。自是从河首积石山以来,并为中国之境。后吐蕃强盛,拓拔氏渐为所逼,遂请内徙,始移部落于庆州,因置静边等州以处之。故地陷于吐蕃,其处者为其役,吐蕃谓之弭药。

据上引并参考《新唐书》卷43(下)《地理志》羁縻州,河西九曲地区是党项居住区的北部,北邻吐谷浑,东北邻鄯州、廓州、河州、洮州。党项居住区的南部,东北邻叠州,东邻剑南道,即《太平环宇记》所载松州都督府所属的懿、嵯、麟、可等三十二州。谭其骧先生主编的《中国历史地图集》第五册陇右道东部及剑南道北部两图中的党项居住区近似实际情况,请读者参看。

《新唐书》卷43(下)《地理志》"羁縻州关内道"云:

> 党项州五十一,府十五(贞观三年,酋长细封步赖内附,其后诸姓酋长相率亦内附,皆列其地置州县,隶松州都督府。五年,又开其地置州十六,县四十七;又以拓拔赤词部置州三十二。乾封二年,以吐蕃入寇,废都、流、厥、调、湊、般、匐、器、迩、锽、率、差等十

二州,咸亨二年又废蚕、黎二州)。

《新唐书·地理志》此段记载颇重要,较明确完整地记述了唐前期党项内附的前后顺序以及羁縻州废弃的情况。贞观三年细封步赖内附事又见于《通鉴》卷193"唐太宗贞观三年"。其文云:

党项酋长细封步赖来降,以其地为轨州。

永兴按,《新唐书》卷34(下)《地理志》"羁縻州陇右道"云:

轨州都督府(贞观二年,以细封步赖部置。县四:玉城、金原、俄彻、通川)。

《新唐书·地理志》"二年"恐是"三年"之误。河西九曲的开拓在其后,即贞观五年。《新唐书·地理志》云"置州十六",《太平环宇记》"开其河曲地为六十州",恐误,似应从《新唐书·地理志》作"置州十六"。《新唐书·地理志》载党项州中贞观五年置者有岩、麟、阔、直、肆共五州。《新唐书·地理志》云"又以拓拔赤词部置州三十二",拓拔赤词即《太平环宇记》之"拓拔赤辞",他屡抗官军应在贞观五年唐开拓河西九曲之时,则拓拔赤词部之三十二州似亦在九曲区域。乾封二年废都、流等十二州亦见于《通鉴》记载。按《通鉴》卷201"唐高宗乾封二年"云:

[二月辛丑],生羌十二州为吐蕃所破,三月戊寅,悉罢之。

综上所述,可知党项居处地介于唐陇右与吐蕃之间,因而在贞观至乾封之间,唐朝南下吐蕃北来,争夺党项。在陇右节度设置之后,唐与吐蕃都更为强大,争夺必更激烈,地理形势使然也。此为陇右节度地理形势之一。

其次,陇右节度的地理形势使它成为唐全国军事部署之西北军事格局的一部分。唐都长安,实行关中本位政策,国家的心脏在关陇,因而以极大的军事力量保卫之。西北军事格局是全国军事部署的主要部分,其构成为:(1)治所在凉州的河西节度,它是西北军事格局的中心。自此稍偏东北向为:(2)治所在灵州的朔方节度;自此西南向为:(3)治所在鄯州的陇右节度。河西、朔方、陇右三节度联结拱卫首都长安。自河西节度西北向为:(4)治所在庭州的北庭节度,自河西节度西向为：(5)治所在龟兹的安西四镇节度。兹绘唐代前期西北军事格局示意图如下：

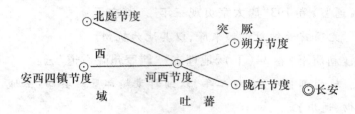

图 5.1 唐代前期西北军事格局示意图

陇右节度与河西节度、朔方节度连接拱卫大唐帝国首都长安，此陇右节度地理形势之二也。

5.3 陇右节度辖军

《通鉴》卷 215"唐玄宗天宝元年"云：

> 陇右节度备御吐蕃，统临洮、河源、白水、安人、振威、威戎、漠门、宁塞、积石、镇西十军，绥和、合川、平夷三守捉，屯鄯、廓、洮、河之境，治鄯州，兵七万五千人。

《通典》卷 172《州郡二》、《元和郡县图志》卷 39"陇右道鄯州"、《旧唐书》卷 38《地理志》同，兹一一考订如下：

5.3.1 临洮军

上引《通鉴》胡注云：

> 临洮军在鄯州城内，兵万五千人（永兴按，《旧唐书·地理志》同）。

《元和郡县图志》卷 39"陇右道鄯州"云：

> 临洮军，开元中移就节度衙置，管兵五万五千人。

永兴按，《新唐书》卷 40《地理志》"陇右道"云：

> 临州狄道郡，下都督府。天宝三载析金城郡之狄道县置。县二。有临洮军，久视元年置，宝应元年没吐蕃。

《元和郡县图志》卷39"陇右道"云：

> 临州,狄道,下府。天宝初,割兰州狄道县又别置安乐县,置临
> 州。州郭旧有临洮军,久视元年置,宝应元年陷于西蕃。

《唐会要》卷78《节度使》云：

> 临洮军,置在狄道县,开元七年移洮州县,就此军焉。

上述史料,文字简略,可能有脱漏,文义难解。故做如下解释。《元和郡县图志》之"州郭旧有临洮军","州郭"当指临州州郭;"旧有"当指狄道县所有,因临州乃以兰州金城郡之狄道县所置也,亦即《唐会要》所云"临洮军,置在狄道县"。上述解释是开元二十七年前的情况。但《唐会要》卷71《州县改置》"陇右道"云：

> 洮州,开元二十七年四月十六日,废临州为洮州。

《旧唐书》卷40《地理志》"陇右道"云：

> 洮州下　隋临洮郡。武德二年,置洮州,贞观五年,移州治于
> 洪和城,后复移还洮阳城,今州治也。永徽元年,置都督府。开元
> 十七年废,并入岷州临潭县,置临州。二十七年,又改为洮州。

《新唐书》卷40《地理志》"陇右道"云：

> 洮州临洮郡,下。本治美相,贞观八年徙治临潭。开元十七年
> 州废,以县隶岷州,二十年复置,更名临州。二十七年复故名。

永兴按,"复故名",即《旧唐书·地理志》云"改为洮州"也。《元和郡县图志》卷39"陇右道洮州"略云：

> 永徽元年置都督府,开元十七年废入岷州。二十年于临潭又
> 置临州,二十七年又改为洮州。

以上四地理书所云基本一致,即开元十七年废洮州置岷州,开元二十年更名临州,二十七年又复洮州旧名。州名几经改易,属县也有变化,关键在于狄道县。《唐会要》云:"临洮军,置在狄道县",《新唐书·地理志》及《元和郡县图志》均云:天宝初,割兰州狄道县置临州。天宝初不确,分兰州之狄道县为临州则是事实也。开元二十七年,临州复名为洮州,则置在狄道县之临洮军亦随之隶洮州。上引《元和郡县图志》所云:临洮军"开元中移就节度衙置","移就"即自洮州移于鄯州城内也。

203

开元中,不确,应作开元末。

关于临洮军的史料不少,但多有疏漏讹误,难于详悉考订,暂作结论如上。

5.3.2 河源军

上引《通鉴》胡注云:河源军在鄯州西百三十里,兵四千人。《旧唐书》卷38《地理志》同,"百三十里"作"百二十里"。

《元和郡县图志》卷39"陇右道鄯州"云:

> 河源军,州西一百二十里,仪凤三年中郎将李乙支置,管兵一万四千人。

《通典》卷172《州郡二》云:

> 河源军,西平郡西百二十里,仪凤二年李乙夫置,管兵万四千人。

上引《旧唐书·地理志》、《元和郡县图志》、《通典》均云河源军在鄯州西一百二十里,《通鉴》胡注作一百三十里,恐误。置军时间,《元和郡县图志》及《通典》均为唐高宗仪凤二年,从之。李乙支,或为李乙夫,殊难考定。按《通鉴》卷202"唐高宗仪凤二年"略云:

> 五月,吐蕃寇扶州之临河镇。

> 冬十二月乙卯,诏大发兵讨吐蕃。

鄯州临黄河九曲,乃征伐吐蕃之军事据点,在大发兵讨吐蕃之际,在其境内置河源军,乃事理之常也。按《新唐书》卷40《地理志》"陇右道鄯州"略云:

> 鄯城,中,仪凤三年置,有河源军。

《唐会要》卷71《州县改置(下)》"陇右道"云:

> 鄯州,鄯城县,仪凤二年置。

《元和郡县图志》卷39"陇右道鄯州"云:

> 鄯城县,仪凤二年分湟水县置。

按《旧唐书》卷40《地理志》陇右道鄯城县作仪凤三年置。但《太平寰宇记》卷151《陇右道》云:

> 鄯州,西平郡。

鄯城县(西一百二十里,元四乡),本汉西平郡也,后汉末陷羌,故此郡废。仪凤二年,奋有河湟之地,因立鄯城县,取郡以名邑。

记述鄯城县之设置较详,可为置县在仪凤二年之依据。以上鄯城县设置之时间有仪凤三年及二年两种意见,暂从二年之说。鄯城县与河源军同年设置,或县城即军城也。

据上引《元和郡县图志》,河源军乃李乙支(《通典》作李乙夫)所置,李乙支之名不见于两《唐书》。"乙支"或"乙夫"不类汉名。按《新唐书》卷221(上)《党项传》略云:

有拓拔赤辞者,李靖击吐谷浑,赤辞屯狼道峡抗王师,赤辞从子思头潜纳款,其下拓拔细豆亦降。赤辞即与思头俱内属,擢赤辞西戎州都督,赐氏李,贡职遂不绝。于是自河首积石山而东,皆为中国地。

我推测置河源军的李乙支即拓拔乙支,乃贞观初年拓拔赤辞的后代,拓拔赤辞赐姓李,则其后亦均姓李,"乙支"则是党项原名。李乙支应是党项部落首领,率其部落内附,被擢为中郎将,值唐发兵征伐吐蕃之际,以其部落为主置河源军。据此推测,河源军乃党项人或以党项人为主组成的军队。

河源军的兵数,《旧唐书·地理志》及《通鉴》胡注为四千人,《元和郡县图志》及《通典》则为一万四千人,何者为是?按陇右总兵数为七万五千人(《旧唐书·地理志》作七万,误),辖十军三守捉,所管兵数按河源军以一万四千人计共为七万五千人。《旧唐书·地理志》及《通典》胡注作四千人,误。又镇西军,《旧唐书·地理志》及《通鉴》胡注作兵一万一千人,《通典》作一万三千人,以河源军总兵数核对,均误,应从《元和郡县图志》作一万二千人。

5.3.3 白水军

上引《通鉴》胡注云:

白水军在鄯州西北二百三十里,兵四千人。

《旧唐书》卷38《地理志》同。

《元和郡县图志》卷39"陇右道鄯州"云：

> 白水军，州西北二百三十里。开元五年，郭知运置。管兵四
> 千人。

《通典》卷272《州郡二》同。按《新唐书》卷40《地理志》"陇右道"云：

> 鄯城，西六十里有临蕃城，又西六十里有白水军。

据《元和郡县图志》卷39"陇右道鄯州"云：鄯城县在州西一百二十里，则白水军在州西二百四十里，与上引四书大致相同。关于置军时间，《通典》及《元和郡县图志》均云开元五年郭知运置。按《通鉴》卷211"唐玄宗开元五年"云：

> ［七月］壬寅（五日），陇右节度使郭知运大破吐蕃于九曲。

置白水军应与此次战争有关。又按《新唐书》卷216（上）《吐蕃传》略云：

> 吐蕃又遣使者上书言："往者疆场自白水皆为闲壤，昨郭将军
> 屯兵而城之，故甥亦城。"

《新唐书》卷5《玄宗纪》云：

> ［开元五年］七月壬寅，陇右节度使郭知运及吐蕃战，败之。

同上书又云：

> ［开元七年］六月戊辰，吐蕃请和。

上引《新唐书·吐蕃传》之"遣使者上书"即吐蕃请和之事，在开元七年六月；"昨郭将军屯兵而城之"即郭知运于开元五年筑白水城，凡此均可证明郭知运于开元五年七月战败吐蕃并筑白水城。但《旧唐书》卷103《郭知运传》云：

> ［开元六年］，知运又率兵入讨吐蕃，贼徒无备，遂掩至九曲，
> 获锁甲及马、犛牛等数万计。

《新唐书》卷133《郭知运传》与《旧唐书·郭知运传》同，又云："开元五年，大破吐蕃。"似开元五年、六年，唐连续两年与吐蕃战，据《新唐书·吐蕃传》，在郭知运筑白水城之前，唐与吐蕃于开元二年在武街大来谷激战，《通鉴》卷211"开元二年"详记此次战役。司马温公记述史事极为精审，恐《旧唐书·郭知运传》、《新唐书·郭知运传》系郭知运掩至

九曲之战在开元六年,不确;应从《通鉴》作开元五年,而白水军城亦在开元五年也。

5.3.4 安人军

上引《通鉴》胡注云:

> 安人军在鄯州界星宿川西,兵万人。

《旧唐书》卷38《地理志》同。

《元和郡县图志》卷39"陇右道鄯州"云:

> 安人军,河源军西一百二十里星宿川,开元七年郭知运置。管兵万人。

《通典》卷172《州郡二》云:

> 安人军,西平郡星宿川西,开元七年置,管兵万人。

《唐会要》卷78《节度使》云:

> 安人军,置在星宿川,鄯州西北界,开元七年三月置。

《新唐书》卷40《地理志》略云:

> 鄯州西平郡,星宿川西有安人军。

以上六书所记安人军的位置大致相同,但文字简略,易致误解,应加阐释。《唐会要》云:安人军在鄯州西北界,则安人军在鄯州治所亦即临洮军所在之西北方,相距二百四十里(据《元和郡县图志》)。《元和郡县图志》、《唐会要》均云安人军在星宿川,《通典》、《旧唐书·地理志》、《新唐书·地理志》、《通鉴》胡注均云安人军在星宿川西。二者似乎不同,实际上是相同的。"星宿川西",星宿川之西端或西部也,仍在星宿川;并非安人军与星宿川毗邻,星宿川在东而安人军在西也。暂作如上解释,仍俟详考。

谭其骧先生主编的《中国历史地图集》第五册唐陇右道东部图置安人军于鄯州州治亦即临洮军之西,可能根据"河源军,州西一百里","安人军,河源军西一百二十里",似亦合理;但置星宿川于不顾,恐不妥。同书吐蕃图置星宿川于吐蕃境即原吐谷浑境,在积石山之南。星宿川是否有二?一在鄯州界内,一在积石山之南?这有待于进一步检索资料。我推测,谭其骧先生可能视星宿川为星宿海,这当然是对的。

·欧·亚·历·史·文·化·文·库·

按《通鉴》卷194"唐太宗贞观九年"记述唐战败吐谷浑的经过,其中一段云:

> 侯君集等进逾星宿川,至柏海,还与李靖军合(《考异》曰:《吐谷浑传》,"柏海"作"柏梁"。今从《实录》。《实录》及《吐谷浑传》,皆云"君集与李靖会与大非川。"按,《十道图》:大非川在青海南,乌海、星宿海、柏海并在其西;且末又再其西极远。据靖已至且末,君集又过乌海、星宿川至柏海,岂得复会于大非川,于事可疑,故不敢著其地。《吐谷浑传》又云:"两军会于大非川,至破逻真谷,大宁王顺乃降。"按《实录》历破逻真谷,又行月余日,乃至星宿川。然则破逻真谷在星宿川甚远矣,岂得返至其处邪!今从《实录》)。

据上引星宿川即是星宿海也。安人军乃星宿川所在地暂参订如上,仍有疑问,留待详考。

安人军设置之人及时间,从上引《元和郡县图志》,即陇右节度使郭知运于开元七年置。

5.3.5 振威军 振武军 神武军

上引《通鉴》胡注云:

> 振威军在鄯州西三百里,兵千人。

《旧唐书》卷38《地理志》同。

《元和郡县图志》卷39"陇右道鄯州"云:

> 振威军,州西三百里,开元中信安王祎置,管兵千人。

《新唐书》卷40《地理志》"陇右道"略云:

> 河州安昌郡,西百余里鹏窠城有振威军,皆天宝十三载置。

《元和郡县图志》卷39"陇右道河州"云:

> 振威军,在天成军西一百余里。天宝十三年,哥舒翰攻吐蕃雕窠城置。

据上引,振威军设置的时间有二:一为开元中,设置人为信安王祎(《元和郡县图志》"陇右道鄯州"条及《通典·州郡二》),一为天宝十三载,设置人为哥舒翰(《元和郡县图志》"陇右道河州"条及《新唐书·地理志》"陇右道河州"条）。何者为是？

《通鉴》卷216"唐玄宗天宝十二载"云：

> 陇右节度使哥舒翰击吐蕃，拔洪济、大漠门等城，悉收九曲部落。

永兴按，《新唐书》卷135《哥舒翰传》亦载此事，其文云：

> 攻破吐蕃洪济、大莫门等城，收黄河九曲，以其地置洮阳郡，筑神策、宛秀军。

唯不著时间。按哥舒翰置振威军当在收复九曲战役的过程中或其前后，故暂从《通鉴》，即天宝十二载哥舒翰筑置振威军也。《元和郡县图志》谓振威军为开元中信安王祎置，误；致误之由为以振武军为振威军也。按《通鉴》卷213"唐玄宗开元十七年"略云：

> ［三月]甲寅，朔方节度使信安王祎攻吐蕃石堡城，拔之。上闻，大悦，更命石堡城曰振武军。

可为佐证。"振威军在鄯州西三百里"（《元和郡县图志》"鄯州"条及《通鉴》胡注）亦误，其致误之由亦为以振武军为振威军。振武军在鄯州西三百里，而振威军则在河州界内。展阅谭其骧《中国历史地图集》，即一目了然，勿庸赘述。

最后必须指出，《通典》卷172《州郡二》记载陇右节度管军九、守捉三三，无振威而有振武，其文云：

> 振武军（西平郡西三百里，开元中信安郡王祎置，兵千人）。

其注文与《元和郡县图志》"鄯州"条完全相同，与《旧唐书·地理志》、《通鉴》胡注基本相同。据此我推测《通鉴》、《旧唐书·地理志》及《元和郡县图志》鄯州之振威军均误，均应为振武军。振威军在陇右节度管辖范围与振武军同且较重要，读书不应无记载。上文考振威军竟，兹考证振武军。上文论述振威军时曾略引《通鉴》对振武军的记载，兹全文移录如下：

《通鉴》卷213"唐玄开元十七年三月"云：

> 甲寅，朔方节度使信安王祎攻吐蕃石堡城，拔之。初，吐蕃陷石堡城，留兵据之，侵扰河右，上命祎与河西、陇右同议攻取。诸将

209

咸以为石堡据险而道远,攻之不克,将无以自还,且宜按兵观衅。祎不听,引兵深入,急攻拔之,乃[章:十二行本"乃"作"仍";乙十一行本同;孔本同,退斋校同]分兵据守要害,令虏不得前。自是河陇诸军游弈,拓境千余里。上闻,大悦,更命石堡城曰振武军。

振武军的重要如此。振武军的前身石堡城,前此曾为吐蕃攻陷,其时间已难考知。石堡城改名振武军为时不久,又陷于吐蕃。按《唐会要》卷78《节度使》云:

> 振武军,置在鄯州鄯城县西界吐蕃铁仞城,亦名石堡城。开元十七年三月二十四日,信安王祎拔之置。四月,改为振武军。二十九年十二月六日,盖嘉运不能守,遂陷吐蕃。天宝八载六月,哥舒翰又拔之。闰六月三日,改为神武军。

按《通鉴》卷214"唐玄宗开元二十九年"云:

> 十二月乙巳,吐蕃屠达化县,陷石堡城;盖嘉运不能御。

《旧唐书》卷196(上)《吐蕃传》、《新唐书》卷216(上)《吐蕃传》同。唐得石堡城并名之为振武军只十二年。天宝六载,唐玄宗曾使董延光攻取石堡城不克。此事涉及唐代名将王忠嗣,且可使读史者受到教育,故不避为文枝蔓之嫌,述论如后。

《通鉴》卷215"唐玄宗天宝六载"云:

> 上欲使王忠嗣攻吐蕃石堡城,忠嗣上言:"石堡险固,吐蕃举国守之,今顿兵其下,非杀数万人不能克;臣恐所得不如所亡,不如且厉兵秣马,俟其有衅,然后取之。"上意不快。将军董延光自请将兵取石堡城,上命忠嗣分兵助之。忠嗣不得已奉诏,而不尽副延光所欲,延光怨之。李光弼言于忠嗣曰:"大夫以爱士卒之故,不欲成延光之功,虽迫于制书,实夺其谋也。何以知之? 今以数万众授之而不立重赏。士卒安肯为之尽力乎! 然此天子意也,彼无功,必归罪于大夫。大夫军府充牣,何爱数万段帛不以杜其谗口乎?"忠嗣曰:"今以数万之众争一城,得之未足以制敌,不得亦无害于国,故忠嗣不欲为之。忠嗣今受责天子,不过以金吾、羽林一将军归宿卫,其次不过黔中上佐(黔中一道皆溪峒蛮、僚杂居,贬谪而

不过岭者处之。上佐,长史、司马也);忠嗣岂以数万人之命易一官乎!李将军,子诚爱我矣,然吾志决矣,子勿复言。"光弼曰:"曏者恐为大夫之累,故不敢不言。今大夫能行古人之事,非光弼所及也。"遂趋出。

《新唐书》卷133《王忠嗣传》、《旧唐书》卷103《王忠嗣传》同。董延光过期不克石堡城,李林甫又从中陷害王忠嗣,将一代名将贬为汉阳太守。"忠嗣岂以数万人之命易一官乎!"千载之后,读其文如见其人,具高尚气节之杰出军事家屹立于天地之间,历千万祀而不朽;"一官",即或是高官乃过眼云烟耳。王忠嗣不愧为为国捐驱的英雄王海宾之子,不愧为卫公李靖第四代传人,卫公固不世出之重气节之伟大军事家也。

王忠嗣贬官后二年,即天宝八载,哥舒翰攻克石堡城。《通鉴》卷216"唐玄宗天宝八载"云:

> 上命陇右节度使哥舒翰帅陇右、河西及突厥阿布思兵,益以朔方、河东兵,凡六万三千人,攻吐蕃石堡城。其城三面险绝,唯一径可上,吐蕃但以数百人守之,多贮粮食,积檑木及石,唐兵前后屡攻之,不能克。翰进攻数日不拔,召裨将高秀严、张守瑜,欲斩之,二人请三日期可克;如期拔之,获吐蕃铁刃悉诺罗等四百人,唐士卒死者数万,果如王忠嗣之言。
>
> 闰月乙丑,以石堡城神武军。

总括此段论述,由于《通鉴》三书载振威军,故首先考订之;同时指出:振威军乃振武军之误也。《通典》载振武军,故简要考订唐与吐蕃争夺石堡城以及振武军、神武军之由来。

5.3.6 威戎军

上引《通鉴》胡注云:

> 威戎军在鄯州西北三百五十里,兵千人。

《旧唐书》卷38《地理志》同。

《元和郡县图志》卷39"陇右道鄯州"云:

> 威戎军,州西三百五十里,开元二十六年杜希望置,管兵千人,马五十四。

《通典》卷 172《州郡二》云：

> 威戎军，西平郡西北三百十里，臣亡父先臣希望开元二十六
> 年置，管兵千人，马五十匹。

《唐会要》卷 78《节度使》云：

> 威戎军，置在鄯州界，开元二十六年五月，杜希望收吐蕃新城，
> 置此军。

《通鉴》卷 214"唐玄宗开元二十六年"云：

> 三月，吐蕃寇河西，节度使崔希逸击破之。鄯州都督、知陇右
> 留后杜希望攻吐蕃新城，拔之，以其地为威戎军（鄯州星宿川西北
> 三百五十里有威戎军。《考异》曰：《旧传》作"威武军"，今从《实
> 录》），置兵一千戍之。

永兴按，《新唐书》卷 40《地理志》"陇右道鄯州"云："西北三百五十里
有威戎军。"与上引《通鉴》胡注同，《通典》亦云：威戎军鄯州西北。方
向应作州西北，里距应为三百五十里。《元和郡县图志》之"州西"下脱
"北"字，《通典》"三百"下脱"五"字。上引《通鉴》胡注称，"鄯州星宿
川西北三百五十里有威戎军"，据前文，星宿川已在鄯州西北若干里
处，威戎军又在星宿川西北三百五十里，与以上诸书均不同，疑胡注有
误。至于置军时间，《新唐书·玄宗纪》、《旧唐书·玄宗纪》及《通鉴》
均在开元二十六年三月，《唐会要》在开元二十六年五月，"五月"应作
"三月"。

5.3.7　漠门军

上引《通鉴》胡注云：

> 漠门军在洮州城内，兵五千五百人。

《旧唐书》卷 38《地理志》同，唯"漠"作"莫"。

《元和郡县图志》卷 39"陇右道鄯州"云：

> 莫门军，洮州城内。仪凤二年置，管兵五千五百人，马二百匹。

《通典》卷 172《州郡（上）》同，《新唐书》卷 40《地理志》洮州亦同。

《唐会要》卷 78《节度使》云：

> 莫门军，置在洮州，仪凤二年置军。开元十七年，洮州移隶临

洮军,百姓隶岷州,置临州。二十七年四月,又改为洮州,今为临洮
军是也。

《唐会要》记事简略,且恐有脱漏,致使文义难解。兹试解释如下:

同上引书又云:

临洮军,置在狄道县,开元七年移洮州县,就此军焉。

即前引文"开元十七年,洮州移隶临洮军"也,亦即《新唐书》卷40《地
理志》"陇右道洮州条"所云"开元十七年州废也"。《唐会要》"七年"
误,应作十七年。前引文"百姓隶岷州,置临州"即《新唐书·地理志》
"以县隶岷州,二十年复置,更名临州"也。前引文"二十七年四月,又
改为洮州"即《新唐书·地理志》之"二十七年复故名也";前引文"今
为临洮军是也",意为洮州既已恢复,亦即是临洮军所在也。

上引《唐会要》自"莫门军"至"仪凤二年置军"为一段,"开元十七
年"以下与漠门军无关,特为指出。

仪凤二年置漠门军与吐蕃侵犯有关,按《通鉴》卷202"唐高宗仪凤
二年"略云:

五月,吐蕃寇扶州之临河镇。

命刘仁轨镇洮河军。冬十二月乙卯,诏大发兵讨吐蕃。

新、旧《唐书·吐蕃传》亦记载自仪凤二年起,唐与吐蕃连年战争,为增
强兵力,故置漠门军也。

自仪凤至开元天宝期间,唐陇右与吐蕃的军事对峙局面未变。莫
门军和其他军镇继续存在。据周绍良编《唐代墓志汇编》长安069录
自《芒洛冢墓遗文四编》卷4之《周故中散大夫上柱国行成州长史张君
墓志铭并序》略云:

大夫讳安,字眕,清河人也。行成州长史,又加中散大夫,行本
任知莫门等五军支度兼检校陇右诸州营田,复领军马救援诸军
事。春秋七十有七,以长安四年七月廿四日卒于履道之私馆。

据此,张安任知漠门军支度当在武后在位之时期;此军后又继续存在
至天宝年间。

213

·欧·亚·历·史·文·化·文·库·

5.3.8 宁塞军、宁边军

上引《通鉴》胡注云：

> 宁塞军在廓州城内,兵五百人。

《旧唐书》卷 39《地理志》同。《元和郡县图志》卷 39 "陇右道鄯州"亦同。

《通典》卷 172《州郡二》云：

> 宁塞军,宁塞郡城内,臣亡父先臣希望开元二十六年置,管兵五百人,马五十匹。

《新唐书》卷 40《地理志》"陇右道"云：

> 廓州宁塞郡。

> 西有宁边军,本宁塞军。

据此,宁边军即宁塞军也。但上引《元和郡县图志》廓州云：

> 宁边军,在积石军西,黄河北。

> 积石军,在州西南一百五十里,仪凤二年置。西临大涧,北枕黄河,即隋浇河郡所理。

据此,积石军在廓州城西南一百五十里,宁边军又在积石军西,则宁边军当在州西超过一百五十里之地。如宁边军即宁塞军,非如《元和郡县图志》等地理书所载在廓州城内也。但三地理书及《通鉴》胡注均谓宁塞军在廓州城内,《通典》并谓此军为杜希望所置,据《通鉴》卷 214 载,开元二十六年杜希望为鄯州都督,知陇右留后,屡与吐蕃战,《通典》及其他三书不应有误。《新唐书·地理志》谓"宁边军,本宁塞军",恐误。

5.3.9 积石军

上引《通鉴》胡注云：

> 积石军在廓州西百八十里,兵七千人。

《旧唐书》卷 38《地理志》同。

《元和郡县图志》卷 39 "陇右道鄯州"云：

> 积石军,廓州西一百八十里,仪凤二年置,管兵七千人,马一百匹。

《通典》卷 172《州郡二》同。《唐会要》卷 78《节度使》云：

> 积石军,置在廓州达化县西界,本吐谷浑之地。贞观三年,吐
> 谷浑叛,置静边镇。仪凤二年,置军额焉。

按《新唐书》卷40《地理志》"陇右道廓州"云:"达化,下,西有积石军,本静边镇,仪凤二年为军。"与《唐会要》同。

上引三地理书及《通鉴》胡注均谓积石军在廓州西一百八十里,唯《元和郡县图志》卷39"陇右道廓州"云:

> 积石军,在州西南一百五十里。

恐不确。仪凤二年置军,诸书均同《唐会要》并记述其由来。按《旧唐书》》卷198《吐谷浑传》云:

> 太宗即位,伏允遣其洛阳公来朝,使未返,大掠鄯州而去。太
> 宗遣使责让之,征伏允入朝,称疾不至。仍为其子尊王求婚,于是
> 责其亲迎以羁縻之。尊王又称疾不肯入朝,有诏停婚,遣中郎将康
> 处直谕以祸福。伏允遣兵寇兰、廓二州。

《旧唐书·吐谷浑传》不言时间,《通鉴》卷194"唐太宗贞观六年三月"记吐谷浑寇兰州,则大掠鄯州在其前,可能即是上引《唐会要》"贞观三年,吐谷浑叛"也。仪凤二年,唐大发兵讨吐蕃(《通鉴》卷202),因而置积石军。

5.3.10 镇西军

上引《通鉴》胡注云:

> 镇西军在河州城内,兵万一千人。

《旧唐书》卷38《地理志》同。

《元和郡县图志》卷39"陇右道鄯州"云:

> 镇西军,河州城内,开元二十六年杜希望置,管兵一万二千人,
> 马三百匹。

《通典》卷172《州郡二》同,唯管兵为一万三千人。《唐会要》卷78《节度使》亦同,唯云"置在河州"。

《元和郡县图志》卷39"陇右道河州"云:

> 镇西军,在州西一百八十里,开元三年,哥舒翰于索恭川置。

中华本《元和郡县图志》校勘记已指出开元三年哥舒翰置镇西军之误,

甚是,但未进一步考订。

《新唐书》卷40《地理志》"陇右道"略云:

> 河州安昌郡,下,本枹罕郡,天宝元年更名。西百八十里有镇
> 西军,开元二十六年置。西八十里索恭川有天成军,西百余里鹏窠
> 城有振威军,皆天宝十三载置。

《元和郡县图志》"鄯州"条与"河州"条前后不一致,《新唐书·地理
志》与《元和郡县图志》"鄯州"条有相同处亦有不同处,应进一步研究。

《通鉴》卷214"唐玄宗开元二十六年"云:

> [七月]杜希望将鄯州之众夺吐蕃河桥,筑盐泉城于河左,吐
> 蕃发兵三万逆战。希望众少不敌,将卒皆惧。左威卫郎将王忠嗣
> 帅所部先犯其陈,所向辟易,杀数百人,虏陈乱。希望纵兵乘之,虏
> 遂失败。置镇西军于盐泉(镇西军在河州西百八十里)。忠嗣以
> 功迁左金吾将军。

《旧唐书》卷196(上)《吐蕃传》云:

> 其年(开元二十六年)七月,(杜)希望又从鄯州发兵夺吐蕃河
> 桥,于河左筑盐泉城。吐蕃将兵三万人以拒官军,希望引众击破
> 之,因于盐泉城置镇西军。

按《新唐书》卷216(上)《吐蕃传》云:"(杜)希望发鄯州兵夺虏河桥,并
河筑盐泉城,号镇西军,破吐蕃兵三万。"《新唐书·吐蕃传》简略,结合
《旧唐书·吐蕃传》,可为《通鉴》参证。《通鉴》关于镇西军纪事,时
间、空间、人事俱完备明确,置军时间为开元二十六年七月,置军之地为
河州西一百八十里之盐泉,置军之人为杜希望。以《通鉴》纪事校以上
诸书:

《通鉴》胡注"镇西军在河州城内",误,并缺置军之人及时间。

《旧唐书·地理志》之误及缺同《通鉴》胡注。

《元和郡县图志》"鄯州"条谓镇西军在河州城内,误。同书"河
州"条谓镇西军在河州西一百八十里,是,但缺所在地。置军之人及时
间均误。

《通典》谓镇西军在安乡郡城内,误。

《新唐书·地理志》缺镇西军设置之人及该军所在地。

5.3.11　绥和守捉

上引《通鉴》胡注云：

绥和守捉在鄯州西南二百五十里，兵千人。

《旧唐书》卷38《地理志》同。

《元和郡县图志》卷39"陇右道鄯州"云：

绥和守捉，州西南二百五十里。开元二年郭知运置，管兵千人，今分为五百人。

《通典》卷172《州郡二》同，唯"二百五十里"作"二百三十里"。《新唐书》卷40《地理志》"陇右道鄯州"云："西南二百五十里有绥和守捉城。"上引五书，唯《通典》作二百三十里，"三"应作"五"。

据《通鉴》卷211，开元二年十二月甲子置陇右节度，郭知运任节度大使。陇右节度之设置为防御吐蕃，在鄯州西南接近九曲之地置绥和守捉，乃必有之事也。

5.3.12　合川守捉

上引《通鉴》胡注云：

合川守捉在鄯州南百八十里，兵千人。

《旧唐书》卷38《地理志》同。

《元和郡县图志》卷39"陇右道鄯州"云：

合川郡守捉，州南一百八十里，贞观中侯君集置，管兵千人。合川郡，今叠州。

《通典》卷172《州郡二》云：

合川郡界守捉，西平郡南百八十里，贞观中侯君集置，管兵千人。

首先解释此守捉之名，《通鉴》及《旧唐书·地理志》均作合川守捉。《新唐书》卷40《地理志》陇右道鄯州云："南百八十里有合川守捉城。"与《通鉴》、《旧唐书·地理志》同，里距亦同，均在鄯州南界之内（据《元和郡县图志》卷39，鄯州州境南北二百一十五里，合川守捉在州城南一百八十里，近于州南界）。合川守捉为贞观中侯君集所置，按《通鉴》卷194"唐太宗贞观八年"略云：

> ［十一月］丁亥,吐谷浑寇凉州。乙丑,下诏大举讨吐谷浑。
> 十二月辛丑,以(李)靖为西海道行军大总管,节度诸军。兵部尚
> 书侯君集为积石道(行军总管)。

同书"贞观九年"略云：

> 李靖督诸军经积石山河源,至且末,穷其西境。侯君集等进逾
> 星宿川,至柏海,还与李靖军合。

永兴按,据谭其骧《中国历史地图集》第五册唐陇右道东部图及吐蕃图,贞观八年、九年唐伐吐谷浑,侯君集率兵征战经历之乌海、星宿川、柏海(见上引《资治通鉴考异》)皆在鄯州及九曲之西南,相距不远,而叠州合川郡则在鄯州之东南甚远。叠州合川郡与侯君集行军经历之处相距甚远,不可能在叠州合川郡设守捉城,可断言鄯州西南一百八十里之合川守捉,与叠州合川郡无关。《元和郡县图志》之"合川郡守捉",应删"郡"字,"合川郡,今叠州",亦衍文也。《通典》之"合川郡界守捉","郡界"亦衍文,应删。"合川"一名之由来,当俟再考。

5.3.13 平夷守捉

上引《通鉴》胡注云：

> 平夷守捉在河州西南四十里,兵三千人。

《旧唐书》卷38《地理志》同。

《元和郡县图志》卷39"陇右道鄯州"云：

> 平夷守捉,河州城西南四十余里。开元二年郭知运置。管兵
> 三千人。

《通典》卷172《州郡二》同。诸书对平夷守捉的记载一致,即开元二年郭知运于河州西南四十里处置平夷守捉。

据《通鉴》、《旧唐书·地理志》、《元和郡县图志》、《通典》所载陇右节度辖十军三守捉。其总兵数,《通鉴》、《元和郡县图志》、《通典》均为七万五千人,《旧唐书·地理志》为七万人,每军每守捉管兵数,四书相同者为：

(1)白水军 兵四千

（2）安人军　兵一万

（3）振武军　兵一千

（4）漠门军　兵五千五百

（5）宁塞军　兵五百

（6）积石军　兵七千

（7）威戎军　兵一千

（8）绥和守捉　兵一千

（9）合川守捉　兵一千

（10）平夷守捉　兵三千

七军三守捉总兵数为三万二千人。其不同者：

临洮军：《通鉴》、《旧唐书·地理志》、《通典》为一万五千人，《元和郡县图志》为五万五千人；

河源军：《通鉴》、《旧唐书·地理志》为四千人，《元和郡县图志》为一万二千人；

镇西军：《通鉴》、《旧唐书·地理志》为一万一千人，《元和郡县图志》为一万二千人，《通典》为一万三千人。

如陇右节度之总兵数为七万五千人，则临洮军管兵应为一万五千人，《元和郡县图志》之五万五千人，误；河源军管兵应为一万四千人，《通鉴》、《旧唐书·地理志》之四千人，误；镇西军应为管兵一万四千人，如此，总兵数为七万五千人；《通鉴》、《旧唐书·地理志》之一万一千人，《元和郡县图志》之一万二千人，《通典》之一万三千人，均误。今日计算千载前的数字，殊难十分准确，上列统计分析，求其近于真实而已。

《通典》、《元和郡县图志》载陇右节度有马总数一万六百匹，《旧唐书·地理志》为六百匹，可能脱漏"一万"二字。《通鉴》未载总马数。守捉无马，可能失载。十军各自有马数，诸书有同者、有不同者。兹分别排列如下：

四书共同者有五军：

白水军　马五百匹

威戎军　马五百匹

漠门军　马二百匹

镇西军　马三百匹

宁塞军　马五十匹

《通鉴》、《旧唐书·地理志》、《通典》共同者有：

河源军　马六百五十匹　（《元和郡县图志》为六百五十三匹）

《旧唐书·地理志》、《元和郡县图志》、《通典》共同者有：

安人军　马三百五十匹（《通鉴》为二百五十匹）

《通鉴》、《旧唐书·地理志》共同者有：

临洮军　马八千匹　（《元和郡县图志》、《通典》为八千四百匹）

《通鉴》、《旧唐书·地理志》共同者有：

积石军　马三百匹（《元和郡县图志》、《通典》为一百匹）

《旧唐书·地理志》记载者有：

振威军　马五匹（永兴按："五匹"恐误）

千载前的数字，殊难十分准确，上列统计分析供读者参考。

开天时期之陇右节度，其所统军不止上述十节度三守捉。今就《元和郡县图志》、《新唐书·地理志》、《唐六典》所载者，约略附记如下：

《元和郡县图志》卷39"陇右道"云：

廓州　宁塞

宁边军，在积石军西，黄河北。

威胜军，在积石军西八十里宛肃城。

金天军，在积石军西南一百四十里洪济桥。

武宁军，在洪济桥东南八十里百谷城。

曜武军，在州南二百里黑峡川。

右宁边等五军，并天宝十三载哥舒翰奏置。

洮州　临洮

神策军，在州西八十里，天宝十三年哥舒翰置，在洮河南岸。

按《新唐书》卷40《地理志》"陇右道"云：

廓州宁塞郡

西有宁边军，本宁塞军。

按宁塞军，上文已有考订，宁边军与宁塞军不同也。《新唐书·地理志》又云：

西八十里宛秀城有威胜军。

宛秀城即《元和郡县图志》之宛肃城，里距方位亦均同。《新唐书·地理志》又云：

西南百四十里洪济桥有金天军。

按《元和郡县图志》谓金天军在积石军西南一百四十里之洪济桥。积石军又在廓州城西南，《新唐书·地理志》记述笼统，似在廓州城西南一百四十里，非是；应从《元和郡县图志》。《新唐书·地理志》记威胜军亦有相同错误。《新唐书·地理志》又云：

其东南八十里百谷城有武宁军。

亦应从《元和郡县图志》，武宁军在洪济桥东南百谷城之地。《新唐书·地理志》又云：

南二百里黑峡川有曜武军。

"南"指廓州，与《元和郡县图志》同。曜武军在州南二百里，黑峡川之地。

宁边军等五军，《元和郡县图志》谓天宝十三载哥舒翰置。《新唐书·地理志》谓天宝十三载置。按《通鉴》卷 216 "唐玄宗天宝十二载"云：

[五月]陇右节度使哥舒翰击吐蕃，拔洪济、大漠门等城，悉收九曲部落（吐蕃得九曲地，见二百十卷睿宗景云元年。廓州西南百四十里有洪济桥，注见前）。

《新唐书》卷 216（上）《吐蕃传》云：

哥舒翰破洪济、大莫门诸城，收九曲故地，列郡县，实天宝十二载。于是置神策军于临洮西、浇河郡于积石西及宛秀军，以实河曲。

《新唐书》卷 5《玄宗本纪》云：

[天宝十三载]三月,陇右、河西节度使哥舒翰败吐蕃,复河源
九曲。

《新唐书》卷135《哥舒翰传》云:

久之,进封凉国公,兼河西节度使。攻破吐蕃洪济、大莫门等
城,收黄河九曲,以其地置洮阳郡,筑神策、宛秀二军。

永兴按,据上引《通鉴》,哥舒翰败吐蕃、拔洪济、大漠门城,收复九曲,
在天宝十二载五月,置宁边军等五军当在稍后;《新唐书·哥舒翰传》
略同,置神策、宛秀二军未确言时间,当在天宝十二载或稍后也;据《新
唐书·哥舒翰传》,破吐蕃,拔洪济、大漠门等城,收复九曲以及筑神
策、宛秀二军与哥舒翰封凉国公(据《旧唐书·哥舒翰传》在"天宝十二
载")、兼河西节度使(据《通鉴》卷216在"天宝十二载")同时,即在天
宝十二载也;唯《新唐书·玄宗本纪》书哥舒翰败吐蕃复九曲在天宝十
三载三月。据上述分析,《通鉴》、《新唐书·吐蕃传》、《新唐书·哥舒
翰传》均谓败吐蕃、拔洪济、大漠门城复九曲在天宝十二载,《新唐书·
玄宗本纪》作天宝十三载,恐误。至于筑宁边等五军(威胜军即宛肃军
或曰宛秀军),上引之《元和郡县图志》及《新唐书·地理志》均谓在天
宝十三载,《唐会要》卷78《节度使》及《元和郡县图志》卷39"陇右道"
条均书置神策军的时间为天宝十三载,与上引《通鉴》等书所记载者,
事理相符,应无疑问,置此六军之人乃哥舒翰也。

总括上述,陇右节度辖十六军三守捉,仍有遗漏,如《唐六典》卷5
《兵部》"陇右节度使"之下的五门、富耳、蓝州等守捉。

唐代前期,边镇大量使用蕃兵,陇右节度也不例外。使用蕃兵的主
要制度为城傍,即将内附蕃族首先置于某一军城之旁侧,加以管理,此
蕃族亦军亦牧,成为部落兵。有些记载蕃族内附的史料,往往省略城傍
这一过程,简要称为附州,陇右节度下之党项部落兵即是如此。李锦绣
著《"城傍"与大唐帝国》[1]详确论述了城傍制度,请读者参阅。兹简

---

〔1〕 李锦绣:《"城傍"与大唐帝国》,《学人》第8期,江苏文艺出版社,1995年,第73~110
页。

略论述陇右党项内附州及陇右节度下的蕃兵。

《唐六典》卷5"兵部郎中"条云：

秦、成、岷、渭、河、兰六州有高丽羌兵。

皆令当州上佐一人专知统押，每年两度教练，使知即伍（永兴按，日本近卫本《唐六典》原注云：据《旧唐志》，"即"当作"部"）。

若有警急，即令赴援。

高丽兵，此处不论。羌兵乃党项兵也，史籍称为党项羌。秦、成、岷、渭、河、兰州均在陇西，均有党项兵，其实，陇右其他州亦多有党项兵。《新唐书》卷43（下）《地理志》羁縻州较完全地记载了党项内附州，亦即党项城傍或党项部落兵集中地区。兹简略移录如下：

陇右道

党项州七十三，府一，县一。

马邑州（开元十七年置，在秦、成二州山谷间）。

右隶秦州都督府。

保塞州

右隶临州都督府。

密恭县（高宗上元三年为吐蕃所破，因废，后复置）。

右隶洮州。

永兴按，《旧唐书》卷40《地理志》"陇右道"略云：

洮州下，天宝元年改为临洮郡，管密恭县，党项部落也，寄治州界。

即废而复置之党项部落居住之县也。

《新唐书·地理志》又云：

岷州（贞观元年以降户置。县二：江源，落稽）。

静州（咸亨三年以内附部落置）。

按《新唐书·地理志》载党项州十三，移录其中二州，以见一斑。"降户"，党项降户也；内附部落，党项内附部落也。

《新唐书·地理志》又云：

轨州都督府（贞观二年，以细封步赖部置。县四：玉城、金原、

·欧·亚·历·史·文·化·文·库·

俄彻、通川）。

永兴按，《通鉴》卷193"唐太宗贞观三年"略云：

> 闰月（十二月）乙丑，党项酋长细封步赖来降，以其地为轨州；
> 各以其酋长为刺史。党项地亘三千里，姓别为部，不相统壹，细封
> 氏、费听氏、往利氏、颇超氏、野辞氏、旁［章：十二行本"旁"作
> "房"；乙十一行本同；张校同；退斋校同］当氏、米擒氏、拓拔氏，皆
> 大姓也。步赖既为唐所礼，余部相继来降，以其地为崌、奉、岩、远
> 四州。

《新唐书·地理志》"贞观二年"应从《通鉴》作贞观三年，《通鉴》"以其
地为轨州"，即轨州都督府，其下统州，故"各以其酋长为刺史"也。崌、
奉、岩、远四州均为上文所云党项十三州内，崌州见上文移录。这一大
批党项人内附移居唐陇右境内，多数保持原部落，以部落兵形式为陇
右节度下的重要武装力量；少数部落参加陇右所统诸军，开天时期行
募兵制，强调招募之兵不限蕃、汉，党项人与汉人同被招募组成诸军及
诸守捉。总之，党项人以上述两种形式成为陇右节度下的重要军事力
量，可无疑也。

5.4　吴廷燮著《唐方镇年表》陇右部分补正

吴廷燮《唐方镇年表》卷8云：

陇右

景云元年（710）

二年（711）

先天元年（712）

开元元年（713）

杨矩　《唐会要》：开元元年十二月，鄯州都督杨矩除陇右节
度使，自此始有节度之号。

二年（714）

杨矩　《通鉴》：开元二年八月，鄯州都督杨矩自杀。

郭知运　《册府元龟·将帅部》：郭知运为伊吾军使。开元二年,副郭虔瓘破突厥于北庭,封介休县公,其年秋,拜知运鄯州都督、陇右诸军节度大使。

三年(715)

郭知运　《通鉴》：开元二年十二月甲子,置陇右节度使,以陇右防御使郭知运为之。

四年(716)

郭知运　四年冬,突厥降户阿悉烂、跌跌思泰等反,知运破贼众于黑山乌延谷。

五年(717)

郭知运　《册府元龟·帝王部》：开元五年七月,陇右节度使郭知运大破吐蕃,献于阙下。

永兴按,本文开端论述陇右节度设置的时间,确定为《通鉴》所载开元二年十二月甲子。《唐会要》所载开元元年十二月,误。《新唐书·方镇表》所载开元五年,亦误。据此,陇右节度使年表之开端应为：

开元二年十二月甲子(714年)

郭知运(第一任)

吴廷燮氏《唐方镇年表》,在开元三年之下,亦引《通鉴》为证,唯陇右防御副使郭知运误为陇右防御使郭知运。其证据为：

《通鉴》卷211"唐玄宗开元二年"云：

　　[八月]乙亥,吐蕃将坌达延、乞力徐帅众十万寇临洮,军兰州,至于渭源,掠取牧马;命薛讷白衣摄左羽林将军,为陇右防御使,以右骁卫将军常乐郭知运为副使,与太仆少卿王晙帅兵击之。

按八月乙亥为八月二十日,《通鉴》书陇右防御副史郭知运为陇右节度大使之时间为开元二年十二月甲子,即十二月十一日。在不足四个月之短时间内,郭知运无改官之事,则司马温公书陇右防御副使郭知运为陇右节度大使乃实录也。吴廷燮氏引司马温公书,误以陇右防御副使为陇右防御使,可能一时疏忽所致也。

观上引吴廷燮氏原文,关于陇右节度设置时间三种意见并存,一

225

为《唐会要》之开元元年十二月除杨矩,二为《通鉴》之开元二年十二月,三为《新唐书·方镇表》之开元五年。吴氏之用意可能是,三种意见难于确定敦是孰非。因此,不加可否,由读者自己确定。这在问题十分困难且不得已的情况下,不失为谨慎稳妥的办法。但辨别上述三说之是非并不十分困难,我在上文已简要言之,兹再补充分析如下:

《唐会要》之开元元年十二月说,涉及杨矩是否任陇右节度使事,杨矩其人其名四见于《旧唐书》,两见于《新唐书》。见于《旧唐书》者为卷7《中宗本纪》"景龙四年正月"、《旧唐书》卷92《赵彦昭传》、《旧唐书》卷196(上)《吐蕃传》(两见);见于《新唐书》者为卷123《赵彦昭传》,卷216(上)《吐蕃传》。六见中四见为送金城公主和亲事,可置不论;两见《吐蕃传》者与此处讨论之问题有关。按《新唐书》卷216(上)《吐蕃传》略云:

> 玄宗开元二年,其相坌达延上书宰相,请载盟文,定境于河源。命(解)琬将神龙誓往,未及定,坌达延将兵十万寇临洮,入攻兰、渭,掠监马。杨矩惧,自杀。有诏薛讷为陇右防御使,与王晙等拼力击。

《旧唐书》卷196(上)《吐蕃传》略同。

《通鉴》卷211"唐玄宗开元二年八月乙亥吐蕃寇临洮"条之后云:

> 初,鄯州都督杨矩以九曲之地与吐蕃(事见上卷睿宗景云元年),其地肥饶,吐蕃就之畜牧,因以入寇。矩悔惧自杀。

以上史料与上文引录《通鉴》卷211"唐玄宗开元二年八月乙亥"条并观之,在吐蕃入侵鄯州都督杨矩悔惧自杀之危急之际,如杨矩已为陇右节度使,则代之抗击吐蕃者应另任陇右节度使,而不应为临时性的防御使也。此其一。《通鉴》记事从杨矩自杀(开元二年八月)到制置陇右节度并命陇右防御副使郭知运为节度大使(开元二年十二月)为时不过四个月,如真有如《唐会要》所载开元元年十二月置陇右节度并除杨矩为节度使之事,温公岂能不知,岂能又在一年后之开元二年十二月又书置陇右节度。温公治史精审,断不如此,可确言也。

《册府元龟》卷358《将帅部·立功》云：

> 郭知运为伊吾军使。开元二年，副郭虔瓘破突厥于北庭，以功封介休县公，擢拜右武卫将军。其年秋，吐蕃入寇，知运与薛讷、王晙等掎角击败之，拜知运鄯州都督、陇右诸军节度大使。

《册府元龟》所云可为《通鉴》纪事强有力的佐证。陇右节度置于开元二年十二月甲子，第一任节度使为郭知运，可无疑也。《唐会要》之说，误。《新唐书·方镇表》之开元五年，"五"为"二"之误书，传刻所致也。

吴氏《唐方镇年表》中，在开元三年之下引证《通鉴》开元二年十二月甲子条，应上移置开元二年之下。

吴氏《唐方镇年表》中开元四年下引文"四年冬"云云，未著出处，似为《通鉴》，因开元三年下引录《通鉴》。其实，"四年冬"云云乃出自《旧唐书》卷103《郭知运传》。吴氏引文不著出处书名，实不可取。对于初学者更易致混乱。

吴氏《唐方镇年表》中开元五年下引证《册府元龟·帝王部》，甚是。

总之，从开元二年至五年，吴氏引文虽小有疏失，但此四年中陇右节度使均为郭知运，则甚是，均从之。

上引吴氏《唐方镇年表》又略云：

[开元]六年(718)

郭知运

七年(719)

郭知运　《燕公集·太原郡公郭君碑》：公讳知运，开元二年拜右羽林将军、持节陇右诸军州节度大使、兼鸿胪卿，摄御史中丞，改封太原郡开国公。开元九年十月二十二日，薨于军舍。

八年(720)

郭知运　《册府元龟·帝王部》：开元八年，陇右节度大使郭知运、幽州都督王晙讨平六州胡康待宾等，授一子官。

九年(721)

　　　郭知运　《旧传》：八年，康待宾反，知运与王晙讨平之。九年，卒于军。

永兴按，自开元六年至九年，陇右节度使仍为郭知运，因此四年中，郭知运无改官之事。开元九年四月，郭知运以陇右节度使的身份与王晙讨伐康待宾之叛，十月卒于军舍，即卒于陇右节度使的任上。吴氏《唐方镇年表》所定甚是，从之。但吴氏引证史料的时间性不确，应加辨证。

吴氏《唐方镇年表》开元八年下引《册府元龟·帝王部》"开元八年，陇右节度大使郭知运"云云；吴氏亦认为康待宾反及平康待宾反在开元八年也。按《通鉴》卷212"唐玄宗开元九年"云：

　　　兰池州胡康待宾诱诸降户同反，夏四月，攻陷六胡州，有众七万，进逼夏州；命朔方大总管王晙、陇右节度使郭知运共讨之。

　　　秋七月己酉，王晙大破康待宾，生擒之，杀叛胡万五千人。辛酉，集四夷酋长，腰斩康待宾于西市。

《旧唐书》卷8《玄宗纪》"开元九年"云：

　　　夏四月庚寅，兰池州叛胡显首伪称叶护康待宾、安慕容，为（伪）多览杀大将军何黑奴，伪将军石神奴、康铁头等，据长泉县，攻陷六胡州。兵部尚书王晙发陇右诸军及河东九姓掩讨之。

　　　[秋七月]己酉，王晙破兰池州叛胡，杀三万五千骑。

《新唐书》卷5《玄宗纪》"开元九年"云：

　　　四月庚寅，兰池胡康待宾寇边。

　　　七月己酉，王晙执康待宾。

永兴按，上引三书均云康待宾之叛及讨平之在开元九年，月、日均相同，可信为实录也。《新唐书》卷111《王晙传》云："[开元]九年，兰池胡康待宾据长泉反，陷六州，诏郭知运与晙讨平之。"《旧唐书》卷93《王晙传》云："[开元]九年，兰池州胡苦于赋役，诱降虏余烬，攻夏州反叛，诏陇右节度使、羽林将军郭知运与晙相知讨之。"新、旧《唐书·王晙传》关于康待宾之叛及平叛，虽无月、日，但均为九年。《新唐书》卷133《郭知运传》载六胡州康待宾反叛事，唯无明确时间。总之，有关陇右节度使郭知运参加征讨叛胡康待宾之史料共八种；其中五种（包括记事精

228

审明确之《通鉴》)均载明其时间为开元九年;一种未载时间;二种载明其时间为开元八年,其一为《册府元龟》。《册府元龟》虽为原始史料,但错误颇多。根据上述情况,陇右节度使郭知运与王晙讨伐康待宾叛乱之时间为开元九年,可以完全肯定。《册府元龟·帝王部》与《旧唐书·郭知运传》作八年,均误。吴廷燮氏从二书之误,未能据《通鉴》、新、旧《唐书·玄宗本纪》加以纠正,殊为可惜。

其次,吴氏《唐方镇年表》在开元七年下引证《张燕公集》,毫无意义。因郭知运碑文中著有开元二年郭知运始任陇右节度使事,开元九年十月郭知运薨于军舍事,无开元七年事也。

吴氏《唐方镇年表》又云:

[开元]九年(721)

王君㚟 《旧传》:代郭知运为陇右节度使。

十年(722)

王君㚟 《册府元龟》:开元十二年四月,陇右节度使王君㚟破吐蕃,来献戎捷。《通鉴》:开元九年十月,河西、陇右节度大使郭知运卒,右卫副率王君㚟自知运麾下代为河西、陇右节度使。

永兴按,吴廷燮氏在开元十年之下引《通鉴》,应移至开元九年之下,因《通鉴》所云乃开元九年事,非开元十年事。据《通鉴》,《年表》应如下:

开元九年(721 年)

郭知运(至此年十月止)

王君㚟(自此年十月始)(第二任)

又按,吴氏《唐方镇年表》开元十年之下引证《册府元龟》"开元十二年四月"云云,以开元十二年之事证明王君㚟于开元十年任陇右节度使,不妥。但《册府元龟》此条史料涉及吴氏年表下文,即开元十一年、十二年何人任陇右节度使。兹移录吴氏之文,并陈述鄙见如后。

吴氏《唐方镇年表》又云:

[开元]十一年(723)

臧怀恪 《颜鲁公集·故右武卫将军臧公碑》:充河西军将,

又为节度使萧嵩所赏,后充河源军使,兼陇右节度副大使、关内兵马使,拜右武卫将军,封上蔡县侯。开元十二年二月二十六日,薨于鄯城之官舍。

十二年(724)

臧怀恪

永兴按,吴氏以臧怀恪为开元十一年陇右节度使的依据为:卒于开元十二年二月二十六日之臧怀恪,前此曾任河源军使兼陇右节度副大使,在亲王遥领陇右的情况下,副大使即行使节度使之职权。吴氏之说可疑者有三:据《唐会要》卷78《亲王遥领节度使》略云:

> 开元四年正月二十九日,郯王嗣直除安北大都护,充安抚河东、关内、陇右诸蕃部落大使。亲王遥领节度,自兹始也。其在军节度,即称节度副大使知节度事。

安抚陇右诸蕃部落大使与节度大使不同,故开元五年至九年郭知运以及十年王君䂂任陇右节度大使,不受《唐会要》所载开元四年正月二十九日规定的约束。故郭知运、王君䂂不称节度副大使,而称节度大使。何以开元十一年之臧怀恪独受开元四年正月规定的约束?此一也。副节度大使行使节度大使之职权,据《唐会要》所载,其职衔中应有"知节度事",臧怀恪之职衔中并无"知节度事"。此二也。如臧怀恪实际上为陇右节度大使,则应卒于节度使官舍或州官舍(当时陇右节度使治所在鄯州湟水县),而不应卒于鄯城官舍。鄯城乃鄯州属县,河源军所在之地,臧怀恪为河源军使兼陇右节度副大使,其官舍在鄯城县。此三也。据上述三点,开元十一年陇右节度大使非臧怀恪,吴廷燮氏恐误。

我认为开元十一年、十二年陇右节度使均为王君䂂(吴廷燮氏《唐方镇年表》列开元十二年陇右节度使为臧怀恪,亦误),根据为:

《新唐书》卷216(上)《吐蕃传》云:

> 于是陇右节度使王君䂂请深入取偿。[开元]十二年,破吐蕃献俘。

《册府元龟》卷133《帝王部·褒功二》云:

> [开元]十二年,陇右节度使、鄯州都督王君䂂破吐蕃,来献戎

捷。帝置酒于内殿享之。

据此，开元十二年陇右节度使为王君㚟，可无疑问。由此上推，开元十一年之陇右节度使亦应是王君㚟。上文已论述开元九年十月王君㚟始任陇右节度使，时已年末，又无王君㚟改官之事，则开元十年之陇右节度亦应为王君㚟，可推知也。据以上分析，列年表如下：开元十年（722 年）

王君㚟

开元十一年（723 年）

王君㚟

开元十二年（724 年）

王君㚟（至此年十月）

按《唐会要》卷78《节度使》略云：

河西节度使，（开元）十二年十月，除王君㚟。

可知王君㚟卸陇右节度使任当在开元十二年十月或稍前也。

吴氏《唐方镇年表》又云：

［开元］十二年（724）

安忠敬

十三年（725）

安忠敬　《张燕公集·鄯州都督安公碑》：公讳忠敬。改会州刺史，换松州都督防御使，兼河西节度副大使、临洮军使，转鄯州，都督使如故。开元十四年十一月八日，终于位。

十四年（726）

安忠敬

永兴按，安忠敬以开元十四年十一月二十八日（据《张说之文集》及《全唐文》卷230，吴氏引文脱“二十”二字）终于位，即终于鄯州都督兼陇右节度使之位也。据此，开元十四年，安忠敬任陇右节度使。在未发现开元十三年、十二年另一人任陇右节度使时，可推知此三年之陇右节度使仍为安忠敬，吴氏所定甚是，兹从之。

吴氏《唐方镇年表》又云：

［开元］十五年(727)

王君㚟　《新表》：陇右节度副使兼关西兵马使。

张志亮　开元十五年十二月除张志亮，又兼经略支度营田等使。

十六年(728)

张志亮　《册府元龟·外臣部》：开元十六年三月丁未，陇右、河西，地接边寇，吐蕃尚聚青海，宜令萧嵩、张志亮等审察事势，倍加防御。

永兴按，吴氏以王君㚟为开元十五年陇右节度使，并引《新唐书·方镇表》所云为证。《新唐书·方镇表》所云乃开元十五年出现之官称，并非确指王君㚟在此年任此职也。新、旧《唐书·王君㚟传》和《张燕公集》载《王君㚟神道碑》均无此年王君㚟任陇右节度副使兼关西兵马使的记载。吴氏引《新唐书·方镇表》为王君㚟于开元十五年任陇右节度使之佐证，不确。其实吴氏书卷8"河西部分开元十四年王君㚟"下引《张燕公集·左羽林大将军王公(㚟)碑》云："维开元十五年闰九月庚申，左羽林大将军、持节河西陇右两道节度使(中略)薨于巩笔亭。"乃王君㚟于开元十五年任陇右节度使之明证。吴氏再次不用这条史料，殊为可惜。王君㚟死日及死地，应从《通鉴》卷213"唐玄宗开元十五年之闰九月庚子"于州南巩笔驿。

吴氏以张志亮为继王君㚟后开元十五年陇右节度使，是；引文亦是，唯脱引文出处，即《唐会要》卷78《节度使》也。吴氏引《册府元龟》卷993《外臣部·备御五》所载开元十六年三月丁未制文证明开元十六年陇右节度使仍为张志亮，均是，均从之。

吴氏《唐方镇年表》又云：

［开元］十七年(729)

张守珪　《旧传》：王君㚟死，守珪以功都督瓜州。明年迁鄯州都督，仍充陇右节度。二十一年，转幽州长史。

永兴按，吴氏引《旧唐书·王君㚟传》证明开元十七年陇右节度使为张守珪，是；但《旧唐书·王君㚟传》记事在时间上不够明确，须加说明。

据《通鉴》卷213,王君㚟死于开元十五年,《旧唐书·王君㚟传》"明年"为十六年,而上文已考定,开元十六年之陇右节度使为张志亮,张守珪始任陇右节度使非十六年,乃十七年也。《旧唐书·王君㚟传》"明年"不确。

吴氏《唐方镇年表》列张守珪为陇右节度使自开元十七年至开元二十一年,均是,均从之。但吴氏在开元二十年张守珪下引熊执易《武陵郡王马公碑》云:

> 松、安、巂、鄯四府都督,陇右节度,加左武卫大将军讳正会,公之曾祖。

按熊执易之文见于《全唐文》卷623,吴氏之用意或为马正会可能在开元二十年任陇右节度。据《旧唐书》卷112《李嵩传》略云:

> 开元二十一年正月制曰:"工部尚书李嵩,宜持节充入吐蕃使。"及还,金城公主上言,请以今年九月一日树碑于赤岭,定蕃、汉界。树碑之日,诏张守珪、李行祎与吐蕃使莽布支同往观焉。

按赤岭在陇右道鄯州鄯城县之西(据严耕望著《唐代交通图考》第二卷图8:唐代长安西通陇右河西道、河湟青海地区交通网图),故命陇右节度使往观。前此,张守珪未尝改官,开元二十年陇右节度使仍为张守珪。熊执易之文,时间性不明确,不足以否定张守珪在开元二十年任陇右节度使也。

吴氏《唐方镇年表》之陇右节度使:开元二十一年在张守珪后为贾师顺;二十二至二十四年为阴承本;二十五年至二十六年为李林甫遥领,何人为副使知节度使事,均缺;二十六年至二十七年为杜希望;二十八年、二十九年为盖嘉运。所引证明史料大多时间不够明确,盖由史料缺少所致,兹暂从之。唯开元二十八年盖嘉运下,无证明史料,应补。按《通鉴》卷214"唐玄宗开元二十八年"云:

> [六月]上嘉盖嘉运之功,以为河西、陇右节度使,使之经略吐蕃。

据此,盖嘉运始任陇右节度使在开元二十八年六月。

吴氏《唐方镇年表》,自天宝元年至天宝五载,陇右节度使为皇甫惟明，甚是，引证史料亦是，均从之。唯天宝五载皇甫惟明下无证明史料，兹补充如下：

《通鉴》卷215"唐玄宗天宝五载"云：

> 春正月乙丑（十三日），以陇右节度使皇甫惟明兼河西节度使。

《旧唐书》卷9《玄宗纪》"天宝五载"略云：

> 春正月癸酉（二十一日），陇右节度使皇甫惟明贬播川太守，寻决死于黔中。

皇甫惟明任陇右节度使至天宝五载正月二十一日止。

吴氏《唐方镇年表》，天宝五载、六载，陇右节度使为王忠嗣，均是。五载下无证明史料，兹补正如后。

《通鉴》卷215"唐玄宗天宝五载"云：

> ［正月二十一日，贬皇甫惟明后］以王忠嗣为河西、陇右节度使，兼知朔方、河东节度事。

此为王忠嗣任陇右节度使之始。

吴氏《唐方镇年表》，自天宝六载至十四载，陇右节度均为哥舒翰，均是，从之。

6 论唐代前期朔方节度

在开天十节度中,朔方节度最为唐人和后代读史、治史者所注意,因收复两京和平安史之乱主要依靠朔方节度,它在唐代历史发展中具有特殊的地位和意义。在《书杜少陵哀王孙诗后》(见《金明馆丛稿二编》),陈寅恪先生曾云:

> 考唐代安禄山叛变,玄宗幸蜀,肃宗即位灵武,而灵武者,朔方军节度使之治所也。肃宗遂专倚朔方军戡定大难,收复两京,唐室因得延续百五十年之祚而后亡。故朔方军为唐室中兴之关键。少陵平生于朔方军及其主帅郭子仪、李光弼诸公,推崇赞美,形诸吟咏者,不一而足,此固不烦举例者也。

杜甫《洗兵马》(收京后作)云:

> 中兴诸将收山东,捷书日(荆作夜,又作夕)报清昼同。河广传闻一苇过,胡危命在破竹中。只残邺城不日得,独征朔方无限功。
>
> 成王功大心转小,郭相谋深(一作谋猷,一作深谋)古来少。司徒清鉴悬明镜,尚书气与秋天杳。二三豪俊为时出,整顿乾坤济时了(永兴按,以上两段,移录自《钱注杜诗》)。

此为杜少陵赞美朔方军的重要诗篇。寅恪先生据少陵对朔方军的推崇之情,对《哀王孙》中"朔方健儿好身手,昔何勇锐今何愚"之句,提出创新正确解释;使我们对杜少陵和朔方军的忠义之忱,虽千载之后,仍向往之。

在这篇文章中,寅恪先生还指出:同罗、仆骨及回纥勇健善斗,使我们理解,朔方军何以能成为唐室中兴之关键而建立旷世之殊勋。但先生之言简要,应从唐代前期大漠南北、大河南北之民族迁徙和朔方军设置及其逐渐强大的过程的两个方面,多作考释论述,方能对朔方军全面理解,而对寅恪先生有关朔方军论断的深意有所领会也。

·欧·亚·历·史·文·化·文·库·

朔方节度使的设置在开元九年,《新唐书》卷64《方镇表》"朔方"栏云:

[开元九年],置朔方军节度使,领单于大都护府,夏、盐、绥、银、丰、胜六州,定远、丰安二军,东、中、西三受降城。

《资治通鉴》卷212"唐玄宗开元九年年末"所记,与上引《新唐书·方镇表》同。但吴廷燮《唐方镇年表》引《唐会要》卷78《节度使》云:"开元元年十月六日敕,朔方行军大总管,宜准诸道例,改为朔方节度使。"吴氏年表,自开元二年至八年所记者为朔方军副大总管、朔方道行军大总管、朔方军大总管、朔方大总管,无朔方节度使;自开元九年至天宝十四载所记为历任朔方节度使,或曰朔方军节度使。据此可见,朔方行军大总管改为朔方节度使,在开元九年,不在开元元年。《唐会要·节度使》之"开元元年","元"字乃"九"字之误。吴氏偶有失察,附此指出。

6.1　朔方节度使领州和领州中的蕃族

《资治通鉴》卷215"唐玄宗天宝元年"略云:

朔方节度捍御突厥,屯灵、夏、丰三州之境,治灵州。

司马温公特指出,朔方节度使所统诸军,屯驻于灵、夏、丰三州,很重要。我们要了解何以朔方军内有大批蕃兵蕃将,不能不首先了解朔方军所处的地理环境,亦不能不首先了解此地区内大批蕃族在将近百年内的活动情况。兹就灵、夏、丰三州居住的蕃族简略考辨如下。

6.1.1　灵州居住蕃族的迁徙及内属

《旧唐书》卷38《地理志》"关内道"略云:

灵州大都督府　[贞观]二十年,铁勒归附,于州界置皋兰、高丽、祁连三州,并属灵州都督府。永徽元年,废皋兰等三州。调露元年,又置鲁、丽、塞、含、依、契等六州,总为六胡州,开元初废。复置东皋兰、燕然、燕山、鸡田、鸡鹿、烛龙等六州,并寄灵州界,属灵州都督府。

上文三句,每句各为一部分,不相连属。第三部分最重要,兹先论之。上引书之末云:

> 燕然州　寄在回乐县界,突厥九姓部落所处。户一百九十,口九百七十八。

> 鸡鹿州　寄在回乐县界,突厥九姓部落所处。户一百三十二,口五百五十六。

> 鸡田州　寄在回乐县界,突厥九姓部落所处。户一百四,口四百六十九。

> 东皋兰州　寄在鸣沙界,九姓所处。户一千三百四十二,口五千一百八十二。

> 燕山州　在温池县界,亦九姓所处。户四百三十,口二千一百七十六。

> 烛龙州　在温池界,亦九姓所处。户一百一十七,口三百五十三。

《新唐书》卷43(下)《地理志·羁縻州》,对上述六州的记载更为确切,其文云:

> 回纥州十八,府九(贞观二十一年,分回纥诸部置)。

> 燕然州(以多滥葛部地置,初为都督府及鸡鹿、鸡田、烛龙三州,隶燕然都护。开元元年来属,侨治回乐)。

> 鸡鹿州(以奚结部置,侨治回乐)。

> 鸡田州(以阿跌部置,侨治回乐)。

> 东皋兰州(以浑部置,初为都督府,并以延陀余众置祁连州,后罢都督,又分东、西州,永徽三年皆废。后复置东皋兰州,侨治鸣沙)。

> 烛龙州(贞观二十二年析翰海都督之掘罗勿部置,侨治温池)。

> 燕山州(侨治温池)。

> 　　右隶灵州都督府

上引史料分为两部分,一为属于贞观二十一年者,二为属于开元元年者。与开元九年设置的朔方节度有密切关系为第二部分，但第二部分又源于第一部分，为此，不能不从贞观二十一年（应作二十年）说起。

《资治通鉴》卷198"唐太宗贞观二十年"略云：

> ［六月］薛延陀多弥可汗性褊急，国人不附，多弥多所诛杀，人不自安。回纥酋长吐迷度与仆固、同罗共击之，多弥大败。乙亥，诏以江夏王道宗、左卫大将军阿史那社尔为瀚海安抚大使；又遣右领卫大将军执失思力将突厥兵，右骁卫大将军契苾何力将凉州及胡兵，代州都督薛万彻，营州都督张俭各将所部兵，分道并进，以击薛延陀。薛延陀余众西走，犹七万余口，共立真珠可汗兄子咄摩支为伊特勿失可汗，归其故地。寻去可汗之号，遣使奉表，请居郁督军山之北；使兵部尚书崔敦礼就安集之。

> 敕勒九姓酋长，以其部落素服薛延陀种，闻咄摩支来，皆恐惧，朝议恐其为碛北之患，乃更遣李世勣与九姓敕勒共图之。上戒世勣曰："降则抚之，叛则讨之。"己丑，上手诏，以"薛延陀破灭，其敕勒诸部，或来降附，或未归服，今不乘机，恐贻后悔，朕当自诣灵州招抚。其去岁征辽东兵，皆不调发。"

> 李世勣至郁督军山（《考异》曰：《勣传》作"乌德犍山"。《唐历》云即"郁督军山"；虏语两音也），其酋长梯真达官帅众来降。薛延陀咄摩支南奔荒谷，世勣遣通事舍人萧嗣业往招慰，咄摩支诣嗣业降。其部落犹持两端，世勣纵兵追击，前后斩五千余级，虏男女三万余人。秋七月，咄摩支至京师，拜右武卫大将军。

> ［八月］己巳，上行幸灵州。江夏王道宗兵既渡碛，遇薛延陀阿波达官众数万拒战，道宗击破之，斩首千余级，追奔二百里。道宗与薛万彻各遣使招谕敕勒诸部，其酋长皆喜，顿首请入朝。庚午，车驾至浮阳（浮阳，《旧书》作"泾阳"，当从之。泾阳县，隋唐属京兆。杜佑曰：京兆泾阳县。此时车驾盖至京兆之泾阳）。回纥、拔野古、同罗、仆骨、多滥葛、思结、阿跌、契苾、跌结、浑、斛薛等十一姓各遣使入贡。壬申，上幸汉故甘泉宫（甘泉宫在京兆云阳县界磨石岭，又曰磨盘岭，又曰车盘岭），诏以"朕聊命偏师，遂擒颉

利;始弘庙略,已灭延陀。铁勒百余万户,散处北溟,远遣使人,委身内属,请同编列,并为州郡,宜备礼告庙,仍颁示普天。"九月,上至灵州(灵州在京师西北千二百五十里),敕勒诸部俟斤遣使相继诣灵州者数千人,咸云:"愿得天至尊为奴等天可汗,子子孙孙常为天至尊奴,死无所恨。"甲辰,上为诗序其事曰:"雪耻酬百王,除凶报千古。"公卿请勒石于灵州;从之。

同书"贞观二十一年"略云:

[正月]丙申,诏以回纥部为瀚海府,仆骨为金微府(《考异》曰:《旧书》作"金徽",今从《实录》、《唐历》),多滥葛为燕然府,拔野古为幽陵府,同罗为龟林府,思结为卢山府,浑为皋兰州,斛薛为高阙州,奚结为鸡鹿州,阿跌为鸡田州,契苾为榆溪州,思结别部为蹛林州,白霄为寘颜州。

[四月]丙寅,置燕然都护府,统瀚海等六都督、皋兰等七州,以扬州都督府司马李素立为之。

同书"贞观二十二年"云:

三月己丑,分瀚海都督俱罗勃部置烛龙州。

按唐灭薛延陀,碛北铁勒诸族归附,于其地置燕然都护府统六都督府七州,《旧唐书·铁勒传》、《新唐书·回鹘传》及有关文献均有记载。《资治通鉴》总括诸书,按时间先后,对此重大史实简要而确切地综述之。与本文有直接关系者为燕然等十三府州,但对此十三府州所在地及其设置的缘由和过程,不能不有所了解,故引文较长,请读者谅察。

上文引新、旧《唐书·地理志》所载属于灵州都督府的六蕃州,显然与《通鉴》所载贞观二十一年建立的属于燕然都护府的十三府州有关。如《新唐书·地理志》所记以多滥葛部地置之燕然州,显然来源于贞观二十一年的"多滥葛为燕然府";奚结部置之鸡鹿州来源于贞观二十一年的"奚结为鸡鹿州";阿跌部置之鸡田州来源于贞观二十一年的"阿跌为鸡田州";浑部置之东皋兰州来源于贞观二十一年的"浑为皋兰州";掘罗勿部置之烛龙州来源于贞观二十二年的"俱罗勃部置烛龙州";燕山州可能来源于贞观二十一年之"思结为卢山府","燕"可能为

·欧·亚·历·史·文·化·文·库·

"卢"之误书。上述情况,只要把《新唐书·地理志》所载属于灵州六蕃州的记载和《资治通鉴》贞观二十一年所载燕然都护府统辖府州的记载加以比较,是一目了然的。需要研究的是,六蕃州的蕃户是何时以及为何从碛北的燕然都护府(后又改为瀚海都护府)迁移到灵州来的?《旧唐书·地理志》所载六蕃州与《新唐书·地理志》同,但"突厥九姓部落所处",误,应据《新唐书·地理志》改"突厥"为"铁勒",或改为"铁勒诸部所处"。

《旧唐书》卷194(上)《突厥传》云:

> 其秋(开元三年),默啜与九姓首领阿布思等战于碛北,九姓大溃,人畜多死,阿布思率众来降。

《新唐书》卷215(上)《突厥传》云:

> [开元初]默啜讨九姓,战碛北,九姓溃,人畜皆死。思结等部来降,帝悉官之。

《资治通鉴》卷211"唐玄宗开元三年"云:

> 九姓思结都督磨散等来降;己未,悉除官遣还。

按上引《新唐书·地理志》羁縻州隶于灵州都督府之回纥州云:"燕然州(以多滥葛部地置,初为都督府,及鸡鹿、鸡田、烛龙三州,隶燕然都护。开元元年来属,侨治回乐)。"与上述开元三年九姓同罗首领阿布思率众来降以及九姓思结等部来降,乃同一时间发生之事。即开元三年,因突厥默啜之进攻,铁勒九姓溃败,相率南逃降唐,其多滥葛部、奚结部、阿跌部、浑部、掘罗勿部、思结部,被安置于灵州都督府境内,而成为燕然州等六蕃州。《新唐书·地理志》开元元年误,应为三年。

安置于灵州都督府境内铁勒诸族无阿布思所属之同罗部族,可能由于同罗部安置在他处,也可能由于史书记载有阙,当另考之。

从上述贞观二十一年于漠北置铁勒诸部族府州及开元三年于灵州置铁勒诸部族府州,可以看出,唐处置境外蕃族分为两个步骤:一为就某一蕃族所居地,置都护府都督府州加以控制;二为迁徙境内,置都督府及州,直接统治。贞观二十一年于漠北置铁勒府州属于第一步骤,开元三年于灵州置铁勒府州属于第二步骤。唐对较大蕃族如东突厥西突厥的处置亦均如此。

6.1.2　夏州居住蕃族的迁徙及内属

夏州境内的蕃州,《新唐书·地理志》、《旧唐书·地理志》均有记载,兹先移录《新唐书·地理志》,并加以分析。

《新唐书》卷 43(下)《地理志》"羁縻州关内道"云:

突厥州十九,府五。

定襄都督府(贞观四年析颉利部为二,以左部置,侨治宁朔),领州四(贞观二十三年分诸部置州三):阿德州(以阿史德部置)、执失州(以执失部置)、苏农州(以苏农部置)、拔延州。

右隶夏州都督府

云中都督府(贞观四年析颉利右部置,侨治朔方境),领州五(贞观二十三年分诸部置州三):舍利州(以舍利吐利部置)、阿史那州(以阿史那部置)、绰州(以绰部置)、思壁州、白登州(贞观末隶燕然都护,后复来属)。

桑乾都督府(龙朔三年分定襄置,侨治朔方),领州四(贞观二十三年分诸部置州三):郁射州(以郁射施部置,初隶定襄,后来属)、艺失州(以多地艺失部置)、卑失州(以卑失部置,初隶定襄,后来属)、叱略州。

呼延都督府(贞观二十年置),领州三(贞观二十三年分诸部置州二):贺鲁州(以贺鲁部,初隶云中都督,后来属)、葛逻州(以葛逻、挹怛部置,初隶云中都督,后来属)、跌跌州(初为都督府,隶北庭,后为州,来属)。

右隶单于都护府(永兴按,云中、桑乾二都督府均侨治朔方,《旧唐书·地理志》载呼延州都督府,寄朔方县界,则此三都督府及其所领州,均在夏州境内)。

达浑都督府(以延陀部落置,侨治宁朔)。领州五:姑衍州、步讫若州、嵯弹州(永徽中收延陀散亡部落置)、鹘州、低粟州。

安化州都督府(侨治朔方)。

宁朔州都督府(侨治朔方)。

欧·亚·历·史·文·化·文·库

仆固州都督府(侨治朔方)。

右隶夏州都督府

上引《新唐书·地理志》包括五次事件。其一为贞观四年灭东突厥俘颉利后,徙大批东突厥部族于朔方;二为贞观十五年北渡河之东突厥至贞观十八年又南渡河,处于胜、夏之间;三为贞观二十三年高侃击败东突厥车鼻可汗后,大批东突厥归降内附,置于云中都督府及定襄都督府;四为贞观二十年江夏王道宗与薛万彻击败薛延陀后,至永徽中,薛延陀部落及薛延陀控制下的西突厥内附;五为开耀元年大批薛延陀部落内附。兹征引史料考释之。

《资治通鉴》卷193"唐太宗贞观四年"云:

上卒用(温)彦博策,处突厥降众,东自幽州,西至灵州;分突利故所统之地,置顺、祐、化、长四州都督府;又分颉利之地为六州,左置定襄都督府,右置云中都督府,以统其众(定襄都督府侨治宁朔,云中都督府侨治朔方之境。按宁朔县亦属朔方郡。《旧唐书·温彦博传》曰:帝从彦博议,处降人于朔方之地。则二都督府侨治朔方明矣)。

五月辛未,以突利为顺州都督,使帅部落之官(顺州,侨治营州南之五柳戍)。

壬申,以阿史那苏尼失为怀德郡王,阿史那思摩为怀化郡王。颉利之亡也,诸部落酋长皆弃颉利来降,独思摩随之,竟与颉利俱擒,上嘉其忠,拜右武候大将军,寻以为北开州都督,使统颉利旧众(《考异》曰:《旧传》云为化州都督。按化州乃突利故地,安得云统颉利部落也)。

丁丑,以右武卫大将军史大奈为丰州都督(是年,复以突厥降户,置丰州九原郡)。

六月丁酉,以阿史那苏尼失为北宁州都督,以中郎将史善应为北抚州都督。壬寅,以右骁卫将军康苏为北安州都督(此三州与祐、化、长、北开四州后皆省。史善应亦阿史那种,史单书其姓耳)。

上引史料中以颉利之地为定襄都督府及云中都督府即《新唐书·地理志》中贞观四年析颉利部为二所置之二都督府也，均隶夏州。至于《资治通鉴》所记"分颉利之地为六州"，《新唐书·地理志》略去，因情况变化甚大也。此为第一次事件。《新唐书·地理志》在定襄都督府下"领州四"，在云中都督府"领州五"，乃连下文"贞观二十三年"而言也。

《资治通鉴》卷197"唐太宗贞观十八年"略云：

> 初，上遣突厥俟利苾可汗北渡河（永兴按，俟利苾可汗即阿史那思摩，北渡事在贞观十五年），薛延陀真珠可汗恐其部落翻动，意甚恶之，自是数相攻。俟利苾之北渡也，有众十万，胜兵四万人，俟利苾不能抚御，众不惬服。[十二月]戊午，悉弃俟利苾南渡河，请处于胜、夏之间；上许之。

上引史料乃贞观十八年之事。贞观四年，迁颉利所统之众于河南，统属于俟利苾可汗，至贞观十五年，太宗又命俟利苾可汗率十数万东突厥北渡河重返故地。由于俟利苾可汗统帅无方和薛延陀的攻击，至贞观十八年，北渡河之东突厥人弃俟利苾又南渡河，处于夏州胜州。上引《新唐志》未反映此次事件，但论史者不能不补述之；否则，河南自贞观十五年后已无东突厥，其所处之定襄、云中二都督府已不复存在，何以贞观二十三年处置车鼻统率下之东突厥又在河南之定襄、云中二都督府也？盖贞观十八年第二次南渡河之东突厥处于夏州胜州，即处于定襄、云中二都督府也。此为第二次事件。

《资治通鉴》卷199"唐太宗贞观二十三年"云：

> 上以突厥车鼻可汗不入朝，遣右骁卫郎将高侃发回纥、仆骨等兵袭击之。兵入其境，诸部落相继来降。拔悉密吐屯肥罗察降，以其地置新黎州。
>
> 冬十月，以突厥诸部置舍利等五州隶云中都督府（五州：舍利州、思辟州、阿史那州、绰州、白登州），苏农等六州隶定襄都督府（史只载苏农州、阿德州、执失州、拔延州，余二州逸）。

《资治通鉴》卷199"唐高宗永徽元年"云：

> 九月庚子，高侃执车鼻可汗至京师，释之，拜左武卫将军，处其

余众于郁督军山,置狼山都督府以统之。以高侃为卫将军(唐无卫将军,"卫"字之上须有脱字)。于是突厥尽为封内之臣,分置单于、瀚海二都护府。单于领狼山、云中、桑乾三都督,苏农等一十四州;瀚海领瀚海,金徽、新黎等七都督,仙萼等八州;各以其酋长为刺史、都督(《新书》作"苏农二十四州",《旧书》作"一十四州")。又考是后调露元年,温傅、奉职二部反,二十四州皆叛应之,则"二"字为是。然单于都护府所领见于史者,苏农等四州,舍利等五州及桑乾府所领郁射、艺失、卑失、叱略等四州,呼延府所领贺鲁、葛逻、跌跌等三州,才十九州耳,其五州逸,无所考。又有定襄、呼延二都督而无狼山都督,是其废置离合,不可详也。狼山府,显庆三年废为州。"金徽"当作"金微"。瀚海都护府领瀚海、金微、新黎、幽陵、龟林、坚昆六都督府,其一逸;仙萼、浚稽、余吾、稽落、居延、寘颜、榆溪、浑河、烛龙凡八州)。

据上引《资治通鉴》记述,贞观二十三年,高侃以回纥、仆骨等兵击败东突厥车鼻可汗后,大批突厥来降,处于贞观四年所置侨治朔方之定襄都督府者为苏农、阿德、执失、拔延等六州,二州名已不载;处于贞观四年所置侨治朔方之云中都督府者为舍利、思壁、阿史那、绰、白登五州。《新唐书·地理志》定襄都督府之下之"领州四","四"应作"六";"贞观二十三年分诸部置州三","三"亦应作"六"。文末应注明二州逸。《新唐书·地理志》云中都督府之下之"领州五",与《通鉴》记事及胡注符合,唯下文"贞观二十三年分诸部置州三","三"应作"五"。盖《通鉴》及胡注可能用《新唐书·地理志》,少数错字,乃传刻致误也。此第三次处置大批东突厥降户也(第一次为贞观四年,第二次为贞观十八年),此为第三次事件。

《通鉴》永徽元年记高侃俘车鼻可汗后,"处其余众于郁督军山","余众"即降唐后之突厥人也,郁督军山乃东突厥原住地,即大河以北大漠以南之地也。至于所置都护府都督府及州,乃唐所控制之地,与河南之侨治朔方之府、州不同。其府名、州名有相同者,由于唐处置来降蕃族之惯例,即以此蕃族原住地唐所设置之府、州名其内附后之府、州也。如苏农等一十一州。在车鼻叛乱之前已存在,非贞观二十三年及永徽元年始有。

《通鉴》"永徽元年"记:"分置单于、瀚海二都护府。单于领狼山、云中、桑乾三都督(府),苏农等一(二)十四州。"乃就碛南碛北自贞观、永徽至龙朔、麟德概括言之,非一时一地之事也。按《资治通鉴》卷201"唐高宗龙朔三年"云:

> 二月,徙燕然都护府于回纥,更名瀚海都护;徙故瀚海都护于云中古城,更名云中都护(燕然都护置于贞观二十一年,见一百九十八卷。瀚海都护置于永徽元年,见一百九十九卷)。以碛为境,碛北州府皆隶瀚海,碛南隶云中(云中都护府治金河,即秦、汉云中旧城,东北至朔州三百七十里,麟德元年,更名单于大都护府)。

同书"麟德元年"云:

> 春正月甲子,改云中都护府为单于大都护府,以殷王旭轮为单于大都护。

> 初,李靖破突厥,迁三百帐于云中城,阿史德氏为之长。至是,部落渐众,阿史德氏诣阙,请如胡法立亲王为可汗以统之。

按"碛北州府皆隶瀚海",即铁勒诸部族所在之地。"碛南隶云中",即突厥诸部族所在之地也。如单于都护府置于麟德元年,则上引《通鉴》永徽元年记事胡注所云:单于都护府所领狼山都督府,显庆三年废为州,为不可解矣。我认为单于都护府早已设置,至麟德元年,改云中之名为单于也。至于狼山都督府所在地及其领州,《旧唐书》、《新唐书·地理志》均不载。据上引《通鉴》"永徽元年"云:"处其(车鼻)余众于郁督军山,置狼山都督府以统之。"则狼山都督府即在郁督军山地区也。《新唐书》卷215(上)《突厥传》言:调露初,裴行俭讨单于府大酋温傅、奉职,并俘之,突厥余众保狼山;又言"狼山众掠云州",如狼山府在郁督军山东侧,突厥东掠河东道北端之云州,亦可有之事也。

关于《新唐书·地理志》载桑乾都督府领州四,呼延都督府领州三,《唐会要》卷73《安北都护府》略云:

> [贞观]二十三年十月三日,诸突厥归化,(以)卑失部置卑失

州，郁射部置郁射州，多地艺失部置艺失州，并隶定襄都督府。
按以上三州在《新唐书·地理志》属于桑乾都督府，并云："龙朔三年分定襄置，侨治朔方。"又云："贞观二十三年分诸部置州三。"与上引《唐会要》符合。盖贞观二十三年初置时属于定襄，非内属州；至龙朔三年分属于桑乾，又加叱略州，并成为内属州。但《通鉴》永徽元年已载桑乾府，不言所领州，胡注桑乾所领四州，亦据《新唐书·地理志》也。此为第四次事件。

上引《唐会要》又载，贞观二十三年以"贺鲁部置贺鲁州，葛禄逻悒怛二部置葛逻州，并隶云中都督府"。在《新唐书·地理志》所载属于呼延都督府，亦为内附州；并云：贞观二十年置府，又云："贞观二十三年分诸部置州二。"亦与《唐会要》符合。《新唐书·地理志》又谓："跌跌州（初为都督府，隶北庭，后为州，来属）。"跌跌州，其详不可考。《资治通鉴》卷211"唐玄宗开元四年"云："突厥降户处河曲者（北河之曲），闻毗伽立，多复叛归之。"又记："降户跌跌思泰、阿悉烂等果叛。"跌跌思泰应在跌跌州也。可证其地在河南。但初隶北庭，与属于桑乾都督府之叱略州相似，"叱略州"即隶属北庭都护府之叱勒州也。又上文"葛逻禄、悒怛二部置葛逻州"，"葛逻"应是西突厥之葛逻禄也。据《唐会要》卷100《葛逻禄国》云：

> 葛逻禄，本突厥之族也，在北庭之北，金山之西，与车鼻部落相接。薛延陀破灭之后，车鼻人众渐盛，葛逻禄率其下以归之。及高侃之经略车鼻也，葛逻禄相继来降，仍发兵助讨。后车鼻破灭，葛逻禄谋刺、婆葡、踏实力三部落，并诣阙朝见。显庆二年，置阴山、大漠、玄池三都督府，以其首领为都督。三族当东西两突厥之间，常视其兴衰，附叛不常。后稍南徙，自号三姓。兵强，勇于斗，延（庭？）州以西，突厥皆畏之。

葛逻禄三族当东、西突厥之间，时附于东，时附于西，贞观末永徽初附于东突厥车鼻可汗，车鼻破灭，乃随之归唐并内属。"葛逻禄、悒怛二部置葛逻州"，"初隶云中都督，后来属"，其缘由应如上述。据《新唐书·地理志》，呼延都督府之下有贺鲁州，以贺鲁部置，亦西突厥也。颇疑呼延府下之三州：贺鲁州、葛逻州、跌跌州均为西突厥，因隶车鼻，车鼻败灭而来属。

上引《新唐书·地理志》有达浑都督府、安化州都督府、宁朔州都督府、仆固州都督府，均隶夏州都督府，兹考释如下：

《资治通鉴》卷202"唐高宗开耀元年"云：

> 薛延陀达浑等五州四万余帐来降（达浑都督领姑衍州、步讫若州、嵘弹州、鹘州、低粟州）。

胡注与《新唐书·地理志》同，可能即据《新唐书·地理志》也。按《新唐书》卷217（下）《薛延陀传》云：

> 至永徽时，延陀部亡散者悉还，高宗为置嵘弹州处安之。

《旧唐书》卷199（下）《铁勒传》云：

> 永徽元年，延陀首领先逃逸者请归国，高宗更置溪弹州以安恤之。

新、旧《唐书》不同。《新唐书·薛延陀传》所云"延陀部亡散者悉还"，乃还薛延陀故地也，则嵘弹州亦应在延陀故地；《旧唐书·薛延陀传》"归国"云云，意为归朝内附，溪（嵘）弹州应在河南。我意《新唐书·薛延陀传》是。盖永徽时于延陀故地置嵘弹州，至约三十年后之开耀元年，嵘弹州之薛延陀人与其他四州均内附。此为第五次事件。《旧唐书·薛延陀传》云永徽元年内附，恐非是。其他四州置于何时？已难考，但可肯定置于薛延陀故地，至开耀元年乃归朝内附也。按《资治通鉴》卷199"唐高宗永徽三年"云：

> 六月戊申，遣兵部尚书崔敦礼等将并、汾步骑万人往茂州（茂州，考之新、旧志无之，当置之于薛延陀故地也）。发薛延陀余众渡河，置祁连州以处之。

据《新唐书》卷43（下）《地理志》"羁縻州关内道回纥州十八府九"云：

> 东皋兰州（并以延陀余众置祁连州）。

按：此祁连州在河南，与贞观二十二年"以阿史德时健俟斤部落置祁连州"有别（见《资治通鉴》卷198）。二者虽皆在灵州，但部族不同。因考释隶夏州之达浑府所统内属州而附及之。

247

6.1.3 丰州居住蕃族的迁徙及内属

《新唐书》卷37《地理志》"关内道"云：

> 丰州九原郡，下都督府。贞观四年以降突厥户置，不领县。

> 安北大都护府，本燕然都护府，龙朔三年曰瀚海都督府。总章二年更名。开元二年治中受降城。十年，徙治丰、胜二州之境，十二年，徙治天德军。

永兴按，景龙二年于黄河北筑三受降城，开元二年，安北都护府治中受降城，开元十年，徙治丰、胜二州之境，至十二年又徙治于天德军，均距丰州甚近。则天宝元年朔方节度使屯丰州之境，实际上包括三受降城所在及安北都护府所在，黄河以北广大地区也。则《新唐书·地理志》所载隶安北都护府之诸蕃州即属于丰州之诸蕃州也。

《新唐书·地理志》载隶属安北都护府者为七州五都督府，七州与本文主旨关系不大，暂置不论。在五都督府之龟林都督府下，注云："贞观二年以同罗部落置。"校勘记云："《唐会要》卷73、《通鉴》卷198作'二十一'。"兴按，作"二十一"，是；但《唐会要》及《通鉴》均为六都督府：回纥部为瀚海府，仆骨部为金微府，多滥葛部为燕然府，拔野古部为幽陵府，同罗部为龟林府，思结部为卢山府。瀚海、金微、幽陵、龟林，《新唐书·地理志》与《唐会要》、《通鉴》同，但《新唐书·地理志》无燕然、卢山，有坚昆。据此，《新唐书·地理志》之五都督府，未必置于贞观二十一年也。且贞观二十一年时之六都督府隶于燕然都护府，在漠北，当时尚无安北都护府之名，亦可见《新唐书·地理志》之五都督府非置于贞观二十一年者。上文论述灵州统属蕃州，曾引《旧唐书·突厥传》云：开元三年秋，九姓首领阿布思降唐内属；但《新唐书·地理志》记载开元元年隶灵州之铁勒州有四：以多滥葛部置燕然州，奚结部置鸡鹿州，阿跌部置鸡田州，浑部置东皋兰州，而无阿布思所属之同罗部。疑同罗部置州在安北都护府，同时同地置州者尚有回纥部、仆固部、拔野古部、结骨部。其龟林等五都督府乃此五部在漠北所属之都督府也。

6.1.4 宥州居住蕃族的迁徙及内属

《资治通鉴》卷214"唐玄宗开元二十六年"云：

> [二月]壬戌，敕河曲六州胡坐康待宾散隶诸州者，听还故土，
> 于盐、夏之间，置宥州以处之。

按此六州胡乃昭武九姓胡也，《通鉴》及《旧唐书·玄宗纪》的记载甚为明确。兹论述如下：

《资治通鉴》卷212"唐玄宗开元九年"云：

> 兰池州胡康待宾诱诸降户同反，夏四月，攻陷六胡州（高宗调
> 露元年，于灵夏南境以降突厥置鲁州、丽州、含州、塞州、依州、契
> 州，以唐人为刺史，谓之六胡州。长安二年，并为匡、长二州。神龙
> 三年，置兰池都督府，分六州为县），有众七万，进逼夏州，命朔方
> 大总管王晙、陇右节度使郭知运共讨之。
>
> 秋七月己酉，王晙大破康待宾，生擒之，杀叛胡万五千人。辛
> 酉，集四夷酋长，腰斩康待宾于西市。

同书"开元十年"云：

> 康待宾余党康愿子反，自称可汗；张说发兵追讨擒之，其党悉
> 平。徙河曲六州残胡五万余口于许、汝、唐、邓、仙、豫等州，空河
> 南、朔方千里之地。

《旧唐书》卷8《玄宗纪》云：

> [开元九年]夏四月庚寅，兰池州叛胡显首伪称叶护康待宾、
> 安慕容，为（伪）多览杀大将军何黑奴，伪将军石神奴、康铁头等，
> 据长泉县，攻陷六胡州。兵部尚书王晙发陇右诸军及河东九姓掩
> 讨之。
>
> [秋七月]己酉，王晙破兰池州叛胡，杀三万五千骑。

同上书又云：

> [开元十年]九月，张说擒康愿子于木盘山。诏移河曲六州残
> 胡五万余口于许、汝、唐、邓、仙、豫等州，始空河南朔方千里之地。

据上引，此次叛乱的首领康待宾、康愿子、安慕容、何黑奴、石神奴、康铁头等均应是昭武九姓胡，盖突厥统治地区居住众多昭武九姓胡，因突

厥衰败而降唐内附。其事应在唐高宗永隆元年,按《资治通鉴》卷202"唐高宗开耀元年"云:

> [十月]壬戌,裴行俭等献定襄之俘。乙丑,改元(改元开耀)。丙寅,斩阿史那伏念、阿史德温傅等五十四人于都市(既书十月丙寅朔日食,方书壬戌裴行俭献俘,乙丑改元,又书丙寅斩阿史那伏念等,是十月一月内有二丙寅矣。此旧史之误,《通鉴》因之,失于检点也。《新书》是年九月乙丑改元,盖壬戌献俘,亦九月事,前年命行俭为定襄道行军大总管以讨突厥,故曰献定襄之俘)。

据《通鉴》及胡注,斩突厥首领等虽在改元开耀后,但裴行俭败伏念及温傅并俘之,在改元前即永隆元年。突厥溃败,其所统治下之昭武九姓胡,乃降唐内附,于灵、夏南境置六州以处之。突厥初反及唐初次讨伐在调露元年十月,或者因此,胡三省以降突厥系于此年。"降突厥",不确,降人中应有突厥,但以昭武九姓胡为主体并为首领也。

《通鉴》载朔方军屯驻之境无宥州,但宥州居住大批昭武九姓胡,它的战略地位亦颇重要。《旧唐书》卷148《李吉甫传》云:

> [元和]九年,请于经略故城置宥州。六胡州以在灵、盐界,开元中废六州。曰:"国家旧置宥州,以宽宥为名,领诸降户。天宝末,宥州寄理于经略军,盖以地居其中,可以总统蕃部,北以应接天德,南援夏州。今经略遥隶灵武,又不置军,非旧制也。"宪宗从其奏,复置宥州。

据此可见宥州在开天时的重要地理位置,故在论述灵、夏、丰三州居住蕃族之后,略述宥州的情况。

6.2　朔方节度使辖军

《资治通鉴》卷215"唐玄宗天宝元年"略云:

> 朔方节度捍御突厥,统经略、丰安、定远三军,三受降城,安北、单于二都护府,兵六万四千七百人(马一万三千三百四)。

兹一一考释之。

6.2.1　经略军

上引《通鉴》胡注略云：

> 经略军在灵州城内，兵二万七百人。马三千四。

《元和郡县图志》卷4"关内道四灵州"条与《通鉴》同，《通典》卷172《州郡二·序目（下）》及《旧唐书》卷38《地理志》卷首均同。三书均言经略军在灵州城内及兵马数，无置军年月。但上引《元和郡县图志》灵州温池县云：

> 经略军，在夏州西北三百里，天宝中，王忠嗣奏于榆多勒城置军。

《新唐书》卷37《地理志》"关内道宥州"，《太平环宇记》卷36《关西道》"灵州废鸣沙县"条略同。

永兴按，经略军为朔方节度使的主力，其兵数为节度使统军的三分之一。朔方节度使治灵州，则经略军在灵州城内是合理的，正如范阳节度使之主力经略军，在治所幽州城内，岭南五府经略使之主力经略军，在治所广州城内也。但王忠嗣置之经略军，所在地为榆多勒城，置军时间天宝中，均明确。此二经略军为二，抑为一？如为一，何者为是？有待进一步考定。又王忠嗣任朔方节度使在开元二十九年至天宝五载，在榆多勒城置经略军应在此五年之间。

6.2.2　丰安军

《资治通鉴》卷215"唐玄宗天宝元年朔方节度胡注"略云：

> 丰安军在灵州西黄河外百八十里，兵八千人。马千三百四。

《旧唐书》卷38《地理志》卷首同，《元和郡县图志》卷4"关内道灵州"条，《通典》卷172《州郡二·序目（下）》亦同，但云："万岁通天初置。"按《新唐书》卷122《郭元振传》云：

> 先天元年，为朔方军大总管，筑丰安、定远城，兵得保顿。

据上引，关于置丰安军的时间有二说：一是在万岁通天初，二是在先天元年。何者为是？按《元和郡县图志》卷4"关内道灵州温池县"云：

> 定远废城，在州东北二百里，即汉北地郡方渠县之地。先天二年，郭元振以西城远阔，丰安势孤，中间千里无城，烽堠杳渺，故置

此城,募有健兵五千五百人以镇之。其后信安王祎更筑羊马城,幅员十四里。

"故置此城",筑定远城也;西城,西受降城也;丰安,丰安军也。郭元振筑定远城是为了在西受降城与丰安军之间有驻兵之处。可见,在先天二年(或元年)筑定远城时,丰安城早已存在。"万岁通天初置"之说为是。至于究系先天元年或先天二年,拟于下文详述之。

6.2.3　定远军

《资治通鉴》卷215"唐玄宗天宝元年朔方节度胡注"略云:

定远军在灵州东北二百里黄河外,兵七千人。马二千匹。

《通典》卷172《州郡二·序目(下)》朔方节度使云:

定远城(灵武郡东北二百里黄河外,景龙中韩公张仁愿置,管兵七千人,马三千匹)。

按《旧唐书》卷38《地理志》卷首朔方节度使条同《通鉴》;唯"定远军"作"定远城","马二千匹"作"马三千匹"。《元和郡县图志》卷四关内道灵州朔方节度条同《通典》,唯作定远东城。

朔方节度使总马数,诸书记载歧异,《通典》作一万四千三百匹;《元和郡县图志》作二万四千三百匹;《旧唐书·地理志》作四千三百匹。《通典》所记朔方七军管马数相加共为一万四千三百匹,《元和郡县图志》、《旧唐书·地理志》同;唯《通鉴》少一千匹。据此可知,《通典》是,朔方总马数为一万四千三百匹。《元和郡县图志》之"二万",应作"一万"。《旧唐书·地理志》脱"一万"二字。《通鉴》定远军之马数,胡注作"二千匹","二"应作"三"。

《通典》及《元和郡县图志》均谓定远军(或定远城)乃景龙中张仁愿置。但《唐会要》卷78《节度使》云:

定远军,在灵州东北二百里,先天二年正月,郭元振置。

《旧唐书》卷97《郭元振传》云:

先天元年,为朔方军大总管,始筑定远城,以为行军计集之所,至今赖之。明年,复同中书门下三品。

《新唐书》卷122《郭元振传》同。据此,置定远军者非张仁愿,乃郭元

252

振也。《通鉴》载,景龙二年三月,张仁愿筑三受降城,东受降城可略称东城,而定远城有误称为定远东城者(见下文),或因此而致误欤?至于郭元振置定远军在先天元年,抑或在先天二年?两者皆可能。据《资治通鉴》卷210"唐玄宗先天元年十一月"略云:

> 上皇诰皇帝巡边,朔方大总管、兵部尚书郭元振为右军大总管。

按《旧唐书》卷7《睿宗纪》"先天二年"云:

> 夏六月丙辰,兵部尚书、朔方道行军大总管郭元振加同中书门下三品。

据此,自先天元年十一月至二年六月,郭元振任朔方道行军大总管。他筑定远城,可在先天元年十一月、十二月,也可能在先天二年一至六月之间也。

《元和郡县图志》卷4"关内道灵州"略云:

> 定远废城,在州东北二百里。先天二年,郭元振以西域远阔,丰安势孤,中间千里无城,烽堠杳渺,故置此城,募有健兵五千五百人以镇之。其后信安王祎更筑羊马城,幅员十四里。

此处之定远废城即定远城或定远军也。"废"字无义,乃衍文。信安王祎筑羊马城,可证明此城并未废也。《新唐书》卷37《地理志》关内道警州条所记者与《元和郡县图志》同,无"废"字。

《通典》卷173《州郡三》略云:

> 宁朔郡,西北到定远军城三百一十里。

此"定远军城"即定远城也。建城为驻军用,可称为军城。《元和郡县图志》之"定远东城",疑"东"为"军"之误。

6.2.4　三受降城

三受降城所在的确定地点,上引《旧唐书》、《新唐书》张仁愿传均云于河北,即黄河以北;上引《通典》卷173称,中受降城于黄河北岸置;上引《资治通鉴》卷215云:西受降城在丰州北黄河外八十里,中受降城在黄河北岸,东受降城在胜州东北二百里。按《资治通鉴》卷209"唐中宗景龙二年"云:

　　三月丙辰,朔方道大总管张仁愿筑三受降城于河上(中受降城在黄河北岸,南去朔方千三百余里,安北都护府治焉。东受降城在胜州东北二百里,西南去朔方千六百余里。西受降城在丰州北黄河外八十里,东南去朔方千余里。宋祁曰:中城南直朔方,西城南直灵武,东城南直榆关。宋白曰:东受降城东北至单于都护府百二十里,东南至朔州四百里,西南渡河至胜州八里,西至中受降城三百里,本汉云中郡地。中受降城西北至天德军二百里,南至麟州四百里,北至碛口五百里,本秦九原郡地,在榆林,汉更名五原,开元十年于此置安北大都护府。西受降城东南渡河至丰州八十里,西南至定远城七百里,东北至碛口三百里)。

　　初,朔方军与突厥以河为境,河北有拂云祠(祠在拂云堆,因以为名),突厥将入寇,必先诣祠祈祷,牧马料兵而后渡河。时默啜悉众西击突骑施,仁愿请乘虚夺取漠南地,于河北筑三受降城,首尾相应,以绝其南寇之路。太子少师唐休璟以为"两汉以来皆北阻大河,今筑城寇境,恐劳人费功,终为虏有。"仁愿固请不已,上竟从之。

　　仁愿表留岁满镇兵以助其功,咸阳兵二百余人逃归,仁愿悉擒之,斩于城下,军中股栗,六旬而成。以拂云祠为中城,距东西两城各四百余里,皆据津要(宋白曰:东受降城本汉云中郡地,中受降城本秦九原郡地,西受降城盖汉临河县旧理处),拓地三百余里。于牛头朝那山北,置烽堠千八百所,以左玉钤卫将军论弓仁为朔方军前锋游弈使,戍诺真水为逻卫(游弈使,领游兵以巡弈者也。中受降城西二百里至大同川,北行二百四十余里至步越多山,又东北三百余里至帝割达城,又东北至诺真水。杜佑曰:游弈,于军中选骁勇谙山川、泉井者充。日夕逻候于亭障之外,捉生问事;其副使、子将,并久行军人,取善骑射人)。自是突厥不敢渡山畋牧,朔方无复寇掠,减镇兵数万人。

张仁愿筑三受降城是唐代前期的重大事件,对我们广土众民祖国的形成发展,具有特殊意义。据宋白云:东受降城本汉云中郡地,中受降城本秦九原郡地,汉更名五原。史称,唐之盛世,其北疆如前汉,实由于筑三受降城也。此前,唐北疆仅至黄河。其实,唐之北疆,直至大漠,上引《通鉴》"仁愿请乘虚夺取漠南地",则唐之北疆乃大漠也。漠南已是唐的领土,超过前汉。其次,张仁愿筑三受降城,严重打击并削弱了东突厥默啜汗国。自则天武后万岁通天之后,东突厥在默啜统治下逐渐强大,几乎每年寇边,北疆无宁日。《新唐书》卷215(上)《东突厥传》云:"默啜负胜轻中国,有骄志,大抵兵与颉利时略等,地纵广万里,诸蕃悉往听命。复立咄悉匐为左察,骨咄禄子默矩为右察,皆统兵二万;子匐俱为小可汗,位两察上,典处木昆等十姓兵四万,号拓西可汗。岁入边,戍兵不得休。乃高选魏元忠检校并州长史为天兵军大总管,娄师德副之,按屯以待。又徙元忠灵武道行军大总管,备虏。"据此可见,东突厥默啜汗国之强大超过颉利汗国,实兼有东、西突厥之地之兵。东起河北、河东、朔方,西至北庭,均受到东突厥的侵掠。开元二年二月,默啜之子同俄特勒(勤)率兵围攻北庭都护府,被北庭都护郭虔瓘击破,同俄被杀。开元四年,默啜北击拔曳固,被杀;在东突厥统治下的拔曳固、回纥、同罗、霫、仆固降唐。东突厥又衰败,唐北疆西北疆所受的威胁侵掠,至此基本解除。

东突厥默啜汗国的衰败有其内部原因和外部原因,唐筑三受降城于河北并进占控制漠南,是其中重要的原因。观上引《通鉴》记述"于河北筑三受降城,首尾相应,以绝其(东突厥)南寇之路","自是突厥不敢渡山畋牧,朔方无复寇掠,减镇兵数万人",可知东突厥默啜汗国的势力被严重削弱也。

张仁愿把唐帝国的北疆推展到大漠,解除了东突厥对北方边境的侵扰,为国家建立了不朽功勋,唐人赞美之。《唐文粹》卷52李华《韩公庙碑铭并序》略云:

> 唐之元老有大庇于生人,曰韩公。公尽力大朝,位尊将相;三城立庙,军帅乞灵则祠之。天宝季岁,华奉使朔方,展敬祠下,式瞻风采,像与神合,沈沈如生。呜呼,生以功为臣,殁以灵为神,神乎宜奉。公总戎疆外,悬衡审政,拒陇循河,绵亘万里。坚城雄防,扞

·欧·亚·历·史·文·化·文·库·

蔽三辅(永兴按,此指东突厥默啜汗国之侵犯,威胁长安及其周围也。李华撰此文时,上距东突厥大肆侵犯,深入内地,为时不远。其言与目睹者无异,可信无疑。由此可知东突厥侵犯之严重,朔方军严重削弱东突厥默啜汗国,并为默啜汗国瓦解之主要原因,其功为不朽也)。介胄之士,垂十万人,瞻我麾节,以为进退。先是,突厥犯塞,乘胜入朔方,游骑至安定(永兴按,安定郡,泾州,据《元和郡县图志》卷3,泾州东南到上都四百八十里,东突厥骑兵,自此至上都,二、三日程耳)。守军不到,经略失守,虏乃驱监牧之骒牝,退存庐帐,进围聚邑,边人摇心。公承命徂征,北蕃逆骇。并河之阿,列筑三镇。殊绩功勋,始终天地。奉铭神宫,其文曰:

赫尔韩公,司武有经。功奋三城,人谣亿龄。北狄顿颡,山戎来庭,万里寝析,缘河罢启。

《唐文粹》卷59载吕温《三受降城碑铭并序》,亦有言曰:"三受降城,皇唐之胜势者也。""跨大河以北向,制胡马之南牧。""分形以据,同力而守。东极于海,西穷于天。纳阴山于寸眸,拳大漠于一掌。惊尘飞而烽火爝,孤雁起而刁斗鸣。涉河而南,门用晏闲。"然而能代表亿万人歌诵之情的是杜少陵的诗句:

韩公本意筑三城,拟绝天骄拔汉旌。

此二句有古典,"天骄"是也,有今事(唐代之事),韩公筑三城也。陈寅恪先生在《读哀江南赋》(见《金明馆丛稿初编》)中云:

解释词句,征引故实,必有时代限断。然时代划分,于古典甚易,于今典则难。盖所谓今典者,即作者当日之时事也。

仇兆鳌注云(见《杜诗详注》卷16):

按:天骄拔汉旌,五字连读。言回纥本欲拔去汉旌,自三城既筑,则绝其拔旌之路矣。

此真寅恪先生所说,然时代划分,"于今典则难"之一例矣。张仁愿筑三受降城时,欲拔去汉旌者,乃东突厥默啜汗国,非回纥也。景龙二年时,回纥处于东突厥默啜统治或控制之下,何由南渡大河拔汉旌耶。上文已详引《通鉴》记载张仁愿筑三受降城事,为防御东突厥默啜的侵犯而筑城,为严重削弱东突厥默啜的势力而筑城,韩公本意如此,与回纥无涉。仇注不妥。

6.2.5 振武军

《资治通鉴》卷215"唐玄宗天宝元年"朔方节度使胡注略云:

> 振武军在单于都护府城内,兵九千人。马千六百四。

《通典》卷172《州郡二·序目(下)》朔方节度使(《元和郡县图志》卷4"关内道灵州朔方节度使"同)云:

> 振武军(单于都护府城内,天宝中王忠嗣置,管兵九千人,马六百四匹。西去理所千七百余里)。

按《新唐书》卷133《王忠嗣传》云:

> 天宝元年,北讨奚怒皆,战桑乾河,三遇三克,耀武漠北,高会而还。时突厥新有难,忠嗣进军碛口经略之。乌苏米施可汗请降,忠嗣以其方强,特文降耳。乃营木剌、兰山,谍虚实,因上平戎十八策。纵反间于拔悉密与葛逻禄、回纥三部,攻多逻斯城,涉昆水,斩米施可汗,筑大同、静边二城,徙清塞、横野军实之。并受降、振武为一城。自是虏不敢盗塞。徙河东节度使,进封县公。

按《新唐书》卷215(下)《突厥》云:

> [天宝]三载,拔悉蜜等杀乌苏米施,传首京师,献太庙。诏朔方节度使王忠嗣以兵乘其乱,抵萨河内山,击其左阿波达干十一部,破之。独其右未下。

据上引,乌苏米施可汗之死及王忠嗣攻东突厥均在天宝三载,并受降、振武为一城,亦在天宝三载。《元和郡县图志》作天宝中,非是。至于振武军与东受降城以及单于都护府的关系,应进一步分析。

《元和郡县图志》卷4"关内道单于大都护府"云:

> 麟德元年,改为单于大都护府。开元七年,隶属东受降城,八年,复置单于大都护府。

据此,东受降城与单于都护府为一事,单于都护府即在东受降城。天宝三载,王忠嗣并东受降城、振武军为一,亦可谓振武军即在东受降城,亦即在单于都护府城内。《通典》、《通鉴》记事均不误。天宝初年如是,

257

此后的变化,亦附此论之。按《资治通鉴》卷 220"唐肃宗乾元元年"云:

> 是岁,置振武节度使,领镇北大都护府,麟、胜二州(镇北大都护府,领大同、长宁二县。振武节度使,治单于都护府,因旧振武军而建节镇,兼押蕃落使。宋白曰:振武军,旧为单于都护府,即汉定襄郡之盛乐县也)。

所谓"振武军,旧为单于都护府",即振武军在单于都护府城内,亦即东受降城也。

6.2.6　天德军

《通典》、《元和郡县图志》、《旧唐书·地理志》、《资治通鉴》记载朔方节度使辖军均无天德军,因设置较晚也。但天德军颇重要,诸书记载歧异,且不明确,须详为考辨。

《元和郡县图志》卷 4"关内道"略云:

> 天德军(旧理在西受降城,权置军马于永清栅。元和九年诏移理旧城),本安北都护,龙朔三年,仍改名瀚海都护,总章二年,又改名安北都护,寻移于甘州东北一千一十八里隋故大同城镇。垂拱元年,置大同城镇,其都护权移理删丹县西南九十九里西安城。景龙二年,又移理西受降城。开元十年,又移理中受降城。天宝八年,张齐丘又于可敦城置横塞军,又自中受降城移理横塞军。十二年,安思顺奏废横塞军,请于大同川西筑城置军,玄宗赐名曰大安军。十四年,筑城功毕,移大安军理焉。乾元后,改为天德军。缘居人稀少,遂西南移三里,权居永清栅,其理所又移在西受降城。自后频为河水所侵,至元和八年春,黄河泛溢,城南面毁坏转多,防御使周怀义上表请修筑,约当钱二十一万贯。中书侍郎平章事李吉甫密陈便宜,以西城费用至广,又难施功,请修天德旧城以安军镇(永兴按,天德旧城即上文之大安军,在大同川西)。其大略曰:伏以西城是开元十年张说所筑(永兴按,张说所修理也),今河水来侵,已毁其半。城南面即为水所坏,其子城犹坚牢,量留一千人,足得住居(永兴按,此一千人亦是天德军兵士)。天德军士,合抽

居旧城（永兴按，即上文在大同川西之大安军也）。按天德旧城，在西城正东微南一百八十里。其处见有两城。今之永清栅，即隋氏大同旧城理，去本城约三里已下，城甚牢小。今随事制宜，仍存天德军额（永兴按，即隋大同故城，亦即永清栅）。北城（永兴按，疑应为此城，即有天德军额之永清栅也）周回一十二里，高四丈，下阔一丈七尺，天宝十二载安思顺所置（永兴按，上文大同川西筑城置军，亦即永清栅也）。其城居大同川中，当北戎大路，南接牟那山钳耳觜。天宝中安思顺、郭子仪等本筑此城，拟为朔方根本，其意以中城、东城连振武为左翼，又以西城、丰州连定远为右臂，南制党项，北制匈奴，左右钩带，居中处要，诚长久之规也。

这段文献有讹误，文义难解。其意约略可知，乾元后的天德军即天宝十二载安思顺于大同川西筑城设置之军，即大安军。此一也。元和时之天德旧城即大安军城，此城在西受降城正东微南一百八十里。此二也。此城的重要形势，即"其城居大同川中"至"诚长久之规也"一段，安思顺、郭子仪筑此城，拟为朔方根本。此三也。

《资治通鉴》卷216"唐玄宗天宝八载"云：

> 三月，朔方节度等使张齐丘于中受降城西北五百余里木剌山筑横塞军，以振远军使郑人郭子仪为横塞军使（横塞军本名可敦城。按宋白《续通典》：横塞军，初置在飞狐，后移蔚州，开元六年张嘉贞移于古代郡大安城南，以为九姓之援，天宝十二年改为天德军。参考诸书，横塞军即横野军，天宝元年书"河东节度统横野军"，开元六年所移者也。此筑横塞军在可敦城者也。振远军在单于府界）。

关于横塞军及振远军，下文考释。此处专论天德军。胡注谓：在大安城南之横塞军，"天宝十二年改为天德军"，与上引《元和郡县图志》载李吉甫之说不同。李吉甫为元和名相，熟悉国家故事，《元和郡县图志》所云："（大安军）乾元后，改为天德军"，应从之。胡注："天宝十二年改为天德军"，非是。

《资治通鉴》卷239"唐宪宗元和八年"记事与了解天德军有关，略引如下：

> 秋七月［章：甲十一行本"月"下有"辛酉"二字；乙十一行本
> 同；孔本同；张校同；退斋校同］，振武节度使李光进请修受降城，
> 兼理河防。时受降城为河所毁，李吉甫请徙其徒于天德故城（天
> 德故城，在东受降城西二百里大同川）。

永兴按，胡注：天德故城在大同川，与《元和郡县图志》同，唯天德故城
在东受降城西二百里，恐不确。细绎《元和郡县图志》文，河水所侵者
为西受降城，"徙其徒"之徒乃西受降城之兵，必与大同川中之旧天德
城不远，故天德军"旧理在西受降城"（《元和郡县图志》）也。又按《新
唐书》卷37《地理志》关内道丰州九原郡云：

> 中受降城（西二百里大同川有天德军，大同川之西有天安军，
> 皆天宝十二载置）。

天宝十二载置天德军虽不确，但天德军在中受降城西二百里则符合地
理形势。上引《通鉴》胡注之"东受降城"，应作中受降城。

关于横野军、横塞军，首先应明确，横塞军是否即横野军？按《通
典》卷172《州郡二·序目（下）》》（《元和郡县图志》卷13"河东道二河
东节度使"同）云：

> 河东节度使
>
> 横野军（安边郡东北百四十里，开元中河东公张嘉贞移置，管
> 兵七千八百人，马千八百匹，西南去理所九百里）。

《旧唐书》卷38《地理志》卷首（《资治通鉴》卷215"唐玄宗天宝元年"
同）云：

> 河东节度使
>
> 横野军，在蔚州东北一百四十里。管兵三千人，马千八百匹。

《元和郡县图志》卷14"河东道三"云：

> 蔚州
>
> 横野军，置在州城内。

《新唐书》卷39《地理志》"河东道"云：

> 蔚州

东北有横野军。

《唐会要》卷78《节度使》云：

> 横野军，初置在飞狐，复移于新州。开元六年六月二十三日，
> 张嘉贞移于古代郡大安城南，以为九姓之援。

《资治通鉴》卷212"唐玄宗开元六年"云：

> 二月戊子，移蔚州横野军于山北（杜佑曰：横野军在蔚州东北
> 百四十里，去太原九百里。此盖指言开元所移军之地）。

据上引史料，名为横野军者，均在河东道蔚州，属河东节度使。此可注意者也。《通鉴》云，"移蔚州横野军于山北"，此"山北"在何处？亦应注意。上引史料中，亦有歧异之处，当于河东节度使篇中详考。

关于横塞军，见上引《元和郡县图志》"天德军"条，为便于论述，重出两句：

> 天宝八年，张齐丘又于可敦城置横塞军，又自中受降城移理
> 横塞军。十二年，安思顺奏废横塞军，请于大同川西筑城置军，玄
> 宗赐名曰大安军。

按张齐丘于天宝八载筑横塞军又见于《资治通鉴》卷216，言齐丘于中受降城北五百余里木剌山筑横塞军（上文已引），胡注："横塞军本名可敦城。"则可敦城应在木剌山也。又按《旧唐书》卷120《郭子仪传》（《新唐书》卷137《郭子仪传》略同）云：

> 天宝八载，于木剌山置横塞军及安北都护府，命子仪领其使，
> 拜左卫大将军。十三载，移横塞军及安北都护府于永清栅北筑城，
> 仍改横塞为天德军，子仪为之使。

把这段史料与上引《元和郡县图志》载天德军比较，二者有相同处，即横塞军是天德军的前身。二者也有相异处，即《元和郡县图志》多大安军。乾元后改大安军为天德军，而大安军则由于废横塞在大同川另筑城置军；上引《旧唐书·郭子仪传》，天宝十三载移横塞于永清栅，即改为天德军。据《元和郡县图志》，横塞军存在的时间为自天宝八载至天宝十二载；据《旧唐书·郭子仪传》，横塞军存在的时间为自天宝八载至天宝十三载。二者基本相同。可能因此，诸书记载朔方节度使辖军

·欧·亚·历·史·文·化·文·库·

中无横塞军。至于《元和郡县图志》及《旧唐书·郭子仪传》相异处,留待再考。

根据上述,横野军在河东蔚州及蔚州以北,横塞军在朔方木剌山,二者并无关系;《资治通鉴》卷216胡注谓"横塞军即横野军,"非也。

6.2.7　安北都护府

隶于朔方节度使之安北都护府乃一军城耳,即《资治通鉴》卷215胡注所谓"安北都护府治中受降城"者也。安北都护府在贞观末年已存在,自贞观末迄天宝初之百年中,其职能及所在地多次改变,须略加考释,藉以明了隶于朔方之安北都护府之性质及其由来。

《元和郡县图志》卷4"关内道"略云:

> 天德军,本安北都护,贞观二十一年,于今西受降城东北四十里置燕然都护,以瀚海等六都督、皋兰等七州并隶焉。

永兴按,《资治通鉴》卷198"唐太宗贞观二十一年"云:"[四月]丙寅,置燕然都护府,统瀚海等六都督、皋兰等七州(《新书》曰:置燕然都护府于古单于台。宋白曰:在西受降城东南四十里),以扬州都督府司马李素立为之。"

上引《元和郡县图志》又云:

> 龙朔三年,移于碛北回纥本部,仍改名瀚海都护。

永兴按,《资治通鉴》卷201"唐高宗龙朔三年"云:"二月,徙燕然都护府于回纥,更名瀚海都护。"

上引《元和郡县图志》又云:

> 总章二年,又改名安北都护,寻移于甘州东北一千一十八里隋故大同城镇。垂拱元年置大同城镇,其都护权移理删丹县西南九十九里西安城。

兴按,《资治通鉴》卷201"唐高宗总章二年"云:"[八月]甲戌,改瀚海都护府为安北都护府。"其所在地仍为漠北回纥居住区域。《资治通鉴》卷203"则天后垂拱元年"云:"[六月]同罗、仆固等诸部叛,遣左豹韬卫将军刘敬同发河西骑士出居延海以讨之(甘州删丹县北渡张掖河,西北行,出合黎山峡口,傍河东壖,屈曲东北行千里,有宁寇军,军东北有居延海），同罗、仆固等皆败散。敕侨置安北都护于同城以纳降者（同城，即删丹之同城守捉，天宝二载改为宁寇军）。"以《资治通鉴》记述校释《元和郡县图志》之"总章二年"以下一段，首先应注意"寻移于甘州东北一千一十八里隋故大同城镇"一段。何以把在漠北的安北都护府移于远离漠北的同城（《元和郡县图志》的"大同城镇"，"大"为衍文）?《通鉴》记载的"同罗、仆固诸部叛"以及"侨置安北都护于同城"，使我们对回答上述疑问得到启发。《资治通鉴》卷204"则天后垂拱四年"记载陈子昂上书中有"国家近废安北"（见《陈子昂文集》卷9《谏雅州讨生羌书》），也使我们对上述问题理解更深一层。陈子昂在垂拱四年提出"国家近废安北"，则废漠北之安北都护府应在垂拱年间或稍前也。按《新唐书》卷217（上）《回鹘传》云：

> 武后时，突厥默啜方强，取铁勒故地，故回纥与契苾、思结、浑三部度碛，徙甘、凉间。

按东突厥再次强大始于骨咄禄，《新唐书》卷215（上）《突厥传》略云：

> 永淳元年，骨咄禄又反。骨咄禄，颉利族人也。世袭吐屯，保总材山，又治黑沙城，有众五千，盗九姓（永兴按，即漠北铁勒九姓）畜马，稍强大，乃自立为可汗，以弟默啜为杀，咄悉匐为叶护。嗣圣、垂拱间，连寇朔、代，掠吏士。天授初，骨咄禄死，其子幼，不得立。默啜自立为可汗。

据上引《资治通鉴》卷203，同罗、仆固等部落叛在武后垂拱元年，东突厥骨咄禄在位。此事表明，安北都护控制统属之漠北铁勒九姓，已开始叛离唐朝，默啜继骨咄禄，更为强大，故有《新唐书·突厥传》之记载，即东突厥统属铁勒九姓也。漠北铁勒九姓已非唐统属之地，则安北都护府当然也随之而废，即陈子昂所谓"国家近废安北也"。

关于漠北铁勒九姓的情况，陈子昂言之颇详。《陈子昂文集》卷8《上西蕃边州安危事》三条，前两条均与兹所论者有关，其第一条略云：

> 臣伏见国家顷以北蕃九姓（永兴按，指铁勒九姓）亡叛，有诏出师讨之。遣田扬名发金山道十姓（永兴按，此指西突厥）诸兵，自西边入。

·欧·亚·历·史·文·化·文·库·

今者九姓叛亡，北蕃丧乱，君长无主，莫知所归。回纥金水，又被残破。碛北诸姓（永兴按，指铁勒九姓），已非国家所有。

其第二条略云：

臣伏见今年五月敕，以同城权置安北府。此地逼碛南口，是制匈奴要冲。国家守边，实得上策。臣在府日，窃见碛北归降突厥（永兴按，应作铁勒或回纥）已有五千余帐，后之来者，道路相望。又甘州先有降户四千余帐，奉敕亦令同城安置。碛北丧乱，先被饥荒，涂炭之余，无所依仰。国家开安北府招纳归降，诚是圣恩洪流，覆育戎狄。

据陈子昂子言，结合上引《资治通鉴》"垂拱元年"条、《新唐书·回鹘传》、《新唐书·东突厥传》，唐失去漠北铁勒九姓并废安北都护府，原因有四：一是铁勒九姓如同罗、仆固等叛唐；二是东突厥进攻漠北；三是漠北饥荒；四是漠北九姓内乱，大批部族出走。其次，在同城设置安北都护府，为了安置漠北九姓之南来者，因同城"逼碛南口"，为自漠北南走之要路也。

据《资治通鉴》卷203"则天后垂拱元年"条，是年六月，"敕侨置安北都护府于同城以纳降者"，上引陈子昂上书云，"今年五月敕，以同城权置安北府"，盖五月下敕，六月成事也。

《元和郡县图志》云："其都护权移删丹县西南九十九里西安城。"文义难晓。上文言："垂拱元年置大同城镇。"亦不确。应依《通鉴》：垂拱元年，侨置安北都护府于同城，非置同城镇也。同城即同城守捉，在删丹县西北居延海侧，非在删丹西南。西安城亦不可考。

《元和郡县图志》又云："景龙二年，又移理西受降城。"按《资治通鉴》卷211"唐玄宗开元二年"云：

闰月（二月），以鸿胪少卿、朔方军副大总管王晙兼安北大都护、朔方道行军大总管，令丰安、定远、三受降城及旁侧诸军皆受晙节度。徙大都护府于中受降城（杜佑曰：安北府东至榆林三百五十里，南至朔方八百里，西至九原三百五十里，北至回纥界七百里），置兵屯田。

《唐会要》卷73《单于都护府》云：

> 开元二年闰五月五日，却置单于都护府。移安北都护府于中受降城。

永兴按，开元二年无闰五月，有闰二月。《唐会要》"五月"应作"二月"。《新唐书》卷37《地理志》"关内道"略云：

> 安北大都护府，开元二年治中受降城。

据《通鉴》、《唐会要》及《新唐书·地理志》，《元和郡县图志》之"景龙二年"误，应作"开元二年"；"西受降城"误，应作"中受降城"。

《通鉴》注引杜佑之言见《通典》卷173《州郡三》，全文为：

> 安北府　东至榆林郡三百五十里，南至朔方郡八百里，西至九原郡三百五十里，北至回纥界七百里，东南到榆林郡连谷县四百里，西南到九原郡界一百二十里，西北到西城界一百二十里，东北到东城界一百二十里。

据安北都护府的八到，特别是西北到及东北到，开元二年之安北都护府在中受降城，可以完全肯定。

永兴按，垂拱元年(685年)安北都护府移于甘州西北之同城，开元二年(714年)又东移于中受降城，原因为何？盖此二十九年中，朔方北部发生了重大变化，主要为景龙二年张仁愿筑三受降城。《资治通鉴》卷209记述了筑三城的重要作用，上文已详引。由于筑三受降城，唐控制了漠南，可以经略漠北，故移安北都护府于距回纥七百里之中受降城，置兵屯田，为控制漠北之准备。

《元和郡县图志》又云：

> 开元十年，又移理中受降城。

又略云：

> 中受降城，开元十年于此城置安北大都护府。后又移徙，事具天德军。

永兴按，诸书均不载开元十年安北都护府移理中受降城事。盖开元二年已自同城移理中受降城，自开元二年至十年间，唐北疆的变化似无使安北都护府移往东城或西城(假定"中"为误书)之可能也。除《元和郡县图志》外,诸书均无载,《元和郡县图志》恐误。

《元和郡县图志》云:

> 天宝八年,张齐丘又于可敦城置横塞军,又自中受降城移理横塞军。

按《资治通鉴》卷216"唐玄宗天宝八载"云:"三月,朔方节度等使张齐丘于中受降城西北五百余里木剌山筑横塞军,以振远军使郑人郭子仪为横塞军使。"

《旧唐书》卷120《郭子仪传》云:

> 天宝八载,于木剌山置横塞军及安北都护府,命子仪领其使。

安北都护府移理横塞军之原因,可能因郭子仪为横塞军使兼领安北都护府,故移安北都护府就横塞军。此时之安北都护府已无实际作用,故因人而移也。

《元和郡县图志》又云:

> 十二年,安思顺奏废横塞军,请于大同川西筑城置军,玄宗赐名曰大安军。十四年,筑城功毕,移大安军理焉。

按《新唐书》卷137《郭子仪传》云:

> 天宝八载,木剌山始筑横塞军及安北都护府,诏即军为使。俄苦地偏不可耕,徙筑永清,号天德军。

按《新唐书·郭子仪传》之"俄苦地偏不可耕,徙筑永清"云云,即《元和郡县图志》之"废横塞军"及"大同川西筑城置军"。"城",即在永清栅之城也;"军",即大安军也。安北都护府于天宝十二载或天宝十四载移理大安军。后大安改名天德,故《元和郡县图志》此条之始谓"天德军本安北都护"也。

6.2.8 单于都护府

关于单于都护府的设置及其变化过程,涉及燕然、云中、瀚海,废置迁徙,易致混淆。本文拟从相关史料说起,对于易致误解的记述,一一辨析,希望对单于都护府设置的时间及所在地区和迁徙的时间、地区,能有较确切的了解。

《资治通鉴》卷198"唐太宗贞观二十一年"云:

[四月]丙寅,置燕然都护府,统瀚海等六都督、皋兰等七州(六都督、七州并见上。《新书》曰:置燕然都护于古单于台。宋白曰:在西受降城东南四十里),以扬州都督府司马李素立为之。

永兴按,瀚海等六都督府、皋兰等七州,即铁勒诸部族所居漠北广大地区也。燕然都护府控制漠北,但其治所在西受降城东南,在漠南。

《资治通鉴》卷199"唐高宗永徽元年"云:

> 九月庚子,高侃执车鼻可汗至京师,释之,拜左武卫将军,处其余众于郁督军山,置狼山都督府以统之。以高侃为卫将军(唐无卫将军,"卫"字之上须有脱字)。于是突厥尽为封内之臣,分置单于、瀚海二都护府。单于领狼山、云中、桑乾三都督,苏农等一(二)十四州;瀚海领瀚海、金徽(微)、新黎等七都督,仙萼等八州;各以其首长为刺史、都督(宋白曰:振武军旧为单于都护府,即汉定襄郡之盛乐县也,在阴山之阳,黄河之北,西南至东受降城百二十里。瀚海都护后移于回纥本部)。

《新唐书》卷215(上)《突厥传》略云:

> [高]侃师攻阿息山,部落不肯战,车鼻携爱妾,从数百骑走,追至金山,获之,献京师。拜左武卫将军,处其众郁督军山。诏建狼山都督府统之。初,其子羯漫陀泣谏车鼻,请归国,不听。乃遣子菴铄入朝,后来降,拜左屯卫将军,建新黎州,使领其众。于是突厥尽为封疆臣矣。始置单于都护府,领狼山、云中、桑乾三都督,苏农等二十四州;瀚海都护府,领金微、新黎等七都督,仙萼、贺兰等八州;即擢领酋为都督、刺史。

据上引史料,可注意者有三点:

其一,永徽元年(650年)置单于、瀚海二都护府。

其二,单于都护府在漠南,统东突厥诸部族所居之地,其治所西南至东受降城一百二十里,即汉定襄郡之盛乐县。按《通典》卷179《州郡九》云:

> 朔州,汉为定襄、雁门二郡地。

又据《前汉书》卷28(下)《地理志》,定襄郡有成乐县,即盛乐县也。可知永徽元年设置之单于都护府在朔州境内,在东受降城东北一百二十里处。

其三,瀚海都护府所统之地,即贞观二十一年四月所置燕然都护府所统之地。瀚海代燕然,其治所在燕然原地,在漠南;后移于漠北回纥本部,其所统为漠北,即包括回纥的铁勒诸部族所居之地。

东突厥与铁勒诸族基本上以碛为界,碛南为东突厥诸族,碛北为铁勒诸族。

上文引《通鉴》,永徽元年设置单于都护府,"单于"为大都护名,始于麟德元年。按《通典》卷179《州郡九》略云:

> 单于大都护府,秦、汉云中郡地也。大唐龙朔三年,置云中都护府,又移瀚海都护府于碛北(瀚海都护,旧曰燕然都护府),二府以碛为界。麟德元年,改云中都护府为单于大都护府。领县一:金河。

《资治通鉴》卷201"唐高宗龙朔三年略"云:

> 二月,徙燕然都护府于回纥,更名瀚海都护;徙故瀚海都护于云中古城,更名云中都护(燕然都护置于贞观二十一年,瀚海都护置于永徽元年)。以碛为境,碛北州府皆隶瀚海,碛南隶云中。(云中都护府治金河,即秦、汉云中旧城,东北至朔州三百七十里,麟德元年,更名单于大都护府。杜佑曰:单于都护府南至榆林郡百二十里,东南到马邑郡三百五十里)。

同书"麟德元年"云:

> 春正月甲子,改云中都护府为单于大都护府,以殷王旭轮为单于大都护。

> 初,李靖破突厥,迁三百帐于云中城,阿史德氏为之长。至是,部落渐众,阿史德氏诣阙,请如胡法立亲王为可汗以统之。上召见,谓曰:"今之可汗,古之单于也。"故更为单于都护府,而使殷王遥领之。

永兴按,《唐会要》卷73详载改名单于都护府事,可知单于都护府之名始于麟德元年,前此,称云中都护府,治所均在金河。《旧唐书》卷39

《地理志》单于都护府条与此同,并云:"金河与府同置。"

车鼻可汗的叛乱虽被平息,但东突厥逐渐强大之势仍未能遏制,影响于单于都护府者至深且巨。司马温公注意到这一情况,《通鉴》简要而准确地记述之。兹略引录如下:

《资治通鉴》卷202略云:

> [调露元年]冬十月,单于大都护府突厥阿史德温傅、奉职二部俱反(阿史德,姓也,温傅其名。奉职,亦一部首长之名)。立阿史那泥熟匐为可汗,二十四州酋长皆叛应之,众数十万。遣鸿胪卿单于大都护府长史萧嗣业、右领军卫将军花大智、右千牛卫将军李景嘉等将兵讨之。嗣业等先战屡捷,因不设备,会大雪,突厥夜袭其营,嗣业狼狈拔营走,众遂大乱,为虏所败,死者不可胜数。大智、景嘉引步兵且行且战,得入单于都护府。

> [十一月]甲辰,以(裴)行俭为定襄道行军大总管,将兵十八万,并西军检校丰州都督程务挺、东军幽州都督李文暕总三十余万以讨突厥,并受行俭节度。

> [永隆元年]三月,裴行俭大破突厥于黑山,擒其酋长奉职;可汗泥熟匐为其下所杀,以其首来降。

> 奉职既就擒,余党走保狼山。诏户部尚书崔知悌驰传诣定襄宣慰将士,且区处余寇,行俭引军还。

裴行俭虽战胜并擒俘奉职,可汗泥熟匐死,但东突厥的众多部众保狼山,仍相当强大。果然,一年后,东突厥又起兵,裴行俭第二次出征。

《资治通鉴》卷202"唐高宗开耀元年"云:

> 裴行俭军既还,突厥阿史那伏念复自立为可汗,与阿史德温傅连兵为寇。[正月]癸巳,以行俭为定襄道大总管,以右武卫将军曹怀舜、幽州都督李文暕为副,将兵讨之。

裴行俭取得胜利,俘获伏念、温傅。此年十月壬戌,"裴行俭等献定襄之俘"(见《资治通鉴》卷202)。阿史德温傅等虽被镇压下去,但阿史那骨笃禄继之而叛,其势力更为强大。《资治通鉴》卷203"唐高宗永淳元年"云：

> 是岁,突厥余党阿史那骨笃禄、阿史德元珍等招集亡散,据黑
> 沙城反(杜佑曰:阿史德元珍,习知中国风俗,边塞虚实。在单于
> 府检校降户部落,坐事为单于长史王本立所拘絷。会骨咄禄入寇,
> 元珍请依旧检校部落,本立许之,因便投骨咄禄。骨咄禄得之甚
> 喜,以为阿波大达干,令专统兵马事),入寇并州及单于府之北境。

骨笃禄入侵,严重威胁唐北疆,"朝议欲废丰州,迁其百姓于灵、夏。"由
于丰州司马唐休璟的反对,未能实行(均见《资治通鉴》卷203"唐高宗
弘道元年")。同书又载则天后光宅元年,"以左武卫大将军程务挺为
单于道安抚大使,以备突厥。"至垂拱三年十月,乃有"右监门卫中郎将
爨宝璧与突厥骨笃禄、元珍战,全军皆没"之事(《资治通鉴》卷204)。
唐对于东突厥对北疆,特别是单于都护府的侵扰,似乎无可奈何。此
时,陈子昂上书言及单于都护府事,值得重视。《资治通鉴》卷204"则
天后垂拱四年"略云:

> 正字陈子昂上书,国家近废安北,拔单于,弃龟兹,放疏
> 勒(废安北,拔单于,以突厥畔援也;弃龟兹,放疏勒,以吐蕃侵逼
> 也)。

永兴按,陈子昂上书,见《陈子昂文集》卷9《谏雅州讨生羌书》。据此,
在垂拱四年稍前,唐曾放弃单于都护府。此乃重要之事,故陈伯玉上书
言之。按《旧唐书》卷194(上)《东突厥默啜传》云:"默啜至是又索此
降户及单于都护府之地。"《资治通鉴》卷206"则天后神功元年亦载"
此事。自垂拱四年(688年)至神功元年(697年)为时九年、约十年中,
唐曾放弃单于都护府,旋又恢复。观陈子昂上书及《旧唐书·东突厥
默啜传》、《通鉴》记事,可确言也。此后,唐史籍文献很少记载单于都
护府事。单于都护府不过一军城,其都护职能已为朔方大总管及朔方
节度使所代替。

《唐会要》卷73《安北都护府》云:

> 开元八年六月二十日敕,单于、安北等大都护,亲王遥领者,加
> 副大都护一人,准从三品,总知府事。

天宝四载十月,于单于都护府置金河县。

迄于天宝十四载,单于都护府在金河县,成为朔方节度使所领军城。

6.3 朔方节度的重大作用

本文开始曾举出陈寅恪先生的观点:"朔方军为唐室中兴之关键。"此乃不刊之论,它阐明了朔方节度的重大作用。杜少陵《洗兵马》云:

> 中兴诸将收山东,捷书夜报清昼同。河广传闻一苇过,胡危命在破竹中。只残邺城不日得,独任朔方无限功。

在此,诗人歌颂了朔方节度的重大作用。朔方节度在平定安史之乱,使唐祚延续百五十年的过程中,其丰功伟绩,从唐人到今天的唐史研究者都完全肯定,不须赘述。

在本文中,我对朔方节度的重大作用的论述是在另一方面,即抵御并解除从则天武后在位期间到开元初年东突厥对唐北疆以及北边地区的严重侵犯,并进一步保卫了唐帝国的首都长安和东都洛阳。

我用"朔方节度"这一名称,包括它的前身"朔方大总管"。朔方节度是从朔方大总管发展而来的。朔方节度的兵力有相当部分是在带有"节度"这一名称之前已存在的;朔方节度的军事布署如三受降城等多在朔方大总管期间已经完成。全面论述唐代前期的朔方军,应包括朔方大总管或朔方军大总管。

6.3.1 朔方军的地理位置

在唐代前期十节度中,朔方节度的特殊重要与它所处的地理位置有关;它所在的地区与唐帝国包括长安的心脏地区较近,又介入东突厥的活动区域。在唐代前期的周边蕃族中,东突厥对唐威胁最大,为时最长。

《资治通鉴》卷215"唐玄宗天宝元年"云:

> [朔方节度]屯灵、夏、丰三州之境。

《元和郡县图志》卷4"关内道"略云:

·欧·亚·历·史·文·化·文·库·

灵州,灵武:东南至上都一千二百五十里。东南至东都二千二百七十里(永兴按,《通典》卷173《州郡三》、《旧唐书》卷38《地理志》记灵州距西京里数同,距东都里数作"二千里")。

夏州,朔方:东南至上都一千五十里。东南至东都一千八百五十里。[永兴按,《通典》卷173《州郡三》云:(夏州朔方郡)去西京一千一百里。去东京一千六百八十里。《旧唐书》卷38《地理志》云:(夏州朔方郡)在京师东北一千一百一十里,至东都一千六百八十里。三书所记略同。]

丰州,九原:南至上都一千八百里。南至东都一千二百九十里[永兴按,"一"应作"二"。《通典》卷173《州郡三》云:(丰州九原郡)去西京二千二百六十里,去东京三千四十里。《旧唐书》卷38《地理志》云:(丰州九原郡),在京师北二千二百六里,至东都三千四十四里。《通典》、《旧唐书·地理志》略同,《元和郡县图志》或有误?]

据上引,朔方节度治所灵武郡城距长安一千二百里,较北边、西北边诸节度治所均近,如河西节度治所凉州,距京师二千里;范阳节度治所幽州城,距京师二千五百里;河东节度治所太原府城,距京师一千三百里。置十节度以备边,是主要任务,但每一节度保卫所在地区以及毗近地区,也是它应负之责。展示唐前期地图,如按开元二十一年分天下为十五道,灵、夏、丰所在的关内道与京师所在的京畿道毗邻。关内道采访使以京官遥领,二者之关系密切也。安禄山叛乱,唐肃宗所以以朔方节度治所灵武为根据地,依靠朔方军建中兴大业;朔方距京师较近,对保卫京师有特殊责任,亦重要条件之一也。

以上论述,只是就朔方所处地理位置及发生的特殊作用,但这是次要方面。更重要的是,朔方节度由于所处地理位置和其他条件,抵御并解除了东突厥对唐北疆和北边地区的侵犯,因而保卫了关中地区和京师。

6.3.2　朔方军与东突厥、铁勒九姓

唐代前期,北疆外最大的两个蕃族为碛南亦即河北的东突厥和碛

北的铁勒九姓。唐太宗贞观四年以前,东突厥颉利汗国统治碛南、碛北,铁勒九姓依附于颉利。东突厥实际控制了大河以南。《资治通鉴》卷191"唐高祖武德七年"略云:

> 八月戊辰,突厥寇原州(永兴按,据《元和郡县图志》卷3,原州,"东南至上都八百里")。

> 壬申,突厥寇忻州,丙子,寇并州。京师戒严。戊寅,寇绥州(永兴按,据《元和郡县图志》卷4,绥州,"西南至上都一千里")。刺史刘大俱击却之。

> 是时,颉利、突利二可汗举国入寇,连营南上,秦王世民引兵拒之。会关中久雨,粮运阻绝,士卒疲于征役,器械顿弊,朝廷及军中咸以为忧。世民与虏遇于豳州(永兴按,据《元和郡县图志》卷3,邠州,"东南至上都三百里"),勒兵将战。己卯,可汗帅万余奄至城西,陈于五陇阪,将士震恐。

> 庚寅,岐州刺史柴绍破突厥于杜阳谷(杜阳山在岐州扶风县)。(永兴按,据《元和郡县图志》卷2,岐州凤翔府"东至上都三百一十里")。

从上引史料可以看到,武德七年八月,东突厥的骑兵过黄河,直到距长安城三百里的邠洲、岐州,未遇到较大的阻击。唐弱而东突厥强大也。据此,武德九年八月,颉利可汗引兵进犯渭水便桥之北,便不是偶然之事了。

贞观四年,东突厥颉利汗国瓦解。此后近五十年,东突厥对唐北疆的威胁基本解除。

(1)东突厥侵扰北方边境地区和朔方大总管的设置

自贞观四年至高宗调露元年阿史德温傅、奉职二部反叛之四十九年中,除贞观二十三年车鼻可汗不入朝旋即为高侃所俘外,东突厥对唐的北疆无侵犯。但从调露元年至开元四年的三十七年中,东突厥经常犯边和侵略北方边境地区。默啜的骑兵竟进犯到北方内地。这三十七年可分为前后两期,即调露元年至景龙二年;景龙二年至开元四年。因景龙元年张仁愿任朔方道大总管,始有番代的常驻边防军队,而景龙二年张仁愿又筑三受降城也。以下据《通鉴》并参证它书简略论述之。

《资治通鉴》卷202"唐高宗调露元年"略云：

冬十月，单于大都护府突厥阿史德温傅、奉职二部俱反，立阿史那泥熟匐为可汗，二十四州酋长皆叛应之，众数十万。遣鸿胪卿单于大都护府长史萧嗣业、右领军卫将军花大智、右千牛卫将军李景嘉等将兵讨之。嗣业等先战屡捷，因不设备，会大雪，突厥夜袭其营，嗣业狼狈拔营走，众遂大乱，为虏所败，死者不可胜数。大智、景嘉引步兵且行且战，得入单于都护府。嗣业减死，流桂州，大智、景嘉并免官。

突厥寇定州。

壬子，遣左金吾卫将军曹怀舜屯井陉，右武卫将军崔献屯龙门，以备突厥。突厥扇诱奚、契丹侵掠营州，都督周道务遣户曹始平唐休璟将兵击破之。

庚申，诏以突厥背诞，罢封嵩山。

〔十一月〕甲辰，以（裴）行俭为定襄道行军大总管，将兵十八万，并西军检校丰州都督程务挺、东军幽州都督李文暕，总三十余万以讨突厥，并受行俭节度。

同书"永隆元年"略云：

三月，裴行俭大破突厥于黑山（黑山一名杀胡山，在丰州中受降城正北，如东八十里，亦谓之呼延谷），擒其酋长奉职；可汗泥熟匐为其下所杀，以其首来降。

奉职既就擒，余党走保狼山（狼山，歌逻禄右厢部落所居也。永徽元年，置狼山州，属云中都护府）。诏户部尚书崔知悌驰传诣定襄宣慰将士，且区处余寇，行俭引军还。

按，《旧唐书》卷194（上）《突厥传》及《新唐书》卷215（上）《突厥传》均载阿史德温傅、奉职反叛事。唯裴行俭第一次出征之部将《旧唐书·突厥传》记为"太仆少卿李思文、营州都督周道务"，按营州都督周道务，其人其事在裴行俭第一次出征之前。《旧唐书·东突厥传》误。裴

274

行俭第二次出征,据《通鉴》在开耀元年,《旧唐书》卷84《裴行俭传》及《新唐书》卷108《裴行俭传》记裴行俭第二次出征,虽未标明时间,据上下文可推知为开耀元年。《旧唐书·突厥传》作永隆元年,亦误。《新唐书·突厥传》"花大智"作"苑大智";"花"、"苑"二字形极相似,不知孰是?裴行俭第二次出征,《资治通鉴》卷202"唐高宗开耀元年"略云:

> [正月],裴行俭军既还,突厥阿史那伏念复自立为可汗,与阿史德温傅连兵为寇。癸巳,以行俭为定襄道大总管,以右武卫将军曹怀舜,幽州都督李文暕为副,将兵讨之。
>
> 裴行俭军于代州之陉口(即雁门之陉岭关口),多纵反间,由是阿史那伏念与阿史德温傅浸相猜贰。伏念留妻子辎重于金牙山(突厥之初,建牙于金山,其后分为东、西突厥,凡建牙之地,率谓之金牙山。苏定方直抵金牙山擒贺鲁,此西突厥可汗所居之金牙山也。裴行俭遣程务挺等掩金牙山,取伏念妻子,此东突厥可汗所居之金牙山也。可汗所居,谓之金帐,故亦以金牙言之),以轻骑袭曹怀舜,行俭遣裨将何迦密自通漠道,程务挺自石地道掩取之。伏念与曹怀舜约和而还,比至金牙山,失其妻子辎重,士卒多疾疫,乃引兵北走细沙,行俭又使副总管刘敬同、程务挺等将单于府兵追蹑之。伏念请执温傅以自效,然尚犹豫,又自恃道远,唐兵必不能至,不复设备。敬同等军到,伏念狼狈,不能整其众,遂执温傅,从间道诣行俭降。行俭尽平突厥余党,以伏念、温傅师京师。
>
> [十月]壬戌,裴行俭等献定襄之俘。

裴行俭两次出征,东突厥的叛乱被镇压而平息。这次战争表明,东突厥全面兴起;二十四突厥州酋长皆叛应之,显著地说明了这一点。为什么会出现这种情况,下文将详加论述。这里简略指出:唐太宗重视漠北铁勒诸部族和朔方的重要作用,并由此而采用的策略,他的继承人唐高宗和武后未能全面继承,更谈不到有所发展了。高宗懦弱无能,不须论。武后强明刚毅有类太宗,但雄才大略则远不如。特别是对周边蕃族的侵犯干扰,也近于无所作为。因此,太宗对大漠南北诸蕃族的策略

欧·亚·历·史·文·化·文·库·

以及重视朔方的措施,几乎被弃而不用了。

继阿史那伏念为阿史那骨笃禄,东突厥的力量更为强大,对唐北疆的侵犯更为频繁严重。《资治通鉴》卷203"唐高宗永淳元年"云:

> 是岁,突厥余党阿史那骨笃禄、阿史德元珍招集亡散,据黑沙城反,入寇并州及单于府之北境,杀岚州刺史王德茂。

这次进犯,为薛仁贵击退。但在次年(弘道元年),突厥又寇定州、妫州。阿史那骨笃禄、阿史德元珍围单于都护府,杀司马张行师。骨笃禄等又寇蔚州(均见《资治通鉴》卷203弘道元年)。则天后光宅元年,骨笃禄等寇朔州(见《资治通鉴》卷203)。垂拱三年,骨笃禄等寇昌平,又寇朔州(见《资治通鉴》卷204)。

《资治通鉴》卷205"则天后延载元年"云:

> 突厥可汗骨笃禄卒,其子幼,弟默啜自立为可汗。腊月甲戌,默啜寇灵州。

默啜为可汗之始,即侵犯唐疆,此后十五年(至景龙二年)是东突厥最强大也是对唐侵掠最严重的时期。在这样严峻的形势下,边防常驻军(定期番代)的朔方大总管体制(朔方节度前身)出现了。

同书"延载元年"云:

> [三月甲申]更以僧怀义为朔方道行军大总管,以李昭德为长史,苏味道为司马,帅契苾明、曹仁师、沙吒忠义等十八将军以讨默啜,未行,虏退而止。

> [八月]戊辰,以王孝杰为瀚海道行军总管,仍受朔方道行军大总管薛怀义节度。

朔方道行军大总管是朔方道大总管设置的初步。僧怀义以下的长史、司马地位之高,率十八将军将卒之众,特别是五个月后又任命身为同凤阁鸾台三品王孝杰为瀚海道行军总管,隶属于朔方道行军大总管。这些措施虽未产生直接效果,但具有重要意义。其一为,朔方道大总管的设置走出第一步;其二为,削弱东突厥的势力,制止东突厥的侵略,要借重漠北铁勒诸部族的力量。任命王孝杰为瀚海道行军总管并隶属于朔方道行军大总管,即是其重要表现也。

默啜对唐的侵略,在圣历初年最为严重,唐动用了庞大的军事力量,仍无效果。按《资治通鉴》卷206"则天后圣历元年"云:

> [八月]以司属卿武重规为天兵中道大总管,右武卫将军沙吒忠义为天兵西道总管,幽州都督下邽张仁愿为天兵东道总管,将兵三十万以讨突厥默啜;又以左羽林卫大将军阎敬容为天兵西道后军总管,将兵十五万为后援。
>
> 癸丑,默啜寇飞狐,乙卯,陷定州,杀刺史孙彦高及吏民数千人。
>
> [九月]戊辰,默啜围赵州(永兴按,据《元和郡县图志》卷17,赵州"西南至东都一千三十里")。
>
> 癸未,突厥默啜尽杀所掠赵、定(永兴按,据《元和郡县图志》卷18,定州"西南至东都一千二百二十五里")等州男女万余人,自五回道去,所过,杀掠不可胜纪。沙吒忠义等但引兵蹑之,不敢逼。狄仁杰将兵十万追之,无所及。默啜还漠北,拥兵四十万,据地万里,西北诸夷皆附之,甚有轻中国之心。
>
> 冬十月制:都下屯兵,命河内王武懿宗、九江王武攸归领之。

永兴按,"都下屯兵",防默啜之突然侵入也。赵州、定州距东都千里,突厥骑兵,数日程耳。"西北诸夷皆附之",主要为铁勒九姓皆在默啜控制之下,故还漠北也。回顾贞观末期及永徽、显庆之时,漠南由单于(当时为云中)都护辑宁东突厥,漠北由瀚海都护抚慰铁勒诸族。四十年后,瀚海、单于二都护府已失去应有的作用,漠北漠南,几乎完全为默啜所有,八十年前的东突厥颉利汗国再度出现。

《资治通鉴》卷207"则天后长安元年"云:

> [五月]以魏元忠为灵武道行军大总管,以备突厥。

永兴按,灵州灵武郡,朔方节度治灵州,灵武道行军大总管即朔方道行军大总管也。

同书"长安四年"云:

> [七月]丙午,夏官侍郎、同平章事宗楚客有罪,左迁原州都督,充灵武道行军大总管。

277

> 九月壬子，以姚元之充灵武道行军大总管；辛酉，以元之为灵
> 武道安抚大使。

按《旧唐书》卷96《姚崇传》云：元之为张易之所谮，使充灵武道行军大
总管。据宗楚客、姚元之二例，可知武则天不重视灵武道行军大总管，
不甚知朔方的重要性。

《资治通鉴》卷208"唐中宗神龙元年"云：

> 六月壬子，以左骁卫大将军裴思说充灵武军大总管，以备
> 突厥。

同书"神龙二年"云：

> 十二月己丑，突厥默啜寇鸣沙（灵州有鸣沙府。武德二年，以
> 鸣沙县置会州。贞观六年，州废，更置环州，以大河环曲为名。九
> 年州废，以县还属灵州。是年为默啜所寇，移治故丰安城），灵武
> 军大总管沙吒忠义与战，军败，死者六千余人。丁[严："丁"改
> "辛"]巳，突厥进寇原、会等州，掠陇右牧马万余匹而去。免忠
> 义官。

同书"景龙元年"云：

> 夏五月戊戌，以左屯卫大将军张仁愿为朔方道大总管，以备
> 突厥。
>
> 冬十月丁丑，命左屯卫将军张仁愿充朔方道大总管，以击突
> 厥（"左屯卫"之下逸"大"字）；比至，虏已退。追击，大破之。

《资治通鉴》卷209"唐中宗景龙二年"略云：

> 三月丙辰，朔方道大总管张仁愿筑三受降城于河上。仁愿表
> 留岁满镇兵以助其功（戍边岁满当归者，留以助城筑之功），咸阳
> 兵二百余人逃归，仁愿悉擒之，斩于城下，军中股栗，六旬而成。

据上引，自神龙元年后，裴思说、沙吒忠义为灵武军大总管，张仁愿为朔
方道大总管，二者一也。按《新唐书》卷50《兵志》略云：

> 初，府兵之置，若四方有事，则命将以出，事解辄罢，兵散于府，
> 将归于朝。
>
> 夫所谓方镇者，节度使之兵也。原其始，起于边将之屯防者。

唐初，兵之戍边者，大曰军，小曰守捉，曰城，曰镇，而总之者曰道。其军、城、镇、守捉皆有使，而道有大将一人，曰大总管，已而更曰大都督。至太宗时，行军征讨曰大总管，在其本道曰大都督。

《通典》卷32《职官十四》云：

> ［武德］七年，改大总管府为大都督府，总管府为都督府。复有行军大总管者，盖有征伐则置于所征之道，以督军事。

据上引《新唐书·兵志》及《通典》，上文所述魏元忠、宗楚客、姚元之为灵武道行军大总管，即《通典》之"有征伐则置于所征之道"者，即《新唐书·兵志》所谓"事解辄罢，兵散于府，将归于朝"。裴思说、沙吒忠义为灵武道大总管，张仁愿为朔方道大总管，灵武道亦即朔方道，三人均为朔方道长官。张仁愿于景龙元年十月任朔方道大总管，景龙二年三月筑三受降城，七月入相，在朔方将近一年，非临时督军征伐，事罢即归于朝者。裴思说、沙吒忠义的情况亦应如是，乃率将吏兵士长驻边防之封疆大吏也。据此，朔方道大总管或灵武道大总管乃朔方节度使之前身，朔方军之始应为裴思说充灵武军之神龙元年（705年）六月。

其次，据《通鉴》"仁愿表留岁满镇兵"，可知当时朔方军兵士中的汉兵部分，乃内地百姓戍边，定期番代。这实际上是募兵制（亦可谓征兵制）下的兵士。兵农合一府兵制下的兵士，不可能定期（按，可能三、四年或再长一些）驻守边疆也。

以上两点，特别是常驻边疆朔方军之设置及其时间，颇为重要；因朔方军之设置，并逐渐强大，特别是筑三受降城，严重地打击并削弱了东突厥默啜汗国，此本文论述主旨之一也。《通鉴》记述筑三受降城后的形势为"拓地三百余里"，"自是突厥不敢渡山畋牧，朔方无复寇掠，减镇兵数万人"，非夸大之词。

本文此段开始曾说，从调露元年到开元四年的三十七年，东突厥对唐的侵犯可分前后两期，即景龙二年筑三受降城之前的二十九年为前期，筑三受降城之后的八年为后期。前期，东突厥对唐的侵犯几乎年年皆有，且深入内地，威胁东都。后期八年中，东突厥对唐的侵犯，只开元二年一次，按《资治通鉴》211"唐玄宗开元二年"条云：

[二月]乙未,突厥可汗默啜遣其子同俄特勒(勤)及妹夫火拔颉利发(《考异》曰:《旧郭虔瓘传》云"默啜婿",今从《旧突厥传》及《唐历》。《旧虔瓘传》作"移江可汗",《突厥传》作"移涅可汗",今从《唐纪》)、石阿失毕将兵围北庭都护府,都护郭虔瓘击破之。同俄单骑逼城下,虔瓘伏壮士于道侧,突起斩之。突厥请悉军中资粮以赎同俄,闻其已死,恸哭而去。

而这一次侵犯北庭,以丧失可汗之子告终。前后两期之不同如此,其主要原因为常驻边防朔方军之建立及筑三受降城也。

(2)朔方军的设置和铁勒诸部族内属

唐太宗对后日朔方军所在的灵武地区和漠北铁勒诸部族极为重视,二者又关系密切。司马温公注意此点,以较多篇幅记述之。

《资治通鉴》卷198"唐太宗贞观二十年"略云:

敕勒九姓酋长,以其部落素服薛延陀种,闻咄摩支来,皆恐惧,朝议恐其为碛北之患,乃更遣李世勣与九姓敕勒共图之。上戒世勣曰:"降则抚之,叛则讨之"(《考异》曰:《旧李世勣传》云:"诏勣以二百骑发突厥兵讨击。"今从《铁勒传》)。[六月]己丑,上手诏,以"薛延陀破灭,其敕勒诸部,或来降附,或未归服,今不乘机,恐贻后悔,朕当自诣灵州招抚。其去岁征辽东兵,皆不调发。"

[八月]己巳,上行幸灵州。

江夏王道宗兵既渡碛,遇薛延陀阿波达官众数万拒战,道宗击破之。斩首千余级,追奔二百里。道宗与薛万彻各遣使招谕敕勒诸部,其酋长皆喜,顿首请入朝。庚午,车驾至浮阳(浮阳,《旧书》作"泾阳",当从之。杜佑曰:京兆泾阳县,乃秦封泾阳君之地。此时车驾盖至京兆之泾阳)。回纥、拔野古、同罗、仆骨、多滥葛、思结、阿跌、契苾、跌结、浑、斛薛等十一姓各遣使入贡,称:"薛延陀不事大国,暴虐无道,不能与奴等为主,自取败死,部落鸟散,不知所之。奴等各有分地,不从薛延陀去,归命天子,愿赐哀怜,乞置官司,养育奴等。"上大喜。辛未,诏回纥等使者宴乐,颁赉拜官,赐其酋长玺书,遣右领军中郎将安永寿报使。

壬申,上幸汉故甘泉宫(甘泉宫在京兆云阳县界磨石岭,又曰磨盘岭,又曰车盘岭),诏以"戎狄与天地俱生,上皇并列。铁勒百余万户,散处北溟,远遣使人,委身内属,请同编列,并为州郡;宜备礼告庙,仍颁示普天。"

　　庚辰,至泾州;丙戌,踰陇山(陇山时属陇州汧源县界),至西瓦亭,观马牧(原州平高县南有瓦亭故关)。九月,上至灵州(灵州在京师西北千二百五十里),敕勒诸部俟斤遣使相继诣灵州者数千人,咸云:"愿得天至尊为奴等天可汗,子子孙孙常为天至尊奴,死无所恨。"甲辰,上为诗序其事曰:"雪耻酬百王,除凶报千古。"公卿请勒石于灵州,从之。

　　丙戌,车驾还京师。

永兴按,贞观二十年八月庚申朔,己巳乃八月十日,太宗发自京师,庚午为十一日,至泾阳,壬申为十三日,至汉故甘泉宫,庚辰为二十一日,至泾州,丙戌为二十七日,踰陇山,九月,至灵州,十月丙戌(二十八日),还至长安(按,《通鉴》"丙戌,车驾还京师。冬十月己丑"云云,似丙戌在九月,但九月庚寅朔,无丙戌;十月己未朔,丙戌为二十八日,《旧唐书·太宗纪》、《新唐书·太宗纪》均作"十月丙戌,太宗还至长安",应从之)。从八月十日至十月二十八日为时两个半月,此唐太宗去灵州(包括来往路程)之时间也。《通鉴》云:"冬十月己丑,上以幸灵州往还,冒寒疲顿,欲于岁前专事保摄。十一月己[张:"己"作"乙"]丑,诏祭祀、表疏、胡客、兵马、宿卫,行鱼契给驿、授五品以上官及除解、决死罪皆以闻,余并取皇太子处分。"行文至此,不禁要问:招抚铁勒诸部,可依常例,下诏抚慰,诸部遣使至京师入贡朝见,何以太宗以两个半月的时间,往返二千五百里,冒寒疲顿,亲自到灵州招抚? 唐太宗远见卓识,他此行实由于时、地、人三者。所谓时,即太宗自言:"薛延陀破灭,其敕勒诸部,或来降附,或未归服,今不乘机,恐贻后悔。"机不可失,时不再来也。所谓地,即灵州,京师之北稍偏西,不甚遥远之军事政治交通中心,同时又能控制大漠南北之地也。所谓人,一指铁勒,其回纥、同罗、仆固、契苾等均为骁勇善战之人;二指太宗本人,以万乘之尊亲临距漠北不甚遥远之灵州,接受铁勒诸部使之朝贡,与遣一使臣诏铁勒诸部来京,其重轻实悬殊也。太宗灵州之行亦具有白乐天在《新乐府·七德舞》中所云:"以心感人人心归"之意。在太宗心目中,蕃、汉均人也,人可以人心感之;三指太子及在朝诸臣以及继之为君为臣者,朔方之地,铁勒诸族之人,关系大唐帝国之盛衰存亡,应极重视,故以身示之。

《资治通鉴》卷198"唐太宗贞观二十年"云:

> [十二月]戊寅,回纥俟利发吐迷度、仆骨俟利发歌滥拔延、多滥葛俟斤末、拔野古俟利发屈利失、同罗俟利发时健啜、思结酋长乌碎及浑、斛薛、奚结、阿跌、契苾、白霫酋长,皆来朝。[敕勒(原缺二十二字)]庚辰,上赐宴于芳兰殿(按阁本《大明宫图》,玄武门右玄武殿后有紫兰殿,大乐宴胡客,率引入玄武门。今此芳兰殿,岂紫兰殿耶?),命有司□□□□[章:十二行本"司"下四空格为"厚加给待"四字;乙十一行本同;孔本同;张校同;退斋校同]每五日一会。

同书"贞观二十一年"云:

> [正月]丙申,诏以回纥部为瀚海府,仆骨为金微府(《考异》曰:《旧书》作"金徽"。今从《实录》、《唐历》),多滥葛为燕然府,拔野古为幽陵府,同罗为龟林府,思结为卢山府(府者,都督府也),浑为皋兰州,斛薛为高阙州,奚结为鸡鹿州,阿跌为鸡田州,契苾为榆溪州,思结别部为蹛林州,白霫为寘颜州;各以其酋长为都督、刺史,各赐金银缯帛及锦袍。敕勒大喜,捧戴欢呼拜舞,宛转尘中。

以上《通鉴》所记,乃唐太宗灵州之行的直接结果,也是唐利用铁勒诸部族捍卫北边并开疆拓土的基础。至于"岂谓尽烦回纥马,翻然远救朔方兵"(杜少陵《诸将》诗)之所以出现,则是太宗灵州之行的政策传诸后世之结果矣。

从贞观末年到神龙元年设置灵武军大总管,为时约六十年,唐史籍文献记载漠北铁勒诸部者不多,特别是东突厥默啜汗国强大期间

（景龙二年以前），铁勒诸部族在默啜统治之下和唐的交往不多，兹就《通鉴》所载，略论述之。

《资治通鉴》卷199"唐太宗贞观二十三年"云：

> 上以突厥车鼻可汗不入朝，遣右骁卫郎将高侃发回纥、仆固等兵袭击之。

唐俘颉利可汗后，东突厥第一次叛乱的平定，唐所用的武力乃回纥、仆固兵也。至高宗显庆二年，苏定方灭西突厥贺鲁汗国所用的兵力中有回纥婆闰所将胡兵（见《资治通鉴》卷200）。

《资治通鉴》卷201"唐高宗龙朔三年"云：

> 二月，徙燕然都护府于回纥，更名瀚海都护。

辑宁铁勒诸部族之都护府，从漠南徙至漠北，进一步控制铁勒诸部，这是一项重要的措施。但二十二年之后，由于漠北天灾和有些部族叛乱，由瀚海改名安北的都护府不得不迁移至甘州的同城。《资治通鉴》卷203"则天后垂拱元年"云：

> ［六月］同罗、仆固等诸部叛，遣左豹韬卫将军刘敬同发河西骑士出居延海以讨之（甘州删丹县北渡张掖河，西北行，出合黎山峡口，傍河东墙，屈曲东北行千里，有宁寇军，军东北有居延海），同罗、仆固等皆败散。敕侨置安北都护府于同城以纳降者（同城，即删丹之同城守捉，天宝二载改为宁寇军）。

此后不久，默啜牙帐在漠北，统治铁勒诸部族，即《资治通鉴》卷206"则天后圣历元年"所云："默啜还漠北，拥兵四十万，据地万里，西北诸夷皆附之，甚有轻中国之心"者也。

上述形势，至神龙初年而有所改变，神龙二年以后，更有大的改变，由于拥有常驻边防军的朔方军的建立，筑三受降城，东突厥默啜汗国的势力大为削弱故也。朔方军之建立及其与铁勒诸部族的关系，为本文此段论述之主题。但对自贞观末年至神龙初年长时间中有关铁勒诸族的情况，不能不略有述及，读者谅之。

朔方军之建立，上文已略论述。此处应指出：朔方军与河东节度的密切关系，即以朔方为主河东为辅构成北边军事格局。亦即《资治通鉴》卷215"唐玄宗天宝元年"略云之"朔方节度捍御突厥,河东节度与朔方掎角以御突厥"者是也。此种形势非始于天宝初年,其来有渐,前此,朔方节度有时兼领河东节度,即此北边军事格局表现之一。下文论述,言河东事实亦言朔方事,因二者同在一军事格局中。

　　唐太宗重视朔方与铁勒诸部族的思想政策,必须实行强有力的措施,首先使朔方强大,打破或消除漠南东突厥的隔断,才能充分发挥铁勒诸族的力量;同样,要借重和利用铁勒诸部族,才能使朔方强大,捍御突厥,开疆拓土。二者的关系如此。朔方军的建立和筑三受降城,正是这一强有力的措施。细读《通鉴》及其注释关于筑三受降城和筑城后形势的论述,司马温公、胡身之真正理解张韩公筑三受降城的用意,真正了解当时唐帝国北疆的形势。筑三受降城后的唐北疆向北拓展三百余里,漠南成为朔方的北部。《资治通鉴》卷209"唐中宗景龙二年三月筑三受降城胡注引宋白"曰:

　　[中受降城]北至碛口五百里,开元十年于此置安北大都护府。西受降城东北至碛口三百里。

《元和郡县图志》卷4"关内道西受降城"条云:

　　碛口西至回鹘衙帐一千五百里。

据上引可知,中受降城经碛口至回纥牙帐二千里,西受降城经碛口至回纥牙帐一千八百里。碛口为自朔方通向漠北要路之关键地点。前者,即漠南成为朔方的北部,同时,《通鉴》云:"以左玉钤卫将军论弓仁为朔方军前锋游弈使,戍诺真水为逻卫。"胡注云:

　　中受降城西二百里至大同川,北行二百四十余里至步越多山,又东北三百余里至帝割达城,又东北至诺真水。

则戍诺真水之逻卫已在中受降城东北近千里之地。合上述而总观之,东西横亘唐帝国北疆外的东突厥默啜汗国,已被腰斩为二,其受打击之严重,可想而知也。后者,即朔方军据碛口及通回纥要路,则朔方军与漠北铁勒诸部族的交往便利,便于辑宁抚慰,便于控制,便于发挥铁勒诸部族的重要作用。

　　朔方军以其所具备的重要条件,有利于铁勒诸部族发挥重要作用。铁勒诸部族如何发挥他们的重要作用？这一重要作用就是大为增强朔方军的战斗力量。

在本文朔方节度领州部分，曾据《新唐书》卷43（下）《地理志》羁縻州和其他史料，较详细地论述了灵、夏、丰三州所隶蕃府、蕃州。现在只就灵、夏及安北都护府内属的回纥府、州，简要论述如下：《新唐书·地理志》记载灵州都督府内属回纥州六，即：

燕然州（以多滥葛部地置，侨治回乐）。

鸡鹿州（以奚结部置，侨治回乐）。

鸡田州（以阿跌部置，侨治回乐）。

东皋兰州（以浑部置，侨治鸣沙）。

烛龙州（贞观二十二年析瀚海都督之掘罗勿部置，侨治温池。）

燕山州（侨治温池。）

在"燕然州"下，注云："及鸡鹿、鸡田、烛龙三州，开元元年来属。"按《资治通鉴》卷211"唐玄宗开元三年"云：

九姓思结都督磨散等来降；（七月）己未，悉除官遣还。

按"思结"即"奚结"，铁勒部族之一，据《新唐书·地理志》，以此部族内属者置鸡鹿州。《新唐书·地理志》及《通鉴》所记者为一事，应依《通鉴》在开元三年；《新唐书·地理志》"元年"误。但《通鉴》谓："悉除官遣还"，恐不确；或磨散等遣还，而部族置于回乐也。回乐，属灵州灵武郡。《旧唐书》卷38《地理志》"关内道灵州大都督府"条云：

开元初废（按指六胡州），复置东皋兰、燕然、燕山、鸡田、鸡鹿、烛龙等六州，并寄灵州界，属灵州都督府。

《旧唐书·地理志》后文列出此六州，燕然、鸡鹿、鸡田三州寄在回乐县界，东皋兰州寄在鸣沙县界，燕山、烛龙二州在温池县界，与《新唐书·地理志》全同。鸣沙、温池二县均属灵州。据上述分析考证，此六回纥州（兴按，即铁勒州）均在开元三年内属灵州。

《资治通鉴》卷211"唐玄宗开元四年"云：

［六月］癸酉，拔曳固斩突厥默啜首来献。时默啜北击拔曳

固,大破之于独乐水,恃胜轻归,不复设备,遇拔曳固逆卒颉质略,自柳林突出,斩之。时大武军子将郝灵荃奉命使在突厥,颉质略以其首归之,与偕诣阙,悬其首于广街。拔曳固、回纥、同罗、霫、仆固五部皆来降,置于大武军北。

按大武军所在之地,诸书记载不同,《唐会要》卷78《节度使》云:

> 大同军,置在朔州,本大武军。调露二年,裴行俭改为神武军。天授二年,改为平狄军。大足元年五月十八日,改为大武军。开元十二年三月四日,改为大同军。

《新唐书》卷39《地理志》"河东道"云:

> 代州雁门郡
>
> 其北有大同军,本大武军,调露二年曰神武军,天授二年曰平狄军,大足元年复更名。

按代州、朔州皆在河东道北部,相距甚近,故史籍记载大武军之所在有代州、朔州之异。

《新唐书》卷43(下)《地理志》"羁縻州关内道"云:

> 瀚海都督府(以回纥部置)。
>
> 金微都督府(以仆固部置)。
>
> 幽陵都督府(以拔野古部置)。
>
> 龟林都督府(贞观二年以同罗部落置)。
>
> 坚昆都督府(以结骨部置)。
>
> 右隶安北都护府

《新唐书·地理志》校勘记据《通鉴》,改贞观二年为贞观二十一年。按《资治通鉴》卷198"贞观二十一年"载该年所置铁勒府中有上述五府之四,无坚昆府(兴按,坚昆府置在贞观二十二年),有白霫为寘颜州。《新唐书·地理志》羁縻州在上述五府之前亦有白霫为寘颜州。则置上述五蕃府于贞观二十一年是可以的;但我认为,此五蕃府之四(除坚昆府)及白霫为寘颜州,乃上引《通鉴》开元四年六月来属之拔曳固、回纥、同罗、霫、仆固所置之铁勒府州也。就铁勒部族而言,其内属后所置府州之名,往往与在漠北相同。《新唐书·地理志》所云:"右隶安北都

护府"亦与开元四年时符合,按《唐会要》卷73《单于都护府》云:

> 开元二年闰五月五日,却置单于都护府,移安北都护于中受
> 降城。

《新唐书》卷37《地理志》"关内道"略云:

安北大都护府,开元二年治中受降城,十年徙治丰、胜二州之境。
按中受降城东去朔州之北不远,《通鉴》记拔曳固、回纥等五部内属,置
于大武军之北,亦即在朔州之北,未确言何地,则此五铁勒州府隶安北
都护府固应有之事也。

《资治通鉴》卷212"唐玄宗开元六年"云:

> 二月戊子,移蔚州横野军于山北,屯兵三万,为九姓之援(永
> 兴按,此九姓乃泛言铁勒诸部族,即开元四年六月内属之拔曳固、
> 回纥等五部。初建都督府,与东突厥所在之地不远,易遭攻击,故
> 移横野军于山北为之援也);以拔曳固都督颉质略、同罗都督毗伽
> 末啜、霫都督比言、回纥都督夷健颉利发、仆固都督曳勒歌等各出
> 骑兵为前、后、左、右军讨击大使,皆受天兵军节度。有所讨捕,量
> 宜追集,无事各归部落营生,仍常加存抚。

永兴按,《通鉴考异》曰:"《实录》:'壬辰,制大举击突厥,五都督及拔
悉密金山道总管处木昆执米啜、坚昆都督骨笃禄毗伽、契丹都督李失
活、奚都督李大酺及默啜之子右贤王默特勒逾输等夷夏之师,凡三十
万,并取朔方道行军大总管王晙节度。'而于后俱不见出师胜败。按此
年正月,突厥请和,帝有答诏;而二月伐之,恐无此事。"司马温公谓"恐
无此事",诚为卓识,值得治唐史者学习。唯《实录》之"并取朔方道行
军大总管王晙节度"及五都督(按即拔曳固都督颉质略等五人)不书名
衔,而契丹都督李失活等五人则全书之,此二点值得注意。盖五都督之
兵乃朔方军,而李失活等五人所率之兵乃客军也。行军大总管可主、客
军均统之,但亦主、客有别。铁勒五部内属之蕃兵乃朔方军也。

自神龙初年朔方军建立和景龙二年筑三受降城,漠北铁勒部族内
属朔方者日多,最显著者为开元三年和四年两次,但绝不仅这两次。
《新唐书·地理志》羁縻州中属于朔方的铁勒蕃州甚多,读者可参阅。

内属朔方的铁勒部族成为朔方军的重要部分,甚至是主要部分。朔方军骁勇善战,此为主要原因之一。铁勒部族内属后,大多保留其原有的部落形式,并参加朔方军。《新唐书》卷224(上)《叛臣(上)·仆固怀恩传》(《旧唐书》卷121《仆固怀恩传》略同)略云:

> 仆固怀恩,铁勒部人。贞观二十年,铁勒九姓大首领率众降,分置瀚海、燕然、金微、幽陵等九都督府,别为蕃州,以仆骨歌滥拔延为右武卫大将军、金微都督。讹为仆固氏,生乙李啜,乙李啜生怀恩,世袭都督(永兴按,《旧唐书·仆固怀恩传》云:"历事节度王忠嗣、安思顺,皆以善格斗,达诸蕃情,有统御材,委之心腹。"王忠嗣、安思顺皆朔方节度使也。推测,仆固怀恩的父、祖辈亦皆以金微府都督为朔方将)。广德初,乃上书陈情曰:"兄弟死于阵,子姓(永兴按,《旧唐书·仆固怀恩传》作"姪")没于军,九族之内,十不一在。"

按《旧唐书·仆固怀恩传》在上书之前,尚有"怀恩以寇难已来,一门之内死王事者四十六人"等语,可见仆固怀恩一族乃以部落形式参加朔方军也。其他铁勒部族参加朔方军者,当亦如是。如《旧唐书》卷134《浑瑊传》云:

> 浑瑊,皋兰州人也,本铁勒九姓部落之浑部也。高祖大俟利发浑阿贪支,贞观中为皋兰州刺史。曾祖元庆、祖大寿、父释之,皆代为皋兰都督。大寿,开元初历左领卫中郎将,太子仆同正。释之,少有武艺,从朔方军,积战功于边上,累迁至开府仪同三司,试太常卿,宁朔郡王。广德中,与吐蕃战,没于灵武,年四十九。
>
> 瑊,本名日进,年十余岁即善骑射,随父战伐。

按皋兰州即《新唐书·地理志》羁縻州中隶于灵州之东皋兰州,侨治鸣沙。浑释之以上数代,均以皋兰州都督(或刺史)的身份从朔方军,浑瑊亦当如是。皋兰州都督即浑部酋长,都督为朔方将,则部落众当然是朔方吏卒,从将至卒均是部落将与兵也。

论述至此,本段可以结束。神龙元年裴思说充灵武军大总管,特别是景龙元年张仁愿充朔方道大总管,二年筑三受降城,备有常驻边防兵士的朔方军确立,并控制了漠南广大地区,使朔方军具备了控制漠北并辖宁漠北铁勒诸部族的条件,也就是吸收铁勒诸南下内属部族的条件;也正因如此,景龙二年,为安抚铁勒诸部的安北都护府,从甘州东北的同城迁移至西受降城(见《元和郡县图志》卷4"关内道天德军"条),西受降城东北至碛口三百里,便于安抚漠北铁勒诸部也。此后,铁勒诸部族不断南下内属,开元三年、四年是显著的两次。朔方地区居住众多铁勒部族,多以部落形式成为朔方军的重要部分,甚至是主要部分。朔方军遂成为强大的部队。

6.3.3 朔方军的兵数、朔方军形成发展略论

读唐史,对朔方军兵数之多,颇有疑问。如《资治通鉴》卷209"唐中宗景龙二年"载张仁愿筑三受降城后,又云:

> 减镇兵数万人。

《旧唐书》卷93《张仁愿传》、《新唐书》卷111《张仁愿传》同。

《资治通鉴》卷210"唐睿宗景云二年"云:

> [七月]己巳,以右御史大夫解琬为朔方大总管。琬考按三城戍兵(三城,三受降城也),奏减十万人。

《旧唐书》卷100《解琬传》、《新唐书》卷130《解琬传》同。

《资治通鉴》卷212"唐玄宗开元十年"略云:

> 夏四月己亥,以张说兼知朔方军节度使。
>
> 闰月壬申,张说如朔方巡边。
>
> [八月]先是,缘边戍兵常六十余万,说以时无强寇,奏罢二十余万使还农。上以为疑,说曰:"臣久在疆场,具知其情,将帅苟以自卫及役使营私而已。若御敌制胜,不必多拥冗卒以妨农务。陛下若以为疑,臣请以阖门百口保之。"上乃从之。

《旧唐书》卷97《张说传》、《新唐书》卷125《张说传》同。从景龙二年(708年)至景云二年(711年)四年之间,朔方减兵十数万人,至开元十年(722年)仍有六十余万,朔方兵何以如此之多也?张说奏减二十余万之多,仍有四十余万。《资治通鉴》卷215"唐玄宗天宝元年"载朔方节度有兵六万四千七百人,只是开元十年朔方兵数的十分之一。二者

何悬殊如此？张说所说的将帅自卫及私自役使,是兵数众多的原因,但不可能使朔方军多至六十余万。我认为,朔方军兵数众多的主要原因为:朔方节度统有众多铁勒部族府州,大批部落酋长及众多部落成员均是朔方军的将与兵也。这只是推测,证据不足,聊备一说。

唐开天十节度,就其始源及发展形成过程而论,大致为两个系统:一为自行军大总管及大总管、总管发展而形成者。如《资治通鉴》卷204"则天后天授二年"云:

> 五月,以岑长倩为武威道行军大总管,击吐蕃,中道召还,军竟不出。

同书卷205"则天后延载元年"云:

> 二月,武威道总管王孝杰破吐蕃教论赞刃[严:"刃"改"与"]、突厥可汗俊子等于冷泉及大岭。
>
> 夏四月壬戌,以夏官尚书、武威道大总管王孝杰同凤阁鸾台三品。

按凉州武威郡,河西道首府也。武威道行军大总管及武威道大总管即河西道行军大总管与河西道大总管。河西节度使即由此发展而形成者也。二为自都护府发展而形成者。如安西四镇节度,由安西都护府发展而形成;北庭节度,由北庭都护府发展而形成。

朔方节度的发展形成,兼有上述两个系统。上文已一再指出,朔方道行军大总管,特别是朔方道大总管为朔方节度的前身;朔方道大总管或朔方军大总管是开天期间朔方节度或朔方军的开始。朔方节度发展形成过程中,也具有都护府这一因素。按《新唐书》卷64《方镇表》"朔方栏"略云:

> [开元九年]　置朔方年节度使,领单于大都护府,夏、盐、绥、银、丰、胜六州,定远、丰安二军,东、中、西三受降城。
>
> [开元十六年]　朔方节度兼检校浑部落使。
>
> [开元二十年]　朔方节度增领押诸蕃部落使及闲厩、宫苑、监牧使。

《唐会要》卷73《单于都护府》云:

开元二年闰五月五日,却置单于都护府,移安北都护府于中受降城。

据上引,朔方节度领单于都护府;安北都护府治于中受降城,朔方节度领中受降城,则朔方节度亦领安北都护府矣。朔方节度领二都护府,《资治通鉴》卷215"唐玄宗天宝元年"亦载,云:

[朔方节度,统]三受降城,安北、单于二都护府。

朔方节度既自朔方道大总管发展而来,又领安北、单于二都护府,实兼有上述大总管及都护府两个系统。

据上引《新唐书·方镇表》,朔方节度检校浑部落使,领押诸蕃部落使。浑,即铁勒浑部,诸蕃部落主要为铁勒诸部族,包括回纥、同罗、仆固等部族,据上述开元三年、四年铁勒诸部族内属及《新唐书·地理志》羁縻州中之铁勒蕃州隶朔方者,可确言也。朔方,其特殊地理位置——"朔方,国之北门,"(郭子仪语,见《旧唐书》卷120《郭子仪传》)。铁勒诸部族,勇敢善战。如处理得当使二者结合,实为大唐帝国强劲之支柱。回顾贞观二十年唐太宗灵州之行,贞观皇帝的愿望,至开元天子时而实现。论述朔方节度的形成与发展,不能不以押诸蕃部落使为其最大特点,历史的实际固如是也。

上文全部论述,头绪纷繁,兹总括如下:

朔方节度使领州中的蕃族,分为灵州、夏州、丰州、宥州居住蕃族的迁徙及内徙四部分论述。蕃族指铁勒诸族、东突厥、昭武九姓胡,以铁勒诸部族为主。这一部分的主题为论朔方军,内属的铁勒诸部族为朔方军的主要部分,对于这一蕃族从漠北南徙以及内属,不能不进行分析。铁勒诸部族如回纥、同罗、仆固等的内属,在第一部分第三小节还有简要论及,在此处不能不全面论述。本文主旨之一:朔方军严重削弱了东突厥默啜汗国的力量,并促使它走向瓦解,因而对东突厥居住区域和迁徙,应有基本了解。以上论述,还试图使读者了解朔方军所处的复杂的蕃族环境。

朔方节度辖军,在这一部分中,简要考释朔方节度所辖诸军所在地区、建立的时间等问题。对天德军、安北都护府、单于都护府论述较多;因天德军为朔方之根本,而后二者迁徙变化较多也。

朔方节度的重大作用,朔方节度的特殊地理位置,即大唐帝国的北门,是朔方具有重大作用的主要条件之一,故首先论述之。朔方节度的重大作用有二:一为平定安史之乱,为唐中兴的关键。此点已为自唐迄今之读史治史者所肯定。本文开端已举出陈寅恪先生的论述。二为解除东突厥默啜汗国对唐的侵犯。东突厥的骑兵深入北方内地,威胁京师长安和东都洛阳。由于朔方军的建立和筑三受降城,这一危险局面完全改变——默啜汗国瓦解了。朔方军平定安史之乱建殊勋;解除默啜汗国对唐的严重威胁,特别是对两京的威胁立大功;朔方军不朽矣。朔方军所以强大所以能发挥重大作用的另一主要条件为:朔方节度拥有铁勒诸部族如回纥、同罗、仆固等勇健善战的部落兵,故亦详论之。最后,简略论述朔方军的形成发展和具有押诸蕃部落使这一特点。

至德元载六月,太子行将去朔方之时,唐玄宗谕太子曰:"汝勉之,勿以吾为念。西北诸胡,吾抚之素厚,汝必得其用"(见《资治通鉴》卷218)。"西北诸胡"指朔方地区内铁勒诸族,《旧唐书·肃宗纪》作"西戎北狄",非唐玄宗之本意也。在危急仓皇之际,玄宗作此语,非仅自慰,亦实情也。"朔方军为唐室中兴之关键"(寅恪先生语),这其中包含两方面因素:一方面朔方地区为国之北门;另一方面,此地区内之铁勒诸部族并参加朔方军也。百余年前,唐太宗所以不顾疲劳,以两个半月,往返二千五百里,有灵州之行。他所注意者,一为朔方之特殊地理位置,二为漠北铁勒诸部族,实际上即百余年后为唐室中兴关键之朔方军也。本文主旨为论朔方军,故以太宗灵州之行始,而结束于唐肃宗将有朔方之行。

7 论唐代前期河东节度

本文探讨河东节度的建置及其前身,河东节度辖军及领州,河东节度设置的重要意义等问题,并附以河东节度使年表考证。兹依次论述如下。

7.1 河东节度的建置及其前身

河东节度的设置,与天兵军关系密切。其前身应为并州大都督府长史,持节和戎、大武诸军节度,天兵军、太原以北诸军节度。

天兵军的出现,《资治通鉴》卷211"唐玄宗开元五年"条云:

> 并州长史张嘉贞上言:"突厥九姓新降者,散居太原以北,请宿重兵以镇之。"[七月]辛酉,置天兵军于并州,集兵八万;以嘉贞为天兵军大使(天兵军在并州城中)。

按《通鉴》系此事于开元五年七月辛酉,辛酉乃二十四日。但《唐会要》卷78《节度使》略云:

> 天兵军,开元五年六月二十四日张嘉贞又置。

按开元五年六月己巳朔,二十四日为壬辰,六月无辛酉,应从《通鉴》作"七月"。即天兵军置于开元五年七月二十四日也。

《新唐书》卷127《张嘉贞传》云:

> 突厥九姓新属内附,杂处太原北,嘉贞请置天兵军绥护其众,即以为天兵使。

按"突厥九姓"即铁勒九姓,铁勒诸部族长期处于突厥统治之下,故史籍有时亦称之为突厥九姓。

《旧唐书》卷99《张嘉贞传》云:

> 时突厥九姓新来内附,散居太原以北,嘉贞奏请置军以镇之,于是始于并州置天兵军,以嘉贞为使。

293

《通鉴》、《新唐书·张嘉贞传》、《旧唐书·张嘉贞传》所记相同,《通鉴》较详,最可为据,即开元五年七月二十四日张嘉贞于并州置为数八万之天兵军。

由于铁勒九姓内属而置天兵军,此铁勒九姓即《通鉴》卷211"唐玄宗开元四年六月"所云:

> 拔曳固、回纥、同罗、霫、仆固五部皆来降,置于大武军北。

铁勒诸部族皆勇敢善战,拔曳固、回纥、同罗、仆固四部之战斗力尤为坚强。

关于大武军,《唐会要》卷78《节度使》云:

> 大同军,置在朔州,本大武军。调露二年,裴行俭改为神武军。天授二年,改为平狄军。大足元年五月十八日,改为大武军。开元十二年三月四日,改为大同军。

《新唐书》卷39《地理志》"河东道"略云:

> 代州雁门郡,其北有大同军,本大武军,调露二年曰神武军,天授二年曰平狄军,大足元年复更名。

据上引,大武军源于神武军,裴行俭所置,曾改名为平狄军,至大足元年又改名大武军,直至开元十二年才又改名。开元四年铁勒诸部族内属时,此军正名为大武,《唐会要》与《新唐书·地理志》一致。唯《唐会要》称大武军在朔州,《新唐书·地理志》称在代州,二者虽不同,但均在太原以北。新、旧《唐书·张嘉贞传》及《通鉴》均称,内属铁勒之拔曳固、回纥、同罗、霫、仆固五部散居太原以北,乃实际情况。

拔曳固等五部远自漠北迁徙至太原以北,乃由于突厥默啜可汗被杀,东突厥内部混乱,对漠北之铁勒九姓已不能控制,自漠北至河东道北部之道路已通。这一情况至为明显,可不多论。由于铁勒五部族散居朔、代地区,唐设置天兵军,《通鉴》引张嘉贞上书称:"请宿重兵以镇之。"即以强大兵力威慑内属之铁勒诸部也。《旧唐书·张嘉贞传》同《通鉴》,《新唐书·张嘉贞传》则谓:"嘉贞请置天兵军绥护其众。"即绥护来属之铁勒五部。"绥护"即安抚保护。威慑及安抚保护,其目的为:使内附铁勒五部成为天兵军使统率下之部落兵,亦即唐北疆上保卫国家并开疆拓土之重要军事力量。下列两条史料充分说明此点。

《通鉴》卷212"唐玄宗开元六年"云：

> 二月戊子，移蔚州横野军于山北（杜佑曰：横野军在蔚州东北百四十里，去太原九百里。此盖指言开元所移军之地），屯兵三万，为九姓之援；以拔曳固都督颉质略、同罗都督毗伽末啜、霫都督比言、回纥都督夷健颉利发、仆固都督曳勒歌等各出骑兵为前、后、左、右军讨击大使，皆受天兵军节度。有所讨捕，量宜追集；无事各归部落营生，仍常加存抚。

上引《通鉴》对原制书有所省略；《册府元龟》载制书全文，唯多讹误脱漏。合二者并观之，可知制书之完备内容。这一史料十分重要，故不惮引文冗长，移录《册府》之文如下：

《册府元龟》卷992《外臣部·备御五》云：

> ［开元］六年二月戊子制曰："戢兵始于威武，扼险先于要害，以制慓俗，用绥远人。九姓等顷立勋庸，先除桀骜，列在蕃服，保其疆宇。然而犷戎颇近，寇盗时侵，虽文德未弘，武备素设。汉垣通于句注，夏屋枕于燕山，是称近胡，谅藉遮虏。固可节其万部，成犄角之形；屯我六师，示张皇之势。其蔚州横野军宜移于山北古代郡大安城南，仍置汉兵三万人，以为九姓之援。拔曳固都督颉质略等，并望雄蕃绪，声振朔垂。戎略既昭，兵旅唯缉，各陈武列，分统军政。颉质略出马骑三千人，充横野军讨击大使。同罗都督比言（永兴按，据上引《通鉴》，同罗都督毗伽末啜、霫都督比言，《册府元龟》有脱漏，应从《通鉴》）出马骑二千人，充横野后军讨击大使。回纥可汗都督移健颉利发出马骑一千人，充大将军右军讨击大使。仆固都督曳勒哥出马骑八百人，充大武军右军讨击大使。左萦右拂，先偏后伍，作扞云代，指清沙漠，宣威料敌，度功藏务。咨尔庶士，称朕意焉。其五都督讨击大使，各量给赐物一百匹，领本部落蕃兵，取天兵军节度。其兵有事，应须讨逐探候，量宜追集；无事并放在部落营生；并使本军存问，务使安辑。应修筑所及支运兵马粮等，所司亦与节度使商量处置。

295

据上引,铁勒五部内附七个月后(自开元五年七月至开元六年二月),即编入天兵军下属的战斗部队,五部族之首领为讨击大使,率领本部落蕃兵,成为天兵军的重要组成部分。以部落的形式参加战斗,以部落的形式营生,使蕃将所率领的蕃兵保持其组织牢固与骑射技术,此即寅恪先生所谓"蕃将之所以被视为重要者,在其部落组织及骑射之技术"(《论唐代之蕃将与府兵》,载《金明馆丛稿初编》)。

开天期间,河西、安西四镇、北庭、朔方、范阳、平卢诸节度均亦大量使用蕃将蕃兵,蕃将蕃兵成为唐北疆、西北疆国防线上的主要军事力量,其主要部分亦多为铁勒诸部族。但铁勒诸部族如何内附,如何以部落的组织形式成为边防军的确切过程,河东天兵军下之铁勒五部族之部落兵为最典型事例,故详述之。

天兵军为河东节度的前身,实即河东节度,创建之始,即具有一个显著特点:以铁勒五部族之蕃将所率领的部落蕃兵为其重要组成部分。直至天宝十五载,河东节度始终如是。

关于更天兵军节度为太原以北节度,《唐会要》、《新唐书·方镇表》、《通鉴》诸书均有记载,并且有分歧。兹引录诸书记载,加以考证。

《唐会要》卷78《节度使》云:

> 河东节度使,开元十一年以前,称天兵军节度。其年三月四日,改为太原已北诸军节度。至十八年十二月,宋之悌除河东节度,已后遂为定额。

《新唐书》卷65《方镇表二》"北都"栏云:

> [开元十一年]更天兵军节度为太原府以北诸军州节度、河东道支度营田使、兼北都留守,领太原及辽、石、岚、汾、代、忻、朔、蔚、云九州,治太原。

《通鉴》卷212"唐玄宗开元十一年"云:

> [二月]己巳,罢天兵、大武等军,以大同军为太原以北节度使,领太原、辽、石、岚、汾、代、忻、朔、蔚、云十州。

首先应提出更天兵军大使为天兵军节度使。《新唐书》卷65《方镇表二》"北都"栏云:

[开元八年]更天兵军大使为天兵军节度使。

按《通鉴》卷212"唐玄宗开元八年"云：

[六月]突厥降户仆固都督勺磨及跌跌部落散居受降城侧，朔方大使王晙言其阴引突厥，谋陷军城，密奏请诛之。诱勺磨等宴于受降城，伏兵悉杀之，河曲降户殆尽。拔曳固、同罗诸部在大同、横野军之侧者，闻之皆恼惧（大同军即大武军，武后大足元年更名。杜佑曰：在代州北三百里，去并州八百余里）。秋，并州长史、天兵节度大使张说引二十骑，持节即其部落慰抚之，因宿其帐下。

可证明《新唐书·方镇表》不误。张说可能是第一任天兵军节度大使。

上文引《唐会要·节度使》之文，分为三段，一段记述开元十一年以前称天兵军节度，一段记述同年三月改为太原以北诸军节度，一段记述开元十八年十二月始称河东节度。前二者《新唐书·方镇表》、《通鉴》均同，唯行文措辞不同，并有小的歧异，兹略论之。

按开元十一年三月丙寅朔，己巳乃四日也，《唐会要》作开元十一年三月四日改天兵军节度为太原以北节度，是。《通鉴》纪事，年、日同《唐会要》，月为二月。按开元十一年二月丁酉朔，无己巳，《通鉴》误。

《通鉴》云："罢天兵、大武等军，以大同军为太原以北节度使。"据此，大同军与太原以北节度为一事，但《唐会要》卷78《节度使》云：

大同军，置在朔州，本大武军。调露二年，裴行俭改为神武军。天授二年，改为平狄军。大足元年五月十八日，改为大武军。开元十二（应作一）年三月四日，改为大同军。

上引《唐会要》可分为两段：一为"大同军，置在朔州，本大武军"，即大同军为朔州大武军之改名。二为自"调露二年"至文末，即始自调露二年裴行俭置（《唐会要》之"改"字，不确）于朔州的神武军，至天授二年改为平狄军，大足元年五月十八日改为大武军，至开元十一年三月四日，改为大同军。据此，大同军即太原以北节度使，应无疑问。至于《通鉴》天宝元年载河东节度辖军中之天兵、大同两军，应如何解释，因《通鉴》开元十一年记载已罢天兵军，而大同军又成为管辖太原以北诸军节度，何以至天宝元年，天兵、大同又成为河东节度所辖之两军耶？

我意,天宝元年之天兵军乃并州城内为数二万之天兵军,非集兵八万屯驻太原以北之天兵军,此天兵军已罢于开元十一年。天宝元年之大同军乃仅屯驻朔州之大同军也。

此后七年,即如《唐会要》所载,"至[开元]十八年十二月,宋之悌除河东节度,已后遂为定额"。《新唐书》卷65《方镇表》"北都"栏云:

> [开元十八年]更太原府以北诸军州节度为河东节度。自后,节度使领大同军使,副使以代州刺史领之。复领仪、石二州。

河东节度使名实俱完备矣。

总结上述,自景云二年设置并州长史领持节和戎、大武等军诸军节度使起,中经天兵军节度、太原府以北诸军州节度,至开元十八年更为河东节度。河东节度形成之过程如此。

最后,应略论天兵道行军总管或天兵道总管与开元五年设置的天兵军及稍后的天兵军节度之关系。

《通鉴》卷206"则天后圣历元年"云:

> [八月]以司属卿武重规为天兵中道大总管(缘此,后置天兵军于并州城中),右武卫将军沙吒忠义为天兵西道总管,幽州都督下邽张仁愿为天兵东道总管,将兵三十万以讨突厥默啜;又以左羽林卫大将军阎敬容为天兵西道后军总管,将兵十五万为后援。

同书"圣历二年"云:

> [四月]壬辰,以魏元忠检校并州长史,充天兵军大总管,以备突厥。

就上列二例,天兵道及天兵军所在为河东道北部及其毗邻地区,开元五年设置的天兵军以及稍后的天兵军节度所在与之相同。上引胡注所谓"缘此,后置天兵军于并州城中",即据地域及名称相同而言也。至于天兵道总管、天兵道总管与开元五年设置的天兵军使以及稍后的天兵军节度之不同有二。按《新唐书》卷50《兵志》云:

> 至太宗时,行军征讨曰大总管。

《通典》卷32《职官十四》云:

> 复有行军大总管者,盖有征伐则置于所征之道,以督军事。

据此,总管、行军总管乃因征伐临时设置之将,所辖士卒亦临时征发之兵。征伐完毕,将归于卫,兵散于府,非常任之将及久驻之兵。圣历年间之天兵道总管及天兵军总管均如此。开元五年设置之天兵军以及稍后的天兵军节度则不同,将为常任而兵乃久驻。此一也。其次,天兵道总管或天兵军总管只督军事,无预于该地区之行政,开元五年后之天兵军及天兵军节度则为河东道北部之军事及行政长官。此二也。

中宗之后,有些地区总管成为常任,督军且理行政,复辖有久驻之兵(番代之兵),张仁愿为朔方大总管,即是一例。此为从总管制向节度使制之过渡也,河东地区亦应如是。朔方总管为朔方节度使在制度上之来源,天兵道总管亦应为天兵军节度使以及河东节度使在制度上之来源。我的推测如此。

7.2 河东节度辖军和领州

《通鉴》卷215"唐玄宗天宝元年"云:

> 河东节度与朔方掎角以御突厥,统天兵、大同、横野、岢岚四军,云中守捉,屯太原府忻、代、岚三州之境,治太原府,兵五万五千人(天兵军在太原城内,兵三万人。大同军在代州北三百里,兵九千五百人。横野军在蔚州东北一百四十里,兵三千人。岢岚军在岚州北百里,兵一千人。云中守捉在单于府西北二百七十里,兵七千七百人。忻州在太原府北八十里,兵七千八百人。代州至太原五百里,兵四千人。岚州在太原府西北二百五十里,兵三千人)。

《旧唐书》卷38《地理志》河东节度使略同,唯"以御突厥"作"以御北狄","忻州在太原府北八十里"作"忻州在太原府北百八十里"。《通典》卷172《州郡二》河东节度使略同,唯言"天兵军,圣历二年置,管兵二万人";"云中郡守捉,东南去单于府二百七十里,调露中裴行俭破突厥置";"大同军,雁门郡北三百里,调露中突厥南侵,裴行俭开置";"横野军,开元中河东公张嘉贞移置";"定襄郡,去理所百八十里";"岢岚军,长安中李迴秀置"。《元和郡县图志》卷13"河东道"同《通典》。

299

以下讨论上述四书相异之处。

7.2.1　忻州与太原的距离

按《通典》卷179《州郡九》"古冀州(下)"云：

> 定襄郡(忻州)南至太原府一百八十里。

《元和郡县图志》卷13"河东道"亦作"一百八十里"。据此，上引《通鉴》所云"忻州在太原府北八十里"，脱"百"字，其他三书作一百八十里，均是。

7.2.2　天兵军人数及设置时间

《通鉴》及《旧唐书·地理志》均称天兵军三万人。按河东节度使辖军五万五千人，如天兵军三万人，诸军总兵数超过一万人，《通鉴》及《旧唐书·地理志》误，应从《通典》及《元和郡县图志》所载天兵军二万人。

关于天兵军的开始设置，《通典》及《元和志》谓"圣历二年置"，不确。详见上论。

7.2.3　大同军设置的时间和所在地区

上引《通鉴》云："[开元十一年二月]己巳，罢天兵、大武等军，以大同军为太原以北节度使。"此大同军乃太原以北诸军节度(据《新唐书·方镇表》，其治所在太原)，亦即河东节度之前身。至于《通鉴》天宝元年所载河东节度所辖之大同军(《通典》、《元和郡县图志》、《旧唐书·地理志》同)，乃另一大同军(其治所在朔州)。兹略论如下。

《唐会要》卷78《节度使》云：

> 大同军，置在朔州，本大武军。调露二年，裴行俭改为神武军。天授二年，改为平狄军。大足元年五月十八日，改为大武军。开元十二年三月四日，改为大同军。

《新唐书》卷39《地理志》"河东道代州"云：

> 其北有大同军，本大武军。调露二年曰神武军，天授二年曰平狄军，大足元年复更名。

同书(《旧唐书》卷39《地理志》同)又云：

朔州马邑郡

县二:马邑(中。开元五年析善阳于大同军城置)。

《元和郡县图志》卷14"河东道"云:

朔州马邑

马邑县　本鄯阳县地,开元五年,分鄯阳县于州东三十里大
同军城内置马邑县。

同书卷13"河东道河东节度"(《通典》卷172《州郡二》"河东节度"略
同)略云:

大同军(雁门郡北三百里,调露中裴行俭开置)。

我们首先要正确理解上引第一条和第二条史料。《唐会要》第一句"大
同军,置在朔州,本大武军",与末一句"开元十二(应作一)年三月四
日,改为大同军",可视为同一史实,即开元十一年三月四日,朔州的大
武军改名为大同军。这也就是《通鉴》卷212"开元十一年二(应作三)
月己巳(四日)"条所说的:"罢天兵、大武等军,以大同军为太原以北节
度使。"罢大武军即改大武军之名为大同军也。至于"以大同军为太原
以北节度使",乃《通鉴》先于开元十八年之事连贯言之。按《新唐书》
卷65《方镇表》"北都"栏云:

[开元十八年]更太原府以北诸军州节度为河东节度。自后
节度使领大同军使,副使以代州刺史领之。

我颇疑《通鉴》"以大同军为太原以北节度使"之"大同军"后脱"使"
字,即"以大同军使为太原以北节度使"。至开元十八年则改为河东节
度使领大同军使,实际上与开元十一年之措施相同,可以前后连贯
言之。

行文至此,应回顾上文引录的《唐会要》卷78"大同军"条。该条
中间一段,现考释如下:"调露二年,裴行俭改为神武军。"按此句之前
的文义为:开元十一年三月四日,改大武军之名为大同军,则不可能有
调露二年(开元十一年之前43年)改名为神武军之事。疑《唐会要》之
"改"字误,应为"设"。按《通鉴》卷202略云:

[调露元年]冬十月,单于大都护府突厥阿史德温傅、奉职二

部俱反,立阿史那泥熟匐为可汗,二十四州酋长皆叛应之,众数十万。

[十一月]甲辰,以(裴)行俭为定襄道行军大总管,将兵十八万,并西军检校丰州都督程务挺、东军幽州都督李文暕,总三十余万以讨突厥,并受行俭节度。

[永隆元年](永兴按,《唐会要》:是年八月二十三日,改元永隆。)三月,裴行俭大破突厥于黑山,擒其酋长奉职,可汗泥熟匐为其下所杀,以其首来降。奉职既就擒,余党走保狼山。诏户部尚书崔知悌驰传诣定襄宣慰将士,且区处余寇。行俭引军还。

据上引,裴行俭征讨突厥的战役,从调露元年十一月至二年三月。定襄道行军大总管之"定襄道",盖因河东道忻州定襄郡而得名,则神武军(后来之大同军)所在之朔州或代州,均在裴行俭行军区域之内。裴行俭在朔州或代州设置神武军,乃可有之事。《元和郡县图志》卷13"河东道"云:"大同军,雁门郡北三百里。调露中,突厥南侵,裴行俭开置。"李吉甫以神武军之最后名称大同军言之,谓裴行俭开置,确切不误。

裴行俭开置之神武军,亦即平狄军,亦即大武军,亦即大同军。其军城在代州,抑在朔州?略考辨之。上引《唐会要》谓"大同军,置在朔州",但《新唐书》卷39《地理志》"河东道"云:

代州雁门郡,其北有大同军。

《元和郡县图志》卷13"河东道"云:

大同军,雁门郡北三百里。

《旧唐书》卷38《地理志》云:

河东节度使

大同军,在代州北三百里。

《通鉴》卷215"天宝元年"云:

河东节度

大同军在代州北三百里。

《通典》卷172《州郡二》云:

河东节度使

　　大同军,雁门郡北三百里。

《元和郡县图志》等四书均谓大同军在代州北三百里,《新唐书·地理志》亦谓代州北有大同军,是大同军在代州。但从大同军在代州北三百里这一距离来看,大同军应在朔州。请注意以下史料。

　　《元和郡县图志》卷14"河东道"云:

　　代州　雁门

　　北至朔州一百二十里。

《通典》卷179《州郡九》"古冀州(下)"云:

　　雁门郡(代州)

　　北至马邑郡一百四十里,西北到马邑郡二百二十里。

　　马邑郡(朔州)

　　南至雁门郡一百四十里,东南到雁门郡一百二十里。

据上引,朔州在代州北一百二十里或一百四十里,而大同军在代州北三百里,则大同军在朔州,不在代州,可以肯定。亦即调露二年裴行俭开置之神武军在朔州,不在代州。

7.2.4　横野军的兵数及所在地

　　《唐会要》卷78《节度使》云:

　　横野军,初置在飞狐,复移于新州。开元六年六月二十三日,张嘉贞移于古代郡大安城南,以为九姓之援。天宝十三载十二月一日,改为大德军。

《通典》卷172《州郡二》河东节度使条(《元和郡县图志》卷14"河东道河东节度使"条同)云:

　　横野军,安边东北百四十里,开元中河东公张嘉贞移置,管兵七千八百人。

《通鉴》卷215"天宝元年胡注"云:

　　横野军在蔚州东北一百四十里,兵三千人。

按《旧唐书》卷38《地理志》与《通鉴》同。两书均称横野军有兵三千人,而《通典》及《元和郡县图志》所载横野军管兵七千八百人。据上文引《通鉴》,河东节度总兵数为五万五千人,上文已考证天兵军为二万人,如横野军有兵三千人,其他二军一守捉三州之兵数据《通典》及《元和郡县图志》,则兵数为五万五千人;如横野军管兵七千八百人,则总兵数与诸书所载河东节度总兵数不合。据此,《通鉴》及《旧唐书·地理志》所载横野军有兵三千人,是;《通典》及《元和郡县图志》所载横野军兵数,则非是。

至于横野军所在之地,诸书记载相同,即蔚州东北一百四十里之处,但《元和郡县图志》14"河东道"云:

> 蔚州
> 横野军,置在州城内。

《通鉴》卷212"开元六年"云:

> 二月戊子,移蔚州横野军于山北(杜佑曰:横野军在蔚州东北百四十里,去太原九百里。此盖指言开元所移军之地),屯兵三万,为九姓之援。

据此,横野军原在蔚州城内,至开元六年二月戊子移于山北,即蔚州东北百四十里之地,亦即《通典》、《元和郡县图志》所载"开元中河东公张嘉贞移置"者,亦即《唐会要》载"古代郡大安城南"之地。唯《唐会要》置移军于开元六年六月二十三日,与《通鉴》不同。按开元六年二月戊子为二月二十三日,《唐会要》之"六月"可能为"二月"之误。至于《唐会要》所云"初置在飞狐,复移于新州",已不可考矣。

7.2.5 云中守捉所在地

按《通鉴》卷215"天宝元年河东节度(下)"胡注(《旧唐书·地理志》同)云:

> 云中守捉在单于府西北二百七十里。

《通典》卷171《州郡二·序目(下)》"大唐"云:

> 云中郡守捉(东南至单于府二百七十里,调露中裴行俭破突厥置)。

《新唐书》卷39《地理志》"河东道"云:

> 云州云中郡

县一(有云中、楼烦二守捉)。

据上引《通鉴》、《旧唐书·地理志》、《通典·州郡二》、《元和郡县图志》所载云中守捉的地理位置在单于都护府西北二百七十里,可推知《新唐书·地理志》置云中守捉于河东道云州云中郡,乃误书也。云州云中郡在单于都护府东南约数百里,如云中守捉在此处,应在单于府之东南,不应在单于府之西北,《新唐书·地理志》误。我认为云中守捉是由于云中都督府而得名。按《新唐书》卷43(下)《地理志》"羁縻州关内道"云:

> 云中都督府(贞观四年析颉利右部置,侨治朔方境)。
>
> 右隶单于都护府。

云中守捉之名由于云中都督府,而云中都督府又在单于都护府境内,故东南距单于府二百七十里。云中守捉与河东道之云州云中郡毫无关系。单于都护府境内之云中都督府,其得名亦由于唐之单于都护府乃秦汉云中郡地。《通典》卷179《州郡九》"单于府"条云:

> 单于大都护府,战国属赵,秦汉云中郡地也。

可资证明。

7.2.6 忻州兵数

《通鉴》卷215"天宝元年胡注"云:

> 忻州在太原府北八十里,兵七千八百人。

《旧唐书·地理志》同。唯《通典·州郡二》、《元和郡县图志》所载忻州兵数为三千人,何者为是?按前文考定,天兵军在二万而非三万,如据《通鉴》及《旧唐书·地理志》,忻州有兵七千八百人,则河东节度所辖四军一守捉三州之兵总为五万六千人,与四书所载河东节度总兵数五万五千人相差不多;如据《通典》和《元和郡县图志》,忻州有兵三千人,则河东节度管兵总数为五万一千二百人,与四书所载河东节度总兵数五万五千人相差太多。今姑从《通鉴》及《旧唐书·地理志》。

7.3 河东节度设置的重要意义

唐代前期设置河东节度,关涉到唐对北疆突厥和铁勒的基本政策和河东道北部的地理形势。论述唐对北疆外诸部族的基本政策,不能不明了贞观四年后大漠南北和大河南北军事、政治形势的变化。在形势变化中,民族迁徙尤其值得注意。我们阐述河东节度设置的重要意义,要对上述四个问题有正确的理解。兹分别论述如下。

7.3.1 贞观四年以后大漠南北及大河南北军事政治形势的变化和民族政策

贞观四年以前的一段时间里,东突厥颉利可汗统治着漠南漠北的广大地区,大漠以南以北居住东突厥,铁勒诸部族居住大漠以北。贞观四年,由于颉利可汗战败被俘和东突厥内部人祸和天灾,东突厥颉利汗国瓦解了。这是7世纪前期北亚大陆的重大事件,使大漠南北、大河南北的军事政治形势发生了重大变化,而这一变化是以民族迁徙为契机的。兹就漠南、漠北两方论述之。

《通鉴》卷193"贞观四年"略云:

> 上卒用(温)彦博策,处突厥降众,东自幽州,西至灵州;分突利故所统之地,置顺、祐、化、长四州都督府;又分颉利之地为六州,左置定襄都督府,右置云中都督府,以统其众(定襄都督府侨治宁朔,云中都督府侨治朔方之境。按宁朔县亦属朔方郡。《旧书·温彦博传》曰:"帝从彦博议,处降人于朔方之地。"则二都督府侨治朔方明矣)。

> 五月辛未,以突利为顺州都督,使帅部落之官(顺州,侨治营州南之五柳戍)。

> 壬申,以阿史那思摩为怀化郡王。寻以为北开州都督,使统颉利旧众。

> 丁丑,以右武卫大将军史大奈为丰州都督(隋以五原郡置丰州,大业初废。唐初,张长逊降,复置丰州。寻废。是年,复以突厥降户,置丰州九原郡)。

据上引,唐处理东突厥降人分为两部分,一为颉利直接统治的部落,亦即东突厥的主要部分,这部分东突厥人被安置于大河之南朔方之地。一为突利统治的部落。这部分东突厥未被迁徙,仍居故地。十一年后,

306

迁徙于河南朔方之地的东突厥人又被遣返于河北即漠南。《通鉴》记述甚详,兹略引录如下。

《通鉴》卷195"贞观十三年"略云:

> 自结社率之反,言事者多云突厥留河南不便。秋七月庚戌,诏右武侯大将军、化州都督、怀化郡王李思摩为乙弥泥孰俟利苾可汗;赐之鼓纛,突厥及胡在诸州安置者,并令渡河,还其旧部。突厥咸惮薛延陀,不肯出塞。上遣司农卿郭嗣本赐薛延陀玺书,言:"秋中将遣突厥渡河,复其故国。尔薛延陀受册在前,突厥受册在后。后者为小,前者为大。尔在碛北,突厥在碛南,各守土疆,镇抚部落,其踰分故相抄掠,我则发兵,各问其罪。"薛延陀奉诏。于是遣思摩帅所部建牙于河北(河北,则大碛之南)。

《通鉴》卷196"贞观十五年"云:

> [正月]乙亥,突厥俟[张:"俟"作"侯"]利苾可汗始帅部落济河,建牙于故定襄城(杜佑曰:故定襄城,在朔州马邑郡北三百许里。永兴按:故定襄城一带乃东突厥政治中心之一)。有户三万,胜兵四万,马九万匹。仍奏言:"臣非分蒙恩,为部落之长,愿子子孙孙为国家一犬,守吠北门。若薛延陀侵逼,请从[章:十二行本"从"作"徙";乙十一行本同]家属入长城。"诏许之。

贞观四年,东突厥人乃败军亡国之民,南徙渡河,被迫不得不尔;贞观十五年,东突厥人奉命返回河北(亦即漠南)故土,以常情说,应欣喜渡河而北。但东突厥从上至下不愿返回漠南,畏惧薛延陀侵逼是重要原因,不是唯一原因。7至8世纪北亚民族南向迁徙潮流,东突厥人也在此潮流之中。三年后,遣返漠南的东突厥人自发地不可遏制地逃回河南朔方之地,显示了这一民族迁徙潮流。

《通鉴》卷197"贞观十八年"略云:

> 俟利苾之北渡也,有众十万,胜兵四万人。俟利苾不能抚御,众不惬服。[十二月]戊午,悉弃俟利苾南渡河,请处于胜、夏之间;上许之。群臣皆以为:"陛下方远征辽左,而置突厥于河南,距京师不远(胜州去京师一千八百三十里,夏州去京师一千一百一

十里),岂得不为后虑!"上曰:"突厥贫弱,吾收而养之,计其感恩,
入于骨髓,岂肯为患!且彼与薛延陀嗜欲略同,彼不北走薛延陀而
南归我,其情可见矣。"俟利苾既失众,轻骑入朝,上以为右武卫
将军。

据上引,北返漠南之东突厥人,在贞观十八年十二月又南渡河徙于胜、
夏二州之间。唐太宗的话十分重要,不满意于俟利苾统治的东突厥人,
不北投薛延陀而南徙归唐,对唐感恩可能是一个不重要的原因。重要
的是,在北亚民族南向迁徙的潮流中东突厥的人心。人心所向是南徙
而不是北走,故东突厥人"悉弃俟利苾南渡河"。人心所向是自发的,
贞观四年以突厥降户置丰州可能就是这种情况。上引《通鉴》卷193
"贞观四年五月丁丑"胡注说及此事,亦见于《元和郡县图志》卷4"关
内道"(《旧唐书·地理志》同,《新唐书·地理志》略同),其文略云:

> 丰州(九原)
>
> 贞观四年,突厥降附,又权于此置丰州都督府,不领县,唯领蕃
> 户,以史大奈为都督。

按贞观四年颉利原统治之东突厥降户被处于夏州朔方郡,则置丰州以
外的东突厥降户与唐有计划地安置东突厥降户无关。颉利汗国瓦解,
漠南混乱。无所属的突厥部落南向迁徙归唐,实意料中事。处于丰州
者只是一例,亦北亚民族南向迁徙潮流之一例也。此种情况,漠北铁勒
诸部族南徙归唐更为显著,当于下文详论之。

总之,贞观十八年时,大批东突厥人渡河南徙朔方,漠南之地遂空,
除突利统治之少数部落外,遗留之东突厥人无所从属,混乱慌恐。漠北
之薛延陀时时准备侵入,唐则准备阻止之。漠南的形势如此。

漠北广大地区居住铁勒九姓,其实铁勒不止九部,有的史籍记载
铁勒十一部,有的史籍称十五部。铁勒也称敕勒,"后魏末,河西并云
有敕勒部,铁勒盖言讹也(《通典》卷199《边防十五·铁勒》)"。《新唐
书》卷217(上)《回鹘传》云:

> 回纥,其先匈奴也。俗多乘高轮车,元魏时亦号高车部。或曰
> 敕勒,讹为铁勒。其部落曰袁纥、薛延陀、契苾羽、都播、骨利干、多

览葛、仆骨、拔野古、同罗、浑、思结、斛薛、奚结、阿跌、白霫,凡十有
五种,皆散处碛北。

长时期以来,铁勒诸部未形成一个统一的民族。贞观四年以前,散居碛
北的铁勒诸部族均在东突厥颉利可汗控制之下。贞观四年二月东突
厥颉利可汗被俘,漠南的颉利汗国瓦解,漠北的铁勒诸部族出现两种
情况,一为有些部族南徙归附于唐。略述如下。

《通鉴》卷193"贞观四年"云:

> [三月]庚午,突厥思结俟近帅众四万来降。

据《通鉴》卷192"贞观元年"所载铁勒诸部族有思结,即上引贞观四年
归附之思结,亦即上引《新唐书·回鹘传》所列铁勒诸部族之思结也。
铁勒诸部族长期在突厥控制之下,旧史亦以突厥称之。铁勒诸部族自
碛北南向迁徙归附于唐在贞观三年已经出现,如《通鉴》卷193"贞观三
年"所云:

> 九月丙午,突厥俟斤九人帅三千骑来降。戊午,拔野古、仆骨、
> 同罗、奚酋长并帅众来降。

此即是一例也。拔野古、仆固、同罗均为铁勒部族。

《通鉴》卷193"贞观四年"云:

> [九月]思结部落饥贫,朔州刺史新丰张俭招集之,其不来者,
> 仍居碛北,亲属私相往还,俭亦不禁。及俭徙胜州都督,州司奏思
> 结将叛,诏俭往察之。俭单骑入其部落说谕,徙之代州。即以俭检
> 校代州都督,思结卒无叛者。

此为颉利汗国瓦解之后的事,时自漠北至唐北疆的道路已通,故思结
部落人可互相往返。这是北亚民族南向迁徙潮流之又一例也。

《通鉴》卷193"贞观五年"云:

> [四月]壬寅,灵州斛薛叛(斛薛部内附,处之灵州,今叛),任
> 城王道宗追击,破之。

据上引《新唐书·回鹘传》,斛薛为铁勒诸部族之一,其内附时间可能
在颉利汗国瓦解之后。

《通鉴》卷194"贞观六年"云:

·欧·亚·历·史·文·化·文·库·

十一月辛巳,契苾酋长何力帅部落六千余家诣沙州降,诏处之于甘、凉之间(甘、凉相去五百里),以何力为左领军将军。

按《通鉴》卷192"贞观元年",契苾为铁勒五部之一。

《通鉴》卷196"贞观十五年十二月"云:

> 李世勣还军定襄,突厥思结部居五台者叛走,州兵追之,会世勣军还,夹击,悉诛之。

按此铁勒思结部应即是《通鉴》贞观四年张俭招集居代州者,五台在代州。

仅《通鉴》记载,自贞观二年至六年的四年期间,铁勒之拔野古、仆固、同罗、思结、斛薛、契苾等六个部落南向迁徙内附归唐,实际上南向迁徙的铁勒部族比史籍所载者还要多。这正是北亚民族南向迁徙潮流的部分表现。贞观七年后,铁勒部族南向迁徙者可能大为减少。这是由于铁勒诸部族中的薛延陀强大,企图控制或已经控制其他部族,不能向南迁徙;也由于贞观十五年东突厥人大批北返漠南,自漠北至唐北疆的道路梗塞。尽管如此,少数铁勒部族仍继续南向迁徙,不过史籍失载罢了。以上论述是贞观四年颉利汗国瓦解后漠北情况的一个方面。

另一个方面是,薛延陀强大并控制了铁勒其他部族,同时侵入漠南企图控制漠南,因而导致与唐的战争,并为唐所摧毁。兹论述如下。

《通鉴》卷195"贞观十二年"云:

> 初,突厥颉利既亡,北方空虚,薛延陀真珠可汗帅其部落建庭于都尉揵山北,独逻水南,胜兵二十万,立其二子拔酌、颉利苾主南北部。上以其强盛,恐后难制,(九月)癸亥,拜其二子皆为小可汗,各赐鼓纛,外示优崇,实分其势。

按薛延陀真珠可汗建庭之地及其二子所主南北部均在漠北。

《通鉴》卷196"贞观十五年"云:

> [十一月壬申]薛延陀真珠可汗闻上将东封,谓其下曰:"天子封泰山,士马皆从,边境必虚。我以此时取思摩,如拉朽耳。"乃命其子大度设发同罗、仆骨、回纥、靺鞨、霫等兵,合二十万,渡漠南,

屯白道川,据善阳岭以击突厥(善阳岭在朔州善阳县北)。俟利苾可汗不能御,帅部落入长城,保朔州,遣使告急。

据上引,贞观十五年时,漠北铁勒诸部族均在薛延陀真珠可汗支配之下,因此征发同罗等诸部族的二十万兵,攻击漠南的东突厥,东突厥俟利苾可汗率部落退入长城。

由于薛延陀侵入漠南,唐命李世勣、张俭、李大亮、张士贵、李袭誉率兵从多方面进攻薛延陀。在贞观十五年十二月甲辰的大战役中,唐军艰苦战斗,薛延陀败退,"其众至漠北,值大雪,人畜冻死什八九"(见《通鉴》卷196"贞观十五年十二月甲辰"条)。五年后,唐第二次进攻薛延陀,彻底摧毁之。《通鉴》卷198"贞观二十年"记其事,略云:

[六月]薛延陀多弥可汗性褊急,猜忌无恩,废弃父时贵臣,专用己所亲昵,国人不附。多弥多所诛杀,人不自安。回纥首长吐迷度与仆骨、同罗共击之,多弥大败。乙亥,诏以江夏王道宗、左卫大将军阿史那社尔为瀚海安抚大使;又遣右领卫大将军执失思力将突厥兵,右骁卫大将军契苾何力将凉州及胡兵,代州都督薛万彻、营州都督张俭各将所部兵,分道并进,以击薛延陀。

上遣校尉宇文法诣乌罗护、靺鞨,遇薛延陀阿波设之兵于东境,法帅靺鞨击破之。薛延陀国中惊扰,曰:"唐兵至矣!"诸部大乱。多弥自引数千骑奔阿史德时健部落,回纥攻而杀之。薛延陀余众西走,犹七万余口,共立真珠可汗兄子咄摩支为伊特勿失可汗,归其故地。寻去可汗之号。

敕勒九姓酋长,以其部落素服薛延陀种,闻咄摩支来,皆恐惧,朝议恐其为碛北之患,乃更遣李世勣与九姓敕勒共图之。

李世勣至郁督军山,其酋长梯真达官帅众来降。薛延陀咄摩支南奔荒谷,世勣遣通事舍人萧嗣业往招慰,咄摩支诣嗣业降。其部落犹持两端,世勣纵兵追击,前后斩五千余级,虏男女三万余人。秋七月,咄摩支至京师,拜右武卫大将军。

根据以上移录的有关漠北漠南的史料及分析,贞观二十年(646年)时漠北、漠南的形势大致如下:处于漠北的铁勒诸部族又复分散各自独立,由于南向迁徙道路上的障碍已为唐军扫除,南向迁徙的潮流势必又复兴起。漠南之地又空,漠南实际上在唐军控制下,通过漠南至唐北疆的道路又复畅通无阻。

7.3.2 唐太宗灵州之行

《通鉴》卷197"贞观二十年"云:

> [六月]己丑,上手诏,以"薛延陀破灭,其敕勒诸部,或来降附,或未归服。今不乘机,恐贻后悔。朕当自诣灵州招抚。其去岁征辽东兵,皆不调发"。

首先我们应理解,唐太宗所谓"今不乘机"之"机",乃关于安抚招徕铁勒九姓的诸种条件均已具备之谓也。一为铁勒内部条件,由于唐兵几次击败薛延陀,薛延陀已失去铁勒九姓首领的地位。九姓无主,内部动摇混乱,或来归服,或在观望。二为在漠南之东突厥人,大部分渡河南徙,侵入漠南之薛延陀又为唐兵击溃,残余者西走,九姓从漠北至唐北疆之通道已无阻碍。三为唐已派江夏王道宗及阿史那社尔为瀚海安抚大使,即将渡碛至九姓地区,此乃政治形势也。与此同时,李世勣、执失思力、契苾何力率领强大唐军在漠南西向追击薛延陀,同时也是对漠北铁勒九姓的巨大威慑。这三者即是安抚招徕铁勒九姓的条件,均已具备,只要再施加重大的政治攻势,则铁勒九姓全部归服。这一重大政治攻势就是唐太宗幸灵州。

《通鉴》卷198"贞观二十年"云:

> [八月]己巳,上行幸灵州。

> 江夏王道宗兵既渡碛,遇薛延陀阿波达官众数万拒战,道宗击破之,斩首千余级,追奔二百里。道宗与薛万彻各遣使招谕敕勒诸部,其酋长皆喜,顿首请入朝。

> 庚午,车驾至浮阳(浮阳,《旧书》作"泾阳",当从之。泾阳县,前汉属安定郡,后汉、晋省,后魏属陇东郡,隋、唐属京兆。杜佑曰:京兆泾阳县,乃秦封泾阳君之地。汉泾阳县,在今平凉郡界泾阳故城。是此时车驾盖至京兆之泾阳)。回纥、拔野古、同罗、仆骨、多滥葛、思结、阿跌、契苾、跌结、浑、斛薛等十一姓各遣使入贡,称:

"薛延陀不事大国,暴虐无道,不能与奴等为主。自取败死,部落乌散,不知所之。奴等各有分地,不从薛延陀去,归命天子,愿赐哀怜。乞置官司,养育奴等。"上大喜。辛未,诏回纥等使者宴乐,颁赉拜官,赐其酋长玺书,遣右领军中郎将安永寿报使。

壬申,上幸汉故甘泉宫(甘泉宫在京兆云阳县界磨石岭,又曰磨盘岭,又曰车盘岭),诏以"铁勒百余万户,散处北溟,远遣使人,委身内属,请同编列,并为州郡。混元以降,殊未前闻。宜备礼告庙,仍颁示普天。"

永兴按,据《元和郡县图志》卷2"关内道"云:

京兆府

泾阳县,几。南至府七十里。

又按贞观二十年八月庚申朔,己巳为十日,庚午为十一日。太宗于八月十日自长安启程,十一日至泾阳。铁勒十一个部族各遣使入贡,可见太宗幸灵州之决定以及发自长安之日,已为铁勒诸部族所闻,故能于启程之次日,朝贡使者即至泾阳,于此可见,太宗亲去灵州招抚铁勒,乃甚得铁勒人心之举,亦可见太宗料事如神,果断地把握时机,非一般帝王所可及也。

上引《通鉴》又云:

九月,上至灵州(灵州在京师西北千二百五十里)。敕勒诸部俟斤遣使相继诣灵州者数千人,咸云:"愿得天至尊为奴等天可汗,子子孙孙常为天至尊奴,死无所恨。"甲辰,上为诗序其事曰:"雪耻酬百王,除凶报千古。"公卿请勒石于灵州,从之。

丙戌,车驾还京师(永兴按,新、旧《唐书·太宗纪》云:"至自灵州")。

按丙戌为十月二十八日,自八月十日至十月二十八日,为时七十八日。

据《元和郡县图志》卷4"关内道"云:

灵州(灵武)

东南至上都一千二百五十里。

太宗自辽东返回京城仅五个月,不顾需时七十八日往返二千五百

·欧·亚·历·史·文·化·文·库·

里的长途跋涉,为了安抚招徕铁勒诸部族,果断地有灵州之行,取得了重大成就。请看以下史实。

《通鉴》卷198"贞观二十年"云:

> [十二月]戊寅,回纥俟利发吐迷度、仆骨俟利发歌滥拔延、多滥葛俟斤末、拔野古俟利发屈利失、同罗俟利发时健啜、思结酋长乌碎及浑、斛薛、奚结、阿跌、契苾、白霫酋长,皆来朝。

按戊寅为十二月二十日,上至十月二十八日为时五十二日,铁勒十一部族首领来朝乃太宗自灵州返回长安后五十二日之事。事件如此重大,为时如此短暂,太宗灵州之行取得成就如此迅速,千余年后读史者不能不为之叹服。

《通鉴》卷198"贞观二十一年"云:

> [正月]丙申,诏以回纥部为瀚海府,仆骨为金微府(《考异》曰:《旧书》作"金徽"。今从《实录》、《唐历》),多滥葛为燕然府,拔野古为幽陵府,同罗为龟林府,思结为卢山府(府者,都督府也),浑为皋兰州,斛薛为高阙州,奚结为鸡鹿州,阿跌为鸡田州,契苾为榆溪州,思结别部为蹛林州,白霫为寘颜州。各以其酋长为都督、刺史,各赐金银缯帛及锦袍。敕勒大喜,捧戴欢呼拜舞,宛转尘中。及还,上御天成殿宴,设十部乐而遣之。诸酋长奏称:"臣等既为唐民,往来天至尊所,如诣父母。请于回纥以南、突厥以北开一道,谓之参天可汗道。置六十八驿,各有马及酒肉以供过使,岁贡貂皮以充租赋,仍请能属文人,使为表疏。"上皆许之,于是北荒悉平。

按同书又云:"[八月]辛未,骨利干遣使入贡。丙戌,以骨利干为玄阙州,拜其俟斤为刺史。骨利干于铁勒诸部为最远。"同书"贞观二十二年"略云:"结骨自古未通中国,闻铁勒诸部皆服,二月,其俟利发失钵屈阿栈入朝。戊午,以结骨为坚昆都督府,以失钵屈阿栈为右屯卫大将军、坚昆都督,隶燕然都护。"至是,铁勒十五部皆服,设置十五羁縻府、州。最东者为拔野古之幽陵都督府,最西者为结骨之坚昆都督府,东西绵亘数千里,在唐的西北疆和绝大部分北疆之外。在唐的北疆、西北疆与铁勒十五部之间为东突厥、葛逻禄、西突厥。如铁勒诸部族为突厥所控制，唐的北疆、西北疆以及北方、西北方受到突厥的侵扰；如铁勒诸部族归服唐，则唐与铁勒夹击突厥，不仅保卫了唐北疆、西北疆，唐还可以开疆拓土。唐与铁勒的密切关系是大唐帝国得以国泰民安的重要保证。据此，唐太宗灵州之行使铁勒十五部归服，意义可谓十分重大。

7.3.3　天可汗和参天可汗道是唐太宗对铁勒政策的一部分

关于唐太宗为天可汗，新、旧《唐书·太宗纪》贞观四年及贞观二十年均有记载，《通鉴》贞观四年及贞观二十年亦有记载，《唐会要》只记载贞观四年事。我在此段只记述贞观二十年太宗为天可汗事。关于参天可汗道，《旧唐书·太宗纪》"贞观二十一年"及《通鉴》"贞观二十一年"均有记载。兹移录史料如下。

《旧唐书》卷 3《太宗纪》"贞观二十年"云：

> 九月甲辰，铁勒诸部落俟斤、颉利发等遣使相继而至灵州者数千人，来贡方物，因请置吏，咸请至尊为可汗。

《新唐书》卷 2《太宗纪》"贞观二十年"云：

> ［九月］甲辰，铁勒诸部请上号为可汗。

《通鉴》卷 198"贞观二十年"云：

> 九月，上至灵州。敕勒诸部俟斤遣使相继诣灵州者数千人，咸云："愿得天至尊为奴等天可汗，子子孙孙常为天至尊奴，死无所恨。"

新、旧《唐书·太宗纪》均云铁勒诸部族上太宗号为可汗，《通鉴》则为天可汗。按"可汗"为北方民族首领之名称，突厥首领称可汗，铁勒部族之一薛延陀之首领亦为可汗，并非至为尊贵。贞观二十年之时，铁勒诸部族的使臣至灵州朝见太宗，表示归附，必上太宗以最尊贵的称号。据此，应从《通鉴》作"天可汗"，在西北诸蕃可汗之上。同时，《通鉴》所载为铁勒诸部族上太宗书的原文，较为可信。

值得注意的是，太宗接受"天可汗"这一称号，即同意为铁勒诸部族的最高首领。永兴按，在《论唐高祖称臣于突厥事》（见《寒柳堂集》）一文中，陈寅恪先生指出，太宗为秦王时，曾与突厥突利结香火

盟,并云:

> 故突厥可视太宗为其共一部落之人,是太宗虽为中国人,亦
> 同时为突厥人矣。

太宗为铁勒部族天可汗,其意义同于太宗与突厥突利结盟为兄弟。后者使太宗同时为突厥人,前者使太宗同时为铁勒人。后者使突厥颉利可汗猜忌突利,增加二人之间的矛盾,成为颉利汗国瓦解的重要原因之一;前者使铁勒诸部族心向太宗及其子孙为首的大唐帝国,南徙内属,成为唐北疆国防的主要军事力量。后者是太宗对突厥的策略,前者是太宗对铁勒的策略。

唐太宗所以能与突利结盟,使自己成为突厥人,又能为铁勒诸部族的天可汗,使自己成为铁勒人,与他的思想有关。按《通鉴》卷198"贞观二十一年"略云:

> [五月]庚辰,上御翠微殿,问侍臣曰:"自古帝王虽平定中夏,
> 不能服戎狄……自古皆贵中华,贱夷狄,朕独爱之如一,故其种落
> 皆依朕如父母。"

这种视夷狄与中华如一的思想,使铁勒诸部族视太宗为自己种落的首领,故南向迁徙而内附也。太宗这一思想与他的氏族血统有关。陈寅恪先生在《唐代政治史述论稿》上篇中考定,李昞、李渊、李世民三代之女统为独孤氏、窦氏、长孙氏,均为胡族。太宗一身兼有胡、汉血统,宜其视夷狄与中华如一,己身可兼为大唐皇帝与铁勒天可汗也。

关于参天可汗道的史料,兹移录如下:

《通鉴》卷198"贞观二十一年"略云:

> [正月丙申]敕勒大喜。诸酋长奏称:"臣等既为唐民,往来天
> 至尊所,如诣父母。请于回纥以南、突厥以北开一道,谓之参天可
> 汗道。置六十八驿,各有马及酒肉以供过使,岁贡貂皮以充租赋,
> 仍请能属文人,使为表疏。"上皆许之。

《旧唐书》卷3《太宗纪》"贞观二十一年"略云:

> 是岁,又于突厥之北至于回纥部落,置驿六十六所,以通北
> 荒焉。

《唐会要》卷73《安北都护府》略云:

> [贞观]二十一年正月九日,以铁勒、回纥等十三部内附,置六都督府、七州。于是回纥等请于回纥以南,突厥以北,置邮驿总六十六所,以通北荒,号为参天可汗道。俾通贡焉,以貂皮充赋税。

《新唐书》卷217(上)《回鹘传》略云:

> 渠领共言:"请于回纥、突厥部治大涂,号'参天至尊道',世为唐臣。"乃诏碛南鸊鹈泉之阳置过邮六十八所,具群马、潼、肉待使客,岁内貂皮为赋。

上引史料中,铁勒诸部族请修置"参天可汗道"的时间,《通鉴》及《唐会要》置于贞观二十一年正月,唯《旧唐书·太宗纪》置于贞观二十一年之末,并云"是岁"。盖铁勒诸部族酋长上请在此年正月,道路的修置及驿馆的设建在年内完成,三书记载均不误。《通鉴》及《新唐书·回鹘传》均言置驿六十八所,《旧唐书·太宗纪》及《唐会要》则为六十六所,二者孰是,殊难考定。《通鉴》、《旧唐书·太宗纪》、《唐会要》均概括说参天可汗道在突厥以北,回纥以南,唯《新唐书·回鹘传》云:"乃诏碛南鸊鹈泉之阳置过邮六十八所。"则参天可汗道南起鸊鹈泉。关于鸊鹈泉,严耕望著《唐代交通图考》第二卷篇十五"唐通回纥三道"图十"唐代通回纥三道图",置该地于丰州(关内道最东北部)西北不远处。严耕望先生考证颇详,请读者参看。

参天可汗道的重要作用为,便于漠北的铁勒诸部族向南迁徙,进入唐北疆内附。其次,它也增强了大唐帝国和唐太宗的威望。

7.3.4 唐对北疆外突厥和铁勒的基本政策

总结上述,唐对北疆外突厥和铁勒的基本政策可概括为以下两点:

第一,唐对居处漠南的东突厥采取攻战、威慑、安抚并施,但以攻战为主的基本政策。贞观四年颉利汗国瓦解后,继之以大批东突厥人渡河南迁内属,贞观十五年遣返漠南,贞观十八年又复渡河南迁内属。强大的东突厥虽不复存在,但突利统治下的东突厥人仍居原地,广大漠北地区仍有东突厥人居住。唐太宗虽希望短时间内北疆无事,但他究竟是一位具有远见卓识的政治家、军事家。他了解东突厥是一个有长期统一传统的强大势力,他曾身受其欺凌。一次毁灭性打击未必能使东突厥永无振兴之日,与唐一河之隔的有长期南侵传统的蕃族,必须有长久对策,严厉打击。按《通鉴》卷199"贞观二十三年"云:

> [正月]上以突厥车鼻可汗不入朝,遣右骁卫郎将高侃发回纥、仆骨等兵袭击之。兵入其境,诸部落相继来降。拔悉密吐屯肥罗察降,以其地置新黎州。

东突厥车鼻可汗不逊,太宗即发漠北回纥、仆固部落兵击之。以漠北之铁勒部族攻击漠南之东突厥,也是太宗的策略,详见下文。

颉利汗国瓦解后,太宗处理乃思想政策的表现。《通鉴》卷193"贞观四年"略云:

> [三月]丙子,以突利可汗为右卫大将军,北平郡王。[四月]分突利故所统之地,置顺、祐、化、长四州都督府。五月辛未,以突利为顺州都督,使帅部落之官。

此乃安扰政策之一例也。

第二,唐对居处漠北铁勒诸部族的政策,其内容有三:一为恩抚与攻战并用,以恩抚为主;二为使用铁勒的力量打击漠南的东突厥;三为招徕铁勒诸部族南迁内属,并使之成为唐北疆国防线上的主要军事力量。安抚为二、三两个方面措施的基础。

唐太宗幸灵州并接见铁勒诸部族的首领,这是对铁勒诸部族最大的恩抚;接着铁勒十五部编为十五个羁縻府州,这是招徕的第一步。太宗为铁勒十五部的天可汗,这也是恩抚;继之以开"参天可汗道",为铁勒诸部族南徙内属创造条件。贞观二十一年末发铁勒十三州兵进讨龟兹,二十三年正月发回纥、仆固兵击东突厥(见《通鉴》卷198、199),都是唐太宗对铁勒政策的具体表现。开元四年六月,铁勒之拔曳固、回纥、同罗、霫、仆固南来内属,置于大武军北,至开元六年,铁勒五部族已成为天兵军节度使下唐国防军事力量(见《通鉴》卷212)。凡此种种,均是太宗对铁勒政策的具体表现。其事虽在太宗身后七十年唐玄宗在位之时,但发生效果的政策乃太宗所制定者。

唐太宗制定的对东突厥的政策和对铁勒的政策,高宗、武后之行不力,彻底全面而卓有成效的执行者,乃开元皇帝也。

7.3.5　河东节度的军事地理形势

河东节度为进攻和防卫东突厥的最佳前沿据点和后方根据地,为配合朔方节度以犄角之势进攻和防御东突厥的重要一环,也是唐东都洛阳北面的最大屏障。此为河东节度的军事地理形势。

《元和郡县图志》卷4"关内道"略云:

> 单于大都护府
>
> 南至朔州三百五十里,北至黑砂(沙)碛口七百里。

永兴按,黑沙即黑沙南庭,乃东突厥可汗牙帐所在之地,是东突厥军事政治中心。距河东节度最北之军事重镇朔州一千里,快速骑兵四、五日行程。又上引书单于大都护府八到云:

> 东南至河界静边军一百二十里。

则河东节度所辖静边军距东突厥黑沙南庭八百余里,快速骑兵三、四日行程。《元和郡县图志》卷14"河东道"云:

> 云州　云中
>
> 西至静边军一百八十里。

则云州距东突厥黑沙南庭亦一千里,快速骑兵四、五日行程。据上述分析,河东节度最北三个军事重镇乃唐军进攻和防卫东突厥最佳的前沿据点也。

前沿据点必须有坚强富庶的后方根据地的支持。按上引书又略云:

> 代州　雁门　开元户一万五千七十七。
>
> 北至朔州一百二十里。
>
> 忻州　定襄　开元户一万四千三百三十八。
>
> 东北至代州一百六十里,南至太原府一百八十里。

《元和郡县图志》卷13"河东道"云:

> 太原府　并州　开元户十二万六千八百四十。
>
> 北至忻州一百八十里。

据上引,代州北至朔州一百二十里,忻州东北至代州一百六十里,太原北至忻州一百八十里,则太原距河东节度最北前沿据点朔州为四百六十里。军行大道至为近便,快速骑兵,不过二日行程。太原为唐前期北方最大的政治、经济、军事中心,忻、代二州亦颇富庶和险要,观三处之户数可知也。兵力物资之集结与输送,可完备迅速,太原及忻、代二州乃唐军进攻和防御东突厥最有力之后方基地也。河东节度配合朔方节度进攻和防御东突厥,即《通鉴》所谓"河东节度与朔方掎角以御突厥"者也。兹据地理形势以明之。

《元和郡县图志》卷4"关内道"云:

> 夏州　朔方
>
> 东至银州一百八十里。
>
> 银州　银川
>
> 东至石州界黄河一百六十里。

据此,由河东节度的石州至朔方节度的重镇夏州只三百四十里,而石州至河东节度治所太原约二百里,则太原至夏州约五百四十里,步兵不过五日的行程,快速骑兵只是二、三日的行程。《元和郡县图志》卷14"河东道"云:

> 朔州　马邑
>
> 北至单于大都护府三百五十里。

按单于都护府西南至朔州不远,朔州为朔方节度最北的军事重镇。据此可知,河东节度与朔方节度前沿据点互相支援配合甚为便易。河东节度与朔方节度毗连,虽有黄河之隔,但河上关津颇多。如《元和郡县图志》卷4"关内道"云:

> 麟州　新秦
>
> 东至岚州界黄河一百二十里,河上有合水关。

同书又云:

> 胜州　榆林
>
> 黄河,在县东一十五步,阔一里,不(可)通船楫,即河滨关,渡河处名君子津。
>
> 河滨关,在县东北,贞观七年置。

《唐六典》卷6"司门郎中员外郎"条云：

> 中关一十三
>
> 石州孟门，岚州合河。
>
> 谓（谓当作置）津也。

永兴按，《元和郡县图志》卷14"河东道"云：

> 合河县，武德七年改为临津县，属岚州。贞观元年改为合河
> 县，以城下有蔚汾水西与黄河合，故曰合河。
>
> 合河关，在县北三十五里。

《唐六典》亦作合河关，《元和郡县图志》卷4"麟州"条之"合水"误，应作"合河"。《元和郡县图志》卷4"胜州"条谓"（黄河）阔一里，不通船楫"，但据下文"即河滨关，渡河处名君子津"，可知"不同船楫"之"不"字误，以意改为"可"。

黄河上既多关津，河东节度与朔方节度的往来无阻，可以互相配合支援，即《通鉴》所谓"掎角以御突厥"者也。

河东节度乃唐东都洛阳北面的最大屏障，山川形势及交通条件使其如此，兹不多论。

行文至此，此段可告结束。根据以上关于唐对东突厥与铁勒的政策以及河东节度的地理形势，可以了解河东节度设置的重要意义有三：

一为防御和进攻东突厥，北向开疆拓土。东突厥居处漠南，其主要部分横亘于河东道和关内道北疆之外。东突厥对唐帝国的侵扰主要在关内道和河东道。为此，唐在关内道北部设置朔方节度，并在河东道北部设置河东节度与朔方掎角，以防御和进攻东突厥，开疆拓土。

二为充分发挥太原为东都洛阳最大屏障的作用。地理形势及交通条件赋予太原为洛阳北面的最大屏障，但如在太原地区无强大兵力，则不能发挥其屏障作用，此所以在太原设置节镇并统辖迄北诸军事重镇也。

三为贯彻实行唐太宗制定的对铁勒的基本政策，即招徕铁勒诸部族并使用他们为唐北疆国防的主要军事力量。唐太宗时，府兵已不堪攻战，贞观四年前，太宗用所谓"山东豪杰"为其对内对外战争的主力。

·欧·亚·历·史·文·化·文·库·

而"山东豪杰",乃北魏屯兵营户之后裔,亦即铁勒之后裔(详见陈寅恪先生《论唐代之蕃将与府兵》、《论隋末唐初所谓"山东豪杰"》,载《金明馆丛稿初编》)。太宗对铁勒人之勇敢善战必有深刻认识。贞观四年,东突厥颉利可汗瓦解后,为颉利役使的铁勒诸部族散居漠北。薛延陀虽一时统一控制铁勒诸部族,但由于唐兵攻击和铁勒内部的反抗,薛延陀败亡,铁勒诸部族仍处于分散状态。铁勒诸部族的分散不统一,最易于接受唐的安抚与招徕。太宗在位期间,史籍虽无内属铁勒诸部族为唐北疆国防战士的记载,但据太宗大用蕃兵蕃将与铁勒后裔为战争主力看,则以内附铁勒诸部族为北疆国防战士乃其对铁勒政策中必有之事,可无疑问也。

对铁勒诸部族内附以及成为国防战士,唐加以管理与编制。开元四年铁勒之拔曳固、回纥、同罗、霫、仆固五部内附,此五部族置于代州北三百里大武军之北。除霫族外,其他四部均为铁勒诸部族中之大者。内附人数必甚众多,故置于代州城北三百里空旷之地,便于部落游牧生活,也便于管理。此即唐前期之"城傍"制也。[1] 代州城无力管理众多内附铁勒人,乃有并州长史张嘉贞上言:"突厥(铁勒)九姓新降者,散居太原以北,请宿重兵以镇之。"接着建立了以张嘉贞为大使的天兵军,天兵军是河东节度的前身。由于建立了天兵军和开元六年移蔚州横野军于山北,作为内附铁勒五部之援,铁勒五部族以部落兵的形式参加到天兵军行列,实现了唐太宗对铁勒的政策。这是有重大意义的。此后,铁勒五部族的部落兵成为河东节度的主要军事力量,与朔方犄角以防御突厥,开疆拓土,并充分发挥了太原为东都洛阳最大屏障的作用。

7.4　唐代前期河东节度使年表

本年表据《新唐书》卷 65《方镇表》"北都"栏,并检视参证吴廷燮

---

〔1〕 李锦绣:《"城傍"与大唐帝国》,《学人》第 8 辑,江苏文艺出版社,1995 年,第 73～110 页。

氏著《唐方镇年表》河东部分。吴廷燮氏书,其是者从之,其非者及疏漏与不确切者,则补正之,以便于研究者使用也。

本年表体例为:首先列举吴廷燮氏文,加以分析,然后确定年、月、日之年表,月、日之不能考定者,暂缺俟考。

先天元年(712)

薛讷

二年(713)

薛讷 《旧传》:拜幽州都督,转并州大都督府长史。久当边镇之任,累有战功。玄宗即位,于新丰讲武,讷为左军节度。

开元元年(713)

二年(714)

薛讷 《旧纪》正月甲申,并州大都督府长史薛讷同紫微黄门三品。

王晙

永兴按:以上为吴廷燮氏原文。先天元年薛讷任并州大都督府长史,吴氏未举出证据。按《通鉴》卷210“先天元年”云:

三月丁丑,以(孙)佺为幽州大都督,徙(薛)讷为并州大都督府长史。

据此,薛讷为并州大都督府长史始于先天元年是月丁丑(八日)。吴廷燮氏脱漏,兹补述之。

先天二年薛讷仍任并州大都督府长史,吴氏引《旧唐书·薛讷传》载玄宗于新丰讲武事为据,甚是。盖是年十月癸卯,玄宗于新丰骊山之下讲武,薛讷为讲武时左军节度也。

开元元年、二年之下,吴氏仍定薛讷为并州大都督府长史,并引《旧唐书·玄宗纪》载正月甲申并州大都督府长史薛讷同紫微黄门三品为据,其意似亦包含薛讷任并州大都督府长史止于此时,故讷之名下,有王晙之名并列也。按先天二年十二月方改元,开元元年薛讷任并州大都督府长史,吴廷燮氏无误,唯吴氏引《旧唐书·玄宗纪》开元二年正月薛讷同紫微黄门三品事,其间疑问应讨论者有两点。一为吴氏引文不全,因而使人误解或难解,一为薛讷任并州大都督府长史止于其同紫微黄门三品之时,其实非也。因《旧唐书》卷8《玄宗纪》"开元二年"云:

> [正月]甲申,并州大都督府长史、兼检校左卫大将军薛讷,同紫微黄门三品,仍总兵以讨奚、契丹。

《旧唐书》卷93《薛讷传》略云:

> 时契丹及奚与突厥连和,屡为边患。讷建议请出师讨之。开元二年夏,诏与左监门将军杜宾客、定州刺史崔宣道等率众二万,出檀州道以讨契丹等。杜宾客以为时属炎暑,将士负戈甲,赍资粮,深入寇境,恐难为制胜。中书令姚元崇亦以为然。讷独曰:"夏月草茂,羔犊生息之际,不费粮储,亦可渐进。一举振国威灵,不可失也。"时议咸以为不便。玄宗方欲威服四夷,特令讷同紫微黄门三品,总兵击奚、契丹。议者乃息。六月,师至滦河,遇贼,时既蒸暑,诸将失计会,尽为契丹等所覆。讷脱身走免,归罪于崔宣道及蕃将李思敬等八人,诏尽令斩之。下制曰:"并州大都督府长史、兼检校左卫大将军、和戎大武等诸军州节度大使、同紫微黄门三品薛讷,总戎御边,建议为首。暗于料敌,轻于接战,张我王师,衄之虏境。所有官爵等,并从除削。"

据此,薛讷加同紫微黄门三品后,仍是并州大都督府长史也。

二为薛讷任并州大都督府长史止于何时?上文引《旧唐书·薛讷传》载薛讷与契丹、奚战于滦河,其时间为开元二年六月。战败,玄宗下制免除薛讷官爵,未言时间。按《通鉴》卷211"开元二年"略云:

> 薛讷与左监门卫将军杜宾客、定州刺史崔宣道等将兵六万(《考异》曰:《旧传》云:"兵二万。"《金载》云:"八万人皆没。"今从《唐纪》)出檀州,击契丹。行至滦水山峡中,契丹伏兵遮其前后,从山上击之,唐兵大败,死者什八九。讷与数十骑突围,得免。庚子,敕免讷死,削除其官爵。

永兴按:上引文之前有"秋七月"之语,则此"庚子"乃开元二年七月庚子(十三日)也,亦即薛讷任并州大都督府长史止于此时。《唐大诏令集》卷 60 载开元二年七月《薛讷除名为庶人制》亦可证明上述意见之确切也。

关于王晙始任并州大都督府长史之时间,可于下列史料求得之。《旧唐书》卷 93《王晙传》略云:

> 开元二年,吐蕃精甲十万寇临洮军,晙率所部二千人卷甲倍程,与临洮两军合势以拒之。贼营于大来谷口,晙乃出奇兵七百人,衣之蕃服,夜袭之。俄而摄右羽林将军薛讷率众邀击吐蕃,至武阶谷,去大来谷二十里,为贼所隔。晙率兵迎讷之军,贼置兵于两军之间,连亘数十里,晙夜出壮士衔枚击之,贼又大溃。乃与讷合军,掩其余众,追奔至洮水,杀获不可胜数,尽收所掠牧马而还。以功加银青光禄大夫,封清源县男,兼原州都督,仍拜其子斑为朝散大夫。寻除并州大都督府长史。

永兴按:《新唐书》卷 111《王晙传》与《旧传》略同,亦谓洮河战后,王晙任并州大都督府长史。《册府元龟》卷 384《将帅部·褒异》亦略同,唯误为"仍拜其子斑为并州大都督府长史"。按《通鉴》卷 211"开元二年"载唐与吐蕃洮河之战在此年十月甲子(十日),唐战胜后褒奖有功者当在其后。如暂定王晙因功除并州大都督府长史之时间为开元二年十一月初,或相差不多。

总结上述,自先天元年至开元二年并州大都督府长史年表应如下:

先天元年(712 年)

薛讷(三月丁丑至十二月)

先天二年(是年十二月改元,《通鉴》用后元,即开元元年)(713 年)

薛讷

开元二年(714 年)

薛讷(自一月至七月庚子)

王晙(自十一月至年末)(永兴按,自开元二年七月庚子至十月,并州大都督府长史有位无人。)

·欧·亚·历·史·文·化·文·库·

三年（715）

王晙 《文苑英华·中书制诰》苏颋《授王晙左散骑常侍制》：并州大都督府长史王晙，受一方之委，总三军之令，士卒感恩，獯戎灭迹。可左散骑常侍，兼检校并州大都督府长史。

四年（716）

王晙 《通鉴》：开元四年八月，突厥降户阙毗伽立，多叛归，并州长史王晙上言，愿徙之内地。

张嘉贞 《旧传》：历秦州都督、并州长史。开元初，奏事至京师。

五年（717）

张嘉贞 《唐会要》：河东天兵军，景云元年废，开元五年六月二十四日，张嘉贞又置。《册府元龟·外臣部》：开元五年七月辛酉，并州置天兵军制，宜于并州集兵八万，置天兵军，并州长史张嘉贞可充天兵军大使。《新·方镇表》：领天兵军大使。

六年（718）

张嘉贞 《旧传》：时九姓突厥来附，散居太原以北，嘉贞奏置军以镇之，于是始于并州置天兵军，以嘉贞为使。六年春，嘉贞又入朝。

七年（719）

张嘉贞

八年（720）

张嘉贞 《通鉴》：正月辛巳，以并州长史张嘉贞为中书侍郎、同平章事。《新·方镇表》：更天兵军大使为天兵军节度使。

张说 《册府元龟·将帅部》：张说为并州大都督。开元九年，胡贼康待宾反，说出合河关，大破之。《通鉴》：开元八年秋，天兵军节度大使张说即部落慰抚。

九年（721）

张说 《册府元龟·帝王部·明赏》：开元九年四月己丑，朔方道行军大总管王晙进封清源县公，天兵军节度大使、检校并州长史张说与一子官。《旧纪》:九月癸亥,并州长史张说同中书门下三品。

十年(722)

《唐会要》:开元九年十一月四日,河东、河北并令节度使自领支度。

崔日用 《旧传》:开元十年,转并州大都督府长史,寻卒。

十一年(723)

十一月辛卯,诏并州置北都,改州为太原府。 《唐会要》:河东节度使,开元十年以前称天兵军节度。

韦凑节度 《旧传》:开元十年,拜太原尹兼节度使,其年卒官。《新·方镇表》:更天兵军为太原府以北诸军州节度、河东道支度营田使兼北都留守,领太原及辽、石、岚、汾、代、忻、朔、蔚、云九州,治太原。

永兴按:以上为吴廷燮氏原文,兹分析考辨之。

在开元三年王晙之下,吴氏引《文苑英华》载《授王晙左散骑常侍制》以证明开元三年王晙任并州大都督府长史。按制文无年月,如以《新唐书·王晙传》、《旧唐书·王晙传》以及《通鉴》有关记载考辨之,此制文乃开元四年者。《新唐书》卷111《王晙传》略云:

> 明年,突厥默啜为拔曳固所杀,其下多降(永兴按,《通鉴》卷211载默啜为拔曳固所杀在开元四年癸酉),分置河曲。既而小杀继立,降者稍稍叛去。晙上言……书未报,而虏已叛。乃敕晙将并州兵济河以讨。时叛胡分二道走,晙自东道追及之,获级三千。以功迁左散骑常侍,朔方行军大总管。

按《旧唐书》卷93《王晙传》略同。《通鉴》卷211"开元四年"云:

> 疏奏未报,降户跌跌思泰、阿悉烂等果叛。冬十月甲辰,命朔方大总管薛讷发兵追讨之。王晙引并州兵西济河,昼夜兼行,追击叛者,破之,斩获三千级。

王晙因功迁作散骑常侍,则《文苑英华》所载制文之时间为开元四年十月。吴氏以开元四年之文证明三年之事,此时间上之失误,或为偶尔疏忽也。其实,开元二年末王晙任并州大都督府长史,吴氏在下文证明开元四年王晙仍任此职,自开元二年末至四年初,王晙未曾改官,以推理论述之,开元三年王晙仍任并州大都督府长史,可肯定也。

开元四年,王晙仍任并州大都督府长史,吴氏引《通鉴》卷 211 "开元四年八月"之文"并州长史王晙上言"云云为依据,甚是,兹从之。

按上文引《通鉴》卷 211 载王晙与降突厥叛者之战在开元四年甲辰稍后,又引《新唐书·王晙传》,王晙以此次战功迁左散骑常侍、朔方道行军大总管(《旧唐书·王晙传》作"持节朔方道行军大总管")。据此,开元四年十月甲辰之后或十一月,王晙已卸并州大都督府长史之任,继任者为张嘉贞。故在吴氏年表中,开元四年下,张嘉贞与王晙并列。但吴氏在王晙下引《通鉴》载开元四年八月,似王晙任职至开元四年八月,不确。王晙任职应至开元四年十月甲辰后或十一月。关于张嘉贞于开元四年末任并州大都督府长史,史料缺乏,暂从吴氏之论。

《新唐书》卷 65《方镇表》"北都"栏云:"〔开元五年〕领天兵军大使。"意为并州大都督领天兵军大使也。天兵军为并州大都督统兵之主力军,此后八年,史籍记述即以天兵军大使代替并州大都督府长史。

开元五年,张嘉贞为天兵军大使,吴氏引《册府元龟·外臣部》为证,甚是,从之。自开元六年至八年正月,吴氏所列均是,均从之。

《新唐书》卷 65《方镇表》"北都"栏云:

〔开元八年〕更天兵军大使为天兵军节度使。
按天兵军大使与天兵军节度使均为差遣,其本官为并州大都督府长史,唯节度使之权较大,且为河东节度使之直接前身。

吴氏年表,开元八年,张嘉贞与张说并列。吴氏引《通鉴》,张嘉贞于开元八年正月辛巳(二十八日)入相,亦即卸去并州大都督府长史之任。至于张说继任之确定时间,已难考之。吴氏首先引《册府元龟》载张说为并州大都督,亦无时间。吴氏又引《通鉴》载开元八年秋天兵军节度大使张说事,可见张说始任天兵军节度使在开元八年秋之前,其确切时间,史料不足,俟再考。

开元九年,吴氏列张说为天兵军节度大使,并引《册府元龟》之记载为依据,甚是,从之。吴氏又引《旧唐书·玄宗纪》,张说于是年九月癸亥,卸天兵军节度大使之任(按《通鉴》卷212同),亦是,兹从之。但张说卸任之后,何人继任?吴氏在开元十年之下,引《旧唐书·崔日用传》,谓日用为并州大都督府长史。十年何月亦未确言,均待考。

《新唐书》卷65《方镇表》"北都"栏云:

> [开元十一年]更天兵军节度为太原府以北诸军州节度、河东道支度营田使,兼北都留守,领太原及辽、石、岚、汾、代、忻、朔、蔚、云九州,治太原。

永兴按,此即河东节度使也,至开元十八年更改名称耳。

在开元十一年之下,吴氏引《旧唐书·韦凑传》云:"开元十年,拜太原尹兼节度使,其年卒官。"但《旧唐书·韦凑传》原文不同。按《旧唐书》卷101《韦凑传》云:(开元)十年,拜太原尹兼节度支度营田大使,其年卒官。

据上引《新唐书·方镇表》,河东道支度营田使,开元十一年始设置,吴氏在开元十一年下亦引此文。又据《唐会要》卷68《诸府尹》略云:"开元十一年正月二十日,置北都,以韦凑为尹。"就《韦凑传》全文而论,前为十年,后为十一年,前后不同。吴氏引《韦凑传》略文,此歧异不甚明显。但以十年之文为十一年事之依据,亦非是。我意《旧唐书·韦凑传》之"十年"乃"十一年"之脱漏,应改为十一年,吴氏疏忽,致误。其次,吴氏引《旧唐书·韦凑传》节略文不察其主要内容,但主要内容不能省略,此亦一时疏忽所致也。

总结以上分析考辨,自开元三年至开元十一年,年表应如下:

开元三年(715年)

王晙

开元四年(716年)

王晙(自正月至十月甲辰后或十一月)

张嘉贞(自十月甲辰后或十一月至年末)

开元五年(717年)

张嘉贞

开元六年(718 年)

张嘉贞

开元七年(719 年)

张嘉贞

开元八年(720 年)

张嘉贞(自正月初至此月辛巳)

张说(或即在是年二月至年末)

开元九年(721 年)

张说(自正月至九月癸亥)

(按九月癸亥后何人继任,或即为崔日用,待考。)

开元十年(722 年)

崔日用

开元十一年(723 年)

韦凑

十二年(724)

崔隐甫 《唐会要》:河东岢岚军,开元十二年,崔隐甫又置军。十五年,李嵩又废为镇。

张孝嵩

十三年(725)

张孝嵩

十四年(726)

张孝嵩 《册府元龟》:开元十四年四月,太原尹张孝嵩奏,有客李子峤自称皇子。

十五年(727)

李嵩

十六年(728 年)

李嵩 《册府元龟·帝王部》:李嵩为太原尹,兼太原以北军州节度使。开元十七年正月,奏请入朝,帝降书曰:"突厥渐移向东,且未须来。"

十七年(729)

李嵩　《旧传》:三迁黄门侍郎,兼太原尹,仍充太原以北诸军节度使。久之,转太常卿。　《新·方镇表》:以仪、石二州隶潞州都督。

永兴按:以上为吴廷燮氏原文,兹一一检视考辨之。

在开元十二年崔隐甫之下,吴廷燮氏引崔隐甫又置岢岚军以为证,盖太原以北诸军州节度使可置岢岚军也。吴氏诚是,于此可补充一条史料。按《册府元龟》卷677《牧守部·能政》云:

崔隐甫为太原尹,人吏刊石颂其美政。

《旧唐书》卷185(下)《良吏传·崔隐甫传》同,唯冠以九年,误。

崔隐甫之下,吴氏又列张孝嵩,但未举出史料依据。开元十三年之下,吴氏又列张孝嵩,亦未举出依据。开元十四年之下,仍列张孝嵩,举《册府元龟》载开元十四年四月太原尹张孝嵩事,是否吴氏认为以此一条史料可以上推开元十三年十二年张孝嵩亦为太原尹?果如此,甚不妥。按《旧唐书》卷103《郭虔瓘传》附《张嵩传》略云:

其后,又以张嵩为安西都护以代虔瓘。十年,转太原尹,卒官。

此张嵩应即是《册府元龟》所载张孝嵩,亦即吴氏年表中之张孝嵩。《通鉴》卷212"开元十年"所载任北庭节度使之张嵩,《太平广记》卷420《龙类·沙州黑河》所谓"唐开元中,南阳张孝嵩奉诏都护于北庭",应是同一人,亦即张孝嵩。按《旧唐书》卷98《杜暹传》略云:"〔开元〕十二年,安西都护张孝嵩迁为太原尹,或荐暹,乃夺情擢拜黄门侍郎,兼安西副大都护。"知张孝嵩在开元十二年从安西转任太原尹,而《旧唐书·张嵩传》脱漏"二"字。吴氏在开元十二年之下,肯定列为张孝嵩,是,从之,至于十三年,应是疑问也。

在开元十五年至十七年之下,吴氏均列李嵩。在十六年下,引《册府元龟》所载李嵩为太原尹兼太原以北诸军节度使,并有"开元十七年正月奏请入朝"之语,十六年何能预言十七年之事?显系有误。"十七"之"七",应为"六",或此条应在十七年之下。

十七年之下,吴氏引《旧唐书·李嵩传》谓李嵩三迁黄门侍郎,兼太原尹,仍充太原以北诸军节度使。李嵩于开元十五年至十七年为太原尹,亦可谓三迁也。

总结以上分析,自开元十二年至十七年年表如下:

开元十二年(724 年)

崔隐甫

张孝嵩

开元十三年(725 年)

张孝嵩(?)

开元十四年(726 年)

张孝嵩

开元十五年(727 年)

李嵩

开元十六年(728 年)

李嵩

开元十七年(729 年)

李嵩

十八年(730)

李嵩

宋之悌 《唐会要》:河东节度使,开元十八年十二月,宋之悌除河东节度,遂为定额。《新·方镇表》:更太原以北诸军州节度为河东节度。自后,节度使领大同军使,副使以代州刺史领之。复领仪、石二州。

十九年(731)

杜暹 《旧传》:开元十四年同平章事,罢为荆州长史、太原尹。二十年,幸北都,拜暹为户部尚书,令扈从入京。

二十年(732)

信安王祎 《通鉴》:正月乙卯,以朔方节度使信安王祎为河东、河北行军副大总管。六月丁丑,加开府仪同三司。

二十一年(733)

信安王祎

二十二年(734)

信安王祎

二十三年(735)

信安王祎

二十四年(736)

信安王祎 《册府元龟·帝王部》:开元二十四年正月,敕诸道采访使信安王祎、嗣鲁王道坚、牛仙客、宋询、刘日正、班景倩、唐昭各赐一子官。

永兴谨按:以上为吴氏原文,兹一一检视考辨之。

在开元十八年之下,吴氏列李嵩。按《唐会要》卷78《节度使》略云:"河东节度使,至(开元)十八年十二月,宋之悌除河东,已后遂为定额。"按宋之悌任河东节度在十二月,十二月之前或为十七年之李嵩,但仍有疑问。

在开元十九年下,吴氏列杜暹,并举《旧唐书·杜暹传》为依据,甚是,从之。

在开元二十年之下,吴氏列信安王祎,并举《通鉴》载信安王祎为河东、河北行军副大总管为依据。按《新唐书》卷50《兵志》云:

至太宗时,行军征讨曰大总管。

《通鉴》卷193"贞观三年"略云:

[十一月]庚申,以行并州都督李世勣为通汉道行军总管(《旧书·李勣传》作"通漠道",当从之),兵部尚书李靖为定襄道行军总管。

同书卷195"贞观十三年"云:

十二月壬申,遣交河行军大总管、吏部尚书侯君集,副总管、兼左屯卫大将军薛万均等,将兵击之。

据此,行军总管或行军大总管与节度使不同,节度使虽为差遣但常任,

·欧·亚·历·史·文·化·文·库·

而总管乃因战事统兵之职,战事结束,此职不复存在。即以吴氏引文为例,《通鉴》卷213载开元二十年信安王祎为河东、河北行军副大总管将兵已奚、契丹之后,又云:

> 信安王祎帅裴耀卿及幽州节度使赵含章分道击契[章:十二行本"契"上有"奚"字;乙十一行本同;孔本同;张校同]丹。

亦可见总管与节度使不同也。吴廷燮氏以信安王祎为河东、河北行军副大总管为其任河东节度使之依据,殊误。此下二十一至二十三年之下,吴氏均列信安王祎,但未提出任何依据。开元二十四年下仍列信安郡王,并举出《册府元龟》所载以信安王祎为首的诸道采访使为依据,殊不明确。

按上述考辨,自开元二十年至二十四年,河东节度使为何人,须另据史料考定之。

《通鉴》卷213"开元二十年"略云:

> 冬十月辛丑,至北都;十二月辛未,还西京。

按上文引《旧唐书·杜暹传》,杜暹为"太原尹。二十年,上幸北都,拜暹为户部尚书,便令扈从入京"之语,玄宗在太原乃开元二十年之末,可推知,开元二十年,杜暹任太原尹,因在十月辛丑后拜户部尚书,至十二月扈从玄宗返西京。于此可见,开元二十年之太原尹乃杜暹,非信安王祎也。

《旧唐书》卷185(下)《良吏(下)·崔隐甫传》云:

> [开元]二十一年,起复太原尹,仍为河东采访处置使。

据此,开元二十一年之河东节度使乃崔隐甫,非信安王祎也。开元二十二年河东节度使仍为崔隐甫,其依据为上引《旧唐书·崔隐甫传》"仍为河东采访处置使",兹略论之。

《唐会要》卷78《采访处置使》云:

> 开元二十二年二月十九日,初置十道采访处置使,以御史中丞卢绚等为之。

《玉海》卷132《官制·唐采访使》云:

> 《会要》:开元二十二年二月十九日辛亥,初置十道采访处置

使（三月二十三日置印）。

永兴按：十道采访使中有节度使兼任者，如《玉海》云：

    河西（牛仙客）

    剑南（王昱）

又按《曲江集》卷12《敕河西节度副大使牛仙客书》云：

    既为卿采访所管，亦宜随要指麾。

牛仙客在开元二十二年任河东节度使，此节度使兼采访使之一例也。《曲江集》卷8《敕剑南节度使王昱书》略云：

    敕剑南节度副大使、兼采访使王昱。

此节度使兼采访使之又一例也。崔隐甫于开元二十一年任河东节度使，二十二年二月设置十道采访使，他继任河东节度使兼河东采访使，此乃情理中必有之事也。

《通鉴》卷214“开元二十四年”云：

    ［四月］乙丑，朔方、河东节度使信安王祎贬衢州刺史。

据此可知，开元二十四年十月乙丑之前，信安王祎为河东节度使，又据上下文义分析，信安王祎任河东节度使之始，应在前一年即二十三年，至于何月，无从考知矣。

《旧唐书》卷103《王忠嗣传》略云：

    ［开元］二十一年，再转左领军卫郎将、河西讨击副使、左威卫将军、赐紫金鱼袋、清源男，兼检校代州都督。尝短皇甫惟明义弟王昱，憾焉，遂为所陷，贬东阳府左果毅。

检校代州都督王忠嗣为王昱所陷，王昱应是代州所在地区亦即河东地区的军政长官节度使，王忠嗣乃其部下也。王昱任河东节度使的时间，可就《王忠嗣传》推知。据《旧唐书·王忠嗣传》，忠嗣卒于天宝八载，年四十五。《旧唐书·王忠嗣传》在王忠嗣为王昱所陷贬官之后，云：

    属河西节度使杜希望谋拔新城，或言忠嗣之材足以辑事，必欲取胜，非其人不可。希望即奏闻，诏追忠嗣赴河西。既下新城，忠嗣之功居多。

《通鉴》卷214“开元二十六年”略云：

· 欧 · 亚 · 历 · 史 · 文 · 化 · 文 · 库 ·

三月,鄯州都督、知陇右留后杜希望攻吐蕃新城,拔之。

杜希望的官职,《旧唐书·王忠嗣传》与《通鉴》不同,与本文主旨无关,可不论。拔新城战役在开元二十六年三月,可无疑问。在时间上由此上推,王忠嗣为王昱所陷亦即王昱任河东节度使的时间约为开元二十四年或二十五年,兹姑定为开元二十四年,即信安王祎卸任之后,亦即该年四月乙丑之后。如此,开元二十四年河东节度使为信安王祎与王昱前后二人。

吴廷燮《唐方镇年表考证》卷上"河东王昱"之下,吴氏云:

孙逖有《授河东节度太原尹王昱加太仆卿制》。按当在开元二十六年昱为剑南前。

永兴按,吴氏之论断与本文以上推定约略相同。

总结上述,自开元十八年至二十四年,河东节度使年表应如下:

开元十八年(730 年)

李嵩(自正月至十一月)

宋之悌(十二月)

开元十九年(731 年)

杜暹

开元二十年(732 年)

杜暹(至是年十月)

开元二十一年(733 年)

崔隐甫

开元二十二年(734 年)

崔隐甫

开元二十三年(735 年)

信安王祎

开元二十四年(733 年)

信安王祎(自正月至四月乙丑)

王昱(四月乙丑至年末)

二十五年(737)

王昱 《文苑英华》孙逖《授王昱太仆卿制》:守太原尹、北都留守、河东诸军节度营田副大使王昱,自持军律,兼委使车,能启刑书,以惩贪吏。可太仆卿,兼太原尹如故。

二十六年(738)

牛仙客 《旧纪》:二月乙卯,以牛仙客遥领河东节度使。

二十七年(739)

牛仙客

二十八年(740)

牛仙客 《通鉴》:十一月,罢牛仙客河东。

王忠嗣 《旧传》:诏拜左金吾将军。二十八年,以本官兼代州都督,摄御史大夫,兼充河东节度。二十九年,为朔方,其月,以田仁琬为河东。

二十九年(741)

王忠嗣 元载《清源公王忠嗣碑》:开元之末,拥旄汾代;天宝之始,兼统朔方。

田仁琬 《旧·王忠嗣传》。

永兴按:以上为吴氏原文,兹一一检视考辨之。

开元二十五年,王昱继前一年四月乙丑之后为河东节度使,吴廷燮氏又引孙逖之文为证,甚是,从之。

开元二十六年,吴氏书牛仙客遥领河东节度,并引录《旧唐书·玄宗纪》。按《新唐书》卷5《玄宗纪》"开元二十四年"略云:

[十一月]壬寅,裴耀卿、张九龄罢。李林甫兼中书令,朔方军节度副大使牛仙客为兵部尚书、同中书门下三品。

《旧唐书·玄宗纪》作"殿中监牛仙客工部尚书,同中书门下三品"。又云,十二月丙寅,"牛仙客知门下省事"。《通鉴》卷214"开元二十四年十一月"略云:

[牛]仙客为工部尚书,同中书门下三品,领朔方节度如故。

(《考异》、《唐历》曰:"宰相遥领节度,自仙客始。"按萧嵩已遥领河西,非始此。)

《唐会要》卷78《宰相遥领节度使》云:

> 开元十六年十一月,兵部尚书、河西节度副大使、知节度事萧
> 嵩,除同中书门下平章事,节度如故。宰相遥领节度使,自兹始也。
> 至二十六年二月,中书令李林甫遥领陇右节度。天宝十载十一月,
> 杨国忠又遥领剑南节度。萧嵩以牛仙客为留后,李林甫以杜希望
> 为留后,杨国忠以崔圆为留后。

牛仙客遥领河东,何人留后,上引文失载,不知何故?《册府元龟》卷
329《宰辅部·兼领》亦未载牛仙客遥领时的留后。可能史料有缺失,
但制度仍在也。吴廷燮氏在其书卷8"陇右"部分略云:

> 二十六年(738)
>
> 《旧纪》:二月辛卯,以李林甫遥领陇右节度使。
>
> 杜希望　《新·吐蕃传》:希望陇右节度留后。

此吴氏遵循制度为年表也。何以在河东部分年表违离此制度耶?夫宰
相遥领某一节度使,乃空名,实际行使节度使之职能如治军政以及总
戎指挥战事者乃节度留后也。如据上引吴氏年表,开元二十六年至二
十八年均著录牛仙客,则可能使人误解:身居长安之牛仙客亲自处理
一千二百里外河东节度之军事、政事,这当然是不可能的。河东节度留
后之人虽不能考定,亦应加以说明,治史者固应如是也。二十八年,吴
氏首列牛仙客,并引《通鉴》卷214"十一月罢牛仙客河东",即牛仙客
遥领止于是年十一月也。吴氏甚是,从之。吴氏继列王忠嗣,并引《旧
唐书·王忠嗣传》谓忠嗣兼充河东节度,盖牛仙客停止遥领,十一月后
王忠嗣为河东节度使也。此下《旧唐书·王忠嗣传》云:

> 二十九年,代韦光乘为朔方节度使,仍加权知河东节度事。其
> 月,以田仁琬充河东节度使。

"其月"的"其"恐误,据下文考证,应是"四"字。在开元二十九年四月
之前,王忠嗣权知河东,之后,《旧唐书·王忠嗣传》作田仁琬任河东节
度。但《旧唐书·王忠嗣传》所记田仁琬节度河东有误,代替王忠嗣的
应是裴宽。按《旧唐书》卷9《玄宗纪》"开元二十九年"略云:

夏四月庚戌朔。壬午，以左右金吾大将军裴宽为太原尹、北都留守。

《旧唐书》卷100《裴漼传》附《裴宽传》云：

改左金吾卫大将军，一年，除太原尹，赐紫金鱼袋。

《新唐书》卷130《裴宽传》云：宽"由金吾大将军授太原尹"，与《旧唐书·玄宗纪》、《旧唐书·裴宽传》同。可确定开元二十九年四月裴宽为太原尹，即河东节度使也。《旧唐书·玄宗纪》"左右"之"右"应为衍文。

总结以上分析，自开元二十五年至二十九年，河东节度使年表应如下：

开元二十五年（737 年）

王昱

开元二十六年（738 年）

牛仙客以宰相遥领河东节度，留后待考，今姑称为节度留后某人。

开元二十七年（739 年）

节度留后某人

开元二十八年（739 年）

节度留后某人（至是年十一月）

王忠嗣（十一月后至年末）

开元二十九年（740 年）

王忠嗣（至是年四月）

裴宽（自四月至年末）

天宝元载（742）

田仁琬　《册府元龟·将帅部》：田仁琬为太仆卿，兼代州刺史，充河东诸军节度副大使。天宝元年，制曰：田仁琬忝居节度，镇守西陲，不能振举师旅，乃公行暴政，挠乱要荒，可舒州刺史。

二载（743）

三载（744）

·欧·亚·历·史·文·化·文·库·

四载（745）

王忠嗣　《通鉴》：天宝四载二月己酉，以朔方节度王忠嗣兼河东节度使。

五载（746）

王忠嗣　《旧传》：四月，让河东节度。

六载（747）

七载（748）

八载（749）

九载（750）

韩休琳

十载（751）

韩休琳　《通鉴》：正月，安禄山求兼河东节度。二月丙辰，以河东节度使韩休琳为左羽林将军，以禄山代之。奏吉温为节度副使，知留后。

十一载（752）

安禄山

十二载（753）

安禄山

十三载（754）

安禄山

十四载（755）

安禄山　《册府元龟·帝王部》：天宝十四年十一月，安禄山反，劫太原尹杨光翙，害之。诏以右羽林军大将军王承业为太原尹。

至德元载（756）

李光弼　《旧纪》：正月庚申，以李光弼为云中太守，河东节度使。三月壬午朔，光弼为御史大夫、范阳节度使。八月壬午，兼太原尹、北都留守。

王承业　《旧·刘全谅传》：安禄山反，诏以太原尹王承业为河东节度。按:在光弼移范阳后。

　　李光弼　《通鉴》:八月,先是河东节度使王承业军政不修,遣
　　侍御史崔众交其兵,至是,敕交兵于光弼。

以上为吴廷燮氏原文,考证如下:

　　天宝元年,吴氏著田仁琬,并引《册府元龟·将帅部》有关田仁琬
事为依据。吴氏所引为《册府元龟》略文,引文前后歧异矛盾。如据
《册府元龟》全文,参证其他史料文献,可发现,与开元二十九年一样,
天宝元年之河东节度使非田仁琬。

　　《册府元龟》卷450《将帅部·谴让》云:

　　　　田仁琬为太仆卿,兼代州刺史,充河东诸军节度副大使。玄宗
　　天宝元年制曰:田仁琬忝居节度,镇守西陲,不能振举师旅,缉宁夷
　　夏,而乃恭(公)行暴政,不务恤人,挠乱要荒,略无承禀。边官之
　　责,职尔之由,宜黜远藩,用诚边使。可舒州刺史,即驰驿赴任。

检视上文,可知田仁琬充河东节度使恐无其事,盖天宝元年贬舒州之
田仁琬乃镇守西陲之节度使,河东非西陲也。兹再引史料,证成此说。

　　《金石萃编》卷83《易州田公德政碑》略云:

　　　　公名琬,字正勤。以功授合黎府别将,历果毅,转折冲。累拜
　　郎将、中郎将。寻除安北都护,稍迁威卫将军。寻以将军兼灵州刺
　　史、朔方军节度副使押浑部落,仍检校丰安、定远及十将兵马使。
　　会遭家艰,奔丧州里。明年,林胡寇边。天子震怒,起公除易州刺
　　史,镇北边也。廿四年礼终,复除易州刺史,兼高阳军使。廿七年,
　　公次会计朝于京师。廿八年春二月,制摄御史中丞,迁安西都护。

永兴按:《德政碑》后,《金石萃编》作者引赵氏《金石录》等书及易州龙
兴观石刻《道德经》末亦题"刺史田仁琬"名,考证《德政碑》中田琬即
田仁琬也。

　　从《德政碑》所记田仁琬一生所任官职看,无河东节度使,可确言
也。田仁琬在开元二十九年及天宝元年未尝任河东节度,史料俱在,甚
为明显。吴氏年表河东部分,开元二十九年、天宝元年下均列田仁琬,
而安西部分,开业二十八年、二十九年下亦列田仁琬,显系自相矛盾。

　　根据以上论述,开元二十九年四月之后河东节度使为裴宽,吴廷燮氏误为田仁琬。天宝元年,吴氏仍著田仁琬,亦误。天宝二年、三载,吴氏年表缺,岑仲勉先生著《唐方镇年表正补》卷4"河东"部分亦无补。治史严谨,固应如是。但此三年空缺,终为治唐代军事史者之憾事,故不自量提出若干史料,并设一假说,或可供进一步研究此问题之参考也。

　　《新唐书》卷225(上)《逆臣(上)·安禄山传》略云:

　　　　天宝元年,以平卢为节度,禄山为之使。明年,进骠骑大将军。

　　又明年,代裴宽为范阳节度、河北采访使。

《新唐书》卷130《裴宽传》云:

　　　　由金吾大将军授太原尹,玄宗赋诗褒饯。天宝初,由陈留太守

　　　　拜范阳节度使。

《安禄山传》之"又明年"即天宝三载也。结合上引两条推论之,开元二十九年河东节度使裴宽,在天宝元年至三载,并未连任河东节度使。此间河东节度使究为何人? 我认为最有可能是王忠嗣权知。此前,开元二十八年,王忠嗣任河东节度时权知朔方,盖朔方与河东为同一军事格局,仅一水之隔,而其北部之云中,与朔方乃同一地区。天宝初,王忠嗣为朔方节度使,河东节帅空缺,王忠嗣亦可权知河东也。但此为假设,聊备一说而已。

　　天宝四载,吴氏著王忠嗣,并引《通鉴》为依据,甚是,从之。

　　天宝五载,吴氏著王忠嗣,并引《旧唐书·王忠嗣传》谓在四月以前。按《通鉴》卷215"天宝六载"云:

　　　　夏四月,忠嗣固辞兼河东、朔方节度,许之。

《旧唐书·王忠嗣传》记事时间不明确,《新唐书·王忠嗣传》不著时间,兹从《通鉴》。天宝五载至六载四月以前,河东节度使仍为王忠嗣。

　　天宝七载、八载,吴氏年表空缺。九载著韩休琳,十载著韩休琳与安禄山,并举出《通鉴》载二月丙辰,以安禄山代韩休琳为河东节帅,可知二月丙辰前,韩休琳为河东节度使。据此亦可推知,天宝九载河东节度使亦为韩休琳,吴氏之说均可从之。

天宝十一载至十三载,吴氏均著安禄山,均是,从之。唯天宝十四载亦著安禄山,恐非是,应详论之。吴氏之依据为《册府元龟》节略文,兹移录原文如下:

《册府元龟》卷122《帝王部·征讨》云:

> 玄宗天宝十四年十一月,范阳节度使安禄山反,遣将何千里劫太原尹杨光翔,害之。诏以右羽林军大将军王承业为太原尹。

《旧唐书·玄宗纪》载安禄山反在天宝十四载十一月丙寅(十一日),《通鉴》载安禄山反在天宝十四载十一月甲子(九日),已非唐臣。则天宝十四载二月丁巳(三日)安禄山兼河东节度使(据《旧唐书·玄宗纪》)之任,已废止。更应注意者,按《新唐书》卷206《外戚传·杨国忠传》略云:

> 乃建言:"请以禄山为平章事,追入辅政,以杨光翔节度河东。"已草诏,帝使谒者辅璆琳觇禄山,而璆琳纳金,固言不反。帝谓国忠曰:"禄山无二心,前诏焚之矣。"

《通鉴》卷216"天宝十四载"略云:

> [二月]他日,国忠、(韦)见素言于上曰:"今若除禄山平章事,召诣阙,以杨光翔为河东节度使。"上从之,已草制,上留不发,事遂寝(《考异》曰:《实录》:后璆琳受禄山贿事泄,上因祭龙堂,遣备储供,责以不虔,乃命左右扑杀之)。

同上书又云:

> 秋七月,禄山表献马三千四,每匹执控夫二人,遣蕃将二十二人部送(欲以袭京师也)。河南尹达奚珣疑有变,奏请"谕禄山以进车马宜俟至冬,官自给夫,无烦本军"。于是上稍寤,始有疑禄山之意。会辅璆琳受赂事亦泄,上托以他事扑杀之。

据上引《册府元龟》载何千里劫太原尹杨光翔之情况,光翔似非始就任者。又据《新唐书·杨国忠传》及《通鉴》,杨国忠、韦见素请以杨光翔为河东节度使,已为玄宗所准,并已草诏,时在天宝十四载二月。后以安禄山贿赂辅璆琳,玄宗又不疑禄山,"事遂寝"。至此年七月,辅璆琳受贿事发,安禄山又以献马为名,欲袭击京师,玄宗始疑安禄山,则以杨

343

光翙为河东节度使,以防御安禄山叛军南来。此在形势及情理上似必有之事,故推定杨光翙在天宝十四载七月出任河东节度使。据此,安禄山兼任河东只有半年,即天宝十四载正月至六月也。杨光翙于此年十一月被害,任职五个月,继其任者为王承业。史料依据除上引《册府元龟》外,《旧唐书》卷9《玄宗纪》"天宝十四载十一月"略云:

> 戊寅,以羽林大将军王承业为太原尹。

《旧唐书》卷110《李光弼传》略云:

> 肃宗理兵于灵武,授光弼户部尚书,兼太原尹、北京留守、同中书门下平章事,以景城、河间之卒五千赴太原。时节度王承业军政不修,诏御史崔众交兵于河东。众侮易承业。光弼闻之素不平。至是,交众兵于光弼,众以麾下来,光弼出迎,旌旗相接而不避。

《通鉴》卷217系李光弼为河东节度使事于至德元载(即天宝十五载)正月,其言曰:"癸亥,以光弼为河东节度使,分朔方兵万人与之。"但光弼至太原,实际治河东军事,《通鉴》则系之于至德元载八月。按《通鉴》卷218"至德元载"略云:

> 八月,壬午朔,以(郭)子仪为武部尚书,灵武长史;以李光弼为户部尚书,北都留守(武后天授元年以太原为北都,中宗神龙元年罢,开元十一年复置,天宝元年曰北京,是年复曰北都),并同平章事,余如故。光弼以景城、河间兵五千赴太原。
>
> 先是,河东节度使王承业军政不修,朝廷遣侍御史崔众交其兵,寻遣中使诛之;众侮易承业,光弼素不平。至是,敕交兵于光弼,众见光弼,不为礼,又不时交兵,光弼怒,收斩之,军中股栗。

《新唐书》卷136《李光弼传》略云:

> 安禄山反,郭子仪荐其能,诏摄御史大夫,持节河东节度副大使,知节度事。肃宗即位,诏以兵赴灵武,更授户部尚书,同中书门下平章事,节度如故。光弼以景城、河间兵五千入太原。前此节度使王承业政弛谬,侍御史崔众主兵太原,每侮狎承业。光弼素不平。及是,诏众以兵付光弼。众素狂易,见光弼长揖,不即付兵,光弼怒,收系之。乃斩众以徇,威震三军。

据上引《旧唐书·李光弼传》、《新唐书·李光弼传》及《通鉴》关于李光弼等人纪事,可知:

(1)至德元载正月癸亥以李光弼为河东节度使,乃朝廷赋予光弼部署指挥河东地区战事之大权,他统率的武装力量乃朔方军非河东军也。

(2)至德元载八月,李光弼以景城、河间兵赴太原,接管河东,处理河东军事、政事,至德元载亦即天宝十五载,李光弼乃河东节度使。

(3)据上引《新唐书·杨国忠传》及《通鉴》卷217纪事,天宝十四载七月,杨光翙为河东节度使;又据《册府元龟》,杨光翙于是年十一月被害,据《旧纪》,继其任者为王承业。

(4)《通鉴》卷218载朝廷遣中使诛王承业,因承业在河东军政不修,诸书不载。但李光弼接管河东及杀崔众之际,不见王承业,可证司马温公所书为真实也。

(5)吴氏在至德元载下著王承业,并加按语"在光弼移范阳后"。按天宝十四载十一月,杨光翙被害,王承业继任,至德元载八月前,朝廷遣中使诛之,吴氏之论可信,从之。

根据以上考辨分析,自天宝元年至至德元载,河东节度使年表应如下:

天宝元年(742年)

王忠嗣(权知)(?)

天宝二年(743年)

王忠嗣(权知)(?)

天宝三载(744年)

王忠嗣(权知)(?)

天宝四载(745年)

王忠嗣

天宝五载(746年)

王忠嗣

天宝六载(747年)

王忠嗣（四月以前）

天宝七载（748 年）

（空缺，待考）

天宝八载（749 年）

（空缺，待考）

天宝九载（750 年）

韩休琳

天宝十载（751 年）

韩休琳（至二月丙辰）

安禄山（二月丙辰后）

天宝十一载（752 年）

安禄山

天宝十二载（753 年）

安禄山

天宝十三载（754 年）

安禄山

天宝十四载（755 年）

安禄山（七月以前或止于六月）

杨光翙（自七月至十一月）

王承业

至德元载（天宝十五载）（765 年）

李光弼

王承业（约在八月前，确时待考）

李光弼（八月至年末）

8 论唐代前期幽州节度

本文分为四部分：

一、幽州节度建立的时间。其内容为：唐玄宗开元二年置幽州节度，但四年前即唐睿宗景云元年薛讷已是幽州节度使，节度使之名自讷始。此为司马温公创见，故为标出。

二、幽州节度领州及辖军。此部分是本文的主要内容。在辖军中详细考证内属诸蕃族的部落兵，即史籍中所说的"城傍"。兵牧合一的蕃族部落兵是幽州节度下的主要武装力量。

三、幽州节度与平卢节度的关系。由于营州两次失陷，治所在营州的平卢节度两次侨治幽州境内。在平卢侨治幽州境内期间，出现二节度合为一的形势，在《新唐书·方镇表》中反映较为明显。

四、吴廷燮《唐方镇年表》幽州部分补正。自景云元年至天宝十四载任幽州节度使之人，吴氏年表缺者补之，误者正之。

以下依次论述。

8.1 幽州节度建立的时间

幽州节度是唐代前期建置在幽州地区的政治军事制度和机构，幽州节度使是这一政治军事机构的最高长官。后者出现在唐睿宗景云元年，前者出现在唐玄宗开元二年，相差四年。二者何以不同时出现，这一政治军事机构何以比它的最高长官出现晚四年？这是需要进一步研究的问题。现在只能就前贤研究的成果，首先论述幽州节度使的出现，然后论述幽州节度的出现。二者相差问题，只附带提出意见。

《通鉴》卷210"睿宗景云元年（710 年）"云：

> ［十月］丁酉，以幽州镇守经略节度大使薛讷为左武卫大将军兼幽州都督。节度使之名自讷始（《考异》曰：《统纪》："景云二年

·欧·亚·历·史·文·化·文·库·

四月,以贺拔延秀为河西节度使,节度之名自此始。"《会要》云:"景云二年,贺拔延嗣为凉州都督,充河西节度,始有节度之号。"又云:"范阳节度自先天二年始除甄道一。"《新表》:"景云元年置河西诸军州节度、支度、营田大使。"按讷先已为节度大使,则节度之名不始于延嗣也。今从《太上皇实录》)。

《通鉴》"景云元年"记载薛讷事,司马温公之主旨在于"节度使之名自讷始。"《统记》、《唐会要》谓景云二年贺拔延秀或贺拔延嗣为河西节度使,"节度之名自此始"一词非是。目前唐史研究者对司马温公的意见不甚注意,故特为标出。

《通鉴》卷211"玄宗开元二年(714年)"云:

> 是岁,置幽州节度、经略、镇守大使,领幽、易、平、檀、妫、燕六州。

《新唐书》卷66《方镇表》略同。

永兴按,先有节度使之号,后有节度之制,开天十节度中有与幽州同者,亦有与幽州不同者。兹据《通鉴》及《新唐书·方镇表》指出这一现象。

《通鉴》卷212"玄宗开元九年(721年)"云:

> 置朔方节度使,领单于都护府,夏、盐等六州,定远、丰安二军,三受降城。

《新唐书》卷64《方镇表》同。《唐会要》卷78《节度使》云:

> 朔方节度使,开元元年十月六日敕:朔方行军大总管,宜准诸道例,改为朔方节度使。其经略、定远、丰安军,西、中受降城,单于、丰、胜、灵、夏、盐、银、匦、长、安乐等州,并受节度。

据上引《通鉴》及《新唐书·方镇表》,《唐会要》"元年"显然为"九年"之误。《唐会要》其他错误可暂不论。据上引"行军大总管"改为"节度使",可知朔方节度之制与节度使之号乃同时设置,与幽州不同。

《通鉴》卷212"玄宗开元十一年"云:

> [二月]己巳,罢天兵、大武等军,以大同军为太原以北节度使,领太原、辽、石、岚、汾、代、忻、朔、蔚、云十州。

《新唐书》卷65《方镇表》同，并云开元十八年更太原府以北诸军州节度为河东节度。同书又云：开元八年"更天兵军大使为天兵军节度使"。按天兵军基本上即是后来之河东节度，则节度使之号早于节度之制三年，与幽州同。

《通鉴》卷211"玄宗开元二年"云：

> ［十二月］甲子，置陇右节度大使，须嗣鄯、奉、河、渭、兰、临、武、洮、岷、郭、叠、宕十二州（"须"当作"领"，"嗣"字衍，"奉"当作"秦"，"郭"当作"廓"），以陇右防御副使郭知运为之。

在陇右，节度使之号与节度之制二者时间相同，与幽州不同。

《通鉴》卷212"玄宗开元七年"云：

> 是岁，置剑南节度使，领益、彭二十五州。

《新唐书》卷67《方镇表》同。剑南节度使之号与节度之制同时，与幽州不同。

《通鉴》卷210"睿宗景云元年"云：

> 置河西节度、支度、营田等使，领凉、甘、肃、伊、瓜、沙、西七州，治凉州。

《新唐书》卷67《方镇表》同。河西节度使之号与节度之制同时，与幽州不同。

开天十节度中之岭南、平卢、安西、北庭情况特殊，暂不在统计之内。上列统计六节度，幽州、河东均为先有节度使之号，后有节度之制；朔方、剑南、河西、陇右均为节度使之号与节度之制同时设置。这一现象的出现与唐代前期军事史上的巨大变化有关，虽然它是这一巨大变化中的一个小问题。开天十节度的陆续设置在唐代前期军事史上具有划时期的意义。据《通鉴》等书所载开天十节度的具体情况，完备的节度之制具有三个条件：一为皇帝赐双旌双节的节度使，二为领州，三为辖军。集政治、军事大权于一身的节度使是节度之制的核心。第一个带有节度使之号的薛讷乃将门之子（其父薛仁贵），《新唐书》卷111包括薛讷在内的武臣传《赞》曰：

> 唐所以能威振夷荒，斥大封域者，亦有虎臣为之牙距也。

薛讷可谓虎臣,《通鉴》卷210"玄宗先天元年"云:

> 幽州大都督薛讷镇幽州二十余年,吏民安之,未尝举兵出塞,
> 虏亦不敢犯。

由于薛讷具备优越条件,在幽州节度之制未设置之前,膺选为幽州节度使。节度使之号早于节度之制。河东亦先有节度使之号后有节度之制,其原因亦应从人选或时间、地理诸端求之。节度使之号早于节度之制简略论竟,现在回到本文主题,论幽州节度之制,即幽州节度之领州及辖军。

8.2 幽州节度领州及辖军

《新唐书·方镇表》记载幽州节度领州较详,但不记载辖军;《通鉴》记载幽州节度领州与《新唐书·方镇表》略同,并记载辖军。兹据《新唐书·方镇表》及《通鉴》并参证《新唐书·地理志》等书论述幽州节度领州及辖军。幽州节度与平卢节度关系密切,本文有一节专论二者的关系。在本节内有时也涉及平卢节度,为了说明问题,必须如此。

按《新唐书》卷66《方镇表》"幽州"栏载"幽州节度领州"如下:

> 〔开元〕二年 领幽、易、平、檀、妫、燕六州,治幽州。
>
> 〔开元〕十八年 幽州节度增领蓟、沧二州。
>
> 〔开元〕二十年 幽州节度增领卫、相、洺、贝、冀、魏、深、赵、恒、定、邢、德、博、棣、营、郑十六州及安东都护府。
>
> 天宝元年 更幽州节度使为范阳节度使,增领归顺、归德二郡。

据上引,天宝元年,幽州节度领郡二十六。按《新唐书·方镇表》之郑州,"郑"应作"莫",《唐会要》卷71《州县改置(下)》"河北道"云:

> 莫州,景云二年六月十四日,分瀛州置鄚州。开元十三年十二月初二日,以鄚郑文相似,始单用莫字。

则开元二十年增领之州,应称为莫州。

天宝元年增领之归顺、归德二郡,乃蕃族部落居住之地。按《旧唐

书》卷 39《地理志》"河北道"云：

> 归顺州　开元四年置，为契丹松漠府弹汗州部落。

同上书又云：

> 燕州　隋辽西郡，寄治于营州。武德元年，改为燕州总管府，
> 领辽西、泸河、怀远三县。其年，废泸河县。六年，自营州南迁，寄
> 治于幽州城内。贞观元年，废都督府，仍省怀远县。开元二十五
> 年，移治所于幽州北桃谷山。天宝元年，改为归德郡。乾元元年，
> 复为燕州。旧领县一，无实土户。所领户出粟皆靺鞨别种。户五
> 百，天宝户二千四十五，口一万一千六百三。两京道里，与幽州同。
> 辽西，州所治县也。

永兴按，中华本《旧唐书》校勘记云："出粟皆靺鞨别种，《太平环宇记》
卷 71 作'领靺鞨，本粟末靺鞨别种。'"又按《册府元龟》卷 956《外臣部
·种族》云：

> 黑水靺鞨，后魏谓之勿吉。有酋帅突地稽者，隋末率其部落千
> 余家内属，处之营州，炀帝授以辽西太守。唐武德初，以其部落建
> 置燕州。

此即《旧唐书·地理志》所谓"隋辽西郡，寄治于营州。武德元年，改为
燕州总管府"者也。所处蕃族乃黑水靺鞨。《册府元龟》同卷谓靺鞨有
"粟末"部，《旧唐书·地理志》"粟皆"误，应为"粟末"；中华本《旧唐
书》校勘记引《太平环宇记》作"栗末"，"栗"应作"粟"。

《通鉴》卷 211"玄宗开元二年"云：

> 是岁，置幽州节度、经略、镇守大使，领幽、易、平、檀、妫、燕
> 六州。

与《新唐书·方镇表》同。《新唐书·方镇表》开元二十年幽州节度领
州十六及安东都护府。天宝元年又增领归顺、归德二郡，乃幽州节度领
州的全部。

关于幽州节度领州问题，我提出下列意见。

幽州节度是开元天宝十节度之一。开天十节度陆续设置在唐代
前期军事史上开始了一个新的时期，十节度的设置是全国性边防军事

·欧·亚·历·史·文·化·文·库·

格局。这一格局体现了唐对国疆外诸蕃族的政策,也是唐中央政府建设国家和发展国家的政策。幽州节度领州是在这一政策实行中的一个局部性措施。

在《唐代政治史述论稿》下篇《外族盛衰之连环性及外患与内政之关系》中,陈寅恪先生云:

> 李唐承袭宇文泰"关中本位政策",全国重心本在西北一隅,而吐蕃盛强延及二百年之久。故当唐代中国极盛之时,已不能不于东北方面采维持现状之消极政略,而竭全国之武力财力积极进取,以开拓西方边境,统治中央亚细亚,藉保关陇之安全为国策也。

开天十节度之河西节度、北庭节度、安西四镇节度、朔方节度、陇右节度构成西北军事格局,强将精兵集结于此,以实现寅恪先生所说的"竭全国之武力财力积极进取,以开拓西方边境,统治中央亚细亚"也。朔方节度治所灵州距河西节度治所凉州,据《元和郡县图志》卷4"关内道(四)"灵州八到,不过九百里。按《新唐书》卷64《方镇表》"朔方"栏云:

> [开元]九年　置朔方节度使,领单于大都护府,夏、盐、绥、银、丰、胜六州,定远、丰安二军,东、中、西三受城。

至开元十年,朔方节度增领鲁、丽、契三州(据同书)。则朔方节度初置时领州九,加治所灵州共十州。按《新唐书》卷67《方镇表》"河西"栏云:

> 景云元年　置河西诸军州节度、支度、营田、督察九姓部落、赤水军兵马大使,领凉、甘、肃、伊、瓜、沙、西七州,治凉州。

据此,河西节度与朔方节度初置时共领州十七。

幽州节度与平卢节度构成东北军事格局。幽州节度治所幽州,按《通典》卷178《州郡八》云:

> 柳城郡　西南到北平郡七百里。
>
> 北平郡　西至渔阳郡三百里。
>
> 渔阳郡　西至范阳郡二百十里。

则幽州范阳郡距营州柳城郡约一千二百里。据《新唐书》卷66《方镇表》，幽州节度初置时领幽、易、平、檀、妫、燕、六州。平卢节度初置时领营、辽、燕三州。（永兴按：燕州与幽州所领燕州为一地。）则幽州、平卢二节度初置时共领州八。节度领州的意义为，州是节度的人力物力财力基础，西北军事格局不计陇右节度《北庭节度》安西四镇节度，共领州十七，东北军事格局仅领州八，前者多于后者一倍有余。这正是唐对国疆外诸蕃族以及建设国家发展国家政策的体现。开天期间，唐对东北采取消极的维持现状的政策，故东北军事格局领州甚少也。

上引《新唐书》卷66《方镇表》云：

　　［开元］十八年　幽州节度增领蓟、沧二州。

按《旧唐书》卷39《地理志》"河北道"略云：

　　幽州大都督府，（开元）十八年割渔阳、玉田、三河置蓟州。

据此，蓟州实际上是幽州的一部分，开元十八年幽州节度增领者沧州而已。

上引《新唐书》卷66《方镇表》又云：

　　［开元］二十年　幽州节度使兼河北采访处置使，增领卫、相、洺、贝、冀、魏、深、赵、恒、定、邢、德、博、棣、营、鄚十六州及安东都护府。

按《通鉴》卷213将此事系于玄宗开元二十年。据《新唐书·方镇表》及《通鉴》，《唐会要》卷78载"开元二十二年二月九日，初置十道采访处置使"，误；《玉海》卷132引《唐会要》亦作开元二十二年，亦误。开元二十年幽州节度增领十六州乃节度使兼采访处置使，采访处置使的职权范围为河北全道，除幽州节度已领之八州外，故又增加十六州。初置十道采访处置使时，多由节度使兼，如河西、剑南等道均是，非幽州一道也。据此分析，开元二十年幽州节度增多领州，朔方节度亦增多领州，河西节度初置时领州七已是全道。唐重视西北以及对东北之消极维持现状政策并未改变。

以下论幽州节度辖军。

《通鉴》卷215"玄宗天宝元年"略云：

　　范阳节度统经略、威武、清夷、静塞、恒阳、北平、高阳、唐兴、横

353

海九军,屯幽、蓟、妫、檀、易、恒、定、漠、沧九州之境,治幽州,兵九
万一千四百人。

按天宝元年改州为郡。《通典》卷 127《州郡二》及《旧唐书》卷 38《地理
志》均载天宝元年范阳节度辖九军,与《通鉴》同。兹依次考订如下:

8.2.1 经略军

按上引《通鉴》胡注云:

经略军在幽州城内,兵三万人。

《通典》卷 172《州郡二》、《旧唐书》卷 38《地理志》同。《新唐书》
卷 39《地理志》"河北道幽州范阳郡"条云:"城内有经略军。"唯无
兵数。

《唐会要》卷 78《节度使》云:

经略军,置在范阳城内,延载元年置。

可见幽州城内之经略军,乃武后延载元年设置,唯《册府元龟》卷 124
《帝王部·修武备》略云:

[开元]八年八月诏曰:仍敕幽州刺史邵宠于幽、易两州选二
万灼然骁勇者充幽州经略军健儿,不得杂使,租庸资课并放免。

经略军初置于延载元年,但开天时经略军之主要兵力乃开元八年所选
拔者。同书又云:

[开元]八年八月诏曰:宜差使于两京及诸州,且拣取十万人,
务求灼然骁勇,不须限以蕃、汉,皆放蕃(番)役差科,唯令围(团)
伍教练。

诸州应包括幽州,此十万人中亦应包括上引史料中之二万人,"不须限
以蕃、汉",可见经略军有蕃兵,且为数不少。

8.2.2 威武军

按上引《通鉴》胡注云:

威武军在檀州城内,兵万人。

《旧唐书》卷 38《地理志》同。《通典》卷 172《州郡二》云:

威武军,密云郡城内,万岁通天二年置,管兵万人,马三百匹,
西南去理所二百里。

《唐会要》卷78《节度使》云：

> 威武军,大足元年置在檀州,开元十九年九月二十七日改为
> 武威军。

据此,开元十九年改为威武军,此前本名渔阳军。其证据为:《新唐书》卷39《地理志》"河北道"略云:

> 檀州密云郡,有威武军,万岁通天元年置,本渔阳,开元十九年
> 更名。

但《通典》卷178《州郡八》"古冀州(上)"略云:

> 密云郡　东北到长城障塞一百十里。

《太平环宇记》卷71"檀州"条云:

> 唐武德元年改为檀州。按《开元十道要略》云,以斯地为幽燕
> 之边陲,管障塞军五千。

据上引,《通典》"障塞"后似脱"军"字,障塞军在檀州境内之长城内。按《全唐文补遗》第3辑载《唐故中大夫福州刺史管府君(元惠)神道》云:

> ［开元］十四年拜朝散大夫,使持节檀州诸军事、檀州刺史、兼
> 障塞军使。

障塞军、威武军同在檀州密云郡,一在开元十四年前后,一在开元十九年九月以后;一在长城上,一在檀州城内,颇疑障塞军置在万岁通天元年或大足元年,至开元十九年九月,迁至檀州城内并改为威武军。姑作此假设,俟再考。据此假设,《新唐书·地理志》之渔阳军改为威武军,可能有误,"渔阳"应作"障塞"。

8.2.3　清夷军

按上引《通鉴》胡注云:

> 清夷军在妫川城内,兵万人。

《旧唐书》卷38《地理志》同。《通典》卷172《州郡二》云:

> 清夷军,妫川郡城内,垂拱中刺史郑崇述置,管兵万人,马三百
> 四,南去理所二百十里。

《唐会要》卷78《节度使》云:

·欧·亚·历·史·文·化·文·库·

　　　　清夷军,垂拱二年妫州刺史郑崇古奏置。

按,《新唐书》卷39《地理志》"河北道妫州妫川郡"条亦载"有清夷军,垂拱中置",垂拱中与垂拱二年无歧异。郑崇述与郑崇古应是一人。至于名崇述与崇古之不同,殊难考定。又按《太平寰宇记》卷71《河北道》"妫州"条云:

　　　　贞观八年,改为妫州,因其中妫水为名。长安二年,移治旧清
　　　　夷军城,兼管清夷军,兵万人。

永兴按,《太平寰宇记》可能根据《元和郡县图志》,《旧唐书》卷39《地理志》与《太平寰宇记》同,唯稍简略。据《旧唐书·地理志》,妫州治怀戎县。《太平寰宇记》载长安二年妫州移治旧清夷军城,《唐会要》卷71《州县改置(下)》"河北道"云:

　　　　妫州,武德八年置北燕州,贞观八年改为妫州。长安二年,移
　　　　就清夷军。

《太平寰宇记》妫州"移治旧清夷军城","旧"字应据《唐会要》改为"就",清夷军无新旧之分。据此,《太平寰宇记》与《唐会要》同,妫州治所在清夷军城,亦即怀戎县,此乃长安二年之事,前此在武德八年所置北燕州。上引《通典》所云"清夷军,妫州郡城内,垂拱中刺史郑崇述置",乃据长安二年后的情况而言,非谓垂拱中妫州城内即有清夷军也。杜佑之文简略,故略为疏证如上。

8.2.4　静塞军

　　按上引《通鉴》胡注云:

　　　　静塞军在蓟州城内,兵万六千人。

《旧唐书》卷38《地理志》略云:

　　　　范旧节度使

　　　　静塞军,在蓟州城内,管兵万六千人,马五百匹。

《通典》卷172《州郡二》记静塞军位置及马数与上引二书同,但云"管兵万一千人,南去理所二百里"。永兴按,蓟州在幽州之东,治所指幽州节度所在之地,《通典》"南"字应作"西"字。又按《太平寰宇记》卷70《河北道》略云:

蓟州　西至幽州二百一十里。

与《通典》同,就大数而言也。

　　《唐会要》卷78《节度使》云:

　　　　渔阳军,在幽州北卢龙古塞,开元十九年九月十七日,改为静
　　塞军。

按《新唐书》卷39《地理志》"河北道蓟州"云:

　　　　自古卢龙北经九荆岭、受米城、张洪隘度石岭至奚王帐六
　　百里。

按,此古卢龙应即是上引《唐会要》之"幽州北卢龙古塞",《太平环宇
记》卷70蓟州四至八到之"北至废长城塞二百三十五里",可能也是此
地,"卢龙古塞"应在长城上也。据《唐会要》所云,先置渔阳军于卢龙
古塞,至开元十九年九月十七日始改为静塞军。何时置渔阳军? 史籍
无载。据《唐会要》卷71《州县改置(下)》"河北道"云:

　　　　蓟州,开元十一年闰六月一日,割渔阳、玉田、三河置。

《通典》卷178、《旧唐书》卷39、《新唐书》卷39均谓开元十八年,析幽
州置蓟州。《唐会要》恐误。暂从《通典》及两《唐书》,析幽州之渔阳、
玉田、三河三县置蓟州在开元十八年。据此,渔阳军得名有两种可能:
一为此军之建立在开元十八年蓟州建置之前,因幽州渔阳县而得名。
至开元十九年九月,渔阳军迁徙新建置的蓟州城内,并改名为静塞军。
至于《新唐书》卷39《地理志》"河北道蓟州"条所云:"南二百里有静塞
军,本障塞军,开元十九年更名。"恐不确。

8.2.5　恒阳军

　　按上引《通鉴》胡注云:

　　　　恒阳军在恒州城东,兵六千五百人。

《旧唐书》卷38《地理志》同,唯兵为三千五百人。

　　《通典》卷172《州郡二》云:

　　　　范阳节度使

　　　　恒阳军,常山郡城东,开元中置,管兵六千五百人。

《唐会要》卷78《节度使》云:"恒阳军,恒州郭下。"《新唐书》卷39《地

理志》"河北道镇州常山郡"云:"有恒阳军,开元中置。"上引诸书关于恒阳军的记载无歧异,唯无置军的确定时间。按《通鉴》卷213"玄宗开元十四年"云:

> [四月]辛丑,于定、恒、莫、易、沧五州置军以备突厥(定州置北平军、恒州置恒阳军、莫州置唐兴军、易州置高阳军、沧州置横海军)。

据此,恒阳军置于开元十四年四月。

8.2.6　北平军

按上引《通鉴》胡注云:

> 北平军在定州城西,兵六千人。

《旧唐书》卷38《地理志》同。《通典》卷172《州郡二》云:

> 北平军,博陵郡西,开元中置,管兵六千人。

《唐会要》卷78《节度使》云:"北平军,在定州西三里。"《新唐书》卷39《地理志》亦云定州"西有北平军,开元中置"。

《元和郡县图志》卷18《河北道三》"定州"云:

> 北平军,在州西三里,开元十年置。

按上引《通鉴》卷213定州北平军开元十四年置,《元和郡县图志》本卷沧州横海军开元十四年置,北平军同年置。据此,"开元十年"误,应作开元十四年。

8.2.7　高阳军

按上引《通鉴》胡注云:

> 高阳军在易州城内,兵六千人。

《旧唐书》卷38《地理志》同。《通典》卷172《州郡二》亦同。《新唐书》卷39《地理志》"河北道易州"云,"有高阳军"。

《元和郡县图志》卷18《河北道三》云:

> 易州
>
> 高阳军在城内,开元二十年置。

按上引《通鉴》卷213,开元十四年于五州置军,易州置高阳军,《元和志》谓开元二十年置,恐误。

8.2.8　唐兴军

按上引《通鉴》胡注云：

唐兴军在莫州城内,兵六千人。

《旧唐书》卷38《地理志》同。《通典》卷172《州郡二》亦同。《唐会要》卷78《节度使》云:"唐兴军,在莫州。"《新唐书》卷39《地理志》"河北道"云:

莫州文安郡

有唐兴军,开元十四年置。

与上引《通鉴》卷213同,应从之。

8.2.9　横海军

按上引《通鉴》胡注云：

横海军在沧州城内,兵六千人。

《旧唐书》卷38《地理志》同。唯《通典》卷172《州郡二》云:

横海军,景城郡城西南,管兵六千人。

《元和郡县图志》卷18"河北道"云:

沧州,景城。

横海军,在州城西南,开元十四年置。

《新唐书》卷39《地理志》"河北道"云:

沧州景城郡

西南有横海军,开元十四年置。

《唐会要》卷78《节度使》亦云:"横海军在沧州,并开元十四年四月十二日置。各以刺史为使。"以上三书均谓横海军在沧州城西南,当从之;《通鉴》胡注谓在城内,不确。置军在开元十四年四月,与上文引《通鉴》卷213同。《唐会要》"各以刺史为使",指沧州横海军、莫州唐兴军、易州高阳军、定州北平军、恒州恒阳军,各州刺史兼本州军使也。

上文引《通鉴》卷213有云:开元十四年四月有"于定、恒、莫、易、沧五州置军以备突厥"。兹略加考释。

《旧唐书》卷194(上)《突厥传》略云:

小杀由是大振,尽有默啜之众。俄又谴使请和,乞与玄宗为子,上许之。仍请尚公主,上但厚赐而遣之。

上引书又云:

> [开元]十五年,小杀使其大臣梅录啜来朝,献名马三十匹。
> 时吐蕃与小杀书,将计议同时入寇,小杀并献其书。

《新唐书》卷215(下)《突厥传》略同,可见开元十五年前的一段时间内,突厥与吐蕃曾计议从西与北两方面同时入寇。因此,唐在定、恒、莫、易、沧五州置军,加强防御。

《通鉴》卷215天宝元年所载范阳节度所统九军的情况考证如上。该书又云:范阳节度所管九军共兵九万一千四百人,马六千五百匹。但上列九军每军兵数相加为九万六千五百人,两个管兵总数相差五千人,此一也。《通典》卷172所载静塞军为一万一千人,则范阳节度管兵总数为九万一千五百人,此二也。《旧唐书》卷38所载静塞军亦为一万六千人,与《通鉴》同,但恒阳军则为三千五百人,则范阳节度管兵总数为九万三千人,此三也。以上四个总数我取九万一千四百人,或九万一千五百人。二者相差一百人,或《通鉴》之"四"乃"五"之误,或《通典》之"五"乃"四"之误,殊难考定。

天宝元年,幽州节度有马六千五百匹,《通典》、《通鉴》、《旧唐书·地理志》均同。

以上论述的幽州节度管兵数,由国家给衣给粮,乃幽州节度武装力量的一部分。在开元二十五年以后,这部分兵士为招募的杂有蕃、汉的边兵。幽州节度另一部分武装力量为东北北疆外内属的诸蕃族部落兵,他们比招募的边兵更富有战斗力,是幽州节度武装力量的主要部分。兹简略论述如下。

《唐六典》卷5"兵部郎中"条略云:

> 秦、成、岷、渭、河、兰六州有高丽、羌兵(皆令当州上佐一人专知统押,每年两度教练,使知部伍。如有警急,即令赴援。诸州城傍子弟,亦常令教习,每年秋集本军,春则放散)。

此处的"城傍子弟"为一专名,指内附蕃族处于某城之侧因而以部落形式成为战斗队伍也。如《旧唐书》卷199(下)《契丹传》略云:

又契丹有别部酋帅孙敖曹,初仕隋为金紫光禄大夫。武德四年,与靺鞨首长突地稽俱遣使内附,诏令于营州城傍安置,授云麾将军,行辽州总管。

此即营州城傍,亦即属于营州内附之靺鞨等蕃族之部落兵也。

《新唐书》卷111《王晙传》略云:

> 明年,突厥默啜为拔曳固所杀,其下多降,分置河曲。既而小杀继立,降者稍稍叛去。晙上言:"议者若谓降狄不可以南处,则高丽旧停置沙漠之西,城傍编夷居青、徐之右,何独降胡不可徙欤?"

按王晙所谓"城傍编夷居青、徐之右"乃指营州城傍迁徙青、徐。这一大批蕃族后来又从青、徐北徙成为幽州城傍。这一复杂情况见于新、旧《唐书·地理志》。兹引《旧唐书·地理志》之文如下。

《旧唐书》卷39《地理志》"河北道"云:

> 自燕以下十七州,皆东北蕃降胡散诸处幽州、营州界内,以州名羁縻之,无所役属。

按《旧唐书·地理志》此上十七州中之慎、玄、夷宾、师、鲜、带、黎、昌、瑞、信十州降胡均为营州城傍迁于青、徐后又北迁为幽州城傍者,兹一一引录如下:

《旧唐书》卷39《地理志》"河北道"略云:

> 慎州　武德初置,隶营州,领涑沫靺鞨乌素固部落。万岁通天二年,移于淄、青州安置。神龙初,复旧,隶幽州。

永兴按,《新唐书》卷43(下)《地理志》"羁縻州"略云:

> 河北道
>
> 靺鞨州三,府三。
>
> 慎州(武德初,以涑沫、乌素固部落置)。

《新唐书》卷219《黑水靺鞨传》略云:

> 黑水靺鞨居肃慎地,离为数十部,酋各自治。其著者曰粟末部,居最南,依粟末水以居。

同书《渤海传》略云:

361

欧·亚·历·史·文·化·文·库

渤海,本粟末靺鞨附高丽者。地有五京、十五府、六十二州。

又郿、铜、涑三州为独奏州。涑州以其近涑沫江,盖所谓粟末水也。据上引,居于慎州之涑沫部即靺鞨之粟末部。涑沫、粟末乃一词之不同音译也。乌素固部落当为靺鞨之一部,唯不见于《册府元龟》卷956《外臣部·种族》所载黑水靺鞨之七种中,亦不见于《新唐书》卷219《黑水靺鞨传》所载靺鞨诸部,可能音译不同。但《新唐书》卷219《室韦传》略云:

分部凡二十余,最西有乌素固部,与回纥接,当俱伦泊之西南。

《旧唐书》卷199(下)《室韦传》同。是否《新唐书》误将室韦之乌素固部置于靺鞨州中?《旧唐书·地理志》"领涑沫靺鞨乌素固部落",语意含混,恐亦有误。

《旧唐书》卷39《地理志》"河北道"略云:

玄州　隋开皇初置,处契丹李去闾部落。万岁通天二年,移于徐、宋州安置。神龙元年,复旧,今隶幽州。

永兴按,《新唐书》卷43(下)《地理志》"羁縻州河北道"略云:

契丹州十七,府一。

玄州(贞观二十年以纪主曲据部落置)。

与《旧唐书·地理志》不同。据《新唐书》卷219《契丹传》略云:

[贞观期间]大酋辱纥主曲据又率众归,即其部为玄州,拜曲据刺史,隶营州都督府。

据《新唐书·契丹传》,《新唐书·地理志》所云玄州置于贞观二十年等等更为可信。今取《新唐书·地理志》所云为此条史料的前一部分;后一部分即"万岁通天二年"云云则采用《旧唐书·地理志》。《新唐书·地理志》之"纪主",据《新唐书·契丹传》应作"辱纥主"。

《旧唐书》卷39《地理志》"河北道"略云:

夷宾州　乾封中,于营州界内置,处靺鞨愁思岭部落,隶营州都督。万岁通天二年,迁于徐州。神龙初,还隶幽州都督。

按《新唐书》卷43(下)《地理志》羁縻州河北道靺鞨州同,唯"乾封"误为"乾符"。愁思岭部不见于诸书靺鞨传。

《旧唐书》卷39《地理志》"河北道"略云：

> 师州　贞观三年置，领契丹室韦部落，隶营州都督。万岁通天元年，迁于青州安置。神龙初，改隶幽州都督。

> 阳师　初，贞观置州于营州东北废阳师镇，故号师州。神龙中，自青州还寄治于良乡县之故东闾城，为州治，县在焉。

《新唐书》卷43（下）《地理志》羁縻州河北道契丹州同。室韦乃另一蕃族，非契丹族之部落也。

《旧唐书》卷39《地理志》"河北道"略云：

> 鲜州　武德五年，分饶乐郡都督府奚部落置，隶营州都督。万岁通天元年，迁于青州安置。神龙初，改隶幽州。天宝领县一。

> 宾从　初置营州界，自青州还寄治潞县之古潞城。

《新唐书》卷43（下）《地理志》羁縻州河北道奚州同。

《旧唐书》卷39《地理志》"河北道"略云：

> 带州　贞观十九年，于营州界内置，处契丹乙失革部落，隶营州都督。万岁通天元年，迁于青州安置。神龙初，放还，隶幽州都督。

《新唐书》卷43（下）《地理志》羁縻州河北道契丹州同，唯作贞观十年。

《旧唐书》卷39《地理志》"河北道"略云：

> 黎州　载初二年，析慎州置，处浮渝靺鞨乌素固部落，隶营州都督。万岁通天元年，迁于宋州管治。神龙初还，改隶幽州都督。天宝领县一。

> 新黎　自宋州迁寄治于良乡县之故都乡县。

《新唐书》卷43（下）《地理志》羁縻州河北道靺鞨州同。按"浮渝"应即是上论慎州之"涑沫"，亦即是"粟末"；乌素固非靺鞨族，乃室韦族。均见上文"慎州"条考证。

《旧唐书》卷39《地理志》"河北道"略云：

> 昌州　贞观二年置，领契丹松漠部落，隶营州都督。万岁通天二年，迁于青州安置。神龙初还，隶幽州。

《新唐书》卷43（下）《地理志》"羁縻州河北道契丹州"略同。

《旧唐书》卷39《地理志》"河北道"略云：

·欧·亚·历·史·文·化·文·库·

瑞州　贞观十年,置于营州界,隶营州都督,处突厥乌突汗达干部落。咸亨中,改为瑞州。万岁通天二年,迁于宋州安置。神龙初还,隶幽州都督。

按《新唐书》卷43(下)《地理志》"羁縻州河北道突厥州"云:

瑞州(本威州,贞观十年以乌突汗达干部落置,在营州之境。咸亨中更名。后侨治良乡之广阳城。县一:来远)。

右初隶营州都督府,及李尽忠陷营州,以顺州隶幽州都督府,徙瑞州于宋州之境。神龙初北还,亦隶幽州都督府。

按乌突汗达干部落应为东突厥东部隶属于突利可汗者,因《新唐书》215(上)《突厥传》云:"以突利可汗主契丹、靺鞨部,树牙南直幽州。"贞观四年东突厥颉利汗国瓦解后,大批突厥人南迁,乌突汗达干部落通过契丹、靺鞨内附置于营州之境。

《旧唐书》卷39《地理志》"河北道"略云:

信州　万岁通天元年置,处契丹失活部落,隶营州都督。二年,迁于青州安置。神龙初还,隶幽州都督。

按《新唐书》卷43(下)《地理志》"羁縻州河北道契丹州"云:"信州(万岁通天元年以乙失活部落置)。"按契丹八部无失活或乙失活,据新、旧《唐书·契丹传》,开元初年有契丹失活,可能为失活部落的首领,则万岁通天元年内属者应从《旧唐书·地理志》为失活部落。

上文引《新唐书·地理志》羁縻州河北道突厥州瑞州所云:"右初隶营州都督府,及李尽忠陷营州,以顺州隶幽州都督府,徙瑞州于宋州之境。"它说明隶营州都督府之瑞州南迁宋州的原因,其他九州也是如此。按李尽忠陷营州事,旧、新《唐书·契丹传》均有记载,《通鉴》记载最详确。兹引《通鉴》之文如下:

《通鉴》卷205"则天后万岁通天元年"云:

夏五月壬子,营州契丹松漠都督李尽忠、归诚州刺史孙万荣举兵反,攻陷营州(松漠都督府及归诚州,太宗以内属契丹部落置),杀都督赵文翙。尽忠,万荣之妹夫也,皆居于营州城侧(永兴按,城侧即城傍也)。文翙刚愎,契丹饥不加赈给,视酋长如奴仆,故二人怨而反。乙丑,遣左鹰扬卫将军曹仁师、右金吾卫大将军张玄遇、左威卫大将军李多祚、司农少卿麻仁节等二十八将讨之。秋七月辛亥,以春官尚书梁王武三思为榆关道安抚大使("榆"当作"渝",史于此以后多以"渝"作"榆",读者宜详考)。姚璹副之,以备契丹。改李尽忠为李尽灭,孙万荣为孙万斩。

尽忠寻自称无上可汗,据营州,以万荣为前锋,略地,所向皆下,旬日,兵至数万,进围檀州,清边前军副总管张九节击却之。

据《通鉴》记载,李尽忠、孙万荣举兵反于万岁通天元年五月,李尽忠据营州在该年七月。在营州危急之时,唐中央及地方政府不能不考虑营州城傍一大批蕃族,如果落于李尽忠、孙万荣之手,将大为增强反叛者的力量,因而要及时把这一大批蕃族南迁,以使其远离营州。南迁之始最适当的时间为万岁通天元年五月或稍前,最迟不应晚于该年七月。李尽忠已于七月据有营州,攻城略地,进围檀州。营州城傍撤离南迁,已不可能。据此,《旧唐书·地理志》载州城傍十州中之慎州、玄州、夷宾州、昌州、瑞州、信州城傍南迁青、徐、宋州在万岁通天二年,均误,营州及其附近地区已在反叛者手中,慎州等六州城傍不可能撤离也。《旧唐书·地理志》记载十州城傍中之师州、鲜州、带州、黎州城傍于万岁通天元年南迁青、宋州均是,即在万岁通天元年五月或稍前南迁也。至于这十州城傍全部南迁抑有少数未迁,尚有疑问,但大部分南迁是可确定的。

十州城傍诸蕃族南迁青、宋、徐,至神龙元年北返幽州,何以如此?我推测,可能由于东突厥默啜汗国强大并严重侵犯唐北疆及东北疆内外,唐为加强北疆及东北疆的防御力量,因而把处于青、宋、徐三州城傍诸蕃族迁回幽州。兹论述如下:

东突厥默啜汗国对唐的严重侵犯,新、旧《唐书·东突厥传》及《通鉴》均有记载,且《通鉴》的记载在时间、空间、人事三方面均较明确。兹引《通鉴》之文如后。

《通鉴》卷206"则天后圣历元年(698年)"略云:

八月戊子,武延秀至黑沙南庭。[突厥默啜]乃拘延秀于别

365

所,以(阎)知微为南面可汗,言欲使之主唐民也。遂发兵袭静难、平狄、清夷等军(垂拱中置清夷军于妫州界。杜佑曰:在城内,南去范阳二百十里),静难军使慕容玄崼以兵五千降之。虏势大振,进寇妫、檀等州。

默啜移书数朝廷曰:"我为此起兵,欲取河北耳。"

癸丑,默啜寇飞狐,乙卯,陷定州,杀刺史孙彦高及吏民数千人。

[九月]戊辰,默啜围赵州,长史唐般若翻城应之。

癸未,突厥默啜尽杀所掠赵、定等州男女万余人,自五回道去,所过,杀掠不可胜纪。沙吒忠义等但引兵蹑之,不敢逼。狄仁杰将兵十万追之,无所及。默啜还漠北,拥兵四十万,据地万里,西北诸夷皆附之,甚有轻中国之心。

冬十月,制:都下屯兵,命河内王武懿宗、九江王武攸归将之。

同书"圣历二年(699 年)"略云:

[腊月],河南、北置武骑团以备突厥。

是岁,突厥默啜立其弟咄悉匐为左厢察,骨笃禄子默矩为右厢察,各主兵二万余人;其子匐俱为小可汗,位在两察上,主处木昆等十姓,兵四万余人,又号为拓西可汗(处木昆十姓,西突厥所部也,故号拓西)。

《通鉴》卷 207"则天后久视元年(700 年)"略云:

十二月甲寅,突厥掠陇右诸监马万余匹而去。

同书"则天后长安元年(701 年)"略云:

八月,突厥默啜寇边,命安北大都护相王为天兵道元帅,统诸军击之,未行而虏退。

同书"则天后长安二年(702 年)"略云:

突厥寇盐、夏二州。三月庚寅,突厥破石岭(忻州定襄县有石岭关。杜佑曰:定襄县本汉阳曲县,有石岭关甚险固),寇并州。以雍州长史薛季昶摄右台大夫,充山东防御军大使,沧、瀛、幽、易、恒、定等州诸军皆受季昶节度。夏四月,以幽州刺史张仁愿专知幽、平、妫、檀防御,仍与季昶相知,以拒突厥。

秋七月甲午,突厥寇代州。

[九月]壬申,突厥寇忻州。

据上引《通鉴》记载,从圣历元年至长安二年的四年中,东突厥大举侵犯唐境十次之多,深入到河东道并州,并州南至东都八百九十里(据《元和郡县图志》卷13);攻陷河北道定州、赵州,赵州西南至东都一千三百里,定州西南至东都一千二百二十五里(据《元和郡县图志》卷17、18)。东突厥进犯的重点在东部,即河北道和河东道,默啜宣称要取河北,并非虚言,赵州、定州已是河北道中部,南去东都一千二三百里,快速骑兵不过三日的行程,东都受到威胁,因而圣历元年十月制,"都下屯兵"。接着,突厥又寇盐、夏二州,夏州南去京师千五十里(据《元和郡县图志》卷4),首都也受到威胁。在这样严峻的军事形势下,唐在东部采用了种种防御措施,上引《通鉴》已有记载。我推测,神龙元年从青、徐、宋三州撤回城傍诸蕃族部落安置在幽州城傍就是诸种防御措施之一。这一大批幽州城傍部落兵善于骑射,战斗力强,是幽州节度重要的甚至是主要的战斗队伍。神龙元年何以把南迁青、徐、宋三州的营州城傍北移幽州?暂作推测如上,留待详考。

幽州城傍诸蕃族部落成为唐边防军的过程及其他具体情况,上引两《唐书·地理志》均未述及,但可以河东节度下城傍诸蕃族成为唐边防军的情况推而知之。

《通鉴》卷211"开元四年"略云:

[六月]癸酉,拔曳固斩突厥可汗默啜首来献。拔曳固、回纥、同罗、霫、仆固五部皆来降,置于大武军北。

默啜死,他控制下的铁勒五部南迁内附,被置于大武军城之北,成为大武军城傍。

《通鉴》卷212"开元六年"云:

二月戊子,移蔚州横野军于山北,屯兵三万,为九姓之援;以拔曳固都督颉质略、同罗都督毗伽末啜、霫都督比言、回纥都督夷健颉利发、仆固都督曳勒歌等各出骑兵为前、后、左、右军讨击大使,

367

皆受天兵军节度。有所讨捕,量宜追集;无事各归部落营生,仍常
加存抚。

铁勒五部被编制为天兵军节度下的前、后、左、右军,五部首领为各部都
督并任各军讨击大使。平时从事游牧,有所讨捕时以部落为单位从事
战争,这就是城傍蕃族成为唐边防军的过程和形式。部落组织仍保持,
游牧生活仍保持,但成为唐天兵军下的一个军事单位,成为唐天兵军
大使部署指挥下兵牧合一的部落兵。这是唐对内附蕃族普遍实行的
政策,河东道的城傍如此,河北道的城傍亦如此。从青、宋、徐北返的蕃
族成为幽州城傍,成为幽州节度下的部落兵。

幽州节度下的蕃族部落兵不只从青、宋、徐被遣返回幽州者。据
《旧唐书》卷39《地理志》"河北道"略云:

> 自燕以下十七州,皆东北蕃降胡散诸处幽州、营州界内,以州
> 名羁縻之,无所役属。

永兴按,同书记载燕州略云:

> 燕州 隋辽西郡,寄治于营州。武德元年,改为燕州总管府,
> 领辽西、泸河、怀远三县。其年,废泸河县。六年,自营州南迁,寄
> 治于幽州城内。贞观元年,废都督府,仍省怀远县。开元二十五
> 年,移治所于幽州北桃谷山。天宝元年,改为归德郡。所领户出粟
> 皆靺鞨别种。

按"粟皆"应作"粟末",见上文考证。《新唐书》卷39《地理志》"河北道
幽州幽都县(下)"略云:"隋于营州之境汝罗故城置辽西郡,以处粟末
靺鞨降人。武德元年曰燕州。六年,自营州迁于幽州城中,以首领世袭
刺史。开元二十五年徙治幽州北桃谷山。"此一幽州城傍乃内附粟末
靺鞨人。

同书记载威州略云:

> 威州 武德二年,置辽州总管,自燕支城徙寄治营州城内。七
> 年,废总管府。贞观元年,改为威州,隶幽州大都督。所领户,契丹
> 内稽部落。旧领县一。
>
> 威化 后契丹陷营州乃南迁,寄治于良乡县石窟堡,为威化

县,州治也。

按上引《旧唐书·地理志》文,数处难解,但与本文主旨无关,不一一考订,以免枝蔓。《新唐书·地理志》言简意赅,《新唐书》卷43(下)《地理志》"羁縻州河北道契丹州"云:"威州(本辽州,武德二年以内稽部落置。初治燕支城,后侨治营州城中。贞观元年更名。后治良乡之石窟堡。县一,威化)。"旧、新《唐书·地理志》均谓以契丹内稽部落置威州,按《新唐书》卷219《契丹传》有达稽部,是否即内稽部?待考。总之,侨治良乡之契丹州乃幽州城傍也。

《旧唐书》卷39《地理志》"河北道"略云:

> 崇州　武德五年,分饶乐郡都督府置崇州、鲜州,处奚可汗部落,隶营州都督。

> 昌黎　贞观二年,置北黎州,寄治营州东北废杨师镇。八年,改为崇州,置昌黎县。契丹陷营州,徙治于潞县之古潞城,为县。

按上引《旧唐书·地理志》之文,前后矛盾,为免文章枝蔓,不详考,唯取其可补充《新唐书·地理志》部分。《新唐书》卷43(下)《地理志》"羁縻州河北道奚州"略云:

> 崇州(武德五年,析饶乐都督府之可汗部落置。贞观三年更名北黎州,治营州之废阳师镇。八年复故名。后与鲜州同侨治潞之古县城。县一:昌黎)。

按新、旧《唐书·地理志》之"武德五年,分饶乐郡都督府"云云,恐不可信。武德五年时,河北道北部大部分为高开道所割据。《旧唐书》卷55《高开道传》略云:

> 武德元年,(高开道)进陷渔阳郡,自立为燕王。三年,开道又引突厥频来为寇,恒、定、幽、易等州,皆罹其患。

《旧唐书》卷1《高祖纪》略云:

> [武德五年]三月丁未,蔚州总管、北平王高开道叛,寇易州。
> [六年九月丙子]高开道引突厥寇幽州。

可见,在上述情况下,建立奚内属州府是不可能的。

《册府元龟》卷956《外臣部·种族》略云:

> 奚,本东部胡之种也,唐贞观二十二年,酋长可度者率所部内
> 属,乃置饶乐府,以可度者为都督,赐姓李氏。

《旧唐书》卷 3《太宗纪》略云:

> [贞观二十二年十一月]庚子,奚帅可度者率其部内属,以奚
> 部置饶乐都督。

永兴按,《通鉴》卷 199、《旧唐书》卷 199《奚传》均同。处奚族内附者于
营州城傍建置饶乐都督府在贞观二十二年十一月,可无疑也。《旧唐
书·地理志》、《新唐书·地理志》之奚可汗部落,不知何所指? 或为奚
酋直接统率部落,因突厥称首领为可汗而称之为可汗部落耶? 万岁通
天元年,契丹陷营州,奚人从崇州南迁幽州,成为幽州城傍。

《旧唐书》卷 39《地理志》"河北道"略云:

> 沃州　载初中析昌州置,处契丹松漠部落,隶营州。州陷契
> 丹,乃迁于幽州,隶幽州都督。天宝领县一。

> 滨海　沃州本寄治营州城内,州陷契丹,乃迁于蓟县东南回
> 城,为治所。

按《新唐书》卷 43(下)《地理志》"羁縻州河北道契丹州沃州"云:"载
初中析昌州置。万岁通天元年没于李尽忠,开元二年复置。后侨治蓟
之南回城。"《旧唐书·地理志》之"契丹松漠部落"乃贞观二十二年所
置松漠都督府之部落,非契丹原名也。万岁通天元年契丹陷营州,处于
沃州之契丹部落至开元二年始迁为幽州城傍,《新唐书·地理志》在时
间上较《旧唐书·地理志》明确。

《旧唐书》卷 39《地理志》"河北道"略云:

> 归义州　总章中置,处海外新罗,隶幽州都督。

按《新唐书》卷 43(下)《地理志》"羁縻州河北道奚州"云:"归义州归
德郡(总章中以新罗户置,侨治良乡之广阳城。县一:归义。后废。开
元中,信安王祎降契丹李诗部落五千帐,以其众复置)。"据《旧唐书·
地理志》、《新唐书·地理志》,此蕃州先为新罗人,后为契丹人,不知何
故。《新唐书·地理志》置于奚州之下,但据《通鉴》213"唐玄宗开元二
十年"云:

[三月,信安王]祎等大破奚、契丹,俘斩甚众,可突干帅麾下远遁,余党潜窜山谷,奚酋李诗琐高帅五千余帐来降。祎引兵还。

赐李诗爵归义王,充归义州都督,徙其部落置幽州境内。

李诗部落乃奚人,非契丹也。《旧唐书》卷199(下)《奚传》与《新唐书》卷219《奚传》同。《新唐书·地理志》列归义州为奚州是对的,但在记事中以李诗部落为契丹则误。

《旧唐书》卷39《地理志》"河北道"略云:

> 青山州　景云元年,析玄州置,隶幽州都督。

《新唐书》卷43(下)《地理志》"羁縻州河北道契丹州"同。上文所论玄州,乃契丹州。万岁通天元年南移宋、徐二州,神龙元年还属幽州,至景云元年又析置青山州。

以上考订燕州、威州、崇州、沃州、归义州、青山州,或原为幽州城傍,或原为营州城傍,万岁通天元年营州失陷后又南迁为幽州城傍;连同神龙元年自青、宋、徐北返为幽州城傍者共十七蕃州,其种族为契丹、奚、室韦、突厥、靺鞨。这一大批城傍蕃族成为幽州节度下的部落兵。《通鉴》天宝元年所记幽州节度下的九万兵士中,也有不少蕃族。二者合计,幽州节度管兵中有大批蕃族。从战斗力来看,蕃族部落兵和蕃族一般兵士是幽州节度边防军中的重要部分,甚至是主要部分。

《旧唐书》卷39《地理志》"河北道"云:

> 自燕以下十七州,皆东北蕃降胡散诸处幽州、营州界内,以州名羁縻之,无所役属。安禄山之乱,一切驱之为寇,遂扰中原。

天宝十四载范阳节度使安禄山反叛,叛军的主力即"自燕以下十七州"的幽州城傍蕃族,但非天宝十四载叛臣安禄山始驱之也。前此数十年,十七州城傍已是大唐帝国东北疆的边防战士。上文考订旨在分析其过程,读者鉴之。当然,天宝十一载安禄山得同罗阿布思之部落,"自是禄山精兵无敌于天下"(《安禄山事迹(上)》)。先师陈寅恪先生已于《书杜少陵哀王孙诗后》(《金明馆丛稿二编》)详确言之矣。

本段论述中,关于"城傍"的论点和所使用的主要史料,均已见于李锦绣著《"城傍"与大唐帝国》,特此说明。

8.3 幽州节度与平卢节度的关系

《新唐书》卷66《方镇表》"幽州"栏包括平卢节度,可见二者关系密切。这种密切关系的形成,由于营州及平卢节度两次失陷,不得不寄治于幽州境内,幽、营合二为一。营州及平卢节度两次失陷,和它的地理形势有关。本段首先论述营州及平卢节度的地理形势,然后论述营州及平卢节度两次失陷和迁徙,最后考订《新唐书·方镇表》所载幽州节度与平卢节度的密切关系。

8.3.1 营州的地理形势

《新唐书》卷43(下)《地理志》"羁縻州录贾耽入四夷道,其营州入安东道"云:

> 营州西北百里曰松陉岭,其西奚,其东契丹。距营州北四百里至湟水。营州东百八十里至燕郡城。又经汝罗守捉,渡辽水至安东都护府五百里。府,故汉襄平城也。东南至平壤城八百里;西南至都里海口六百里;西至建安城三百里,故中郭县也;南至鸭渌江北泊汋城七百里,故安平县也。自都护府东北经古盖牟、新城,又经渤海长岭府,千五百里至渤海王城;城临忽汗海,其西南三十里有古肃慎城,其北经德理镇,至南黑水靺鞨千里。

《通典》卷178《州郡八》略云:

> 柳城郡　东至辽河四百八十里,南至海二百六十里,西至北平郡七百里,北至契丹界五十里,东南到安东府二百七十里,西南到北平郡七百里,西北到契丹界七十里,东北到契丹界九十里、契丹衙帐四百里。
>
> 领县一,柳城。室韦、靺鞨诸部并在东北,远者六千里,近者二千余里。西北与奚接,北与契丹相接。

《太平环宇记》卷71略云:

> 营州,柳城郡
>
> 四至八到:

东到辽河、南至大海三百四十里,西至平州七十里(十,一作
百),北至秦长城二百七十里,至契丹界湿水四百里,东南至保定
军,旧安东都护府一百七十里(一作二百),西南至平州七百里,西
北至契丹界七十里,东北至契丹界九十里,自界至契丹牙帐四
百里。

以上引录《新唐书·地理志》载贾耽入四夷道,《通典》、《太平环宇记》
营州的四至八到,其里距小有歧异均不考订,与本文立论无关也。总括
上引,营州的地理形势特点有二:

(1)首先,营州与契丹、奚毗邻,据上引《通典》,营州北、西北、东北
均与契丹接畛,在契丹三面包围之中,契丹衙帐距营州不足五百里。营
州至奚的距离及形势与此大致相同。据《新唐书·地理志》引贾耽营
州入安东道的记载:"营州西北百里曰松陉岭,其西奚,其东契丹。"松
陉岭为奚与契丹的分界线,奚、契丹的南部均与营州毗连。这样的地理
形势使营州以及唐的东北疆易于为奚、契丹侵扰,但如平卢节度军事
力量强大,也易于镇抚奚、契丹。

其次,营州至安东都护府二百七十里,自安东府至渤海王城一千
五百里,即自营州至渤海王城不足一千八百里,快速骑兵不过六、七日
的行程。营州成为镇抚靺鞨的政治军事重镇,其地理形势使然也。

(2)营州东南至安东都护府二百七十里,东至辽水四百八十里,快
速骑兵不过二、三日的行程,对于守卫营州以东以及辽水以东的广大
地区,实为最佳的政治军事据点。

《册府元龟》卷992《外臣部·备御》云:

[开元]五年三月庚戌,复置营州于柳城,诏曰:朕闻舞干戚者
所以怀荒远,固城池者所以款戍夷(永兴按,《唐大诏令集》卷99
《置营州都督府制》作"款戍夷",是)。国家往有营州,兹为虏障。
此北狄不敢窥觇,东藩由其辑睦者久矣。

"北狄不敢窥觇",北狄,契丹、奚也;"东藩由其辑睦",东藩,新罗、渤海
也。这就恰当地说明了营州的重要作用,也说明了二年后设置平卢节
度的重要意义和作用。

8.3.2　营州和平卢节度的两次迁徙

《旧唐书》卷39《地理志》"河北道营州"略云：

> 万岁通天二年，为契丹李万荣所陷。神龙元年，移府于幽州界
> 置，仍领渔阳、玉田二县。开元四（五）年，复移还柳城。八年，又
> 往就渔阳。十一年，又还柳城旧治。

按《太平环宇记》卷71《河北道》"营州"同。《新唐书》卷39《地理志》
"河北道营州"略云：

> 万岁通天元年为契丹所陷，圣历二年侨治渔阳，开元五年又
> 还治柳城。

按《通鉴》卷205"则天后万岁通天元年"云：

> 夏五月壬子，营州契丹松漠都督李尽忠、归诚州刺史孙万荣
> 举兵反，攻陷营州，杀都督赵文翙。尽忠，万荣之妹夫也，皆居于营
> 州城侧。

《旧唐书》卷6《则天皇后本纪》、《新唐书》卷4《则天皇后本纪》均谓万
岁通天元年五月契丹李尽忠、孙万荣攻陷营州，与《通鉴》同。《旧唐书
·地理志》及《太平环宇记》作万岁通天二年，误；《新唐书·地理志》作
万岁通天元年，是。

关于上引《旧唐书·地理志》谓"神龙元年，移（营州都督）府于幽
州界置，仍领渔阳、玉田二县"。兹举出下列史料证明之。

《旧唐书》卷39《地理志》"河北道蓟州"略云：

> 渔阳
>
> 神龙元年，改属营州。
>
> 玉田
>
> 神龙元年，割属营州。

永兴按，神龙元年时渔阳、玉田乃幽州属县，营州都督府为契丹攻陷后，
迁府于幽州界，以渔阳、玉田二县属之。《新唐书》卷39《地理志》"河
北道蓟州"亦云："渔阳，神龙元年隶营州。""玉田，神龙元年隶营州。"
《太平环宇记》卷70《河北道》蓟州亦载玉田县于神龙元年割属营州，
唯脱略渔阳县于同年割属营州事。

开元五年,营州都督府复建于柳城,上文引《册府元龟》已论及。旧、新《唐书·地理志》亦可为旁证。上引《旧唐书·地理志》有云:"渔阳,开元四(五)年,还属幽州。""玉田,开元四(五)年,还属幽州。"《新唐书·地理志》同。盖营州已迁回柳城,自幽州割隶营州之渔阳、玉田二县还属幽州也。这是营州第一次迁徙。

上引《旧唐书》卷39《地理志》云:

〔开元〕八年,(营州和平卢节度)又往就渔阳。

《太平环宇记》卷71《河北道》营州同。

《通鉴》卷212"唐玄宗开元八年"云:

契丹牙官可突干骁勇得众心,李娑固猜畏,欲去之。是岁,可突干举兵击娑固。娑固败奔营州。营州都督许钦澹遣安东都护薛泰帅骁勇五百与奚王李大酺奉娑固以讨之,战败,娑固、李大酺皆为可突干所杀,生擒薛泰,营州震恐。许钦澹移军入渝关,可突干立娑固从父弟郁干为主,遣使谢罪。

按《旧唐书》卷199(下)《契丹传》同。据《新唐书·方镇表》,开元七年升平卢军使为平卢军节度等使,则开元八年之营州都督许钦澹亦即平卢节度使,他移军入渝关,当然也就是放弃了营州。平卢节度使率军入渝关与上引《旧唐书·地理志》所云"八年,又往就渔阳"是同一史实,即平卢节度侨治幽州渔阳也。

《新唐书》卷39《地理志》"河北道蓟州"云:

玉田

〔开元〕八年隶营州。

《新唐书·地理志》这一简略记载亦可证明开元八年营州和平卢节度侨治幽州渔阳,并领幽州玉田县。

上引《旧唐书》卷39《地理志》谓开元十一年营州和平卢节度又还柳城旧治。两《唐书·地理志》均可证明。

《新唐书》卷39《地理志》"河北道蓟州"略云:

玉田

〔开元〕十一年又隶幽州。

·欧·亚·历·史·文·化·文·库·

《旧唐书》卷39《地理志》"河北道蓟州"略云：

> 玉田，[开元]十一年，又属蓟州。

永兴按，中华本《旧唐书·地理志》校勘记略云："《环宇记》卷70玉田县沿革作十一年以，又还属幽州。"甚是。《旧唐书·地理志》"蓟州"误，应作幽州。新、旧《唐书·地理志》此句皆承上文"八年隶营州"。盖开元八年营州侨治幽州，故割幽州之渔阳、玉田二县属之。至十一年又还属幽州，可证明营州和平卢节度又还柳城旧治。据《册府元龟》卷979《外臣部·和亲二》云：

> [开元]十年，契丹松漠郡王郁干入朝请婚，封从妹夫帝（永兴按，应作率）更令慕容嘉宾女燕郡主以妻之。明年郁干死，弟吐于代立，复以燕郡主妻之。

我推测，由于和亲，契丹在开元十年以八年所陷之营州归还唐，故开元十一年侨治幽州之营州都督府和平卢节度又还柳城旧治。此为营州和平卢节度第二次迁徙。

营州和平卢节度两次迁徙为时二十七年，自万岁通天元年至神龙元年八年间，营州的情况不明，待详考；自神龙元年至开元四年十一年间，营州侨治幽州；自开元八年至开元十一年三年间，营州和平卢节度又侨治幽州。二十七年中侨治幽州十四年，又情况不明八年，营州都督府和平卢节度居柳城只有五年。营州及平卢节度侨治幽州境内十四年中，营州及平卢节度已失去它原有的职能。实际上，平卢节度合并于幽州节度，或者说，二者合为一。其关系如此。

8.3.3 《新唐书·方镇表》载平卢节度以及平卢节度与幽州节度的关系考订

《新唐书》卷66《方镇表》"幽州"栏云：

> [开元]二年　置营平镇守，治太平州。

永兴按，中华本《新唐书》校勘记云：

> 治太平州　按本书卷三九及《旧书》卷三九《地理志》，河北道有"平州"，无"太平州"。疑误。

甚是，应作平州。"营"即营州，"平"即平州，营平镇守与后来之平卢节度领营、平二州相似,唯此时营州在失陷中,因而治平州耶?

《新唐书·方镇表》又云:

> 五年　营州置平卢军使。

> 七年　升平卢军使为平卢军节度、经略、河北支度、管内诸蕃
> 及营田等使,兼领安东都护及营、辽、燕三州。

永兴按,万岁通天元年(696 年)契丹陷营州,二十一年后即开元五年
(717 年),唐复筑营州城。《通鉴》卷 211“唐玄宗开元五年”云:

> 奚、契丹既内附,贝州刺史宋庆礼建议,请复营州。三月庚戌,
> 制复置营州都督于柳城,兼平卢军使,管内州县镇戍皆如其旧(武
> 后万岁通天元年营州陷,至是乃复);以太子詹事姜师度为营田、
> 支度使,与庆礼等筑之,三旬而毕。

开元五年三月,宋庆礼、姜师度等复筑营州,恢复营州都督于柳城,即自
侨居幽州境内返于柳城旧治也。营州都督兼平卢军使,为平卢节度的
前身。二年后,升平卢军使为平卢节度使。应注意,《新唐书·方镇
表》记平卢节度领州为营、辽、燕三州及安东都护府,无平州。

《唐会要》卷 78《节度使》云:

> 平卢军节度使,开元七年闰七月,张敬忠除平卢军节度使,自
> 此始有节度之号。

《唐会要》与《新唐书·方镇表》同,平卢节度始于开元七年闰七月,第
一任节度使为张敬忠。

《新唐书·方镇表》又云:

> 二十八年　平卢军节度使兼押两蕃、渤海、黑水四府经略处
> 置使。

按,两蕃即奚、契丹也。四府,即契丹松漠都督府、奚饶乐都督府、渤海
忽汗州都督府、黑水靺鞨都督府。

《唐会要》卷 78《节度使》略云:

> 平卢节度使,(开元)二十八年二月,除王斛斯,又加押两蕃及
> 渤海、黑水等四府经略处置使,遂为定额。

与《新唐书·方镇表》同。平卢押两蕃、四府,可见其地位之重要。

·欧·亚·历·史·文·化·文·库·

《新唐书·方镇表》又云：

> 二十九年　幽州节度副使领平卢军节度副使,治顺化州。

按《旧唐书》卷9《玄宗纪》云：

> [开元二十九年七月]北(永兴按,应作营)州刺史王斛斯为幽
> 州节度使,幽州节度副使安禄山为营州刺史,充平卢军节度副使,
> 押两番、渤海、黑水四府经略使。

《旧唐书·玄宗纪》所云与《新唐书·方镇表》所云相印证。幽州与平
卢之密切关系,亦于此可见也。《新唐书·方镇表》所云"平卢军节度
副使,治顺化州",按《新唐书》卷43(下)《地理志》羁縻州河北道奚州
有顺化州,其地似在幽州不在营州。颇疑"顺化州"应作"顺州","化"
为衍文。据《旧唐书·地理志》"河北道"略云：

> 顺州下　贞观六年置,寄治营州南五柳城。天宝元年,改为顺
> 义郡。

开元二十九年仍名顺州。平卢节度使治于营州城内,其副使治于营州
城南五柳城是合理的。

《新唐书·方镇表》又云：

> 天宝二年　平卢军节度使治辽西故城,副都护领保定军使。

辽西故城在何地? 按《旧唐书》卷39《地理志》"河北道"略云：

> 燕州　隋辽西郡,寄治于营州。开元二十五年,移治所于幽州
> 北桃谷山。天宝元年,改为归德郡。

《新唐书》卷39《地理志》"河北道幽州"略云：

> 幽都(隋于营州之境汝罗故城置辽西郡,以处粟末靺鞨降人。
> 武德元年曰燕州。六年自营州迁于幽州城中,以首领世袭刺史。
> 开元二十五年徙治幽州北桃谷山。天宝元年曰归德郡)。

据上引,辽西故城即隋之辽西郡,亦即唐之燕州。隋辽西郡在营州境内
之汝罗故城,《新唐书·地理志》营州境内有汝罗守捉,当即燕州所在
之地。据《太平环宇记》卷69《河北道》"幽州幽都县"条,汝罗故城在
营州东二百里,唐之燕州在营州城东二百里处。天宝二年徙平卢节度
治所于营州城东二百里之燕州,其故何在? 俟再考。

《新唐书·方镇表》所云:"副都护领保定军使。"副都护是否应为安东副都护抑或为平卢节度副使,不能确定,但据《新唐书·地理志》安东上都护府所云:"有怀远军,天宝二载置。又有保定军。"则副都护应为安东副都护。

《新唐书·方镇表》疏证至此结束,但有数问题须与《通鉴》所记平卢节度之史并观,略加考释。

《通鉴》卷215"唐玄宗天宝元年"略云:

> 平卢节度镇抚室韦、靺鞨,统平卢、卢龙二军。榆关守捉,安东都护府,屯营、平二州之境,治营州。兵三万七千五百人("榆"当作"渝")。

据《新唐书·方镇表》,幽州节度与平卢节度的关系颇为密切,这是由于二者构成以幽州节度为主的东北军事格局。这一军事格局备御、镇抚唐东北疆外的奚、契丹、室韦、黑水靺鞨和渤海。从这一角度来考察《新唐书·方镇表》记载的平卢节度和上引《通鉴》关于平卢节度的记述,提出下列问题。

(1)《新唐书·方镇表》开元二十八年,平卢军节度使兼押两蕃、渤海、黑水四府经略处置使,《唐会要》卷78《节度使》同。《曲江集》中有关平卢节度的史料,可与《新表》相印证,兹略举出。

《曲江集》卷9《敕平卢使乌知义书》云:

> 敕平卢使乌知义,委卿重镇,安辑两蕃,动静须知,节制斯在。

同书《敕平卢使乌知义书》略云:

> 敕平卢节度、营州都督乌知义,契丹及奚一心归我,不有将护,岂云王略。渤海、黑水近复归国,亦委卿节度,想所知之。

乌知义任平卢节度使在开元二十八年以前,据上引,平卢节度押两蕃、渤海、黑水四府已是实际情况。但二年后即天宝元年,《通鉴》谓"平卢节度镇抚室韦、靺鞨",而范阳节度为"临制奚、契丹",与《新唐书·方镇表》似乎不同。我认为《通鉴》记载开天十节度之职能,皆就其大的战略及地理形势而言,如书陇右节度为"备御吐蕃",书河西节度为"断隔吐蕃、突厥",二者地理形势不同,战略职能有异也。幽州节度与平卢节度亦是如此,展视地图可知。

幽州节度与平卢节度构成东北军事格局,而以幽州节度为主,开元二十九年后,两镇实际上合而为一。

《旧唐书》卷9《玄宗纪》略云:

> [开元二十九年七月]幽州节度副使安禄山为营州刺史,充平卢军节度副使,押两番(蕃)、渤海、黑水四府经略使。

《新唐书》卷225(上)《安禄山传》略云:

> 天宝元年,以平卢为节度,禄山为之使,兼柳城太守,押两蕃、渤海、黑水四府经略使。又明年(天宝三载),代裴宽为范阳节度、河北采访使,仍领平卢军。

据上引,安禄山以一身任范阳、平卢两镇至天宝十四载。

(2)据《新唐书·方镇表》,开元七年,升平卢军使为平卢军节度,领安东都护及营、辽、燕三州。据上文考订,辽、燕二州乃营州城傍,平卢军节度实际上只领营州及安东都护府。在天宝元年以前,平卢节度不领平州。这涉及平卢节度设置的时间。自天宝元年起,平卢节度始领营、平二州,前此,仅领营州。领营、平二州之平卢节度始设于天宝元年,《通鉴》书平卢节度即如此,司马温公非无据也。

8.4　吴廷燮《唐方镇年表》幽州部分补正

景云元年(710年)(自十月丁酉二十日起)

薛讷

永兴按,《通鉴》卷210"唐睿宗景云元年"云:

> [十月]丁酉,以幽州镇守经略节度大使薛讷为左武卫大将军兼幽州都督。节度使之名自讷始(《考异》曰:《统纪》:"景云二年四月,以贺拔延秀为河西节度使,节度之名自此始。"《会要》云:"景云二年,贺拔延嗣为凉州都督,充河西节度,始有节度之号。"又云:"范阳节度自先天二年始除甄道一。"《新表》:"景云元年置河西诸军州节度、支度、营田大使。"按讷先已为节度大使,则节度

之名不始于延嗣也。今从《太上皇实录》）。

司马温公据《太上皇实录》，定幽州节度使始于薛讷；温公并指出，节度之号始自薛讷，非始于景云二年河西之贺拔延嗣。

吴廷燮著《唐方镇年表》幽州部分，虽始自景云元年，但景云元年、二年及先天元年，皆缺任节度使之人。景云元年已补薛纳如上。以下补景云二年及先天元年任幽州节度使之人。

景云二年（711 年）

薛讷

先天元年（712 年）

薛讷（自正月至三月七日）

孙佺（自三月八日至六月二十二日）

宋璟（六月二十二日以后至先天二年一月）

永兴按，《通鉴》卷 210 "唐玄宗先天元年" 云：

> 幽州大都督薛讷镇幽州二十余年（按武后圣历元年，薛讷方自蓝田令擢为安东道经略），吏民安之，未尝举兵出塞，虏亦不敢犯。与燕州刺史李琎有隙，琎毁之于刘幽求，幽求荐左羽林将军孙佺代之。三月丁丑，以佺为幽州大都督，徙讷为并州长史。

薛讷镇幽州二十余年，包括景云元年二年及先天元年自正月至三月七日（"三月丁丑"为三月七日）。据此可证明景云元年二月及先天元年正月至三月七日，任幽州节度使者均为薛讷。

同上引书又略云：

> ［六月］庚申，幽州大都督孙佺与奚酋李大酺战于冷陉（贞观中，奚酋可度者内附，赐姓李，后遂以李为姓。《考异》曰：《上皇录》云"甲子"，今从《睿宗录》），全军覆没。佺、（周）以悌为虏所擒，献于突厥，默啜皆杀之。

按旧、新《唐书·奚传》所记略同。孙佺兵败被俘被杀，他的幽州大都督的职任至先天元年六月二十二日为止（六月庚申为六月二十二日）。孙佺死后，何人继任幽州都督？按同上引书又云：

> 十一月乙酉，奚、契丹二万骑寇渔阳，幽州都督宋璟闭城不出，

虏大掠而去。

永兴按，旧、新《唐书·宋璟传》，他曾任幽州都督，但无时间，今姑就《通鉴》所记论之。十一月乙酉为十一月二十日，孙佺被俘被杀在六月二十二日，至十一月二十日为时五个月，《通鉴》记宋璟守幽州事并非始任。则宋璟始任幽州都督可能在孙佺被俘被杀之后不久。幽州处于东北疆战场不远，守土大臣不可久缺，今姑定宋璟始任幽州都督在七月，虽不中亦不远矣。宋璟离任幽州都督之时，姑定为先天二年一月，因甄道一除幽州节度使在先天二年二月，见下文引《唐会要》。

先天二年（开元元年）三年幽州节度使，吴廷燮《唐方镇年表》均定为甄道一，均是。但引证史料有可议者二：在先天二年甄道一下引《燕公集·唐故广州都督甄公碑》，泛言"征授幽州都督，摄御史中丞，为河北军州节度大使"。以此证明甄道一于先天二年任幽州节度使，不确切，只是推定而已。但在开元二年甄道一下，吴氏引"《唐会要》：范阳节度使，先天二年二月，甄道一除幽州节度经略镇守使"。以先天二年二月之史料证明开元二年事，不确切，也只是推定而已。如将《唐会要》所载先天二年二月之史料移前于先天二年甄道一下为证明，则颇为确切，并推论次年（开元二年）甄道一仍任幽州节度，合乎事理。此一也。

在开元三年甄道一下，吴廷燮引"《册府元龟·帝王部·选将》：开元三年四月，诏左卫大将军郭虔瓘充朔州镇大总管，并州以北缘边州军并受节度，仍与张知运、甄道一共为掎角"。以此证明甄道一于开元三年仍任幽州节度使，不确切，因引文中未涉及幽州。按《册府元龟》卷119《帝王部·选将一》略云：

> ［开元］三年夏四月庚申，帝以遏逻禄等部落新归，恐边境有虞，思建将帅，乃下诏曰：（郭）虔瓘可持节充朔州镇大总管，和戎、大武及并州以北缘边州军并受节度，仍与张知运、甄道一相知，共为掎角，勿失权宜。虔瓘于并州住，并州长史王晙为副大总管。宜排比兵马，精加教练。幽州有事，即令虔瓘将和戎兵马，从尝（恒）州土门与甄道一计会，共讨凶逆。

"幽州有事"以下一段,说明甄道一乃幽州节度使。恒州土门,据《新唐书》卷39《地理志》"河北道镇州常山郡"略云:

> 本恒州恒山郡。获鹿(县),有故井陉关,一名土门关。

土门乃从河东道至河北道必经之路,故郭虔瓘将和戎军兵马从河东并州经土门与统率幽州军兵马之"甄道一计会,共讨凶逆"也。吴廷燮氏一时疏忽,未引录"幽州有事"以下一段。此二也。

吴廷燮《唐方镇年表》幽州部分自开元四年至八年考订如下:

四年(716)

五年(717)

《新方镇表》:营州置平卢军使。

六年(718)

张说

七年(719)

张说

八年(720)

张说 《新方镇表》,幽州节度兼本军州经略大使,并节度河北诸军大使。

王晙 《旧纪》:九月,以兵部尚书王晙兼幽州都督。《册府元龟》:开元八年八月,诏幽州刺史邵宠于幽、易二州选二万骁勇者,充幽州经略军。

永兴按,开元四年五年幽州节度使为何人?吴廷燮氏均阙,据有关史料确不能考定,兹从吴氏暂缺。开元六年、七年、八年幽州节度使,前二年吴氏定为张说,后一年吴氏定为张说与王晙。张说连续三年任幽州节度使,吴氏未提出任何史料依据。在《唐方镇年表考证》卷上"幽州"部分,吴氏云:

> 张说 张说文自岳州刺史授右羽林将军,检校幽州都督为节度,在开元六年。

按吴廷燮氏泛言"张说文"云云,据张说文及诗,参考他书,可推知开元六年张说任幽州节度使,但要作考订分析,其间时间地域必须一一核对。工具书的作用在于给研究者以便利,如吴氏此处所谓"张说文"云云,不仅不能给研究者任何便利,还使研究者误解。据《新唐书》卷125《张说传》云:

> [张说]素与姚元崇不平,罢为相州刺史、河北道按察使。坐累徙岳州,停实封。说既先执政意,内自惧,雅与苏瑰善,时瑰子颋为相,因作《五君咏》献颋,其一纪瑰也,候瑰忌日致之。颋览诗鸣咽,未几,见帝陈说忠謇有勋,不宜弃外,遂迁荆州长史。俄以右羽林将军检校幽州都督。

可知张说自荆州迁幽州,非如吴廷燮氏所论张说自岳州迁幽州也。由于上述,吴氏虽已定开元六年至八年张说任幽州节度,我不得不重作考订,读者谅之。

开元六年(718年)春至年末

张说

永兴按,《全唐文》卷224张说《论幽州边事书》略云:

> 开元之始,首典钧轴,智小任大,福过灾生,出守三州,违离六载。今改秩边镇同,委重戎麾。

据《新唐书》卷62《宰相表》略云:

> 开元元年癸丑,七月乙亥,(张)说检校中书令。
>
> 九月庚午,说为中书令。

此即"开元之始,首典钧轴"也。据上引《新唐书·张说传》,张说历任职相州、岳州、荆州,此即"出守三州"也。自开元元年后六载为开元六年,"今改秩边镇,委重戎麾"。即开元六年为幽州节度使。

《张说之文集》卷9《幽州新作》首二句云:

> 去岁荆南梅似雪,今春蓟北雪如梅。

可见张说自荆州迁幽州,"去岁"为开元五年,"今春"为开元六年春,自荆州长史迁任幽州节度史。

开元七年(719年)

张说

开元八年(720年)(正月及稍后一段时间)

张说

永兴按,《新唐书》卷125《张说传》云:

> 俄以右羽林将军检校幽州都督,入朝以戎服见。帝大喜,授检校并州长史,兼天兵军大使,修国史,敕赍稿即军中论撰。

按张说迁职并州乃接替张嘉贞入相后之阙。《通鉴》卷212"唐玄宗开元八年"略云:

> [正月辛巳]并州长史张嘉贞为中书侍郎,并同平章事。

辛巳为二十八日,张说自幽州迁并州在开元八年正月二十八日稍后。据此可确定,开元七年幽州节度使为张说,开元八年正月及稍后一段时间内幽州节度使亦是张说。

上文引吴廷燮《唐方镇年表》列开元八年幽州节度使为张说、王晙前后二人。张说事已分析如上,兹讨论王晙于开元八年任幽州节度使问题。吴氏原文为:

> 王晙 《旧纪》:九月,以兵部尚书王晙兼幽州都督。

按《旧唐书》卷8《玄宗纪》"开元八年"云:

> 秋九月,突厥欲谷寇甘、凉等州,凉州都督杨敬述为所败。掠契苾部落而归。以御史大夫王晙为兵部尚书兼幽州都督,黄门侍郎韦抗为御史大夫、朔方总管以御之。

《新唐书》卷5《玄宗纪》"开元八年"略云:

> 九月,突厥寇甘、凉,凉州都督杨敬述及突厥战,败绩。壬申,契丹寇边,王晙检校幽州都督节度河北诸军大使,黄门侍郎韦抗为朔方道行军大总管,以伐之。

永兴按,开元八年契丹寇边事,《通鉴》系于年末,其文云:

> 契丹牙官可突干骁勇得众心,李娑固猜畏,欲去之。是岁,可突干举兵击娑固,娑固败奔营州。营州都督许钦澹遣安东都护薛泰帅骁勇五百与奚王李大酺奉娑固以讨之,战败,娑固、李大酺皆为可突干所杀,生擒薛泰,营州震恐。许钦澹移军入渝关,可突干立娑固从父弟郁干为主,遣使请罪。上赦可突干之罪,以郁干为松漠都督,以李大酺之弟鲁苏为饶乐都督。

·欧·亚·历·史·文·化·文·库·

以《新唐书·玄宗纪》校《旧唐书·玄宗纪》,《旧唐书·玄宗纪》脱漏"契丹寇边",致使上下文义难通,不可能以检校幽州都督率兵参加凉、甘州之战事。

据上引《通鉴》记载,《新唐书·玄宗纪》之契丹寇边即可突干举兵击杀李娑固、李大酺,生擒薛泰,营州都督许钦澹移军入渝关。在这种情况之下,唐当然要兴问罪之师,因而命兵部尚书王晙兼幽州都督,便于调动指挥幽州军队。几乎在同时,契丹新主郁干遣使向唐请罪,唐玄宗接受了契丹的请罪,赦可突干,并以郁干为松漠都督。东北边疆恢复和平,唐虽命将而无战争,则便于调动指挥幽州军队而兼幽州都督的临时措施自然停止。王晙兼幽州都督只是挂名,实际上他并未到幽州。《旧唐书》卷93《王晙传》载开元八年末,授晙兵部尚书,复充朔方行军大总管,《新唐书》卷111《王晙传》也有相同的记载,可资证明。根据以上分析,年表应为:

开元八年(720年)年末一段时间内

王晙(挂名幽州都督,并未至幽州)。

吴廷燮《唐方镇年表》"幽州"部分云:

[开元]九年(721)

裴伷先 《旧王毛仲传》:开元九年,充朔方道防御讨击大使,与天兵节度张说、幽州节度使裴伷先计会。

十年(722)

裴伷先

十一年(723)

裴伷先

十二年(724)

裴伷先 《新裴伷先传》:迁广州都督,坐累且诛,张说右之,免官。久乃擢范阳节度使,太原、京兆尹。《通鉴》十八年六月丙子,有京兆尹裴伷先为节度,在前当曰幽州。

永兴按,吴廷燮氏引《旧唐书·王毛仲传》载开元九年裴伷先为幽州节度使,为《唐方镇年表》开元九年任幽州节度使者为裴伷先之证,似甚

386

充分可信,因《新唐书》卷121《王毛仲传》亦略同。但如据有关的多种史料,特别是《通鉴》的记载核较之,并参证以康待宾反叛所据的地理所在以及用兵的形势,旧、新《唐书·王毛仲传》载幽州节度使裴仙先云云,恐不可信。兹论述如下:

《通鉴》卷212"唐玄宗开元九年"略云:

> 兰池州胡康待宾诱诸降户同反,夏四月,攻陷六胡州(高宗调露元年,于灵、夏南境以降突厥置鲁州、丽州、含州、塞州、依州、契州,以唐人为刺史,谓之六胡州。长安二年并为匡、长二州。神龙三年置兰池都督府,分六州为县。宋白曰:六胡州在夏州德静县北。《考异》曰:《实录》,"四月庚寅,康待宾反,命王晙讨平之,斩于都市。五月丁巳,既诛康待宾,下诏云云。壬寅,叛胡康待宾伪称叶护安慕容以叛,七月己酉,王晙擒康待宾至京师,腰斩之。"前后重复,交错相违。今从《旧纪》),命朔方大总管王晙、陇右节度使郭知运共讨之。

> 以太仆卿王毛仲为朔方道防御讨击大使,与王晙及天兵军节度大使张说相知讨康待宾。

《旧唐书》卷8《玄宗纪》"开元九年"略云:

> 夏四月庚寅,兰池州叛胡显首伪称叶护康待宾、安慕容,为(伪)多览杀大将军何黑奴,伪将军石神奴、康铁头等,据长泉县,攻陷六胡州。兵部尚书王晙发陇右诸军及河东九姓掩讨之。

> [秋七月]己酉,王晙破兰池州叛胡,杀三万五千骑。

据上引,此次康待宾叛乱之地在关内道北部朔方地区,西邻陇右,东邻河东,(请参看谭其骧先生主编《中国历史地图集》第五册唐关内道图。)故以朔方、陇右,河东之兵平叛。没有必要也不应该远调幽州兵马。《旧唐书·玄宗纪》及《通鉴》同,非偶然也。又按《册府元龟》卷986《外臣部·征讨五》略云:

> [开元]九年四月,兰池州叛胡显首伪称叶护康待宾、安慕容,为(伪)多览杀大将军何黑奴,伪将军石神奴、康铁头等,据长泉县,攻陷六胡州。命兵部尚书王晙发陇右诸军及河东九姓掩讨之。

杀三万五千骑,擒康待宾,送至京师腰斩之。

壬申,兰池州叛胡显首伪称叶护康待宾,伪称叶护安慕容以叛。敕曰:朕今发陇右诸军马骑掩其南,征河东九姓马骑袭其北,三城士卒截其后,六郡骁雄击其前,四面齐驱,万全直进。

我不惮重复引证《册府元龟》所载平叛用兵的诏令,此为原始第一手史料也。敕曰以下一段为平叛兵力部署:陇右、河东、三城(即三受降城,亦即朔方军也)。"六郡"用古典泛指唐西北部分地区。总之,皇帝敕文中的平康待宾所用的兵力无幽州兵马。《旧唐书·王毛仲传》所载"幽州节度使裴伷先",确为错误。吴廷燮氏不察,沿袭错误,殊可惜也。

又按《新唐书》卷117《裴炎传》附《裴伷先传》云:

中宗复位,求炎后,授伷先太子詹事丞。迁秦、桂、广三州都督。坐累且诛,赖宰相张说右之,免官。久乃擢范阳节度使,太原、京兆尹。

永兴按,"坐累且诛,赖宰相张说右之,免官",《通鉴》系于开元十年十一月。《通鉴》卷212"唐玄宗开元十年"略云:

[十一月]前广州都督裴伷先下狱,上与宰相议其罪。张嘉贞请杖之,张说曰:"臣闻刑不上大夫,为其近于君,且所以养廉耻也。伷先据状当流,岂可复蹈前失!"上深然之。

据上引及《新唐书·裴伷先传》,裴伷先得罪在开元十年十一月,由于"张说右之,免官。久乃擢范阳节度使",亦可证明开元九年之幽州节度使非裴伷先也。

吴氏《唐方镇年表》开元十年十一年幽州节度使均为裴伷先,但均无史料依据。开元十二年亦为裴伷先。并引《新唐书·裴伷先传》:"迁广州都督,坐累且诛。张说右之,免官。久乃擢范阳节度使。"我在上文已论及此乃开元十年十一月事,"久乃擢范阳节度使",十年十一月至十二年只一年稍多,不能谓之久,不能证明裴伷先于开元十二年任幽州节度使。吴氏又引《通鉴》十八年为证。按《通鉴》卷213"开元十八年"略云:

[六月]丙子,以单于大都护忠王浚领河北道行军元帅,以御
史大夫李朝隐、京兆尹裴仙先副之,帅十八总管以讨奚、契丹。

吴廷燮氏以己意概括《通鉴》原文云:"《通鉴》十八年六月丙子,有京兆
尹裴仙先为节度,在前当曰幽州。"吴氏之语含混笼统,其意可能为:开
元十八年之京兆尹裴仙先,前此曾为节度使,当在幽州。据《新唐书·
裴仙先传》,裴仙先任京兆尹之前,曾任范阳节度使。"之前"在何时?
开元十八年以前,均在"之前"范围内,不能认为"之前"即是开元十二
年也。

总括以上全部论述,吴廷燮《唐方镇年表》"幽州"部分自开元九年
至十二年的幽州节度使,吴氏定为裴仙先,均非是。至于此四年何人任
幽州节度使,应俟再考。裴仙先任幽州节度使事,兹进一步考订如下:
《太平广记》卷147《定数二》"裴仙先"条引《纪闻》略云:

由是仙先得免,乃归乡里。及唐室再造,宥裴炎,赠以益州大
都督。求其后,仙先乃出焉,授詹事丞,岁中四迁,遂至秦州都督,
再节制桂、广,一任幽州帅,四为执金吾,一兼御史大夫,太原、京兆
尹,太府卿。

《纪闻》虽笔记小说,但载裴仙先一任幽州帅,与《新唐书·裴仙先传》
同,应可信。唐制,"凡居官必四考"(《新唐书》卷45《选举志》),实际上
亦常三考一任,即四年或三年一任。幽州节度使为差遣官,由幽州都督
兼,亦应是四年、三年一任。今姑假定裴仙先任幽州节度使三年。吴廷
燮《唐方镇年表》开元十三年、十四年幽州节度使均阙,开元十五年虽
为李尚隐,但自十二月始(见下文引吴氏文),自正月至十一月之幽州
节度使仍可能是裴仙先也。上文引《通鉴》,开元十八年裴仙先为京兆
尹,据《新唐书·裴仙先传》,他任京兆尹之前任太原尹,再前任范阳节
度使,从开元十八年上数至开元十五年、十四年、十三年,裴仙先任职幽
州节度使是合理的。姑作假定如此,则年表应为:

开元十三年(725年)

裴仙先

开元十四年(726年)

·欧·亚·历·史·文·化·文·库·

裴仙先

开元十五年（727年，至该年十一月）

裴仙先

吴廷燮《唐方镇年表》"幽州"部分自开元十五年十二月至二十年六月，幽州节度使为李尚隐、赵含章前后二人，引证史料充分，确实可信。但在开元十六年李尚隐之下引文云：

> 孙逖《伯乐川记》：太原元帅李公，戊辰岁七月，以疆场之事，会幽州长史于伯乐川，王命也。

永兴按，《全唐文》卷312孙逖《伯乐川记》在"幽州长史"之下有"李公"二字，指李尚隐，吴廷燮氏引文脱"李公"二字，致文义不明确，特为指出，应补。

吴氏《唐方镇年表》"幽州"部分，自开元二十年至天宝十四载，任节度使者六人，均可从之。补正至此止。

9 吐鲁番出土"唐西州某县事目"文书研究(节选)[1]

按照敦煌吐鲁番文书研究的一般方法,我首先研究文书本身,并对难解的名词进行考释,以期明确理解这件文书的性质、结构和特点。对几个问题的研究,主要是为了明制度。驮马制、兵赐制是唐代军事上的重要制度;州县仓督、录事、城主的选拟是胥吏选拔制度。以下依次陈述鄙见。

此文书录文,见《吐鲁番出土文书》(七)第 333~349 页。

9.1 关于文书本身的研究

原编者指出,"本件当在神龙二年或稍后",对此,我提不出不同的意见。原拟题为"唐西州某县事目","某县"是哪一县?我在本段论述中要回答这一问题。"事目"这一名称不误,但不够准确,我在本文提出"印历",代替"事目"。本段要研究三个问题:(1)我对这件残文书的拟题,主要考证文书所在的地区。(2)原文书(三)不是这件文书的组成部分,是另件文书。(3)这件长文书中有许多关于唐前期的史事和典章制度的名词。

9.1.1 文书的拟题

这件文书所在的地区为西州高昌县,论据有二:在《中国古代籍帐研究》中,日本学者池田温氏用三件大谷文书所拼接的拟题为"唐开元

---

〔1〕 节选自王永兴:《吐鲁番出土唐西州某县事目文书研究》,载《国学研究》第 1 卷,北京大学出版社,1993 年,第 347~400 页。

欧·亚·历·史·文·化·文·库·

391

一九年正月西州岸头府到来符帖目"〔1〕文书9行、31行略云：

　　9　仓曹符，为当县石舍等镇戍秋冬季勾历，符到当日申事。

　　31　户曹符，为括检高昌县百姓口分讫申事。

可见石舍戍在高昌县。我们现在研究的载于《吐鲁番出土文书》（七）的这件长文书80行云：

　　80　仓曹牒，为石舍承函马五匹踏料速支送事。

上文已证明石舍戍在高昌县，则西州仓曹要求速支送给石舍戍承函马五匹踏料的下级官府当然是石舍戍所在的高昌县，应无疑问。此一证也。

　　又按《吐鲁番出土文书》（九）载"唐开元二十一年西州都督府案卷为勘给过所事"，文书很长，文书中载有关酸枣戍事诸行略云：

　　69　岸头府界都游弈所　　　状上州

　　70　安西给过所放还京人王奉仙

　　71　　　右件人无向北庭行文，至酸枣戍提获，今随状送。

　　85　　王奉仙年册仙

　　86　奉仙辩：被问："身是何色？从何处得来至酸枣

　　87　戍？仰答"者。谨审：但奉仙贯京兆府华源县，去

　　88　年三月内共驮主徐忠驱驮，送安西兵赐至安西

　　89　输纳。却回至西州，判得过所，行至赤亭，为身患，

　　90　复见负物主张思忠负奉仙钱三千文，随后却

　　91　趁来。至酸枣趁不及，遂被戍家捉来。

　　125　安西给过所放还京人王奉仙

　　126　　　右得岸头府都游弈所状称，"上件人无向北庭行文，至

　　127　　　酸枣戍提获，今随状送"者。依问王奉仙，得款：

----

〔1〕　这件文书的拟题应为："唐开元十九年西高昌县印历"。文书上虽钤有岸头府之印，但其内容均为西州下高昌县的符、帖等。"到来符帖目"虽在文书的性质上不误，但不是唐公式文的称谓，也不是唐人习惯上的称谓，而抄目则是唐公式文中的称谓。至于钤有岸头府印的问题，则有待于进一步研究。

"贯京兆府华

128　　源县，去年三月内，共行纲李承胤下驮主徐忠驱驴，送兵赐

129　　至安西输纳了。却回至西州，判得过所，行至赤亭为患，

130　　复承负物主张思忠负奉仙钱三千文，随后却趁来至

131　　酸枣，趁不及，遂被戍家捉来，所有行文见在，请检即知"

132　　者。依检："王奉仙并驴一头，去年八月廿九日，安西大都护府

133　　给放还京已来过所有实。其年十一月十日到西州，都督

134　　押过。向东。十四日，赤亭镇勘过。检上件人，无却回赴北庭来

135　　行文"者。又问王仙，得款："去年十一月十日，经都督批得过

136　　所，十四日，至赤亭镇官勘过。为卒患不能前进，承有债

137　　主张思忠过向州来，即随张忠驴驮到州。趁张忠不及，至

138　　酸枣戍，即被捉来。所有不陈却来行文，兵夫不解，伏听

139　　处分。亦不是诸军镇逃走及影名假代等色。如后推问，

140　　称不是徐忠作人，求受重罪"者。又款："到赤亭染患，在赤

141　　亭车坊内将息，经十五日至廿九日，即随乡家任元祥　却

142　　到蒲昌，在任祥傔人姓王不得名家停止。经五十日

393

余,今年

143　　　　正月廿一日,从蒲昌却来趁张忠,廿五日至酸枣,趁
　　　　不及……

这一案卷,勘数人过所,王奉仙是其中之一人,头绪纷繁。其次,王奉仙
几次款答皆不完全,将几次款答综括才可得知他从东向西,又从西向
东,又从东折回西,又向北的行踪全程,因此不得不详引文书有关部分。
读者细审上引文,可知王奉仙从开元二十年三月至二十一年正月廿五
日近 11 个月中从东西行,又从西东行,又从东折回西,又北至酸枣戍被
捉的全过程。最重要一句,即第 136 ～ 138 行之"(十一月)十四日,至
赤亭镇官勘过(按赤亭镇在高昌东)。为卒患不能前进,承有债主张思
忠过向州来(按西州治所在高昌县,过向州来,即从东向西),即随张忠
驴驮到州(按据文书第 143 行,知王奉仙时在蒲昌县,随张忠到州,即追
随张忠向西至州治所高昌县)。趁张忠不及,至酸枣戍(按文书第 126
行'上件人无向北庭行文',可见王奉仙从高昌县又北向北庭趁张忠),
即被捉来。"可见王奉仙被捉之地酸枣戍在高昌县北向北庭途中,离高
昌县不远,当在高昌县境内。

"唐西州某县事目"文书第 103 行云:

103　　兵曹牒为杜达仁□酸枣枪甲征送事。

上文已证明酸枣戍在高昌县境内,此文书又有关于酸枣戍枪甲事,则
此文书必为高昌县者,此二证也。

　　文书所在地区确定为西州高昌县,文书所在的时间,可从原编者
的意见。文书"唐西州某县事目"(五)2 行云:

2　　□□符为神龙二年□科簿桑　　□

按神龙纪年只有三年,此文书可能为神龙二、三年者。文书(一)1
行云:

1　　二月至□

可见此文书为神龙二、三年二月至□月者。

　　此文书的性质,整理者名为"事目"。按唐代史籍及出土文书中,
均可见"事目"一词。《唐六典》卷 1"尚书都省左右司郎中员外郎"

条云：

> 凡施行公文应印者，监印之官考其事目，无或差谬，然后印之，必书于历，每月终纳诸库。

此处出现了"事目"，其内容为应印公文的名目。敦煌吐鲁番文书中，"事目"的记载更多。如《吐鲁番出土文书》（七）载"武周典齐九恩牒为录印事目事"云：

1 敕慰劳使　　　请印事
2 牒西州为长行驰为（马？）不足事，一牒为乘驮案事。
3 　　　右贰道
4 牒录印事目如前，谨牒。
5 　　　　　　四月廿九日典齐九思牒
　　贰道
6 　　　　　　使郎将张弘庆
7 　　　贰道勘印。方泰　示。
8 　　廿九日

这里的"事目"，指的是第2行请印文案的名目。它与《唐六典》记载的"事目"正可互相印证。监印之官考察应印文案名目，然后印之；而出土文书正是典上请印事目，请求行印。这里的"事目"，是对要印文案名称为记录。敦煌斯2703V文书云：

1 合郡廿五日应遣上使文解总玖道
2 一上北庭都护府为勘修功德使取宫观斋醮料事
3 一牒交河郡为同前事　一牒伊吾郡为同前事
4 一牒中书门下为勘修功德使墨敕并驿家事
5 一上御史台为同前事　一上节度使中丞衔为同前事
6 二上监河西碛西使宇文判官为乌山等四戍函马事
7 一上为巡官何宁袒迎骡具事
8 一上节度使中丞衔为送供进野马皮事
9 　　右各责得所由状，具上使事
10 　　目如前

11　牒，件状如前，谨牒。

12　　　　　　　　十二月日典王隐分付

13　　当郡应上使及诸郡文牒共玖道，符

14　　长行坊取领如牒，常乐馆检领通过

文书中提到的"事目"，是 2 至 8 行应上使文案的目录；上使事目，是对需要上解的诸文案名称的列举与记录。这种因请印、上使或为其他行政处理而条列某些具体文案的目录，是事目。

据《唐六典》卷 1，监印之官考察应印文案名目，然后加印，此即出土文书所谓之"勘印"。勘印之后，"必书于历"。这种以月为单位记录勘印事目的"历"是什么历呢？出土文书也记载了它的名字——"印历"。

英藏斯 11459G"唐开元十五年十二月瀚海军兵曹司印历"文书[1]略云：

1. 兵曹司开元十五年十二月印历。典杜言。官乐琼。

2. 五日：牒中军为收李景廉讹上事。

3. 牒车坊为收扶车兵王玄方事。

4. 牒西门为收高汉子事。牒胄曹为磨甲兵事。

5. 牒东道守捉为置□子事。

6.　　　　右伍道。典杜言。官乐琼。

据此可知，"印历"是勘印事目的总记录。出土文书中的"印历"一词及其完整形式的发现，终于使我们对这一类文书有了准确的定性和定名。

吐鲁番出土"唐西州某县事目"文书，为高昌县对二月至□月西州下县符牒名目的登记，也就是二月至□月的印历。这件印历所载事目，都是西州下高昌县的。按《唐六典》卷 1"尚书都省左右司郎中员外郎"条云：

尚书省下于州，州下于县，县下于乡，皆曰符。

<hr>

[1]　对这组文书的整理与研究，参见孙继民：《唐代瀚海军文书研究》，甘肃文化出版社，2002 年。

这件文书记载的西州诸曹所下公文多为牒,符为少数。"牒"这一公文形式,使用灵活,上达于下,下通于上以及平行官府之间的来往文书皆可用牒,详见卢向前著《牒式及其处理程式的探讨——唐公式文研究》。[1]

总括上述,我对这件文书的拟题,姑称之为唐神龙二或三年二月至□月西州高昌县印历。

9.1.2 原文书(三)不是这件文书的组成部分,是另一件文书

这件文书只有六行,2 行有白水屯,3 行有柳谷镇两个地名。按《大谷文书集成》二图版五五,大谷三三五四号文书其中两行云:

会交河仓,加破 及 □□人,及同,及
二十二人七人料,仓支十日,秦

7　五十四人交河县界

8　六　　人白水镇界

同书图版五六,大谷三三五五(一)文书,其中两行云:

交河仓支,及

3　四　人交河县界

交河仓支,及

4　一　人白水镇 界

池田温氏在《中国古代籍帐研究》中,将此两件残文书拼接为大谷三三五四(a)、(b)两片,并拟题为"唐天宝时代河西天山军兵员给粮文书"。我的录文前 2 行,因图版漫漶难识,参考了池田氏录文。由于天宝年间,天山军属北庭节度使,不属河西节度使,池田氏作"河西天山军",误。"兵员给粮文书"虽不误,但据文书内容,似应作兵员食仓粮文书。

对"白水屯"一词的考证,较费周折。《唐六典》卷 7 "屯田郎中员外郎"条略云:

---

〔1〕　卢向前:《牒式及其处理程式的探讨——唐公文研究》,《敦煌吐鲁番文献研究》,第 3 辑,北京大学出版社,1986 年,第 335 ~ 393 页。

> 陇右道:安人一十一屯,白水十屯。

这里的"白水"指白水军。《旧唐书》卷38《地理志》卷首云:

> 陇右节度使,以备羌、戎,统临洮、河源、白水、安人、振威、威戎、莫门、宁塞、积石、镇西等十军。(白水军,在鄯州西北二百三十里,管兵四千人,马五百匹。)

鄯州白水军有十屯屯田,但白水屯的种子不可能从西州穿越沙碛长途运至,而需要西州某县支给白水屯种子者,只能是白水镇的屯田。《吐鲁番出土文书》(八)载"唐西州都督府上北庭支度营田使牒为具报当州诸镇戍营田顷亩"文书略云:

> 5　白水镇兵叁拾□□□□营田陆顷

此即由西州某县供给种子的白水屯。白水镇兵屯田属厮田类,是兵士利用余暇自己屯垦,不在国家置屯定额(见《唐六典》卷7"屯田郎中员外郎"条)之中。白水屯提供了白水镇兵的一部分食粮,白水屯田所需种子由县仓支给。

文书中的白水屯为白水镇兵的屯田。据上引大谷文书,白水镇兵食交河县仓粮,可知白水镇在交河县境内,其兵卒屯田所需种子,当然也由交河县供给。

其次,《新唐书》卷40《地理志》"陇右道西州条"云:

> 县五:交河。(中下,自县北八十里有龙泉馆,又北入谷百三十里,经柳谷,渡金沙岭,百六十里,经石会汉戍,至北庭都护府城。)

据此,柳谷渡距交河县城北二百一十里,柳谷镇应设于柳谷渡附近。严耕望著《唐代交通图考》第二卷附唐代瓜、沙、伊、西、安西、北庭交通图,在西州交河县至北庭的道上,有柳谷镇(三岔口),南距交河县城不远。上述种种均可证明柳谷镇在交河县境内,白水屯和柳谷镇都在交河县境,则载有白水屯、柳谷镇的六行残文书,应为交河县文书,该文书2行云:

> 2　□□牒为给白水屯种子支供讫□

即西州牒交河县司支给白水屯种子,该文书3行云:

3　　□为柳谷镇守捉兵元怀□停给粮□

即西州牒交河县司停给柳谷镇兵元怀□之粮。据此二行内容推断,此六行残文书为交河县者,不应置于一个拟题下。此残文书似应拟题为唐西州交河县印历,其时间无从考知。

9.1.3　难解名词考释

（1）火幕

《吐鲁番出土文书》（九）载"武周天山府下张父团帖为新兵造幕事一"[1]云：

1　　当团新兵 壹 佰壹拾玖人,合造幕壹拾壹口玖□

2　　校尉张父团主者,被州帖称：被瀚海军牒,准

3　　□□西州诸府,兵幕回日却内（纳）。帖至,准人据

4　　□□造,先申大数,不得迟晚。□□

5　　□下三团速造,限来□

　　　　　　　　　　（后缺）

按唐府兵制,十人为火。上引文书1行新兵一百一十九人,合造幕十一口九□,"玖"字下缺文,孙继民氏认为"'玖'应是余剩的九人另有安排之意。"[2]我认为据唐制,"玖"下当为"分"字,一百一十九人,造幕十一口九分,十人一火,一火一幕,此即"火幕"也。《通典》卷148《兵典二·今制附》亦云：

　　　　每队驴六头,幕五口。

唐府兵制,一队五十人,即五火,每火幕一口,故一队幕五口。

《新唐书》卷50《兵志》略云：

　　　　火备六驮马。凡火具乌布幕、铁马盂、锯皆一。

可见此火幕为乌布幕。唐神龙年间西州高昌县印历文书（一）2行云：

2　　□火幕六驮限来月一日到州□

---

〔1〕　文书有武周新字,径改。下同。

〔2〕　孙继民：《吐鲁番文书所见唐代府兵装备》,载《敦煌吐鲁番文书初探二编》,武汉大学出版社,1990年,第104~142页。

似火幕与六驮马均由诸县提供。我认为由诸县提供火幕,盖为常制,而上引武周新兵造幕文书似因急于差行,故下团速造。孙继民认为火备幕一口,是同火府兵交纳同等数量的货币直至足以购买一口幕,由军府统一筹措布料,此论尚需史料证明。总之,吐鲁番出土文书为我们提供了新材料,也提出了新问题。如火幕来源问题,尚有待于进一步研究。

(2)户曹地子粟

文书(一)9行云:

　　9　　□户曹地子粟送纳州仓输纳事。

在吐鲁番文书中,地子可以指亩纳二升的地税,也可以指职田、公廨田的地租。文书9行在"地子粟"之前冠以"户曹",可见这里的地子指的是户曹参军职田上的地租。官员职田租是交纳于官吏本人的。如《吐鲁番出土文书》(九)载"唐开元二十二年录事王亮牒诉职田佃人欠交地子案卷"(三)有"问得上件人等牒,比年地子常纳程录事讫,今被县司催,令纳王录事"的记载,可见职田地子直接交纳官员本人。该文书第四个断片有"令纳王录事家"的记载,更具体地体现了职田上的租佃者将田租交纳于职田所有者这一特性。印历文书中的户曹地子也应如此。户曹职田可能散布于高昌县或由高昌县百姓租佃,因此其地租(地子)由州下高昌县催征。值得注意的是,户曹地子并没有交给户曹本人,而是要"送纳州仓输纳"。这是什么原因呢?我认为,此时的州户曹为阙官,户曹地子为阙官司职田地租,百姓无处可送,故州府要求百姓交纳州仓。阙官职田收入在唐后期为户部钱的一个组成部分。唐前期,国家也并未放松对阙官职田租的管理,户曹地子送州仓输纳,正体现了前期阙官职田收入的输纳情况。

(3)承函马

文书(一)79、80、102行略云:

　　79　兵曹牒为丞(承)函马减料所管镇戍□牒(?)知事。

　　80　仓曹牒为石舍丞函马五匹踏料速支送事

　　102　兵曹牒为加丞函马两匹仰于卌四匹内抽充□

承函马(或简称函马)问题,是唐史研究中的一个重要问题,此小文尚难全悉。我这里仅就敦煌吐鲁番文书,对函马的作用、拥有函马的单位、函马的配置、放牧及抽充等几个问题提出自己的意见。

函马因其承函的作用而得名。这里的"函",专指各机构间往来的公文。斯1314"唐天宝八载史张阿忠牒"云:

1　一为推状事　牒上支度勾覆所为征邓□

2　牒上节度推征所为邓光朝练事

3　　　右件封牒等,今月十日分付长行坊

4　　　抄函人张鹤领送史

5　　　牒件状如前,谨牒。

6　　　　　　　　天宝八载四月十四日史张阿忠牒

"抄函人"当为抄录"封牒"之人,函为封牒之专称。这些上节度使之封牒由抄函人抄录后,则由抄函人领长行坊之函马送使,函马正为运函而用。

地方上拥有函马的单位只有镇戍及长行坊。文书(一)79 行记载"兵曹牒为承函马减料所管镇戍□牒知事",可见镇、戍拥有承函马。伯 2862V、伯 2626V"唐天宝年间敦煌郡应现在帐",对此文书的拟题,详见李锦绣著《唐代财政史稿》(上卷)[1]略云:

38　　　广明等五戍

54　合同前月日见在供使预备函马,总壹伯贰拾叁匹。

55　　　　　肆拾匹敦。陆拾伍匹父。

56　　　　　壹拾捌匹草。

57　伍拾匹充广明等五戍函马乘使(每戍准额置拾匹。)

59　柒拾叁匹在阶亭外坊及郡坊饲,急疾送五戍,替换蹄

　　穿脚

60　　　跙不堪乘使函马。

据上引文书,我们可知函马分供使函马及预备函马两部分,每戍供使

────────────

〔1〕　李锦绣:《唐代财政史稿》(上卷),北京大学出版社,1995 年。

函马额十匹,预备函马在阶亭坊(车坊)外坊及郡坊(长行坊)饲养。镇戍置函马,是唐马政及军事史上的重要现象,值得注意。

西北的长行坊中,也有专承函文的函马。伯 2862V、2626V 文书又云:

> 104　　　　长行坊
>
> 105　合同前月日见在长行及函马总壹拾捌匹。
>
> 106　　　　叁匹函马并父
>
> 108　合同前月日见在郡东八角众备长行帖马及函□。

长行坊的函马比镇戍少得多,这一点也值得注意。

镇戍需要保持一定数量的函马。由于函马连续长途奔波,故设预备函马,饲养于别处,以供补充。《敦煌宝藏》卷 55"碎片二五"略云:

> 7　一匹念父十五岁,荻蓉戍退函马,脊破六寸,下肤,仙。
>
> 8　一匹留敦十二岁,方亭戍退函马,脊破十寸,下肤,仙。
>
> 9　　　　右件马配兵王怀贞放

文书中还提到"狼井戍退函马"等,这些从镇戍退下的函马要集于一地,配兵统一牧放将养,这些退马是否也是预备函马的一个部分呢? 印历文书中提到的于四十四匹中抽两匹的马群,是否为由退函马组成的预备函马呢? 我推测是如此。

(4)赐田地子、赐田税子

文书(一)105 行云:

> 105　□□符为勘百姓赐田地子依 ⬚ 事

文书(四)3 行云:

> 3　户曹符为赐田税子□

赐田税子与赐田地子是一回事,都是赐田所纳之亩税二升的地税。唐赐田是否应纳地税,曾成为判文的争论对象。《全唐文》卷 400 王智明《对不受征判》云:

> 甲有赐田,不受征税。

> 王者制田,庶人计亩。征孟子之说,彻故难移,读公羊之书,禁皆不可。然则食土之子,与执圭之人,按籍既有常法,加田固宜不

税。此乃行古之道,诚非近今之宜。甲之所执,或未为允。

在判文上,王智明是认为赐田应纳地税的。赐田征税困难,故有是判。印历文书中,州多次下符催征赐田地子,表明赐田征地税确实比较困难,但从下符催征地子看,赐田一律征地税,不因赐而免税。赐田征税的实行,也证明了地税征自王公以下垦田的普遍性。

(5)知计账官典

文书(一)100行云:

　　100　户曹 帖 为 □□□□ 知计帐官典并印限 廿 □

计账为对来年课役情况的统计,是国家支配来年收入的依据。计账每年一造,国家格外重视。为此,还专门户税一钱,以充其费。(《唐六典》卷3"户部郎中员外郎"条。)诸县知计账官有县尉及主簿。《唐六典》卷30"县令职掌"条云:

　　　　若籍帐、传驿、仓库、盗贼、河堤、道路,虽有专当官,皆县令兼综焉。县丞为之贰。

"籍账"指户籍、计账。据上引,对计账,县令只是兼综,而"亲理庶物,分判众曹,割断追征,收率课调"的县尉,则是计账的"专当官","掌付事勾稽、省署抄目、纠正非违、监印"等的勾官主簿,也当参与县计账的制造。因此,文书中的知计账官指县尉、主簿。

　　知县计账的典则为司户佐、史及账史。司户佐为职类州户曹的胥吏,史为司户佐的案典,账史之职为"知籍,按帐目捉钱"(《新唐书》卷49(下)《百官志》"州户曹司户参军"条注),专门负责计账钱的收给支用。文书中提到的县知计账官典有县尉、主簿、司户佐、史、账史等多人。

　　计账每年一造,由乡申至县,县上于州,州上于户部。因此诸州每年计帐的制造,为该州年初大事。《吐鲁番出土文书》(八)载"武周郭智与人书"1至9行云:

　　1　谨讯:守都面别稍隔,无由相见。昨沙

　　2　陁口过□□了见勘当,更勾会计

　　3　帐。缘为录事司勾,都督已判交河典

403

欧·亚·历·史·文·化·文·库·

4　两人各廿。犹自两头急索文历,无人可

5　造,始下牒车元早来。在后到者,例总

6　廿莫怪。直为计帐季终见勘写台解。

7　都督自唤两司对问,智力不周,始判牒

8　追人,次有苑岂不附送。叁、伍使在此,

9　曹司频索。

这是一幅州郡的手忙脚乱勘造计账图。交河县因计账不准确,被录事司勾出,交河县二典(可能是司户佐下的史)被各打廿杖。在州司,"两头急索文历,无人可造",但计账要季终申至中央,因此都督不禁亲自出马,"自唤两司对问",又"判牒追人"。造计账的慌乱景象,正体现了季终申至中央的计账勘造是州县的一件大事,体现了计账的重要地位。印历文书虽未直接反映西州勘造计账的忙乱景象,但州催促县申计账和要求知计账官典赴州与上引郭智书所表现的计账之重要,是一样的。

9.2　兵赐问题试探

文书(一)87 行云:

87.　　兵赐发遣并差行兵点定讫

文书中提到的"兵赐",是唐代前期军事制度及财政制度的重要内容,但长期以来,未被唐史及敦煌吐鲁番学研究者所重视,有些学者也只是在论述杜佑记述天宝中的财政收入(《通典》卷6《食货六》)时顺便涉及,殊为憾事。

唐代前期有关兵赐的史料大多集中在开天期间。其实,兵赐制度在太宗贞观年间已经出现。为此,我首先考释有关贞观年间兵赐的吐鲁番文书。

《吐鲁番出土文书》(六)载"唐贞观十九年安西都护府牒为速报应请赐物见行兵姓名事"云:

原编者说明:本件盖有朱印三处,仅一处完整,印文为"安西

都护府之印"。

（前缺）

1. ☐ 加 减未知定数，去 ☐

2. ☐ 审勘见行兵，应请赐物☐ ☐

3. ☐ 具显姓名申者。依检，至今 ☐

4. ☐ 宜 速上，故牒。

5.   贞观十九年八月廿一☐☐

6.   府

7. ☐ 兵 曹参军☐

（后缺）

这是安西都护府行兵请赐物案残卷的一部分。《吐鲁番出土文书》中有数件与之相关联，今录之如下，文书顺序按其内容做了一定的调整。

（前缺）

1.☐飞机返回卓 ☐ ☐

2.☐首领☐

（后缺）

此件载《吐鲁番出土文书》（六），原拟题为"唐总计练残文书"，共三断片，此为第二断片。

（前缺）

1 ☐伊州☐☐

2 ☐☐物参☐

3 ☐绵一百☐

4 ☐十一人翊卫☐

5 ☐   右总☐

6 ☐九（？）人大首领☐

（后缺）

此件为大谷一四九九号第二断片。《大谷文书集成》（一）原拟题为"军政关系文书"，据该书图版96并参考小田义久氏录文移录。

405

（前缺）

1　　　　　　　　　　　　　⬚ 貳 段

2　　　右总 ▭　　　　　　练八匹

3　前总计准 ▭　　　　匹贰丈陆 尺 ［下残］

4　　右勘 ▭　　　　月 廿五日被 ⬚

5　　书省 ▭　　　七日牒称 奉 ⬚

6　　敕守刺史 ▭ ▭ ▭ 秦伊州三卫 ⬚

7　　首领次 ▭　　　请准节 ⬚

8　　旨依奏者。得行从 兵 ⬚

9　 旨 连写 如 ▭ 关 至 ⬚

（后缺）

此件为《吐鲁番出土文书》（六）载"唐总计练残文书"的第一断片。

（前缺）

1　⬚ 关 吏 部 ⬚

2　⬚关至，准敕。此已 牒 伊 ⬚

3　⬚物，牒至，准　敕分付讫 ⬚

4　⬚请受，故牒。

5　　　　⬚年十二月廿 ⬚

（后缺）

此件载《吐鲁番出土文书》（六），原拟题为"唐安西都护府残牒"，原编者说明："本件有残印三方，辨认为'安西都护府之印'。"

（前缺）

1　□ 如 前 谨 ⬚

2　　　二月九日 ⬚

3　　　录申省

此件载《吐鲁番出土文书》(六),为原拟题"唐总计练残文书"之(三)。

以上五件文书均与"唐贞观十九年安西都护府牒为速报应请赐物见行兵姓名事"文书相关联。由于未能见吐鲁番出土文书图版,我只能将此六件文书粗略拼接如上,我认为这是唐贞观末年安西兵赐案残卷的几个断片。为了说明此残文书的内容和拼接依据,应先了解六件断片组成的文书的历史背景和地理背景,兹陈述如下。

这几个断片中出现的时间,其完整者为贞观十九年八月廿一日,不完整者为□月廿五日,□□七日,□□十二月□□,二月九日,十四日;出现的地名为伊州(三见);出现的财物如:绵一百(屯),□□二段,练八匹,□□匹二丈六尺;出现的官府及官吏名称为:安西都护府,兵曹参军,翊卫,三卫,守刺史,吏部,□□书省,省;出现的外族酋渠名称为:首领(二见),大首领。

按《资治通鉴》卷196"唐太宗贞观十六年八月条"略云:

> 癸酉,以凉州都督郭孝恪行安西都护、西州刺史。高昌旧民与镇兵及谪徙者杂居西州,孝恪推诚抚御,咸得其欢心。

> 西突厥乙毗咄陆可汗既杀沙钵罗叶护,并其众,又击吐火罗,灭之。自恃强大,遂骄倨,拘唐使者,侵暴西域,遣兵寇伊州。郭孝恪将轻骑二千自乌骨邀击,败之。

> 初,高昌既平,岁发兵千余人戍守其地。褚遂良上疏,以为:"陛下兴兵取高昌,数郡萧然,累年不复"(《考异》曰:《贞观政要》载遂良疏云:"数郡萧然,五年不复"下言"十六年,西突厥遣兵,寇西州。"按《实录》,此年唯有西突厥寇伊州,不云寇西州,盖以伊州隶西州属部,故云尔)。

《资治通鉴》卷197"唐太宗贞观十八年九月"条云:

> 焉耆贰于西突厥,西突厥大臣屈利啜为其弟娶焉耆王女,由是朝贡多阙。安西都护郭孝恪请讨之。诏以孝恪为西州道行军总管,帅步骑三千出银山道以击之。焉耆城四面皆水,恃险而不设

备。孝恪倍道兼行,夜至城下,命将士浮水而渡,比晓登城,执其王突骑支。

[冬十月甲寅],郭孝恪锁焉耆王突骑支及其妻子诣行在,敕宥之。

按《唐会要》卷94《突厥》记咄陆寇伊州事与《资治通鉴》同。《旧唐书》卷194(下)《西突厥传》咄陆寇伊州事,卷198《焉耆传》记郭孝恪击败焉耆虏其王突骑支事,均与《通鉴》同。《新唐书》卷215(下)《西突厥传》记咄陆寇伊州事,卷221(上)《焉耆传》记孝恪击败焉耆虏其王突骑支事,亦均与《通鉴》同,唯《通鉴》记事均著年月日,条理清晰,可与上引文书对照比较,故详引《通鉴》,《唐会要》、旧、新传,所记皆略去。

文书与史籍对照比较,可注意者有三:一为文书所记者从贞观十九年始,史籍记事为贞观十六年及十八年。如文书为安西都护府请兵赐及赐官案卷,文书的时间自应在史籍之后。二为文书所记与史籍所记皆为安西都护府事,有安西都护之名与印。三为文书与史籍记事中均有伊州地名。史籍记载贞观十六年安西都护郭孝恪及其所属将士战败西突厥咄陆有功,贞观十八年安西都护郭孝恪及所属将士取焉耆并虏其王突骑支有功。唯有功乃可请兵赐及赐官,此为事理之常。

文书的历史背景如此,其地理背景如何?按《元和郡县图志》卷40"陇右道(下)"略云:

伊州(伊吾)

后魏及周,又有鄯善人来居之。隋大业六年得其地,以为伊吾郡。隋乱,又为群胡居焉。贞观四年,胡等慕化来附,于其地置伊州。

伊吾县(下。郭下),本后汉伊吾屯,贞观四年置县。

柔远县(下),贞观四年置,县东有柔远故镇,因以为名。

纳职县(下),贞观四年置,其城鄯善人所立,胡谓鄯善为纳职,因名县焉。

《资治通鉴》卷193"唐太宗贞观四年七月"云:

西突厥种落散在伊吾(是年,置伊吾县及伊吾州、伊吾郡于其地），诏以凉州都督李大亮为西北道安抚大使，于碛口贮粮，来者赈给，使者招慰，相望于道。大亮上言："欲怀远者必先安近。中国如本根，四夷如枝叶，疲中国以奉四夷，犹拔本根以益枝叶也。今招致西突厥，但见劳费，未见其益。伊吾之地，率皆沙碛，其人或自立君长，求称臣内属者，羁縻受之，使居塞外，为中国藩蔽，此乃施虚惠而收实利也。"

旧、新《唐书·地理志》关于伊州的记载较简略，不具引。

据上引《元和郡县图志》及《通鉴》关于伊州的记载，伊州居民绝大多数为各种胡族，两书记载都很详确，不必多加解释。胡族居民中有一部分还保留部落组织，此点在文书中有所表现，如文书中的首领（二见）、大首领即是明证。按《唐六典》卷18"鸿胪卿少卿"职掌条云：

若诸蕃大酋渠有封建礼命，则受册而往其国。

同书同卷"鸿胪寺典客令职掌"条略云：

凡酋渠首领朝见者，则馆而以礼供之（大酋渠首领准第四等，小酋渠首领准第五等）。

大酋渠首领即文书中的大首领，小酋渠首领即文书中的首领。据此，伊州仍有胡族部落存在，则郭孝恪将轻骑二千击败西突厥咄陆，二千轻骑中大多数应是胡兵，因胡人善骑射；郭孝恪率步骑三千人平焉耆，其中多数亦应是胡兵。因唐兵戍边岁只千人，不能不使用善骑射的胡兵，此文书之地理背景也。

文书的历史背景和地理背景明确之后，我们可进一步研究文书的内容和性质。文书第一段及第二段大意为安西都护府牒伊州速申报参加战役应请赐物的兵士及部落首领的人数姓名。文书第三段及第四段前三行，大意为给伊州卫士及大首领、首领的两项赐物总数及此两项合计的总赐物数。文书四段后五行，大意为：安西都护府下伊州牒，牒中有兵部符称，伊州刺史所奏伊州三卫及首领请赐官，敕旨依奏，行从兵请赐物，敕旨亦依奏。文书五段与四段后五行相联，伊州所请赐官者，已关吏部，关至，准敕旨。请赐官赐物，牒至（伊州），准敕旨分付请受。五段与六段之间，应有伊州上安西都护府牒，六段第一行应为

·欧·亚·历·史·文·化·文·库·

□(连)如前,谨牒(按此为安西都护府内部牒也),第三行录申省乃西州都护府判官初判,申省者,乃将准敕赐官赐物事处理完毕,向尚书省兵部申报也。总之,六段文书各段之间均有阙文,盖此文书为有关请赐物赐官案卷,除有关伊州者残存,其他(如关于平焉耆者及安西都护府申报尚书兵部、兵部上奏敕旨批下等等)均残,不可能紧相连接,但大意如上述,应不误。

以下推计六段文书的时间顺序:第一段有完整时间,即贞观十九年八月廿一(日)。五段四行之□年十二月廿□,可能是贞观十九年十二月廿□日,六段三行之二月九日,应是贞观二十年之二月九日,四行之十四日乃贞观二十年二月十四日。

综上所述,贞观末年的兵赐制度大致如下:安西都护府下所属要求上报请赐物的行从兵及请赐官者的人数姓名,安西都护府总计兵赐及官赐申报兵部,兵部上奏,有关赐勋等关吏部,皇帝敕旨批准依奏,兵部符下安西都护府,安西都护府牒所属颁下皇帝敕旨的内容。处理毕,上报安西府,安西府总括处理情况申报尚书省兵部。此虽推论,且有史籍文书所不载者,但按照唐代前期国家机器运转的规律和公式文行使制度,此推测虽不中,亦不远矣。至于兵赐物于何处领取及运输情况,史籍及文书均无记载,兵赐制度创建伊始,较诸开天时期,颇不完善,可以理解。

"唐仪凤三年度支奏抄"A'8~14行云:[1]

8　每年伊州贮物叁万段,瓜州贮物壹万
9　段—剑南诸州庸调送至凉府日,请委府
10　司,各准数差官[典]部[领],并给传递往
11　瓜、伊二州,仍令所在兵防人夫等防援[日](?)任
12　夫肶(脚?)发遣讫,仰头色数具申所司。其伊、
13　瓜等州准数受纳,破用见在,年终申金
14　部、度支。

---

〔1〕［日］大津透氏:《唐律令国家の予算について》,史学杂志,95编12号,第1~50页。

瓜、伊州贮物当为二州边军兵赐之用。这时兵赐的供给为"剑南诸州庸调送至凉府"。《陈子昂集》卷8《上蜀川军事》云：

> 伏以国家富有巴蜀，是天府之藏。自陇右及河西诸州，军国所资，邮驿所给，商旅莫不皆取于蜀。

蜀供陇右及河西诸州军资，与文书中剑南诸州庸调运至凉府充瓜、伊兵赐的记载相同。蜀之庸调物纳于凉府，由凉府再运至瓜、伊贮纳，瓜、伊州据需求支用。此时的兵赐制尚不完备，瓜、伊州军队兵赐数量不固定，因此国家预算只能拨其贮物数量。而且，这种贮物也是因时因地而不同，兵赐制度仍有待于完善。

　　本文讨论的文书，即神龙二至三年印历文书，只简略说"□兵赐发遣并差行兵点定讫"，不能据此窥见兵赐制的全貌，但《吐鲁番出土文书》(九)载"唐开元二十一年西州都督府案卷为勘给过所事"其中第85～89行云：

> 85　　王奉仙年卅仙
>
> 86　奉仙辩：被问："身是何色？从何处得来至酸枣
>
> 87　戍？仰答"者。谨审：但奉仙贯京兆府华源县，去
>
> 88　年三月内共驮主徐忠驱驮，送安西兵赐至安西
>
> 89　输纳。

其第101～103行云：

> 101　　蒋化明年廿六
>
> 102　化明辩：被问："先是何州县人？得共郭林驱驴？仰答。"但化明
>
> 103　先是京兆府云阳县嵯峨乡人，从凉府与郭元暕驱驮至北庭。

其第127～129行云：

> 127　依问王奉仙，得款："贯京兆府华
>
> 128　　源县，去年三月内，共行纲李承胤下驮主徐忠驱驴，送兵赐
>
> 129　　至安西输纳了。"

·欧·亚·历·史·文·化·文·库·

把 88 行的"共驮主徐忠驱驮,送安西兵赐至安西输纳"与 128 行的"共行纲李承胤下驮主徐忠驱驴,送兵赐至安西输纳了"联系起来,我们可以得到一个较完整的兵赐输纳制度,即以行纲为领导,其下有若干驮主具体负责每驮运输,输送的工具为驴,驮主之下有若干驴及驱驴的被雇佣者。输纳的终点为安西,但输纳的起点为何处?即一队队的驮物从何处领取呢?据文书 103 行记载"从凉府与郭元暕驱驴至北庭",可知兵赐物从凉州都督府(天宝时改为武威郡)领取。这涉及到了唐赋税运输、支用时的外配制度。按敦煌文书伯 3348V"唐天宝四载豆卢军上河西支度使和籴账牒"其 2~4 行及 12~15 行云:

2　合当军天宝四载和籴,准旨支贰万段,出 武

3　威郡,准估折请得絁绢练绵等,总壹万

4　肆阡陆伯柒拾捌屯匹参丈伍尺肆寸壹拾铢。

12　　柒阡壹拾柒屯匹壹拾铢,行纲敦煌郡

13　　　参军武少鸾。天宝三载十

14　　　月十二日,充　旨支四载和

15　　　籴壹万段数。

此文书中的行纲,与上引送兵赐的行纲性质相同。天宝四载,河西豆卢军的和籴匹段由行纲武少鸾从武威郡(凉州)领取,十二年前安西所需兵赐匹段,由行纲李承胤从凉州领取,因为凉州为大唐帝国西北边的配所。[1]《曲江集》卷 12《敕河西节度副大使牛仙客书》云:

又恐安西资用之乏,卿可于凉府将二十万段物往安西,令随事支拟、及充宴赐,朕则续支送凉州云云。

安西兵赐取自凉府,可无疑义。从凉州支取兵赐,与"仪凤三年度支奏抄"中规定的相同,但这时的兵赐却有了与仪凤三年时不同的特征。

开天时期,兵赐制发展完善,史籍记载较多,兹引录并分析如下:

《通典》卷 6《食货六·赋税(下)》"大唐"条略云:

(其度支岁计)布绢绵则二千七百余万端屯匹(千三百万诸道

---

〔1〕　李锦绣:《唐支度国用计划的编制及实施》,北京大学学报,1991 年第 2 期。

兵赐及和籴,并远小州使充官料邮驿等费)。

一千三百万端屯匹中有多少作为诸道兵赐呢?关于诸道兵赐的数量,《元和郡县图志》有记载,缺安西、范阳、卢龙,《旧唐书·地理志》及《资治通鉴》均有记载,唯缺卢龙,今引《旧唐书·地理志》,参校他书。

《旧唐书》卷38《地理志》卷首略云:

> 大凡镇兵四十九万人,戎马八万余匹。每岁经费:衣赐则千二十万匹段,军食则百九十万石,大凡千二百一十万(开元已前,每年边用不过二百万,天宝中,至于是数。永兴按:据此,《旧唐书·地理志》所记的时间与《通典》、《资治通鉴》同,与《元和郡县图志》也可能同)。

> 安西节度使管戍兵二万四千人,衣赐六十二万匹段(永兴按,《通鉴》卷215同)。

> 北庭节度使管兵二万人,衣赐四十八万匹段(永兴按,《元和郡县图志》卷40同,《通鉴》同)。

> 河西节度使管兵七万三千人,衣赐岁百八十万匹段(永兴按,《元和郡县图志》卷40失衣赐数,《通鉴》同)。

> 朔方节度使管兵六万四千七百人,衣赐二百万匹段(永兴按,《元和郡县图志》卷4同,《通鉴》同)。

> 河东节度使管兵五万五千人,衣赐岁百二十六万匹段(永兴按,《元和郡县图志》卷13同,《通鉴》同)。

> 范阳节度使管兵九万一千四百人,衣赐八十万匹段(永兴按,《通鉴》同)。

> 平卢节度使管兵万七千五百人。

> 陇右节度使管兵七万人,衣赐二百五十万匹段(永兴按,《元和郡县图志》作二百五十一万匹段,多一万匹段,《通鉴》同《旧唐书·地理志》))。

> 剑南节度使管兵三万九百人,衣赐八十万匹段(永兴按,《元和郡县图志》卷31同,《通鉴》同)。

以上八道(除平卢外)衣赐共1026万匹段,平卢节度使管兵17500人,

413

若人衣赐 24 匹段,[1] 则平卢衣赐 420000 匹段,则九道兵赐应为 1068 万匹段,与《旧唐书·地理志》、《通鉴》所记衣赐总数不合,超过 48 万匹段。这一问题,有待进一步研究。

《通典》作"兵赐",《元和郡县图志》、《旧唐书·地理志》、《通鉴》均作"衣赐"。我认为,兵赐及衣赐是对军资军赐的两个不同名称,兵赐是泛称,而衣赐则强调了募兵制盛行时兵赐的重要组成部分——给衣。天宝时兵赐包括给衣、给赐两部分,给衣所占比例较大。

《通典》卷 6《食货六·赋税(下)》"大唐"条云:

> 自开元中及于天宝,开拓边境,多立功勋。每岁军用日增。其费:籴米粟则三百六十万匹段,给衣则五百三十万(朔方百二十万,陇右百五十万,河西百万,伊西、北庭四十万,安西五十万,河东节度四十万,群牧二十万),别支计则二百一十万。(河东五十万,幽州、剑南各八十万)。

范阳、河东、剑南"别支计"尚有待于考证,如范阳兵赐八十万匹段供兵九万一千四百人,别支计当为其兵赐的补充。但为了统计准确,我们将有别支计的三道置而不论,则安西、北庭、河西、朔方、陇右五道给衣 440 万匹段,五道统兵二十五万一千一百人,给衣 440 万匹段,则人均给衣 17.5 匹段。若以道计,则安西道人均给衣 12.5 匹段,北庭 20 匹段,河西 13.7,朔方 18.5,陇右 21.4。李筌《太白阴经》卷 5《军资篇》云:

> 军士一年一人支绢布一十二匹。

天宝时安西、北庭、河西、朔方、陇右五道军士给衣均超过十二匹,这可能是由于天宝时衣赐皆以匹段计,伯 3348V "唐天宝四载豆卢军上河西支度使和籴帐牒"记天宝四载和籴匹段二万段折成绝绢绵练近一万四千七百余,若据此比例折纳,17.5 匹段折成 12.25,与李筌《太白阴经》中规定的数额基本符合,但各道的给衣标准有高有低,并不一致。

---

〔1〕 按《旧唐书》卷 38《地理志》所载诸道管兵及衣赐总数计算,诸道衣赐平均数约兵一人给二十四匹段。平卢衣赐数失载,姑按每人二十四匹段计算。

除给衣外,兵赐的用途为给赐。给赐约有三种,其一为赏赐。《全唐文》卷200韦凑《谏征安西疏》略云:

> 今关辅户口,积久逃逃,承前先虚,见犹未实。属北虏犯塞,西戎骇边,凡在丁壮,征行略尽,岂宜更募骁勇,远资荒服。又万人赏赐,费用极多。

赏赐是兵赐的一个主要用途;其二为宴赐,上引张九龄撰《敕河西节度副大使牛仙客书》云:

> 卿可于凉府将二十万段物往安西,令随事支,拟及充宴赐。

宴赐也为兵赐的一项开支;其三为冬、正赐。《全唐文》卷254苏颋撰《开元元年赦书》云:

> 诸军将士,有年岁深久,所由要籍,或不得选集及未叙劳效,咸委军将据实奏闻,仍令所司早勘处分。及诸军子将总管以上,自今以后,冬、正赐帛,一准京官例给。

据《唐六典》卷5"兵部郎中"条,知其兵"五千置总管一人,以折冲充;一千置子将一人,以果毅充",诸军子将以上的武将,参加了国家冬正赐帛的行列。所谓"冬、正赐帛",《唐六典》卷3"金部郎中员外郎"条云:

> 正、冬之会,称束帛有差者,皆赐绢,五品已上五匹,六品已下三匹。

元正、冬至日,诸子将以上武官可据其阶品获得三匹或五匹不等的赐帛。这种赐绢,当由兵赐物中支给。宴赐、赏赐和冬正赐为兵赐给衣外的主要用途。《通典》卷6《食货六》云:

> 大凡一千二百六(永兴按,应为"九")十万,而锡赉之费此不与焉。

所谓"锡赉之费",即指用于宴赐、赏赐和冬正赐等的兵赐部分。给衣与锡赉,是兵赐的两部分用途。

大谷四九三八"唐开元一三年西州等兵赐状"(移录自池田温著《中国古代籍帐研究》,小笠原宣秀、西村元佑对此文书亦有录文,见《西域文化研究》(三)载《唐代役制关系文书考》)云:

·欧·亚·历·史·文·化·文·库·

1   西 州 ⬚

2   京 ？库 ⬚ 北庭瀚海军开元十三年 六 ⬚

3   六万八千屯匹军兵赐 八 ⬚

4   伊州状？   敕持节 ⬚

（后缺）

1   开元十三年六 月 廿 ⬚

这件文书极为宝贵,它提供了前此未有的开元年间给兵赐的具体数字,这个数字可以跟《资治通鉴》、《通典》记载的衣赐、给衣相比。北庭管兵二万人,衣赐 48 万匹,给衣 40 万匹,则北庭给赐应为 8 万。拥有 12000 兵的瀚海军应给赐 4.8 万 ($\frac{8}{2} \times 1.2$),给衣赐 28.8 万 ($48 \times \frac{1.2}{2}$)。以此标准看,瀚海军开元十三年兵赐(不包括给衣)六万余,较天宝初年的 4.8 万多了一些。这种差异的原因,我就不在此详考了。

李筌《太白阴经》卷 5《军资篇》云:

经曰:军无财,士不来;军无赏,士不往。香饵之下,必有悬鱼;重赏之下,必有死夫。夫兴师不有财帛,何以结人心哉!军士一年一人支绢布一十二匹,绢七万五千匹,布七万五千匹(按一军一万二千五百人)。赏赐马鞍辔金银衔镳二十具,锦一百匹,绯紫袄子衫具带鱼袋五十副,色罗三百匹,妇人锦绣夹襦衣帔袍二十副,绯紫绸绫二百匹,彩色绫一百匹,银器二百事,银壶瓶五十事,帐设锦褥一十领,紫绫褥二十领,食单四十张,食器一千事,酒樽杓一十副,长幕二十条,锦帐十所,白毡一百事,床围二十条,鸥袋绣墩一百口。

李筌《太白阴经》所载为何时制度,有待考证;但据此可知,军中赏赐内容广泛,品种复杂。唐前期中央所拨锡赍之费绝大部分以匹段计,至于其他物的种类来源,尚有待于具体研究。

小结:兵赐始自贞观,当时府兵戍边衣装自备,不给衣。贞观十九至二十年兵赐文书所记者,给赐不限于戍边汉兵,更多的是伊、西州的诸种胡兵及部落酋长,不仅赐物且赐官,其数目不可知。赐物可能于凉州领取。至仪凤时,兵赐制度仍不完善,兵赐因时因事而给,伊州、瓜州贮物作为兵赐支用,但因需而给,无固定数额。至神龙时,边军增多,例如河西节度使的建康军,证圣元年置;墨离军,大足初置;豆卢军,神龙初置,新泉军,大足初置;北庭节度使下瀚海军,长安二年三年置;河东节度使下天兵军,圣历二年置;云中守捉,调露中置;大同军,调露中置;岢岚军,长安中置。这些边军都是神龙前及神龙初所设置。据上引给过所文书,开元二十一年,大量兵财物资,从凉州运至西北边陲,行纲驮队及其官吏,均已完备。此时,边军又大量增加。例如,河东节度使之横野军,开元中置;剑南之天宝军,开元二十一年置;宁远军,开元中置。又如,陇右管兵一万五千人之临洮军,开元中置;白水军,开元五年置;安人军,开元七年置;振威军,开元中置;绥和守捉,开元二年置;平夷守捉,开元二年置。又如,北庭天山军,开元二年置。以上诸例,并不完备,但我们可以借此窥知边军的增多。边军设置及人数的大为增加,导致了兵赐数量的增加,给赐制度,势必逐渐完善。但兵赐包括给衣及赐物两部分,给衣纳入兵赐制中,我认为应在开元二十五年之后。按《唐六典》卷5"兵部郎中"条云:

> 旧"健儿在军,皆有年限,更来往,颇为劳弊。开元二十五年敕"以为天下无虞,宜与人休息。自今已后,诸军镇量闲剧利害,置兵防健儿,于诸色征行人内及客户中召募,取丁壮情愿充健儿长住边军者,每年加常例给赐,兼给永年优复。其家口情愿同去者,听至军州,各给田地屋宅。人赖其利,中外获安。是后州郡之间,永无征发之役矣。

兴按,此敕极重要,《旧唐书》、《新唐书》本纪及《新唐书·兵志》均不载,唯《资治通鉴》卷214载敕节文,系于开元二十五年五月癸未。于开元二十六年正月,又载制节文曰:"边地长征兵,召募向足,自今镇兵勿复遣,在彼者纵还。"可见司马温公对此事的重视,其卓识诚不可及。

　　此敕的重要性,不仅在于以募兵代替轮番戍边的府兵,其实贞观永徽以后,特别是开元初年以后,西及西北边境的边兵,多数为边界一带的诸种胡兵和内地遣送的募兵。此敕文的重要还在于唐玄宗对西及西北边的重视,可以说整顿一次边兵并立新制,完备旧制。"加常例给赐,兼给永年优复",就是完善并强调贞观肇始的兵赐制。"常例"即旧制,亦即贞观以来的兵赐制,给衣及赐物,皆从优厚。载于《通典》、《元和郡县图志》、《旧唐书》、《资治通鉴》中的给衣及赐物制度,其数量之多,即是明证。兵士有家口者,"给田地屋宅",即立新制也。

　　至此,始于贞观历一百数十年的兵赐制(给衣及赐物)乃臻于完备。自凉州至西北边境三千余里的设备完备的驿道途中,行纲率领下的大批驮队,输运包括兵赐在内供军的物资,使大唐帝国在与吐蕃、大食争夺中亚的战争中,处于上风,实由于自太宗至玄宗的重视西北地区、经营西北地区的重大决策。完备的兵赐制度,是这一重大决策中的重要部分,治唐史者不可不知也。唐太宗为大唐帝国的创建者,不仅由于他是一个杰出的军事家,更重要的在于他为唐帝国政治制度、军事制度(包括兵赐)奠定了基础。兵赐制始建于太宗,完备于玄宗时,其用心主要在于经营西北。陈寅恪先生在《唐代政治史述论稿》下篇曾论及玄宗之世,华夏、大食、吐蕃皆称盛强,并云:

　　　　当时国际之大势如此,则唐代之所以开拓西北,远征葱岭,实亦有其不容己之故,未可专咎时主之黩武开边也。

世之治唐史者,不可不三思寅恪先生之论,并理解其深意。

9.3　驮马制考释

文书第2行云:

2.　　⬜火⬜幕六驮限⬜来⬜月一日到⬜州⬜

第12行云:

　　⬜⬜⬜为行兵六驮并捉百⬜姓⬜⬜科罪事。

(八日付曹义。)

六驮即六驮马，按《唐六典》卷五"兵部郎中"条（《唐会要》卷72《府兵》、《新唐书》卷50《兵志》同）云：

火十人，有六驮马。（若无马乡，任备驴、骡及牛。）

《唐六典》的内容大多为开元六年及开元二十五年者，《唐会要》记事大部分在唐代初期，结合上引神龙年间两件文书，可以概括地说，自唐初至开元年间，凡实行府兵制的地区，每火备六驮马是普遍制度。但在特殊情况下或在特殊地区，有时也实行八驮马制和十驮马制，如唐太宗与高丽作战期间以及西州的短暂时间内。此为治唐史者所习知，不必详说。至于六驮马、八驮马、十驮马的来源问题，史籍中记述不明确，但吐鲁番出土文书中却有简要可信的记载，如《吐鲁番出土文书》(七)载"武周长安四年牒为请处分抽配十驮马事"（永兴按，此件中有武周新字，径改。下文引武周文书同）云：

（前缺）

1　　人，县司买得十驮马，

2　　乘上件马等，合于诸县抽配得

3　　未蒙抽配，请处分。

4　　状如前，谨牒。

5　　　　长安四年六

6　　　付张参

同书又载"武周长安四年牒为请处分锅马事"云：

（前缺）

1　　驭（永兴按，此字疑应作"驮"）马四分

2　　　右当县差兵廿

3　　　三匹，锅三口来，今

4　　　于诸县抽得，至今

5　　　人，请处分。

6　　件　状　如　前

7　　　　长安四年

8　　　锅马既

```
9           共合宜□
10          将行付张□
11          处分。□示。□
```

同书又载"武周军府牒为请处分买十驮马欠钱事",兹移录前六行
如下:

(前缺)

```
1    □件人□
2    匹送讫
3    □买奴   氾定海   张小□
4    张 胡智   张守多   范永□
5         以上十人买十驮马一匹,送八百行□
6    □ 父师一分(付刘校尉团赵□)
```

(后略)

以上三件文书,请读者注意第一件文书的"合于诸县抽配"和"未蒙抽
配",第二件文书的"于诸县抽得",第三件文书的"十人买十驮马一
匹"。结合唐府兵卫士的隶属关系,可了解十驮马、八驮马、六驮马的
来源。唐折冲府直接隶属于中央诸卫,也由折冲府所在的州府管理,折
冲府卫士散处于该州诸县。《新唐书·地理志》于州下系所在诸折冲
府名,而不系于县下,也表明折冲府的隶属关系。上引文书一再说"于
诸县抽配"、"于诸县抽得",因卫士散处于诸县。这些驮马是否由县司
购买以供折冲府? 不是。据第三件文书,县司把应买的驮马分派给百
姓,十人买一匹。我推测,百姓或向县交纳马,或向县交纳马价钱,由县
司买马供折冲府。此外,还有可能由被分派买马的百姓将马价钱直接
交纳折冲府,由折冲府买马,分配给诸火。

　　总之,折冲府每火六驮马或八驮马或十驮马是百姓提供的,其来
源不是卫士自备,不是折冲府司或州司或县司购买,其来源是百姓。这
一见解,在我过去的论文中,曾有详细考释,此不赘述。

　　我在这里要详细分析的是,与驮马制有关或者可以说与驮马来源

420

有关的一件吐鲁番文书。按《吐鲁番出土文书》(七)载"武周军府牒为行兵十驮马事"云：

（前缺）

1　牒，检案连如前，谨牒。

2　　　　□

　　　　　　　检　　　□

3　合当府行兵总七十六人

4　　　刘住下廿五人，当马二匹五分　　三分 给□

　　　　　　　　　　　　　　　　　　　二分 给□

5　　　汜尼下行兵一十八人，当马一匹八分　　四分 给 孟 □

　　　　　　　　　　　　　　　　　　　　　　二分 给□

6　　　余二分给成团　　　玄德

　　　　　　　　当马二匹七分。计送 二 □

7　□七人行

　　　　三分合于诸团抽付

　　　　　当 马 □　□　　送

8　□六人行

　　　　四分 □　□　团给付

9　□人出十驮马追 付

（后缺）

这是一件十分难懂的文书，多年来，我多次研读，都未弄懂。迄今为止，我还未见到研究者对这件文书的正确解读。这次再三钻研，对这件文书似乎有所理解，兹试解释如下。首先应明确，文书记事是在立军过程中发生的。立军包括兵士编制和驮马等行军作战器物的配备。行军时的编制是建立在折冲编制基础之上的，与折冲府的编制有所不同。《通典·兵典》立军门所记述的就是行军时的编制，读者可参看，此不赘述。兵士编制已确定，包括驮马在内的军用器物已配备完全，立军才完成。这件文书所记述的是立军过程，即兵士编制及驮马等配备正在进行，但还未完成。其次应明确，行军的兵士是由诸折冲府派遣来的，有西州的折冲府，也有关内道诸州的折冲府，派遣的兵士数量也不相

·欧·亚·历·史·文·化·文·库·

同。再次应明确,据这件文书记事来看,百姓所纳买驮马价钱是直接或由县转送给行军军府,由军府购买驮马,配备给兵士的。明确以上三点,我尝试解读这件文书。

文书 3 行"行兵总七十六人",这是总项,其下低两字写的 4、5、6、7、8 行所记者是四个分项。这四个分项所记二十五人、十八人、二十七人、六人分别来自四个折冲府,其中有西州的折冲府,也有陇右道或关内道诸州的折冲府。

文书 4 行:"廿五人。当马二匹五分",据上文引第三件文书之 5、6 行:

> 5　以上十人买十驮马一匹
>
> 6　□父师一分

则一匹马为十分,当马二匹五分,即当马二十五分。当,当有也,即二十五人当有马二十五分。其下注文云:"三分给▢","二分给▢","给"即本文书 8 行的"给付"。行军编制的基层组织仍为火,一火十人,二十五人即二火又五人。马二匹五分中的二匹留于二火使用。二十五人中的另五人不成火,其中三人调出,与其他部分的七人合为一火,此三人当有的三分马也就随之给付其他部分;五人中的二人调出,与其他部分的八人合为一火,此二人当有的二分马也就随之给付其他部分。这一行文书的解读如此。据此,立军进行编制的过程,也就是配备驮马的过程;反过来说,配备驮马的过程,也就是进行编制的过程。

文书 5 行:"行兵一十八人,当马一匹八分",即一十八人当有马一十八分,其中十分留给十人组成的一火。其下注文云:"四分给 孟▢,二分给▢,余二分给成团",盖因十八人中的八人,其四人调给孟团,与孟团的六人组成一火,此四人当有的四分马随之而给付孟团;其二人调给某部分,与某部分的八人组成一火,此二人当有的二分马随之而给付某部;余二人调给成团,与成团的八人组成一火,此二人当有的二分马随之而给付成团。

文书 7 行,"七人"前残缺,据注义马二匹七分,"七人"前应有"廿",即廿七人。注文云:"当马二匹七分",即二十七人当有马二十七分,其中二十分(两匹)留给二十人组成的二火使用,其下注文"计送⊡⊡",不可解,但注文又云:"三分合于诸团抽付",意为,此二十七人中的七人与诸团抽调来的三人组成一火,该三人当有三分马也随之从诸团抽付。

文书8行:"六人"前残缺,注文"当马"下亦残缺,据总项总人数七十六人及前此三分项人数七十人,则此分项应为六人。"六人"前残缺者应为某某下,注文"当马"下所缺者应为"六分"等,即六人当马六分。注文下文残甚,但从残余的"四分"、"给付"推测,似为此六分马分为四分及二分,分别给付其他部分,因此六人中的四人调给某某部分,与该部分的六人组成一火,则此四人当有马四分亦随之而去。余二人调给另一部分,与该部分的八人组成一火,则此二人当有马二分亦随之而去。文书中"给付"(或给)与"抽付"是两个文义相反的用语,"给付"或"给"是将此处之马给予彼处,"抽付"是将彼处之马抽出付予此处。

文书的解读如上。就我自己来讲,对这件文书的理解比过去有进步,但仍是推论。对这件文书的确切理解,仍有待于更深入钻研和更多史料的发现与发掘。

这件文书的可贵之处在于,它记载行军军府向诸火配备驮马的具体办法和配备驮马与兵士编制的关系。我强调史料的具体和研究者论述的具体。只有具体才能符合历史实际,才能分析深入。记事笼统的史料用处不大,笼统抽象的论述无补于历史问题的研究解决。

研究唐驮马制,反复阅读唐卫公李靖兵法的有关部分(见《通典》卷149《兵二·杂教令附》),其一段云:

> 诸营除六驮外,火别遣买驴一头,有病疹拟用搬运。如病人有偏并,其驴先均当队驮,如当队不足,均抽比队比营。

唐太宗与高丽作战时,曾用八驮,当由一时特殊需要。六驮为国家经常制度,观卫公上述语,可确知也。《新唐书》卷93《李靖传》附靖五代孙《李彦芳传》载,太宗赐靖诏书数函,一曰:

> 兵事节度,皆付公,吾不从中治也。

这应是李靖任兵部尚书时之事。大唐帝国创建伊始,军事制度以及有关军事的建设,应多出自李靖。"火别遣买驴一头",虽未在法令上改变六驮经常制度,但在实际的军事活动中,六驮制已成为七驮制,此又为研究唐驮马制者以及治唐史者不可不知者也。

9.4 "州县录事、仓督、城主准式铨拟"试释

文书82行云:

> 82 □□□为州县录事、仓督、城主准式铨拟讫申事。

为了理解州县录事、仓督、城主等的铨拟程式,首先要了解他们的社会身份、出身等等。

《通典》卷40《职官二十二·秩品五》"大唐官品令"略云:

> 外职掌:州县仓督、录事、佐史、府史、典狱、门事、执刀、白直、市令、市丞、助教、津吏、里正及岳庙斋郎等〔1〕。

唐官品令按任职者的身份分为流内、视流内、流外、视流外,即内外文武官吏,后附内职掌、外职掌。文书82行所列三种任职者,录事、仓督皆在外职掌中,其身份低于流外小吏。但关于州县录事,应具体分析。《唐六典》卷30"州县官"条略云:

> 上州:录事二人,从九品上。中州:录事一人,从九品下。下州:录事一人,从九品下。万年、长安、河南、洛阳、奉先、太原、晋阳(县):录事二人,从九品下。

此外,京兆、河南、太原诸县以及诸州上、中、中下、下县均设有录事,均无流内品,亦无流外品。《通典》所载的外职掌中的州县录事仅指此等无品录事。

据上引《唐六典》,上、中、下州设仓督,无品。诸州上、中县分别设仓督二人和一人,无品。《通典》所载的外职掌中的州县仓督即指此类人。

---

〔1〕《通典》原文"斋郎"下尚有"并折冲府旅帅、队正、队副等",按折冲府旅帅从八品上,队正正九品下,队副从九品下,均为流内有品卫官。不应置于无品外职掌中。杜佑在此处开端用一"并"字,或别有用意,待考。

文书82行所列录事、仓督指上述无品录事和无品仓督。这两种人,在唐代都属于职役一类,此为读唐史者所习知,不赘述。

关于城主,虽《通典》外职掌中未列入,但在文书中与州县录事、仓督并列,亦应归入职役一类。兹引史料分析如下:

《吐鲁番出土文书》(七)载"武周长安二年西州泞林城主王复行牒为勒僧尼赴县事"云:

1　泞林城

　　　　　　一别准　一别□

2　僧花悟　僧花新　尼观音　尼妙□　　　□　　尼□尚

3　僧海憧　僧等觉

4　　　右被帖追上件僧尼赴县者,准帖追到,令勒赴县。

5　牒,件　状　如　前,谨　牒。

6　　　　　　　长安二年八月廿八日城主王复行牒

同书载"唐神龙二年西州交河城主牒为张买苟先替康才思事"云:

　　原编者说明:本件人名残缺,据下件知为张买苟、康才思二人,并知是交河城主牒。

1　□送州讫状上

2　□苟先替康才□

3　□不听前进□

　　　　　　(中缺)

4　□　□　状　如　前　谨　牒

5　　　　　神龙二年闰正月　日城主□

按上引第一件文书之泞林城在高昌县(见《大谷文书集成》二载三四七五号文书),城主管理勒僧尼赴县事。据上引第二件文书原编者说明中的下件文书,知此件文书所记为张买苟及康才思上烽代替事,亦由城主处理。

《吐鲁番出土文书》(九)载"唐某人与十郎书牍",兹移录2～4行如下:

2　昨县家令竹真楷□□

425

3 终日共麹五啾唧。当城置城主四、城局两人、坊

4 正、[里][正]、[横]催等在城有卌余人,十羊九牧。

这件文书中城主与里正并列,《通典》载外职掌中有里正,里正属于职役一类,可推知城主亦属于职役,他处理一城中僧尼赴县及上烽代替事,均系杂务,而杂务正是任职役者所担负的。

州县录事、仓督、城主既属于职役,可据同为职役的里正、佐史的铨拟办法,推知录事、仓督、城主的铨拟程式。按《吐鲁番出土文书》(六)载"唐隆士夏未洛状自书残文书"云:

(前缺)

1 (上残)□隆士年卅九 状自书

2 右在任一十七年,乡下? 收□

3 无违僁(愆),簿帐少解▭

准状延

4 (上残)□夏未洛年卅五 自状□

5 右在任永徽□年

6 □一无违僁,帐▭

(后缺)

同书载"唐夏洛隆仕残文书"云:

(前缺)

1 ▭正夏[洛]

2 ▭隆仕

3 (上残)五日

同书载"唐状自书残文书一"云:

(前缺)

1 ▭簿明闲▭

(后缺)

同书载"唐状自书残文书二"云:

(前缺)

1 ⎿状。延

2 ⎿补任崇化乡

（后缺）

同书载"唐状自书残文书三"云：

（前缺）

1 ⎿状自书。

2 ⎿内补充在⎾

3 ⎿案□□错失亦⎾

（后缺）

同书载"唐状自书残文书四"云：

（前缺）

1 ⎿准状。延

2 ⎿状自书

3 ⎿□年，补任宁大乡昌邑⎾

（后缺）

同书载"唐状自书残文书五"云：

（前缺）

1 ⎿ 自 状书

2 ⎿公驱使 勤 ⎾

（后缺）

同书载"唐显庆某年残牒"云：

原编者说明：按上《状自书残文书》大致为里正所书本人任职年限及考语，此件 1 行残存一"正"字，内容所云与前件均有关。

（前缺）

1 ⎿ 正 ，安必百家，并必令得所，一无憸（愆）犯。

2 ⎿如 前 谨 牒

显 庆 ⎾

（后缺）

据上引多件残文书,可推知以下六点:(1)(亦作隆仕)隆士及夏洛(亦作夏末洛)的身份都是里正,如"唐夏洛、隆仕残文书"1行,"夏洛"之上有"正"字,再上残,应有"里"字。又如"唐隆士、夏未洛状自书残文书"2行"右在任一十七年"之下有"乡"字,在乡任职即里正也。(2)自书状中多有"一无愆违。簿帐少解"及"公驱使,勤"等表示勤于职守之处,如"唐隆士夏未洛状自书残文书"及"唐状自书残文书五"。(3)状中有任职期,如"唐隆士夏未洛状自书残文书"之"右在任一十七年"及从永徽某年起任职。(4)自书状后有里正的上级所写的批语,如"唐状自书残文书四"之1行"准状。延",又如"唐状自书残文书二"之1行"状。延"。"状"上残"准"字,即"准状"。(5)准状后仍补任里正,如"唐状自书残文书二之"2行"补任崇化乡",即补任崇化乡某里之里正;又如"唐状自书残文书四"之3行"补任宁大乡昌邑",即补任宁大乡昌邑里的里正。这两次补任里正的记载,都是在"准状"之后,非泛记也。(6)补任里正后向上级的保证语,如"唐显庆某年残牒"1行"正,安必百家,并令得所,一无愆犯","安必"、"并令"都是对未来保证的用语。"正"上脱"里"字,即里正,"安必百家",唐百户为里,里正管理百家也。至于"准状"下署"延"字者,我推测应是县尉,因里正所在之乡的直接上级官府为县司,按《唐六典》卷30"州县官"条云:

> 县尉亲理庶务,分判众曹。

任里正已若干年的隆士、夏未洛的自书状上于县户曹,由县尉判。"准状"即名"延"县尉的判语。

总括上述六点,里正的铨拟手续为:求任里正者的自书状,自述任何职若干年,在任职期间勤于职守,无过失,申请补任里正。此状上于县户曹,由县尉判,准补任某乡某里里正。至于任职的年限是否有规定,如隆士任职十七年者,从几件残文书看,不能肯定。

里正属于职役一类,则同属职役一类的仓督、录事、城主,他们的铨拟程式应与里正相同。

上述意见,还可举出其他史料参证。如项楚著《王梵志诗校注》卷2《佐史非台补》云:

佐史非台补,任官州县上。未是好出身,丁儿避征防。

同书《当乡何物贵》云:

当乡何物贵?不过五里官。(中略)职任无禄料,专仰笔头钻。

"佐史非台补"一句很重要。按《唐六典》卷1"尚书都省尚书令"条云:

然后汉尚书称台,魏晋已来为省,皇朝因之。龙朔二年,改为中台,咸亨元年复旧。光宅元年,改为文昌台,长安三年,又为中台,神龙初复旧。

据此,"非台补"之台指尚书省。唐制,流内、流外官均由尚书省吏部铨选。据上引《通典》卷40,佐史属于外职掌,也是职役一类,非流内,也非流外,故"非台补",不由尚书省吏部选补,而由州县铨拟。同为职役的州县录事、仓督、城主当然亦非台补,而由州县铨拟也。"不过五里官",唐制,五里为乡,里有里正,"五里官"指里正,每乡五里之官也。里正无禄料,这正是任外职掌者任职役者的特点。里正如此,录事、仓督、城主亦如此。

《通典》卷40载外职掌十四类约三十万人,[1]他们的身份地位较低,但他们对国家机器运转以及大唐帝国存在的作用,却不容忽视。例如:无品录事也充当勾官,保证国家律、令、格、式的实行,保证较高的行政效率。又例如:里正是乡里中最活跃者,户籍、计账、均田、租调等制度的实施,里正的职务行动是起点。这约三十万人的铨拟补选制度,史籍文献中均无具体记载。可庆幸的是,上引八件残文书使我们得以窥知这一大批身份低下的任职者铨拟制度的概略。这些残文书的史料价值很高。它提醒我们,连流外官都不是的大批杂职掌者也有他们的选补铨拟办法。研究唐代官吏选举制,不能不注意杂职掌的选补。

---

〔1〕《通典》记外职掌(包括旅帅、队正、队副)为三十一万四千六百八十六人。我在此处略去旅帅等不计,推知约三十万人。

429

10　唐开元十六年北庭年终勾帐考

　　日本学者池田温著《中国古代籍帐研究》载有吐鲁番出土残文书一件,池田温先生拟题为"唐开元一六年(728年)年末庭州轮台县钱帛计会稿"。此一残文书包括三个断片,第一个断片三行,移录自罗振玉编《贞松堂藏西陲秘籍丛残》;第二断片十三行,内有删除号者两行,移录自日本京都有邻馆藏卷。第三断片四行,亦移录自京都有邻馆藏卷。为了便于研究,兹据上述池田氏书全文移录如下。考虑到印刷出版上的困难,文书中有删除号的行与字以及重复字句,皆不录,亦无损于文义。

(一)

1　□□傔从。十六年七月一日已后至十二月卅日已前,军
府□

2　料并执衣白直课及诸色贷便,及马价纸价□使(?)□

3　及六月卅日已前破用回残钱等,总计当钱肆佰柒拾叁

(后缺)
(二)
(前缺)

秋冬两季

1　轮台县白直执衣,季别玖阡叁佰陆拾文。

2　计壹拾捌贯柒佰贰拾文。

3　军使八人料,从七月八月九月 十

4　月十一月十二月,每月二千贰佰文,计一十三贯二百文。

5　一十一匹绝,绝别肆佰捌拾文　五千二百八十文。二□

6　　　　六匹纳马价直　五匹纳纸价直

7　一百六十四大练,匹别肆佰文。计六十四贯。

430

8　　　　　叁拾三匹纳马价。壹拾肆匹,请得纳突厥马及
　甲价。

9　　　　　贰拾匹小练换得。拾匹纳纸价。捌拾叁匹纳▢

10　四百卅三匹　　小练,匹别三百廿文,计百八贯五百六
　十文。

11　一百五十四两▢▢柬▢

　　　　　　　　（后缺）

　　　　　　　　（三）

　　　　　　　　（前缺）

1　　陆匹纳马价。伍匹纸价。

2　壹佰陆拾大练,匹别肆佰文,计陆拾肆贯。

3　　叁拾叁匹马价。壹拾肆匹请得突厥纳马及甲价。

4　贰拾匹小练换得。拾匹纸价。捌拾叁匹纳进马价。

　　　　　　　　（后缺）

　　细审《贞松堂藏西陲秘籍丛残》所载这一残文书第一断片原卷照像图版,池田温氏录文有两个问题:

　　（甲）第1行开端二字,池田氏录文空阙,细审图版,应是"合为"二字,"合"字下部漫漶,"为"字简写作"为"。

　　（乙）第2行末"纸价"后,池田氏录文为"▢使(?)▢",细审图版,"纸价"后二字尚可辨识,即"绝练"二字也。

　　第二断片第三断片,因未看到原卷,无从校勘。

　　文书录文校勘既竟,我们可以讨论池田温氏为此残文书的拟题,即"唐开元十六年（728年）年末庭州轮台县钱帛计会稿"。郭煌吐鲁番文书多种,残文书的拟题应能显示文书的性质及其时间性、地域性等,这对于研究者,特别是初学者是很重要的。

　　从第一断片的"傔"、"军府"及第二断片的"军使八人料"等字句看,这一残卷不是轮台县官府文书。兹陈述理由如下:

　　《唐六典》卷5"兵部郎中"条（《旧唐书》卷43《职官志》"兵部郎中条"略同）略云:

> 凡诸军镇大使、副使已下,皆有傔人、别奏以为之使。大使三
> 品已上傔二十五人,别奏十人。子总管四品已上傔十一人,别奏三
> 人(五品、六品傔递减二人,别奏递减二人)。所补傔、奏,皆令自
> 召以充。

据此,傔(或称傔人)是为武官个人服役者,又限于六品以上的武官。轮台县官府无六品以上的武官,县的收支账上不可能有关于傔的记载。同样,轮台县官府不能称作军府,县内收支账上不可能记载军府。特别应指出,第一断片1、2两行所记者,显然是与"傔"、"军府"有关的支出账目,这样的账目不可能记在轮台县的支出账上。据此,这一残文书不是轮台县的收支账(按唐制应称为年终勾账,详见下文)。残文书的第二断片上有"军使八人料,每月二千贰佰文"的记载,这一记载更充分证明,此残文书不是轮台县的收支账,轮台县没有军使,军使八人俸料钱的支出怎么可能记载在轮台县的账上呢?

按《元和郡县图志》卷40《陇右道》略云:

> 庭州,长安二年改置北庭都护府,开元二十一年改置北庭节
> 度使。

> 管县三:后庭、蒲类、轮台。

《唐会要》卷78《节度使》云:

> 至开元十五年三月,又分伊西、北庭为两节度。

关于改置北庭节度使的时间,与本文主旨无关,俟详考,今暂从《唐会要》为开元十五年正月。按《唐六典》卷5"兵部郎中"条云:

> 以奉使言之则曰节度使,有大使焉,有副大使焉,有副使焉。

《新唐书》卷49(下)《百官志》云:

> 节度使、副大使知节度事、行军司马、副使、判官、支使、掌书
> 记、推官、巡官衙推各一人,同节度副使十人。

《资治通鉴》卷215"唐玄宗天宝元年"云:

> 北庭节度防制突骑施、坚昆,统瀚海、天山、伊吾三军。

据上引史料,北庭节度有品级较高的武官,这些武官可自召置傔人;北庭节度当然可称之为军府,可有军使八人。残文书中的傔、军府、军使

八人,置于轮台县皆不合,置于北庭节度皆合。据此可确定:此残卷不是轮台县的官府文书,而是北庭节度的官府文书。

文书第二断片:,1行云,"轮台县(秋冬两季)白直执衣,季别玖阡叁佰陆拾文";2行云,"计壹拾捌贯柒佰贰拾文"。可能由于这一记载,池田温氏把这一残卷定为轮台县文书。按唐制,开元中时,为县官服白直、执衣役直,纳钱代役,称为白直、执衣课。课钱纳入县,分诸官。这在县的出入账上应有记载。但县的财务账要上报北庭节度支度使,因此,北庭节度支度使的秋冬勾账理所当然地记载轮台县的白直、执衣课钱,且与节度官府军使俸料并列。据此可以肯定这一残卷是北庭节度文书,不是轮台县文书。

池田温氏拟题中"钱帛计会稿"五字,虽稍笼统,但就残卷内容论,还是可用的,但不知"钱帛计会"是否为唐制或唐人习用的专用名称?敦煌吐鲁番社会经济文书大多残缺,为这些残卷拟题最好采用与其内容符合的唐制已有或唐人习用的专用名称。这些专用名称就是这些残卷的原有名称。为此,我认为,称本文研究的这一残卷为年终勾账可能更为适宜。

《唐六典》卷3"度支郎中员外郎"条云:

> 凡天下边军皆有支度之使,以计军资、粮仗之用。每岁所费,皆申度支而会计之。以长行旨为准(支度使及军州,每年终各具破用、见在数,申金部、度支、仓部勘会)。

《唐会要》卷59《尚书省诸司(下)》"比部员外郎"略云:

> 长庆元年六月,比部奏:准制,诸道年终勾帐,宜依承前敕例。如闻近日刺史留州数内,妄有减削,非理破使者,委观察使风闻按举,必重加科贬,以戒削减者。其诸州府,仍请各委录事参军,每年据留州定额钱物数、破使去处及支使外余剩见在钱物,各具色目,分明造帐,依格限申比部。准常限,每(年)限五月三十日都结奏。

《唐会要》所载比部奏虽是唐后期长庆元年者,但比部奏说:"准制。"又说:"宜依承前敕例。"则年终勾账这一制度,在长庆以前的长时间内早已存在,即唐前期已存在。《唐六典》所记述的"每年终各具破用、见在数,申金部、度支、仓部勘会",就是天下诸军的年终勾账申报尚书省。本文研究的残卷应是一件长文书残留的极小部分,是开元十六年秋冬两季的部分支出账,但第一断片第 3 行所记者总计钱数包括六月卅日以前破用回残钱等,也就是开元十六年春夏两季破用回残钱等。据此推测,在第一断片之前应有春夏两季的破用项目和破用钱粮数目,而第一断片第 3 行所说的回残钱等正是春夏两季破用后的见在数。据此又可推测,第三断片之后,应有秋冬两季破用后的见在数,亦即全年破用后的见在数。这正是《唐六典》所说的"每年终各具破用、见在数",这样的账要申报尚书省的度支、金部、仓部、比部,《唐六典》所说的"勘会"就是勾检,这样的账应称之为年终勾账。本文书是年终勾账的草稿,第二断片上删除的不少字句及与第三断片重复(第三断片是第二断片的抄清稿)都是证明。

总结以上全部考辨,我认为这件残文书的标题应为"开元十六年(728 年)北庭节度申尚书省年终勾帐稿残卷",池田氏的拟题有误。

残文书的内容也值得研究,为了使文章不要过于枝蔓,留待另文讨论。

11 《陈寅恪读书札记·旧唐书新唐书之部》疏证

11.1 有关黄头军札记疏证

11.1.1 李光颜任忠武节度使期间的忠武黄头军

《陈寅恪读书札记——〈旧唐书〉、〈新唐书〉之部》中有关黄头军的札记十三条,据寅恪先生批语内容,有关李光颜任忠武节度使时间者七条:一为《旧唐书》卷 161《李光进传》及《李光颜传》,批语列举史料四种,其中《新唐书》卷 167《王式传》及《新唐书》卷 64《方镇表》、《旧唐书》卷 19(下)《僖宗纪》时间较晚,留待下文考辨。二为《旧唐书》卷 161《李光颜传》。三为《旧唐书》卷 19(下)《僖宗纪》,批语列举史料三种,其中《新唐书》卷 64《方镇表》时间较晚,留待下文考释。四为《新唐书》卷 208《宦者下·田令孜传》,除批语外,先生列举《新唐书》卷 224(下)《叛臣传·陈敬瑄传》及《新唐书》卷 154《李晟传》、《新唐书》卷 188《杨行密传》,时间均晚,留待下文考释。五为《新唐书》卷 43(下)《地理志》。六为《新唐书》卷 167《王式传》,先生列举史料二种,其中《新唐书》卷 165《郑从谠传》,时间较晚,留待下文考释。七为《新唐书》卷 218《沙陀传》。

甲 陈许黄头军疑是回纥族类

永兴谨按:上列标题乃下述寅恪先生札记中语。陈许黄头军即是忠武黄头军。

(1)《旧唐书》卷 161《李光进传》及《李光颜传》略云:

> 李光进,本河曲部稽阿跌之族也。父良臣,袭鸡田州刺史,隶朔方军。光进姊适舍利葛旃,杀仆固场而事河东节度使辛云京。光进兄弟少依葛旃,因家于太原。光进勇毅果敢,其武艺兵略次于

·欧·亚·历·史·文·化·文·库·

435

葛旟。肃宗自灵武观兵,光进从郭子仪破贼,收两京,累有战功。元和四年,诏以光进夙有诚节,克著茂勋,赐姓李氏。

光颜与兄光进以葛旟善骑射,兄弟自幼皆师之。葛旟独许光颜之勇健,己不能逮。自宪宗元和已来,历授代、洛二州刺史,兼御史大夫。九年,将讨淮、蔡,九月,迁陈州刺史,充忠武军都知兵马使。逾月,迁忠武军节度使,检校工部尚书。会朝廷征天下兵,环申、蔡而讨吴元济,诏光颜以本军独当一面。光颜于是引兵临溵水,抗洄曲。明年五月,破元济之师于时曲。是岁十一月,光颜又与怀汝节度乌重胤同破元济之众于小溵河,平其栅。十一年,光颜连败元济之众,拔贼凌云栅。十二年四月,光颜败元济之众三万于郾城。贼知光颜勇冠诸将,乃悉其众出当光颜之师。时李愬乘其无备,急引兵袭蔡州,拔之,获元济。董重质弃洄曲军,入城降愬。光颜知之,跃马入贼营大呼,以降贼众万余人,皆解甲投戈请命。贼平,加检校司空。十三年春,命中官宴光颜于居第,赐刍米二十余车。

永兴谨按:先生之引文及识语见《札记·旧唐书之部》第 153~154 页。先生在读此条札记批语中,首先举出《新唐书》卷 43(下)《地理志》羁縻州之突厥州及回纥州,借以说明舍利葛旟及李光进、李光颜之为蕃族也。兹较完全移录《新唐书·地理志》之文,以期对先生的批语求得系统的理解。

《新唐书》卷 43(下)《地理志》羁縻州略云:

关内道

突厥州十九,府五。

云中都督府(贞观四年析颉利右部置,侨治朔方境),领州五(贞观二十三年分诸部置州三)。舍利州(以舍利吐利部置)。

永兴按:"置州三","三"误,应作"五"。关于贞观四年和贞观二十三年两次处理内附突厥,《通鉴》记述最为详悉明确,兹引其文如下:

《通鉴》卷 193"唐太宗贞观四年"略云:

[四月]突厥既亡,其降唐者尚十万口,诏群臣议区处之宜。

上卒用（温）彦博策，处突厥降众，东自幽州，西至灵州；又分颉利之地为六州，左置定襄都督府，右置云中都督府，以统其众（定襄都督府侨治宁朔，云中都督府侨治朔方之境。按宁朔县亦属朔方郡。《旧书·温彦博传》曰：帝从彦博议，处降人于朔方之地。则二都督府侨治朔方明矣）。

这是贞观四年处理突厥颉利降众的具体措施。《通鉴》的记载与《新唐书·地理志》大致相同。《新唐书·地理志》"领州五"，据《通鉴》，应作"领三州"，因"分颉利之地为六州"，定襄都督府和云中都督府各领三州也。

《通鉴》卷199"唐太宗贞观二十三年"略云：冬十月（永兴按：太宗于五月崩，十月高宗在位，尚未改元），以突厥诸部置舍利等五州隶云中都督府（五州：舍利州、思辟州、那史那州、绰州、白登州）。这是贞观二十三年处理突厥颉利降众的又一次具体措施，《通鉴》的记载与《新唐书·地理志》相同。胡注的"思辟州"，《新唐书·地理志》为"思壁州"。《旧唐书·李光进传》中的舍利葛旃即颉利降唐之突厥舍利吐利部人，本居朔方之境，后徙居河东。

《新唐书》卷43（下）《地理志》"羁縻州"略云：

关内道

回纥州十八，府九（贞观二十一年分回纥诸部置）。

燕然州（以多滥葛部地置，初为都督府，及鸡鹿、鸡田、烛龙三州，隶燕然都护。开元元年来属，侨治回乐）。鸡鹿州（以奚结部置，侨治回乐）。鸡田州（以阿跌部置，侨治回乐）。

右隶灵州都督府

按，"贞观二十一年分回纥诸部置"，乃阿跌诸部居于漠北时之事。《旧唐书》卷199（下）《铁勒传》、同书卷195《回纥传》、《新唐书》卷217（上）《回纥传》均有记载，均不及《通鉴》记载之明确。兹简略移录《通鉴》之文如后。《通鉴》卷198"唐太宗贞观二十年"略云：

［八月］己巳，上行幸灵州。

［江夏王］道宗与薛万彻各遣使诏谕敕勒诸部，其酋长皆喜，

顿首请入朝。庚午,车驾至浮阳(浮阳,《旧书》作"泾阳",当从之。
杜佑曰:京兆泾阳县,乃秦封泾阳君之地。此时车驾盖至京兆之泾
阳)。回纥、拔野古、同罗、仆骨、多滥葛、思结、阿跌、契苾、跌结、
浑、斛薛等十一姓各遣使入贡,称:"奴等各有分地,不从薛延陀
去,归命天子。愿赐哀怜,乞置官司,养育奴等。"上大喜。辛未,
诏回纥等使者宴乐,颁赉拜官,赐其酋长玺书,遣右领军中郎将安
永寿报使。

"奴等各有分地",即回纥等十一姓在大漠之北各有居处区域;"安永寿
报使",即在漠北赐回纥等十一姓酋长玺书也。

同书卷98"贞观二十一年"略云:

> [正月]丙申,诏以回纥部为瀚海府,奚结为鸡鹿州,阿跌为鸡
> 田州,各以其酋长为都督、刺史,各赐金银缯帛及锦袍,敕勒大喜。
> 及还,上御天成殿宴,设十部乐而遣之。诸酋长奏称:"臣等既为
> 唐民,往来天至尊所,如诣父母,请于回纥以南、突厥以北开一道,
> 谓之参天可汗道,置六十八驿。"上皆许之。

"回纥部为瀚海府","府",都督府也,以回纥酋长为都督;"阿跌为鸡田
州",以阿跌酋长为州刺史,均为唐制试行于大漠以北敕勒诸部族,展
视谭其骧主编《中国历史地图集》第五册唐关内道北部图即可一目
了然。

《新唐书·地理志》"羁縻州回纥州"之下的"贞观二十一年分回纥
诸部置"的经过大致如上所述,其中包括以阿跌部(即李光进、李光颜
所在的部族)为鸡田州。这是回纥诸部族内附于唐的第一步骤。第二
步骤为《新唐书·地理志》"羁縻州回纥州"所云:鸡鹿、鸡田二州开元
元年来属,侨治回乐,亦即奚结部之鸡鹿州与阿跌部之鸡田州,开元元
年内附,侨治回乐。按《新唐书》卷37《地理志》"关内道灵州灵武郡"
有回乐县,即回纥阿跌部族之鸡田州内附侨治之地。

又按《旧唐书》卷38《地理志》"关内道灵州大都督府"条亦有开元
初置鸡田州的记载,并云"寄灵州界"。下文又云:

> 鸡田州,寄在回乐县界,突厥九姓部落所处。

"九姓部落"不确,此处"突厥"二字可用,下文解释。就开元初阿跌部族内附而言,《旧唐书·地理志》与《新唐书·地理志》基本相同。

《通鉴》卷211"唐玄宗开元三年"云:

> [九月]九姓思结都督磨散等来降;己未,悉除官遣还。

永兴按,唐代史籍中称九姓指回纥九姓,见两《唐书·回纥传》,思结乃铁勒(敕勒)十五部之一,见《新唐书》卷217(上)《回纥(上)》及《旧唐书》卷199(下)《铁勒传》。

《通鉴》卷211"唐玄宗开元四年"云:

> [六月]拔曳固、回纥、同罗、霫、仆固五部皆来降,置于大武军北。

按:《新唐书》卷215(上)《突厥传》云:"(默啜)既年老,愈昏暴,部落怨畔。"开元三年九月乃默啜死前七个月,他统治下居处漠北的铁勒思结部族因怨畔而降唐。开元四年六月癸酉,突厥默啜可汗为铁勒拔曳固迸卒颉质略所杀,默啜帝国混乱并瓦解,乃有铁勒拔曳固、回纥、同罗、霫、仆固五部族来降唐之事。此时,李光颜所自出的铁勒阿跌部降唐内附为应有之事,旧、新《唐书》所载可信也。

铁勒部族内附的第二步骤仍带有居处漠北由唐所建立的府、州之名,如李光颜所属的阿跌部族内附灵州仍带有鸡田州之名,仍由酋长世袭刺史,如《旧唐书》卷161《李光进传》所云:"本河曲部落稽阿跌之族也。父良臣,袭鸡田州刺史,隶朔方军。"此为铁勒部族内附第二步骤的情况。"稽阿跌"之"稽"字为衍文,应删。史籍记载李光进兄弟所属之铁勒部族为"阿跌",非"稽阿跌"也。《新唐书》卷171《李光进传》记述鸡田州之阿跌部族,亦云"世袭刺史"。

根据上文移录史料分析,先生在批语中所云:"陈许黄头军疑是回纥族类"。可以得到理解。李光颜既是阿跌部族酋长之子,则其父良臣死后,或其兄光进卒后,在元和九年光颜任忠武节度使之时,他可能以阿跌部族酋长的身份,率领阿跌族众参加陈许忠武军,成为忠武军的主力部分,则忠武军应是回纥族类。先生加一"疑"字,是因尚未发现史籍中关于阿跌部族成为忠武军将卒之直接记载也。

(2)《新唐书》卷218《沙陀传》略云：

> [朱邪]执宜朝长安，赐金币袍马万计，授特进、金吾卫将军。顷之，(范)希朝镇太原，因诏沙陀举军从之。[元和]八年，回鹘过碛南取西域、柳谷，诏执宜屯天德。明年，伐吴元济，又诏执宜隶李光颜，破蔡人时曲，拔凌云栅。元济平，授检校刑部尚书，犹隶光颜军。长庆初，伐镇州，悉发沙陀，与易定军掎角，破贼深州。执宜入朝，留宿卫，拜金吾卫将军。

永兴谨按：先生之引文及识语见《札记·新唐书之部》第152～153页。据前一条札记，先生谓："陈许黄头军疑是回纥族类。"回纥族善战，故忠武军强。此条札记，先生又谓：忠武军强，"殆以沙陀部为其属之故也"，因沙陀部亦善战。"疑"、"殆"均非完全肯定。或忠武军为回纥族类，故强，沙陀部参加又更强耶？

忠武军中之胡兵，除上述沙陀部族和疑为回纥部族外，尚有突厥人和高丽人以及回纥人等。按《旧唐书》卷8《玄宗纪》[《旧唐书》卷194(上)《东突厥传·默啜传》、《通鉴》卷211"开元三年"条略同]云：

> [开元三年]二月，十姓部落左厢五咄六啜，右厢五弩失毕五俟斤及高丽莫离支高文简(永兴按，《默啜传》作"及子婿高丽莫离支高文简"，《通鉴》系西突厥及高丽降于二月之前，其文曰："突厥十姓降者前后万余帐。高丽莫离文简，十姓之婿也")、都督跌跌思太等(永兴按，《默啜传》"跌跌都督跌跌思泰等"，《通鉴》作"跌跌都督思泰等")，各率其众自突厥相继来奔，前后总二千余帐(永兴按，《默啜传》作"前后总万余帐")。析许州、唐州置仙州(永兴按，《默啜传》作"制令居河南之旧地"，《通鉴》云："制皆以河南地处之")。

《新唐书》卷215(上)《东突厥传·默啜传》略云：

> 初，景云中，默啜西灭娑葛，遂役属契丹、奚，因虐用其下。既年老，愈昏暴，部落怨畔，十姓左五咄陆，右五弩失毕俟斤皆请降，诏处其众于金山。

又云：

其婿高丽莫离支高文简,与跌跌都督思太,吐谷浑大酋慕容道奴,郁射施大酋鹘屈颉斤、苾悉颉力,高丽大酋高拱毅,合万余帐相踵款边,诏内之河南。引拜文简左卫大将军、辽西郡王,思太特进、右卫大将军兼跌跌都督、楼烦郡公,道奴左武卫将军兼刺史、云中郡公,鹘屈颉斤左骁卫将军兼刺史、阴山郡公,苾悉颉力左武卫将军兼刺史、雁门郡公,拱毅左领军卫将军兼刺史、平城郡公,将军皆员外置,赐各有差。

《新唐书》卷217(下)《回纥传》云:

阿跌,亦曰诃咥,或为跌跌。始与拔野古等皆朝,以其地为鸡田州。开元中,跌跌思泰自突厥默啜所来降。其后,光进、光颜皆以战功至大官,赐李氏,附属籍,自有传。

按:上引《旧唐书·东突厥传·默啜传》云:"制令居河南之旧地。"此应指唐高宗总章仪凤年间迁徙高丽于河南道,按《新唐书》卷220《东夷传·高丽传》略云:

总章二年,徙高丽民三万于江淮、山南。仪凤二年,先编侨内州者皆原遣,徙安东都护府于新城。藏与靺鞨谋反,未及发,召还放邛州,厮其人于河南、陇右。

《旧唐书》卷199(上)《东夷传·高丽传》略云:

仪凤中。高宗授高藏开府仪同三司、辽东都督,封朝鲜王,居安东,镇本蕃为主。高藏至安东,潜与靺鞨相通谋叛。事觉,召还,配流邛州,并分徙其人,散向河南、陇右诸州。[圣历]二年,自是高丽旧户在安东者渐寡少,分投突厥及靺鞨等,高氏君长遂绝矣。

据上引,自总章二年至仪凤二年,唐二次迁徙高丽,第一次"徙高丽民三万于江淮、山南",第二次徙高丽于河南、陇右。至圣历二年,居于安东都护府之高丽人,又被唐分投突厥及靺鞨。开元三年自东突厥南来内属之高丽高文简和他率领的高丽人即是圣历二年投于东突厥的高丽人,他们被安置在河南道诸州,而河南道诸州已居住有仪凤二年被安置的高丽人。对开元三年内属之高丽人,河南乃旧地也。《通鉴》卷202年"唐高宗仪凤二年二月"条亦云:"散徙其人(高丽)于河南、陇右诸州。"总之,开元三年内属之跌跌族,据上引《新唐书·回纥传》,即阿跌族,亦即回纥族或铁勒部族,诸书均谓处置于河南诸州。此次内属者为西突厥十姓,回纥之跌跌族及高丽共万余帐之多,河南诸州多有蕃族,此次内属者可能是重要部分。许、陈二州,即忠武军所辖州应有此次内属者的一部分,即一批回纥族、西突厥人及高丽人。据此,可以推知:在李光颜(阿跌光颜或跌跌光颜)率领阿跌部人来许州、陈州之数十年前,许、陈二州已居住一批回纥人,成为陈许军的一部分;同时,陈许军已有突厥人及高丽人;则忠武黄头军乃以回纥部族为主的多种蕃族组成的军队,亦可推知也。

特别值得注意者为上引《新唐书·回纥传》所云:"开元中,跌跌思泰自突厥默啜所来降。其后,光进、光颜皆以战功至大官。"自开元中至元和中将近九十年,则跌跌思泰为李光颜之曾祖,与高丽莫离支高文简等率万余帐内附处于河南(据《旧唐书·突厥默啜传》),其中必有相当多的跌跌(阿跌)族。据此,李光颜初任职陈许之时,忠武军中肯定已有众多的敕勒族,可无疑问也。

最后,阿跌部属于敕勒(或铁勒)族类或回纥族类,应稍加解释。

《新唐书》卷217(上)《回纥传》云:

> 回纥,其先匈奴也。俗多乘高轮车,元魏时亦号高车部,或曰敕勒,讹为铁勒。

《旧唐书》卷195《回纥传》略云:

> 回纥,其先匈奴之裔也,在后魏时,号铁勒部落。依托高车,臣属突厥,近谓之特勒。(永兴按,即是《新唐书·回纥传》之敕勒。)大业元年,突厥处罗可汗击特勒诸部,特勒由是叛。特勒始有仆骨、同罗、回纥、拔野古、覆罗,并号俟斤,后称回纥焉。

《唐会要》卷96《铁勒》云:

> 铁勒者,本匈奴之别种,武德初有薛延陀、契苾、回纥、都播、骨利干、多览葛、仆骨、拔野古、同罗、浑部、思结、斛萨、悉结、阿跌、白霫等,散在碛北。

据上引三条史料,包括阿跌在内的铁勒十五部,也可称为铁勒族类,也可称为回纥族类。《新唐书·地理志》称以铁勒诸部所建立的羁縻州为回纥州。其中有阿跌部的鸡田州,属于阿跌部的李光颜率其部众成为陈许黄头军的主力,故先生论断"陈许黄头军疑是回纥族类"也。

其次,铁勒诸部长期在突厥统治之下,有些史籍如《旧唐书·地理志》在铁勒诸部所建州之下称为突厥部落所处,非误书也。我过去认为《旧志》误书,应改正。

(3)《新唐书》卷43(下)《地理志》"羁縻州"略云:

> 关内道
>
> 回纥州十八,府九。
>
> 鸡鹿州(以奚结部置,侨治回乐)。鸡田州(以阿跌部置,侨治回乐)。
>
> **右隶灵州都府**
>
> **陇右道**
>
> 回纥州三,府一。
>
> 蹛林州(以思结别部)。金水州。贺兰州。
>
> 庐山都督府(以思结部置)。
>
> > 右初隶燕然都护府,总章元年隶凉州都督府。

永兴谨按:先生之引文及识语见《札记·新唐书之部》第10页。先生对《新唐书·地理志》羁縻州回纥州之批语为"李光颜",意为李光颜出自侨治回乐以阿跌部所置之鸡田州,为回纥族类。上文已详悉考释,此不赘述。先生在本书卷214《刘悟传》附《刘从谏传》撰有札记。按该传略云:

> 悟卒,从谏知留后,持金币赂当权者,朝议谓上党内镇,与河朔异,不可许。时李逢吉、王守澄纳其赂,数为请,敬宗乃以晋王为节度大使,诏从谏主留事。晋王帝所爱,从谏馈献相望,未几,拜节度使。大和初,李听败馆陶,走浅口,从谏引铁勒黄头郎救之,听免。

永兴谨按:先生之引文及识语见《札记·新唐书之部》第142页。先生在传后批语中举出《新唐书》卷216(下)《吐蕃传》、《新唐书》卷64《方镇表》、《旧唐书》卷200(下)《黄巢传》、《旧唐书》卷19(下)《僖宗纪》、《新唐书》卷 188《杨行密传》、《新唐书》卷 189《高仁厚传》、《新唐书》卷 167《王式传》、《新唐书》卷 165《郑从谠传》、《新唐书》卷 171《李光颜传》共史籍九种为参证,此为广搜群籍之法也。

先生注意《刘从谏传》中黄头郎一语,并谓黄头郎即黄头军也。先生注意《新唐书·方镇表》,按《新唐书》卷 64《方镇表》,因表中亦载黄头军事。凡此以及先生举出参证史籍中多为唐代晚期者,留待下文疏证。但《新唐书·李光颜传》中亦有属于元和年间之史事应注意者,兹略加考释。

《新唐书》卷 171《李光颜传》云:

> 帝讨李师道,徙义成节度使,许以忠武兵自随。不三旬,再败贼濮阳,拔斗门,斩数千级。上言许、郑兵合不可用,遂复镇忠武。吐蕃入寇,徙邠宁军。时虏毁盐州城,使光颜复城之,亦以忠武兵从。

永兴谨按:《旧唐书》卷 161《李光颜传》云:

> [元和]十四年,西蕃入寇,移授邠宁节度使。时盐州为吐蕃所毁,命李文悦为刺史,令光颜充勾当修筑盐州城使,仍许以陈许六千人随赴邠宁。

《旧唐书》卷 15《宪宗纪》略云:

> [元和十四年五月]丙戌,以忠武节度使李光颜为邠宁节度使,仍以忠武军六千人赴镇。

永兴谨按:先生引文及识语见《札记·旧唐书之部》第 21 页。先生批语"可注意",其意为忠武军六千人随李光颜赴邠宁庆新任。它表明忠武军与李光颜的特殊关系。一般方镇节将改任,无大批镇兵随之赴新任也。李光颜本为阿跌部酋长,忠武军将卒原为随他南来的阿跌部众,二者的关系如此,故李光颜调任它镇,忠武军亦随之俱去也。于《新唐书·李光颜传》载光颜徙义成节度使,"许以忠武兵自随"。于《旧唐书·李光颜传》载光颜移授宁邠节度使,"仍许陈许兵六千人随赴邠宁"。于《旧唐书·宪宗纪》载"以忠武节度使李光颜为邠宁庆节度使,仍以忠武军六千人赴镇"。均可见李光颜与忠武军的关系犹如部族酋长与部族群众不可分离之关系,这一情况适可成为先生的"陈许黄头军疑是回纥族类"的佐证。

乙　元和平淮蔡主要为忠武黄头军之力

元和十二年平淮蔡乃宪宗在位期间最重要之事,擒吴元济为李愬,但平淮蔡的主力为忠武黄头军,先生撰有札记详论之,兹谨为之疏证如下:《旧唐书》卷161《李光颜传》记载忠武军平淮蔡之首功,上文已引。《新唐书》卷171《李光颜传》云:"由是贼悉锐士当光颜,而李愬得乘虚入蔡矣。董重质弃洄曲军降愬,光颜跃马入贼营大呼,众万余人投甲请命,贼平。"与《旧传》记述相同。诚如《旧唐书》卷161《刘沔传》所云:"故忠武一军,破贼第一。"先生在批语中所云:"然则淮蔡之平,回纥之力也。"实公允之论也。宋子京亦有公允之论,在《新唐书》卷171《李光颜传》后赞曰:

> 世皆谓李愬提孤旅入蔡缚贼为奇功,殊未知光颜于平蔡为多也。是时,贼战日窘,尽取锐卒抗光颜,凭空堞以居,故愬能乘一切势,出贼不意。然则无光颜之胜,愬乌能奋哉?

故先生批语谓宋子京"此论甚确",又谓:"然则淮蔡之平,实胡兵之力也。"(永兴谨按:先生引文及识语见《札记·新唐书之部》第111～112页。)忠武黄头军中有甚多敕勒、沙陀蕃兵也。《旧唐书·吴元济传》亦有公允之论,按《旧唐书》卷145《吴少诚传》附《吴元济传》略云:

> 淮右自少诚阻兵以来,三十余年,王师加讨,未尝及其城下,尝走韩全义,败于頔,故骄悍无所顾忌。且恃城池重固,有陂浸阻回,故以天下兵环攻三年,所克者一县而已。及黜高霞寓、李逊、袁滋,诸军始进。又得阴山府沙陀骁骑、邯郸勇卒,光颜、重胤之奋命,及丞相临统,破诸将首尾之计,方擒元恶。

永兴谨按:先生引文及识语见《札记·旧唐书之部》第134页。"阴山府沙陀骁骑"即元和九年朱邪执宜所率领的沙陀军,隶属于李光颜之部下,故先生批语为"胡骑之功"。沙陀军上文已有记述。

上文简述旧、新《唐书》对平淮蔡功曾有公允之论,但前后不一,如在《新唐书》卷154《李愬传》赞,宋子京却说:"故曰平蔡功,愬为多。"

与同书《李光颜传》赞所说的不一致。《旧唐书》卷133《李愬李听传》后史臣曰："元和平贼之功,听、愬居其半。"李愬之功当即平淮蔡也,亦与上引《旧唐书·刘沔传》所说的不一致。

元和十二年十月淮蔡平,《旧唐书》卷15《宪宗纪》略云：

> 十一月丙戌朔,录平淮西功:随唐节度使、检校左散骑常侍李愬检校尚书左仆射、襄州刺史,充山南东道节度、襄邓随唐复郢均房等州观察等使;加宣武军节度使韩弘兼侍中;忠武军节度使李光颜、河阳节度使乌重胤并检校司空。皆赏破贼功也。

以李愬功第一,李光颜在其下,不符合平淮蔡战争的实际情况。

《旧唐书》卷160《韩愈传》云：

> 仍诏愈撰平淮西碑,其辞多叙裴度事。时先入蔡州擒吴元济,李愬功第一,愬不平之。愬妻出入禁中,因诉碑辞不实,诏令磨愈文。宪宗命翰林学士段文昌重撰文勒石。

自唐元和十二年至今一千一百余年,唐平淮蔡李愬功第一,宋贤虽有否定意见,但不能坚持,前后一致,致使读史者不能获得历史之真实。寅恪先生据平淮蔡战争的实际情况,作出淮蔡之平乃忠武黄头军之力的正确结论,恢复了历史真实。寅恪先生曾有"学术探求真实"之教诲(见《唐代政治史述论稿》下篇),上述确论乃先生求真实史学思想之表现也。

11.1.2 唐平黄巢战争期间的忠武黄头军

在唐平黄巢战争中,忠武黄头军是主要军事力量之一。黄头军的军事行动涉及沙陀族的李克用和宦者杨复光。先生注意在此期间诸史籍有关黄头军的记载,撰有札记多条,兹疏证如下。

(1)《旧唐书》卷19(下)《僖宗纪》"中和三年"略云：

> 四月丁酉朔。庚子,沙陀、忠武、义成、义武等军趋长安,贼悉众拒之于渭桥,大败而还,李克用乘胜追之。己卯,黄巢收其残众,由蓝田关而遁。庚辰,收复京城。天下行营兵马都监杨复光上章告捷行在,曰:"雁门节度使李克用神传将略,天付忠贞,今月八日,遣衙队将前锋杨守宗、河中骑将白志迁、横野军使满存、蹑云都

将丁行存、朝邑镇将康师贞、忠武黄头军使庞从等三十二都,随李

克用自光泰门先入京师,力摧凶逆。"

永兴谨按:先生之引文及识语见《札记·旧唐书之部》第34~35页。
先生在批语中举出与黄头军有关的史籍多种,如《旧唐书·李光进
传》、《新唐书·方镇表》、《新唐书·地理志》羁縻州等。《旧唐书·李
光进传》附《李光颜传》,光颜乃忠武黄头军首领。《新唐书·地理志》
羁縻州之鸡田州乃以李光颜等所出敕勒阿跌族所设置。此二者上文
已详述,兹不赘述。《新唐书·方镇表》兴凤陇栏大中五年条亦有黄头
军的记载,下文当详释。《旧唐书·黄巢传》载杨复光露布作"忠武黄
头军使庞从等三十都",同书《僖宗纪》载杨复光上章作"忠武黄头军使
庞从等三十二都",盖《黄巢传》就整数而言,《僖宗纪》载实际兵数为三
十二都也。

先生对《旧唐书·黄巢传》札记中批语"忠武黄头军"(永兴谨按:
见《札记·旧唐书之部》第232页),意为在败黄巢收复京师的战斗中,
忠武黄头军的作用颇为重大。按《旧唐书》卷200(下)《黄巢传》云:

四月八日,(李)克用合忠武骑将庞从遇贼于渭南,决战三捷,

大败贼军。十日夜,贼巢散走。诘旦,克用由光泰门入,收京师。

据此,败走黄巢,收复京城之功,忠武黄头军仅次于李克用率领的鞑靼
兵及沙陀兵。《资治通鉴》卷255中和三年四月《资治通鉴考异》谓"渭
南之战,必在八日以前,诸书皆误也",请读者参阅。

在唐平黄巢战争中,忠武黄头军的重要作用不只战渭南收复京城
一次;从乾符三年八月至中和四年六月黄巢死之八年期间,忠武黄头
军与黄巢军有过多次战斗,大多取胜,其中包括赵犨兄弟守陈州之战,
对于最后平黄巢均有重要作用。兹据先生的札记和《通鉴》纪事,参证
有关史籍陈述如后。

(2)《新唐书》卷171《李光颜传》云:

光颜性忠义,善抚士,其下乐为用。许师劲悍,常为诸军锋,故
素立勋。王仙芝、黄巢反,诸道告急,多请以助守。大校曹师罕以
千五百人隶招讨使宋威,张贯以四千人隶副使曾元裕。僖宗倚许

军以屏蔽东都,有请以为援,率不报。大将张自勉讨云南、党项、庞
勋乱,解围寿州,战淮口,以功累擢右威卫上将军。至是表请讨贼,
诏乘传赴军,解宋州围。咸忌自勉成功,请以隶麾下,且欲杀之。
宰相得其谋,不听,以自勉代元裕。

永兴谨按:先生引文及识语见《札记·新唐书之部》第111页。上列引
文是《新唐书·李光颜传》最末一段,其前为李光颜卒及赠太尉,谥曰
忠。这段引文实际为李光颜赞及忠武黄头军赞,引文中纪事均为李光
颜卒后者。读其记述,可知在唐代末期忠武黄头军的重要作用。引文
中纪事,下文考释。

忠武黄头军之"黄头"一名所以出,迄今不能确知。寅恪先生亦颇
重视,在读《新唐书·李光颜传》札记中之批语,指示我们参阅《新唐书
·王式传》,因该传中有关"黄头"一名之解释。

(3)《新唐书》卷167《王播传》附《王式传》略云:

徙安南都护。后蛮兵入掠锦田步,式使译者开谕,一昔去,谢
曰:"我自缚叛獠,非为寇也。"忠武戍卒服短后褐,以黄冒首,南方
号"黄头军",天下锐卒也。初交趾数有变,惧式威,不自安,哗曰:
"黄头军将度海袭我矣!"相率夜围城,合噪:"请都护北归,我当抗
黄头军。"

永兴谨按:先生之引文及识语见《札记·新唐书之部》第109页。先生
批语谓应参阅《新唐书·郑从谠传》、《李光颜传》,两传记事均涉及黄
头军;先生又谓,疑黄头军乃胡族。忠武在南方的戍卒以黄冒首,南方
号"黄头军",可能为较后之事,仍不能解释以胡兵为主体的忠武军,何
以名为黄头军也。

上引《新唐书·李光颜传》谓忠武大将张自勉讨云南,在《王式传》
札记引文中记载忠武黄头军戍南方,可推知忠武军大将张自勉曾率忠
武军讨云南也。又据《旧唐书》卷19(上)《懿宗纪》"咸通十年"略云:

[正月]王师入垒未整,贼军大至,(戴)可师方大醉,一军尽
没,惟忠武、太原、沙陀之骑军保全而退。

可知忠武黄头军曾参加讨庞勋之战,应即《新唐书·李光颜传》末所

云,大将张自勉所率之军也。据《通鉴》卷251"懿宗咸通九年"云：

> 十二月甲子,李湘等引兵出战,大败,贼(庞勋)遂陷都梁城,据淮口(泗水入淮之口),漕驿路绝(谓东南漕驿入上都之路绝也)。

同书又云：

> [闰月]时汴路既绝,江、淮往来皆出寿州(自寿州沂淮即入颍、汴路),贼既破戴可师,乘胜围寿州,掠诸道贡献及商人货,其路复绝。

据此,《新唐书·李光颜传》末载张自勉所率忠武军"解围寿州,战淮口"乃甚为重要之战役,故自勉"以功累擢右威卫上将军"。《通鉴》书平庞勋颇详,《旧唐书·懿宗纪》记平庞勋亦详,均述及淮口之战及寿州之战,均甚简略,《新唐书·李光颜传》末所记张自勉事可补上书之不足。

上引《新唐书·李光颜传》末记载张自勉率忠武军解宋州围事,《新唐书·崔安潜传》及《通鉴》亦有记载并兼及忠武军其他事,兹移录如下：

《新唐书》卷114《崔融传》附《崔安潜传》云：

> 安潜字进之,进士擢第。咸通中,历江西观察、忠武节度使。乾符初,王仙芝寇河南,安潜募人增陴缮械,不以力费仰朝廷。首请会兵讨捕,号令精明,贼畏之,不犯陈许境。使大将张自勉将兵七千援宋州。时宋威屯曹州,而官军数却,贼围宋益急。自勉收南月城,斩贼二千级,仙芝夜解去。宰相郑畋建言："请以陈许兵三千隶宋威。"而威忌自勉,乞尽得安潜军,使自勉隶麾下。畋谓威有疑忿,必杀自勉,奏言："今以兵悉畀威,是自勉以功受辱。安潜抗贼有功,乃取锐兵付威,后有缓急,何以战?是劳不蒙赏,无以示天下。"诏止以四千付威,余还自勉。

据此,《新唐书·崔安潜传》书解宋州围甚详悉,书忠武军分兵与宋威事,与下文引《通鉴》稍有不同,姑两存之。《通鉴》卷253"僖宗乾符四年"略云：

[七月]庚申,王仙芝、黄巢攻宋州,三道兵与战,不利(三道兵,平卢、宣武、忠武也),贼遂围宋威于宋州。甲寅,左威卫上将军张自勉将忠武兵七千救宋州,杀贼二千余人,贼解围遁去。

王铎、卢携欲使张自勉以所将兵受宋威节度,郑畋以为威与自勉已有疑忿,若在麾下,必为所杀,不肯署奏。八月辛未,铎、携诉于上,求罢免;庚辰,畋请归泸川养疾(泸川在长安东);上皆不许。

[十月]郑畋与王铎、卢携争论用兵于上前,畋不胜,退复上奏,以为:"自王仙芝俶扰,崔安潜首请会兵讨之,继发士卒,罄竭资粮(言竭本道所有以供征行士卒资粮);贼往来千里,涂炭诸州,独不敢犯其境。又以本道兵授张自勉,解宋州围,使江、淮漕运流通,不输寇手。今蒙尽以自勉所将七千兵令张贯将之,隶宋威。自勉独归许州,威复奏加诬毁。因功受辱,臣窃痛之。安潜出师,前后克捷非一,一旦强兵尽付他人,良将空还,若勍敌忽至,何以枝梧!臣请以忠武四千人授威,余三千人使自勉将之,守卫其境,既不侵宋威之功,又免使安潜愧耻。"时卢携不以为然,上不能决。

永兴谨按:上引《新唐书·崔安潜传》、《通鉴》记述可与《札记》引《新唐书·李光颜传》末所云相参证,张自勉率忠武军解宋州围,三书一致,但《崔安潜传》及《通鉴》较详;《通鉴》书张自勉为"左威卫上将军",《新唐书·李光颜传》作"右威卫上将军",不知孰是,待考。宋威忌张自勉功欲加害,宰相知其谋,三书一致,《崔安潜传》及《通鉴》亦较详。

《崔安潜传》载"贼畏之,不犯陈许境"及《通鉴》载郑畋上奏论忠武军"贼往来千里,涂炭诸州,独不敢犯其境",均颇重要,可见忠武军之强;二书言崔安潜发兵讨贼,本道供资粮,可见忠武军之忠;《通鉴》言张自勉"解宋州围,使江、淮漕运流通,不输寇手",忠武军之功莫大焉。

先生批语:应参阅《新唐书·郑从谠传》、《李光颜传》,并谓黄头军疑为胡族。永兴谨按:《新唐书》卷165《郑从谠传》云:

黄头军以粮少劫其资,从谠间走绛州。

先生之意:郑从谠所遇之黄头军与《王式传》所载之黄头军,应为同类,可以参证。所以参《李光颜传》,因李光颜为忠武黄头军节帅,出于敕勒族类。先生推定:黄头军疑为胡族,与上引《札记》之"陈许黄头军疑是回纥族类同"均可互相参证也。

黄头军之功还见于中和四年五月战役。

(4)《旧唐书》卷19(下)《僖宗纪》略云:

> [中和四年]四月辛卯朔。甲寅,沙陀军次许州,节度使周岌、监军田从异以兵会战。贼将尚让屯太康,黄邺屯西华,稍有刍粟。己未,沙陀分兵攻太康,西华贼砦。庚申,尚让、黄邺遁去,官军得其刍粟,黄巢亦退保郾城。五月辛酉朔。癸亥,沙陀追黄巢而北。丁卯,次尉氏。戊辰,大雨,平地水深三尺,沟河涨溢。贼至中牟,临汴河欲渡,沙陀遽至,贼大骇,其党分溃,杀伤溺死殆半。尚让一军降时溥,别将杨能等降朱全忠,李周、杨景彪以残众走封丘。己巳,沙陀渡汴河,趋封丘,黄巢兄弟悉力拒战,李克用击败之。获所俘男女五万口,牛马万余,并伪乘舆、法物、符印、宝货、戎仗等三万计。黄巢既败,以其残众东走。庚午,李克用急蹑黄巢,一日夜行二百里,马疲乏死者殆半。宿冤朐,粮运不及,骑军至寡,乃与忠武监军田从异班师。

永兴谨按:先生之引文及识语见《札记·旧唐书之部》第35页。先生批语谓沙陀军之骑军,当时中原诸军均非其敌手。永兴谨按:这次战役,忠武军与沙陀军所以取得全胜,主要由于沙陀军的骑兵,先生批语乃实际情况。《通鉴》卷255全面记述了这次战役,《通鉴》云:"黄巢闻之惧,退军故阳里(故阳里,在陈州城北),陈州围始解。"解陈州之围是这次战役的重要成果。当然,更重要的是:这次战役直接导致了黄巢的覆灭。唐平黄巢以沙陀军为首功,不仅由于收复京城,也由于这次战役。忠武军之功仅次于沙陀军,也是由于这次战役和牵制黄巢军于陈州城下三百日之久也(见下文)。

(5)《新唐书》208《宦者(下)·田令孜传》云:

·欧·亚·历·史·文·化·文·库·

初,成都募陈许兵三千,服黄帽,名"黄头军",以捍蛮。帝至,大劳将士,扈从者已赐,而不及黄头军,皆窃怨令孜。令孜置酒会诸将,以黄金樽行酒,即赐之。黄头将郭琪不肯饮,曰:"军容能易偏惠,均众士,诚大愿也。"令孜目曰:"君有功邪?"答曰:"战党项,薄契丹,数十战,此琪之功。"

永兴谨按:先生之引文及识语见《札记·新唐书之部》第 136 页。先生批语谓黄头军乃出自陈许者,疑为胡族,并批应参阅《新唐书·陈敬瑄传》及《李晟传》、《杨行密传》。先生谓黄头军乃出自陈许者,疑为胡族,不只指忠武黄头军,亦指蜀黄头军。

《通鉴》卷 253"僖宗乾符六年"云:

[四月](崔)安潜以蜀兵怯弱,奏遣大将赍牒诣陈、许募壮士,与蜀人相杂,训练用之,得三千人,分为三军,亦戴黄帽,号黄头军。

据此,蜀黄头军的主力出于陈、许,先生疑为胡族,诚是也。史籍尚有多处记载蜀黄头军。

《通鉴》卷 254"僖宗中和元年"云:

[三月]甲寅,(陈)敬瑄奏遣左黄头军使李铤将兵击黄巢(西川黄头军,崔安潜所置也,事始见上卷乾符六年)。

同书又云:

[六月]西川黄头军使李铤将万人,巩咸将五千人屯兴平,为二寨,与黄巢战,屡捷。

永兴谨按:兴平为上都畿县,西川黄头军一万五千人远路北上讨巢,屡捷,可见其战斗力甚强也。

(6)《新唐书》卷 224(下)《叛臣(下)·陈敬瑄传》略云:

陈敬瑄,田令孜兄也。少贱,为饼师,得隶左神策军。令孜为护军中尉,敬瑄缘藉擢左金吾卫将军,西川节度使。黄巢乱,敬瑄夜召监军梁处厚,号恸奉表迎帝,缮治行宫。帝次绵州,敬瑄谒于道,进检校左仆射,同中书门下平章事。巢平,进颍川王。俄而令孜得罪,敬瑄被流端州。会昭宗立,敬瑄拒诏。令孜劝敬瑄募黄头军为自守计。时王建盗据阆、利,故令孜召建。建至绵州,发兵拒之,激建攻诸州,以限朝廷。

永兴谨按:先生之引文及识语见《札记·新唐书之部》第 163 页。先生批语谓应参阅《新唐书·李晟传》、《田令孜传》,并谓据王建出身,疑与陈许黄头军同类之人也。此为以王建为代表的另一西川黄头军。先生批语首先注重王建出身。

《旧五代史》卷 136《僭伪列传·王建传》略云:

> 王建,陈州项城人。唐末,隶名于忠武军。初,(杨)复光以忠武军八千人立为八都,(鹿)晏弘与建各一都校也。

《新五代史》卷 63《前蜀世家·王建》云:

> 王建,字光图,许州舞阳人也。少无赖,以屠牛、盗驴、贩私盐为事,后为忠武军卒,稍迁队将。黄巢陷长安,僖宗在蜀。忠武军将鹿晏弘以兵八千属杨复光讨贼,巢败走,复光以其兵为八都,都将千人,建与晏弘皆为一都头。

《通鉴》卷 254"僖宗中和元年"云:

> [五月]时秦宗权据蔡州,不从(周)岌命,(杨)复光将忠武兵三千诣蔡州,说宗权同举兵讨巢。宗权遣其将王淑将兵三千从复光击邓州,逗留不进,复光斩之,并其军,分忠武八千人为八都,遣牙将鹿晏弘、晋晖、王建、韩建、张造、李师泰、庞从等八人将之。复光帅八都与朱温战,败之,遂克邓州,逐北至蓝桥而还。

《通鉴》卷 256"僖宗光启三年"略云:

> [三月]山南西道节度使杨守亮忌利州刺史王建骁勇,屡召之;建惧,不往。前龙州司库周庠(路振《九国志》作"周博雅")说建曰:"然葭萌四战之地(利州,古葭萌之地),难以久安。阆州地僻人富,杨茂实,陈、田之腹心,不修职贡,若表其罪,兴兵讨之,可不[章:十二行本"不"作"一";乙十一行本同;孔本同;张校同]战而擒也。"建从之,招募溪洞首豪,有众八千,沿嘉陵江而下,袭阆州,逐其刺史杨茂实而据之。
>
> 部将张虔裕说建曰:"(公)宜遣使奉表天子,杖大义以行师,蔑不济矣。"部将綦毋谏复说建养士爱民以观天下之变。建(章:

·欧·亚·历·史·文·化·文·库·

十二行本"建"下有"皆"字;乙十一行本同;孔本同)从之。庠、虔裕、谏,皆许州人也。

《通鉴》卷257"僖宗光启三年"略云:

> [十一月,闰月]陈敬瑄恶顾彦朗与王建相亲,恐其合兵图己,谋于田令孜,令孜曰:"建,吾子也,今折简召之,可致麾下。"乃遣使以书召之,建大喜,乃留其家于梓州,帅麾下精兵二千,与从子宗锷、假子宗瑶、宗弼、宗侃、宗弁俱西。宗瑶,燕人姜郅;宗弼,许人魏弘夫;宗侃,许人田师侃;宗弁,鹿弁也。

《旧唐书·五代史》谓王建为陈州人,《新唐书·五代史》谓王建为许州人,陈州、许州之不同可不辨,王建乃疑为敕勒族类忠武黄头军所在之陈许人,故王建为忠武黄头军卒,后又迁为队将,可疑为敕勒族类也。

王建为八都都将之一的忠武军乃杨复光所建立,战败朱温,克邓州,有战功,上引《通鉴》记载详确。八都都将之一庞从应即中和三年四月八日随李克用收复京师之忠武军将领也。

据《通鉴》卷256记载,光启三年时,王建由利州进占阆州,可注意者二:一为其部将谋士多为许州人,如周庠、张虔裕、綦毋谏、魏弘夫、田师侃等,可见王建的基本军事力量之一仍为出自许州之忠武黄头军也。他西向成都所率精兵二千多亦必出于陈许黄头军也。二为王建招募溪洞酋豪。按《通典》卷175《州郡五》"古梁州(上)"略云:

> 梁州当夏殷之间为蛮夷之国,所谓巴、賨、彭、濮之人也。
>
> 阆中(阆)九县。

《太平环宇记》卷86《剑南东道五》云:

> 阆州
>
> 阆中县
>
> 阆中,亦曰阆江,亦曰渝水。按谯周《三巴记》云:"阆中有渝水,賨民锐气喜舞,故高祖乐其猛锐,数观其舞,使乐人习之。故乐府中有巴渝舞,即名因斯地始。"

"溪洞酋豪"应即巴、賨、彭、濮之人。賨民锐气,其舞亦猛锐,盖皆勇猛善战之人也。此为王建的基本军事力量之二。出于陈许疑为敕勒回纥族类的黄头军和阆中地区溪洞酋豪即巴、賨、彭、濮之人为前蜀建国的基本军事力量。本文论述唐末西川黄头军,涉及忠武八都之一即王建所率之黄头军,附带述及前蜀建国,稍有枝蔓,读者谅之。

以上两部分:①李光颜任忠武节度使期间的忠武黄头军;②唐平黄巢期间的忠武黄头军,均据先生的《札记》,参证有关史籍,对先生的批语,谨加疏证。先生的有关黄头军的《札记》不在上述两部分之内者,谨亦疏证如下。

11.1.3　陇州黄头军

(1)《新唐书》卷64《方镇表》"兴凤陇栏大中五年"条云:

> 罢领陇州,以陇州置防御使,领黄头军使。

永兴谨按:先生之引文及识语见《札记·新唐书之部》第20页。先生批语谓:黄头军,应参看《旧唐书·僖宗纪》所载杨复光收复京城露布中之忠武黄头军使庞从等三十二都。

(2)《新唐书》卷216(下)《吐蕃传》略云:

> [贞元]三年,是岁,三州不宿麦。虏数千骑犯长武城,城使韩全义拒之。韩游瑰兵不出,于是虏安行邠、泾间,诸屯西门皆闭,虏治故原州保之。四年五月,虏三万骑略泾、邠、宁、庆、鄜五州之鄙,焚吏舍民闾,系执数万。韩全义以陈许兵战长武,无功。

永兴谨按:先生之引文及识语见《札记·新唐书之部》第150~151页。先生批语指出,据《新唐书》卷37《地理志》关内道京畿采访使管内之邠州宜禄县有长武城(永兴按:据《元和郡县图志》卷3《关内道》"邠州"条,长武城在邠州宜禄县五十里)。上引《新唐书·方镇表》载大中五年以陇州置防御使(永兴按:据谭其骧主编《中国历史地图集》第五册唐京畿道关内道图,陇州在邠州之西,相距不远),领黄头军,黄头军出自陈许,则大中五年陇州防御使可能与前此贞元四年韩全义所领之陈许兵有关。

按《旧唐书》卷196(下)《吐蕃传》略云:

> [贞元]四年五月,吐蕃三万余骑犯塞,陈许行营将韩全义自长武城率众抗之,无功而还。

与《新唐书·吐蕃传》所云"韩全义以陈许兵战长武，无功"相同。《旧唐书》卷13《德宗纪》"贞元四年"略云：

> 秋七月庚戌，以陈许防御兵马使韩全义检校工部尚书，充长武城及诸军行营节度使。

据此，《通鉴》之"陈许兵马使"即《旧唐书·德宗纪》之"陈许防御兵马使"也。盖韩全义率陈许兵至邠州防秋，故曰行营将，与吐蕃战于长武城，后又擢为长武城行营节度使，仍统帅陈许兵，屯驻长武城。《旧唐书·德宗纪》作"诸军行营"恐不确，当时并无诸军屯驻长武城也。

唐后期，方镇兵赴西北边防防秋虽为番代制，但就一个节镇之兵而言，经常有屯驻西北边防者，陈许防秋兵屯驻邠州长武城，至大中五年时可能仍是如此。陇州距邠州长武城不远，则《新唐书·方镇表》所载大中五年陇州防御使所领黄头军可能为忠武黄头军屯驻长武城之防秋兵也（永兴按：即贞元年间驻长武城陈许兵之子弟，唐后期方镇兵多为父死子继，陈许兵为胡人，更是如此）。除了这一可能外，还有另一个可能，即李光颜任邠宁节度使从陈许带去的黄头军，按《旧唐书》卷161《李光颜传》略云：

> [元和]十四年，西蕃入寇，移授邠宁节度使，仍许以陈许六千人随赴邠宁。

《旧唐书》卷16《穆宗纪》"长庆元年三月"略云：

> [癸丑]以邠宁节度使李光颜为凤翔尹，充凤翔陇右节度使。

李光颜从邠宁移镇凤翔，六千忠武黄头军可能部分留驻邠宁，忠武兵善战，邠州长武城为边防战略要地也。大中五年陇州防御使所领黄头军可能为长庆初留驻的黄头军的后裔，这更是推测，史料不足，不能确说。

11.1.4 赵犨守陈州及忠武军功业

最后，简述赵犨守陈州事。赵犨属忠武军，守陈州对抗黄巢军。兹据有关史料简述如下。

《新五代史》卷42《杂传·赵犨传》略云：

> 赵犨，其先青州人也。世为陈州牙将。犨累迁忠武军马步都

虞候。王仙芝寇河南,陷汝州,将犯东都,犨引兵击败之。已而黄巢起,所在州县,往往陷贼。陈州豪杰数百人,相与诣忠武军,求得犨为刺史以自保,忠武军表犨陈州刺史。已而巢陷长安,犨语诸将吏曰:"以吾计,巢若不为长安市人所诛,必驱其众东走,吾州适当其冲矣!"乃治城池为守备。

既而秦宗权以蔡州附巢,巢势甚盛,乃悉众围犨。围凡三百日,犨食将尽,乃乞兵于梁。梁太祖与李克用皆自将会陈,巢乃解围去。

永兴谨按:《新唐书》卷189《赵犨传》云:

赵犨,陈州宛丘人,世为忠武军牙将。

《旧唐书·五代史》卷14《赵犨传》云:

赵犨,其先天水人,代为忠武军牙将。

按《新唐书·赵犨传》所云"陈州宛丘"乃赵犨现居地;《旧唐书·五代史》所云"天水"乃赵犨伪托郡望也。欧阳永叔有深识,故上引《新唐书·五代史》云:"(赵犨)其先青州人也。"不仅为历史真实,亦给治史者以线索,借以认识唐代晚期地方节镇中多有胡人也。据寅恪先生下列三条札记进行研究,可知赵犨之家世。兹阐述于下。

(1)《新唐书》卷64《方镇表》序略云:

方镇之患,始也各专其地以自世,又其甚则起而弱王室。唐自中世以后,收功戡乱,虽常倚镇兵,而其亡也亦终以此,可不戒哉!

永兴谨按:先生之引文及识语见《札记·新唐书之部》第20页。先生对唐代后期之方镇有真了解,故指出欧阳永叔所言"常倚镇兵",多为胡人也。

(2)《新唐书》卷172《王智兴传》略云:

王智兴字匡谏,怀州温人,少骁锐,为徐州牙兵,事刺史李洧。洧弃李纳,挈州自归。纳怒,急攻洧。智兴能驶步,奉表不数日至京师告急,德宗出朔方军五千击纳,解去。自是为徐特将。李同捷以沧德叛,智兴请悉师三万赍五月粮讨贼。既战,降其将十辈,锐士三千,遂拔棣州。入朝,燕麟德殿,赐予备厚。册拜太傅,封雁门郡王,进兼侍中。改忠武、河中、宣武三节度。卒,年七十九,赠太尉。

永兴谨按:先生之引文及识语见《札记·新唐书之部》第 112 页。先生批语谓应参阅《新唐书·石雄传》,并应注意王智兴为徐州牙将之记载。先生又谓《新唐书·宰相世系表》载王智兴家平州,随侯希逸南徙。据此,先生疑王智兴为胡人。先生又指示,与《石雄传》并观,徐州牙军乃应重视加以研究之问题也。

永兴谨按:遵师教,检视《新唐书》卷75(下)《宰相世系表》,表云:

> 太原王氏,世居祁县,后徙平州,至绪,从侯希逸南迁,遂居河内温县。

按:"太原王氏,世居祁县",乃胡族伪托汉族郡望;后徙平州并从侯希逸南迁,则王智兴家族乃平卢节度下之平州胡族"城傍",观《旧唐书》卷124《侯希逸传》及《旧唐书》卷 39《地理志》"河北道燕州"以下十七州之内属蕃族可知也。

据上引王智兴之事例,颇疑赵犨之为青州人,乃其祖先从侯希逸自平卢南迁青州,其祖先应为平州城傍或幽州城傍,即蕃族内附者。欧阳永叔谓赵犨其先青州人,也可能在万岁通天元年安置在青州的营州城傍,神龙时并未北返幽州。按《旧唐书》卷 39《地理志》"河北道"略云:

> 慎州　武德初置,隶营州,领涑沫靺鞨乌素固部落。万岁通天二年(永兴按:应为万岁通天元年),移于淄、青州安置。神龙初,复旧,隶幽州。

> 师州　贞观三年置,领契丹室韦部落,隶营州都督。万岁通天元年,迁于青州安置。神龙初,改隶幽州都督。

> 鲜州　武德五年,分饶乐郡都督府奚结部落置,隶营州都督。万岁通天元年,迁于青州安置。神龙初,改隶幽州。

此外尚有带州、昌州、信州,与上列三州的情况相同。这些迁于青州后未北返的各种蕃族,赵犨的先人即在其中,推测如此,俟详考。

据《五代史·赵犨传》,黄巢围攻陈州三百日,消耗军力严重,乃最后败亡的重要原因之一,亦为忠武黄头军击败黄巢军之战役之一。《新唐书》卷189《赵犨传》、《旧五代史》卷14《赵犨传》、《新五代史》卷42《赵犨传》及《通鉴》均有记载。在时间上,《通鉴》的记载明确,兹移录《通鉴》之文如下:

《通鉴》卷255"僖宗中和三年"略云:

> 初,巢在长安,陈州刺史宛丘赵犨谓将佐曰:"巢不死长安,必东走,陈其冲也,且巢素与忠武为仇(巢自初起,与宋威、张自勉等累战,皆忠武兵也),不可不为之备。"乃完城堑,缮甲兵,积刍粟。孟楷既下蔡州,移兵击陈。犨袭击之,杀获殆尽,生擒楷,斩之。巢闻楷死,惊恐,六月,与秦宗权合兵围陈州,掘堑五重,百道攻之。陈人大恐,犨谕之曰:"忠武素著义勇,陈州号为劲兵,况吾家久食陈禄,誓与此州存亡。"

同书"中和四年"略云:

> 黄巢围陈州几三百日,赵犨兄弟与之大小数百战,虽兵食将尽,而众心益固。李克用会许、汴、徐、兖之军于陈州;时尚让屯太康,夏四月癸巳,诸军进拔太康。黄思邺屯西华,诸军复攻之,思邺走。黄巢闻之惧,退军故阳里,陈州围始解。

据上引可以看到,黄巢围陈州三百日,大小数十战,终于败退,消耗兵力极大。一个月后,军溃于中牟北王满渡,残兵千人东走,最后败亡,与围陈州兵力大为削弱有关。在全部的平黄巢战争中,忠武黄头军之功仅次于李克用率领的鞑靼军及沙陀军,陈州之战乃忠武军战功之一也。

(3)杜少陵《洗兵马》(收京后作)云:

> 中兴诸将收山东,捷书夜报清昼同。河广传闻一苇过,胡危命在破竹中。只残邺城不日得,独任朔方无限功。

寅恪先生在《书杜少陵哀王孙诗后》(《金明馆丛稿二编》)云:

> 肃宗遂专倚朔方军戡定大难,收复两京,唐室因得延续百五十年之祚而后亡。故朔方军为唐室中兴之关键。

此文疏证寅恪先生关于忠武黄头军之札记,申述忠武军之功绩,似可与朔方军媲美。平淮蔡乃元和中兴之大事,忠武黄头军为首功;平黄巢乃唐祚得以存在并延续二十年的关键,忠武黄头军之功仅次于李克用所率领之鞑靼军及沙陀军。在唐代三百年的历史中,前有朔方,后有忠武,可相提并论也。

其次,朔方军为以敕勒诸部族为主力的部队,忠武军亦为以敕勒族类以及沙陀部族、东北诸蕃族为主的部队,二者大致相同。敕勒诸部族和其他蕃族在唐代军事史上占有颇为重要的地位。疏证寅恪先生关于忠武黄头军之札记毕,谨附及之。

11.2　有关收复河湟札记疏证

唐天宝十四载十一月,安禄山兴兵叛乱,不久两京失陷,驻守西北边防的大批军队东调,吐蕃乘机侵占唐河湟广大地区。安史之乱平定后,收复河湟地区成为唐朝野有识之士最关心之事。政府虽在军力财力上有所准备,但收复河湟的意志不坚强,干扰亦颇多。寅恪先生颇注意唐后期这一重大问题,撰札记多条,具有卓识。我谨选出四条,加以疏证。

11.2.1　《旧唐书》卷 118《元载传》(《新唐书》卷 145《元载传》略同)略云:

> 节度寄理于泾州(永兴按:《新唐书·元载传》云:"初,四镇北庭行营节度使寄治泾州。"中华书局点校本《旧唐书》此处亦有校勘记)。大历八年,蕃戎入邠宁之后,朝议以为三辅已西,无襟带之固,而泾州散地,不足为守。载尝为西州刺史,知河西、陇右之要害,指画于上前曰:"今国家西境极于潘原,吐蕃防戍在摧沙堡,而原州界其间。原州当西塞之口,接陇山之固,草肥水甘,旧垒存焉。吐蕃比毁其垣墉,弃之不居。其西则监牧故地,皆有长濠巨堑,重复深固。原州虽早霜,黍稷不艺,而有平凉附其东,独耕一县,可以足食。请移京西军戍原州,乘间筑之,贮粟一年。戎人夏牧多在青海,羽书覆至,已逾月矣。今运筑并作,不二旬可毕。移(郭)子仪大军居泾,以为根本,分兵守石门、木峡、陇山之关。北抵于河,皆

连山峻岭，寇不可越。稍置鸣沙县、丰安军为之羽翼，北带灵武五城为之形势。然后举陇右之地以至安西，是谓断西戎之胫，朝廷可高枕矣。"兼图其地形以献。载密使人逾陇山，入原州，量井泉，计徒庸，车乘畚锸之器皆具。检校左仆射田神功沮之曰："夫兴师料敌，老将所难。陛下信一书生言，举国从之，听误矣。"上迟疑不决，会载得罪乃止（永兴按：《新唐书·元载传》无最末六字）。代宗宽仁明恕，审其所由，凡累年，载长恶不悛，众怒上闻。

永兴谨按：先生之引文及识语见《札记·旧唐书之部》第94～95页。在先生识语中，首先指出杜牧之《河湟》诗所谓"元载相公曾借箸"（借箸，用古典，见《汉书·张良传》所载"良曰：'臣请借前箸以筹之。'"）者，即上引《元载传》所记"载尝为西州刺史，知河西、陇右之要害，指画于上前"。杜牧诗见《樊川集》卷2。

其次，上引《元载传》"知河西、陇右之要害"，《通鉴》卷224"大历八年"条作"知河西、陇右山川形势"。元载上言具体分析河西、陇右山川形势及其要害之处，为收复河湟军事行动之准备计划。在识语中，先生为元载上言中所记述之地理形势作疏证。元载分析地理形势之要害为原州，其次为泾州，故先生指出，应参证《元和郡县图志》卷三关内道泾原节度使所辖泾、原二州。原州之重要，元载上言中已简略述及，兹补充言之。

元载上言云："原州当西塞之口，接陇山之固。"按"西塞之口"即国家极西边塞之通道，其重要可知。

"接陇山之固"，按《元和郡县图志》卷2《关内道》云：

> 陇州　汧阳
>
> 汧源县：
>
> 陇山，在县西六十二里。

《通典》卷172《州郡三》"古雍州"略云：

> 陇州（今理汧源县）：
>
> 汧源（陇山一曰陇坻）。

《新唐书》卷37《地理志》"关内道"略云：

陇州汧阳郡:

汧源:西有安戎关,在陇山。

《太平环宇记》卷32《关西道》略云:

陇州(汧阳郡,今理汧源县)。

北至泾州一百六十五里,西北至原州界一百八十里。

汧源县:

陇山,在县西六十二里。《说文》:"陇山,天水大坂也。"《辛氏三秦记》引俗歌云:"陇头流水,鸣声幽咽,遥望秦川,肝肠断绝。"又云:"震关遥望,秦川如带。"郦道元注《水经》云:"一水出汧县西山,谓之小陇山,岩嶂高峻,不通轨辙。故张衡《四愁诗》云:'我所思兮在汉阳,欲往从之陇坂长。'《三秦记》:'陇坂,谓西关也。其坂九回,不知高几许。'"

《新唐书·地理志》、《通典》、《元和郡县图志》均记载陇山在陇州汧源县;《元和志》并谓在县西六十二里。《太平环宇记》记述陇山甚详,在汧源县西六十二里。据《三秦记》,陇坂九回,其长可知;大坂绵延,可推知至原州境内,岩障高峻,其固亦可知,故元载上言谓原州"接陇山之固"。

元载上言谓"今国家西境极于潘原",按《元和郡县图志》卷3《关内道》略云:

泾州(安定):

潘原县,(东至州一百里。)属安定郡,在今邠州宜禄县西二十三里阴盘故城是也。地有阴槃驿。

《通典》卷173《州郡三》"古雍州"略云:

安定郡　泾州

阴盘,汉阳县,天宝初,改为潘原。

《新唐书》卷37《地理志》"关内道"略云:

泾州保定郡,上。本定安郡,至德元载更名。

潘原(中,本阴盘,天宝元年更名,后省为彰信堡,贞元十一年复置)。

462

《旧唐书》卷38《地理志》"关内道"略云：

> 泾州，上。隋安定郡。

> 潘原，隋阴盘县。天宝元年，改为潘原，县界有潘原废县。

上列四书所言大致相同，即潘原县原为阴盘县，天宝元年改名潘原。《唐会要》卷70《州县改置（上）》"关内道泾州"条亦为"阴盘县，改潘原"，唯无时间。《旧唐书·地理志》"县界有潘原废县"与他书异，亦难考订。中华书局校点本《旧唐书·地理志》"关内道泾州潘"原条下有校勘记云：

> 潘原，隋阴盘县。天宝元年，改为潘原，县界有潘原废县 　第一个"潘原"二字各本原无，"隋……废县"十九字各本在上文良原下。按《元和志》卷三，《寰宇记》卷一五一，良原、潘原各为一县，上文良原下脱去沿革，此处"隋"上又脱"潘原"二字，据补"潘原"二字。

永兴按：《元和郡县图志》、《通典》，泾州均有良原县，沿革亦大致相同，应不误。校勘记所列《旧唐书》各本良原县下之"隋……废县"十九字之沿革，恐误，俟考。元载言："国家西境极于潘原"，据上引《元和郡县图志》，潘原东至泾州一百里，泾州东南至上都四百八十里，自首都长安至西境不足六百里，西境之外为吐蕃占领地区。吐蕃之快速骑兵进犯长安不过二、三日行程，则收复河湟不只是雪旧耻复故疆，亦为当时保卫长安及关内地区之安全也。关于灵武五城，先生识语中已详言之。

11.2.2 《旧唐书》卷129《韩滉传》（《新唐书》卷126《韩休传》附《韩滉传》略同）云：

> 数月，拜苏州刺史，浙江东西都团练观察使。寻加检校礼部尚书、兼御史大夫，润州刺史、镇海军节度使（据吴廷燮《唐方镇年表》，为建中二年）。

> 时［贞元初］两河罢兵，中土宁乂，滉上言："吐蕃盗有河湟，为日已久。大历已前，中国多难，所以肆其侵轶。臣闻其近岁已来，兵众浸弱，西迫大食之强，北病回纥之众，东有南诏之防，计其分镇之外，战兵在河陇五、六万而已。国家第令三数良将，长驱十万众，

于凉、鄯、洮、渭并修坚城,各置二万人,足当守御之要。臣请以当道所贮蓄财赋为馈运之资,以充三年之费。然后营田积粟,且耕且战,收复河、陇二十余州,可翘足而待也。"上纳其言。滉贞元三年二月,以疾薨,遂寝其事。

永兴谨按:先生之引文及识语见《札记·旧唐书之部》第 114 页。在识语中,先生指出,研究《韩滉传》所载滉上言收复河湟事,上言中特别述及吐蕃浸弱及其西、北、东三面之不利形势;《新唐书》中的《吐蕃传》、《南诏传》、《韦皋传》乃第一等史料。此外,应参证《旧唐书·李晟传》附《李愬传》及白香山《西凉伎》的诗篇。先生还指出《新唐书·钱徽传》中所载宪宗内积财事。以下据先生教诲,引用史料,研讨问题。

《新唐书》卷 177《钱徽传》云:

> 宪宗尝独召徽,从容言它学士皆高选,宜预闻机密,广参决,帝称其长者。是时,内积财,图复河湟,然禁无名贡献,而至者不甚却。徽恳谏罢之。帝密戒后有献毋入右银台门,以避学士。

先生指出钱徽传宪宗内积财事,可见先生读史所注意之处,亦即如何读书。宪宗不甚却无名贡献,盖欲有所为也。

引文:"吐蕃盗有河湟,为日已久",据《旧唐书·韩滉传》:"贞元元年七月,拜检校左仆射、同平章事,使并如故。二年春,特封晋国公。其年十一月,来朝京师。"韩滉上言在贞元二年(786 年)即在至德二载(757 年)之后,河陇诸州陆续陷于吐蕃,其间约三十年,故曰"为日已久"也。

引文:"西迫大食之强",按《旧唐书》卷 198《西戎传·大食传》云:

> 贞元中,与吐蕃为勍敌。蕃军太半西御大食,故鲜为边患,其力不足也。

《新唐书》卷 221(下)《西域(下)·大食传》云:

> 贞元时,与吐蕃相攻,吐蕃岁西师,故鲜盗边。

永兴按:《唐会要》卷 100《大食》与上引《旧传》同,唯作贞元二年。此时,吐蕃以其重要军力西御大食,占领河湟的兵力大为削弱,故唐有识之士如韩滉、李泌等均有收复河湟之计议。

引文："北病回纥之众"，按《旧唐书》卷197《南诏传》云：

> 初，吐蕃因争北庭，与回鹘大战，死伤颇众。

按，《新唐书》卷217(上)《回鹘传》亦云："是岁（约为贞元初年），回鹘击吐蕃、葛禄于北庭，胜之，且献俘。"贞元初，回纥已不强大，但仍能牵制吐蕃北进的部分兵力。争夺北庭之战即是一例。

引文："东有南诏之防"，按《新唐书》卷158《韦皋传》略云：

> 贞元初，代张延赏为剑南西川节度使。初，云南蛮羁附吐蕃，其盗塞必以蛮为乡导。皋计得云南则斩房右支，乃间使招徕之，稍稍通西南夷。又明年，云南款边求内属，约东蛮鬼主骠傍、苴梦冲等绝吐蕃盟。五年，东蛮断泸水桥攻吐蕃，请皋济师。皋遣精卒二，与蛮共破吐蕃于台登，杀青海大酋乞藏遮遮、腊城酋悉多杨朱及论东柴等，房坠死崖谷不可计，多获牛马铠装。遮遮，尚结赞之子，房贵将悍雄者也。既败，酋长百余行哭随之。

永兴按：泸水桥及台登在南诏东北部，近西川，于吐蕃均为东防也。贞元五年的一次战役，吐蕃损兵折将如此惨重，其国力军力之削弱亦可推知。这次战役是吐蕃"东有南诏之防"的军事政治形势的表现。这一形势非始于贞元五年，贞元初年即已存在。异牟寻即王位后，南诏逐渐强大，"然吐蕃责赋重数，悉夺其险立营候，岁索兵助防，异牟寻稍苦之"（见《新唐书》卷222(上)《南诏传》）。南诏脱离吐蕃的控制，吐蕃分兵东防，乃必然出现的形势。韩滉上言所云吐蕃"东有南诏之防"，即就形势而言。至于"西迫大食之强"、"北病回纥之众"，亦就形势而言。

韩滉上言中之"（吐蕃）西迫大食之强，北病回纥之众，东有南诏之防"这一军事政治形势，乃韩滉、李泌联合回纥、南诏、大食以包围吐蕃因而收复河湟的计划所由产生的客观条件。联合南诏是这一计划的重点，请读先生下列札记。

11.2.3 《新唐书》卷222(上)《南诏传上》略云：

> 异牟寻立，悉众二十万入寇，与吐蕃并力。令其下曰："为我取蜀为东府，工伎悉送逻娑城，岁赋一缣。"于是进陷城聚，人率走

山。德宗发禁卫及幽州军以援东川,与山南兵合,大败异牟寻众。异牟寻惧,更徙苴咩城,筑袤十五里,吐蕃封为日东王。然吐蕃责赋重数,悉夺其险立营候,岁索兵助防,异牟寻稍苦之。故西泸令郑回者,唐官也,往嶲州破,为所虏。说异牟寻曰:"中国有礼义,少求责,非若吐蕃惏刻无极也。今弃之复归唐,无远戍劳,利莫大此。"异牟寻善之,稍谋内附,然未敢发。亦会节度使韦皋抚诸蛮有威惠,诸蛮颇得异牟寻语,白于皋,时贞元四年也。皋乃遣谍者遗书,吐蕃疑之,因责大臣子为质,异牟寻愈怨。后五年,乃决策遣使者三人异道同趣成都,遗皋帛书曰:异牟寻愿竭诚日新,归款天子。请加戍剑南、西山、泾、原等州,安西镇守,扬兵四临。委回鹘诸国,所在侵掠,使吐蕃势分力散,不能为强。此西南隅不烦天兵,可以立功云。

永兴谨按:先生之引文及识语见《札记·新唐书之部》第 158 页。先生在《新书·南诏传》后之识语曰:"此与韩滉、李泌计合。"又按:李泌之计,详见于《通鉴》,司马温公采自李繁《邺侯家传》。《通鉴》卷 232 "德宗贞元三年 8 月"条载李泌对德宗言联合回纥、南诏、大食以包围吐蕃之计划,兹略引其文如下:

> 对曰:"臣愿陛下北和回纥,南通云南,西结大食、天竺,如此,则吐蕃自困。"

> 上曰:"回纥则既和矣,所以召云南、大食、天竺奈何?"对曰:"回纥和,则吐蕃已不敢轻犯塞矣。次招云南,则是断吐蕃之右臂也。云南自汉以来臣属中国,杨国忠无故扰之使叛,臣于吐蕃,苦于吐蕃赋役重,未尝一日不思复为唐臣也。大食在西域为最强,自葱岭尽西海,地几半天下,与天竺皆慕中国,代与吐蕃为仇,臣故知其可招也。"

先生识语:"此与韩滉、李泌计合。"李泌之计如上述。简言之,即唐联合南诏、大食、回纥以包围吐蕃也。韩滉之计亦如此。

韩滉、李泌联合南诏之计,由于韦皋之经营,可谓行之并取得成功;但唐并未能收复河湟,其故何在? 在以下札记中,先生简要论之。

11.2.4 《旧唐书》卷129《韩滉传》(《新唐书》126《韩休传》附《韩滉传》略同)略云：

> 滉之入朝也，路由汴州，厚结刘玄佐，将荐其可任边事。玄佐纳其赂，因许之。及来觐，上访问焉，被颇禀命，及滉以疾归第，玄佐意怠，遂辞边任，盛陈犬戎未衰，不可轻进。滉贞元三年二月，以疾薨，遂寝其事。滉，宰相子，幼有美名。然以前辈早达，稍薄后进。晚岁至京师，丞郎卿佐，接之颇倨，众不能平。其在浙右也，政令明察，末年伤于严急。虽令行禁止，而冤滥相寻。议者以滉统制一方，颇著勤绩，自幼立名贞廉，晚途政甚苛惨。身未达则饰情以进，得其志则本质遂彰。

永兴谨按：先生之引文及识语见《札记·旧唐书之部》第114～117页。先生识语千余字，可分为两部分。

(1)广搜群籍：如《旧唐书》卷145《刘玄佐传》、《旧唐书》卷12《德宗纪(上)》、《旧唐书》卷13《德宗纪(下)》、《新唐书》卷126《韩滉传》、《新唐书》卷214《藩镇传·刘玄佐传》、《旧唐书》卷152《刘昌传》、《新唐书》卷170《刘昌传》、《新唐书》卷37《地理志》、《元稹集》卷30《海侄等书》、《白居易集》卷4《西凉伎》、《元稹集》卷24《西凉伎》、《元稹集》卷58《夏阳县令陆翰妻元氏墓志铭》、《新唐书》卷73(下)《宰相世系表》、《旧唐书》卷133《李晟传》附《李愬传》，共史籍文献十四种。在《杨树达论语疏证序》(见《金明馆丛稿二编》)中，寅恪先生谓"(树达)先生治经之法，殆与宋贤治史之法冥会"，又云：

> 既广搜群籍，以参证圣言，其言之矛盾疑滞者，若不考订解释，折衷一是，则圣人之言行，终不可明矣。

据此，广搜群籍乃宋贤治史之法也，寅恪先生继承并发展之。

(2)识语之大概，即有关唐未能收复河湟的经过及论证。

札记识语中先生的论述可概括为：刘玄佐入朝，韩滉荐其可任边事，因而任玄佐为泾原四镇北庭等道兵马副元帅，即恢复河湟行军之最高统帅也。会韩滉病甚，刘玄佐虑当权者张延赏在军费、军粮上的不支持，因称疾不行。朝廷不得已任玄佐部下大将刘昌率宣武军八千人，为泾州刺史,四镇北庭行军泾原等州节度使,代替刘玄佐。刘昌率军北出五原,军中"有沮却之事,虽勉强成行,其将士之无心规复旧疆可以见矣"(用先生识语)。刘昌在西边十五年,毫无拓土复境之功,德宗一朝收复河湟只是有识之士的议论与感叹而已。守边将士无拓土复境之心,白居易、元稹诗中亦有反映。《白居易集》卷4《西凉伎》略云:

> 自从天宝兵戈起,犬戎日夜吞西鄙。凉州陷来四十年,河陇侵将七千里。平时安西万里疆,今日边防在凤翔。缘边空屯十万卒,饱食温衣闲过日。遗民肠断在凉州,将卒相看无意收;天子每思常痛惜,将军欲说合惭羞。

《元稹集》卷24《乐府·西凉伎》亦有"连城边将但高会"之句。夫关陇以及西域四镇之地,乃贞观天子经营及开疆拓土肇其端,开元皇帝继承张大之结果也。一朝失之终不能收复,千载后读史读诗亦不能不为之长叹息。

先生识语中亦论及宪宗欲收复河湟,识语之末云:"参考本书一三三《李晟传》附子愬传。"永兴谨按:《旧唐书·李愬传》云:

> 宪宗有意复陇右故地,元和十三年五月,授愬凤翔陇右节度使,仍诏路由阙下。

又按:在《元白诗笺证稿》第五章《新乐府》,寅恪先生笺证《西凉伎》,曾论及李绛论事集中有关宪宗欲收复河湟条事。

《李相国论事集》卷4《论内库钱帛》略云:

> 学士李绛尝从容谏[上聚财],上(宪宗)喟然曰:又河湟郡县没于蕃丑,列置烽堠,逼近郊圻。朕方练智勇之将,刷祖宗之耻。故所用不征于人,储蓄之由,盖因于此。朕所以身衣瀚濯,不妄破用,亲戚赐用,才表诚意而已。

上文引《新唐书》卷177《钱徽传》亦有宪宗"内积财,图复河湟"句。此三条史料均为杜牧之《河湟》诗"宪宗皇帝亦留神"之史实。

上文引《札记》第4之先生识语中,引史籍文献十四种,每一种史籍文献直接或间接与唐欲收复河湟有关之记载,均一一移录,短为十数字,长至数十字。此为先生识语的特点,乃先生治史方法之一表现。

先生列举十四种史料,即广搜群籍。凡与唐欲收复河湟有关之史事诗文,均汇集之;刘昌军出五原有沮却之事,先生则解释为"其将士之无心规复旧疆可以见矣"。刘昌在西边十五年,其政绩仅为"强本节用,军储丰羡",先生推论"则其无拓土复境之功可知矣",先生引白居易、元稹《西凉伎》言"贞元边将"及"连城边将但高会",责备"边镇将领终无经略旧疆之志意"(用先生在《元白诗笺证稿》第五章笺证《西凉伎》一诗中语)。凡此以及考证原州治所、刘昌卒年等均为考订解释,并得出结论。据此,先生所用者亦司马君实、李仁甫长编考异之法。先生既盛赞杨树达先生以宋贤治史之法治经,先生为治史者,焉能不用宋贤治史之法治史,此为事理之常,不待赘述。

寅恪先生在《札记》第4之长篇识语,约略相当司马君实《答范梦得》中所说的丛目,部分则相当于考异,实为修长编以及定稿之准备。如以《唐代政治史述论稿》第133页至139页论唐与吐蕃之关系与《札记》第4识语并观,则后者为长编考异治史方法中之丛目、考异,即撰著准备之大部分,而前者为定稿。其间增删考则为类似修长编考异也。

收复河湟乃唐代后期国家的头等大事,唐人诗文中多有论及者。寅恪先生在《唐代政治史述论稿》下篇有甚长篇幅论述,在《陈寅恪读书札记》中,有关于收复河湟的札记多条,盖先生之史学以民族国家为归宿,此亦渊源于宋贤史学也。

主要参考文献

［唐］魏征,令狐德棻.隋书［M］.北京:中华书局,1982.

［唐］李延寿.北史［M］.北京:中华书局,1983.

［后晋］刘昫等.旧唐书［M］.北京:中华书局,1975.

［宋］欧阳修,宋祁.新唐书［M］.北京:中华书局,1975.

［宋］薛居正,等.旧五代史［M］.北京:中华书局,1987.

［宋］欧阳修（撰）,徐无党（注）.新五代史［M］.北京:中华书局,1992.

［宋］司马光（编著）,胡三省（音注）.资治通鉴.北京:中华书局,1976.

［唐］李林甫,等（撰）,陈仲夫（点校）.唐六典［M］.北京:中华书局,1992.

［宋］王溥.唐会要［M］.北京:中华书局,1955.

［唐］杜佑（撰）,王文锦,等（点校）.通典［M］.北京:中华书局,1988.

［宋］王钦若,等（编）.册府元龟［M］.北京:中华书局影印,1982.

［唐］李泰,等（撰）,贺次君（辑校）.括地志辑校［M］.北京:中华书局,1980.

［唐］李吉甫（撰）,贺次君（点校）.元和郡县图志［M］.北京:中华书局,1983.

［宋］乐史.太平寰宇记［M］.文渊阁四库全书本。

嘉庆重修一统志［M］.北京:中华书局影印,1986.

［清］顾祖禹.读史方舆纪要［M］.上海:上海书店出版社,1998.

［清］徐松（撰）,张穆（校补）,方严（点校）.唐两京城坊考［M］.北京:中华书局,1985.

中国历史地图集（第5册）［M］.北京:中华地图学社,1975.

［唐］长孙无忌等（撰），刘文俊（点校）．唐律疏议［M］．北京：中华书局，1983．

［宋］窦仪，等（撰），吴翊如（点校）．宋刑统［M］．北京：中华书局，1984．

［宋］李昉，等．太平御览［M］．北京：中华书局影印，1985．

［宋］宋敏求．唐大诏令集［M］．北京：商务印书馆，1959．

［宋］李昉，等．文苑英华［M］．北京：中华书局，1982．

［宋］姚铉．唐文粹［M］．杭州：浙江人民出版社影印，1986．

［唐］许敬宗．文馆词林［M］．适园丛书本．

［清］董浩，等．全唐文［M］．北京：中华书局影印，1983．

［清］彭定求，等．全唐诗［M］．北京：中华书局，1985．

［唐］张九龄．曲江集［M］．四部丛刊本．

［唐］陆贽．陆宣公集［M］．杭州：浙江古籍出版社，1988．

［唐］白居易（撰），顾学颉（校点）．白居易集［M］．北京：中华书局，1979．

［唐］元稹（撰），冀勤（点校）．元稹集［M］．北京：中华书局，1982．

［唐］杜牧（撰），陈允吉（校点）．樊川文集［M］．上海：上海古籍出版社，1978．

［唐］崔致远．桂苑笔耕集［M］．丛书集成初编本．

［唐］李商隐．樊南文集［M］．上海：上海古籍出版社，1988．

［唐］岑参（撰），陈铁民，侯忠义（校注）．岑参集校注［M］．上海：上海古籍出版社，1981年

［唐］岑参（撰），刘开扬（笺注），岑参诗集编年笺注［M］．成都：巴蜀书社，1995．

［唐］颜真卿．颜鲁公集［M］．四部丛刊本．

［唐］陈子昂（撰），徐鹏（校）．陈子昂集［M］．北京：中华书局，1960．

［唐］李绛．李相国论事集［M］．四库全书本．

［唐］杜甫（撰），［清］仇兆鳌（注）．杜诗详注［M］．中华书

局,1979.

[唐]杜甫(撰),[清]钱谦益(笺注).钱注杜诗[M].上海:上海古籍出版社,1979.

[唐]张说.张说之文集[M].四部丛刊本。

[唐]陈允吉校点.樊川文集[M].上海:上海古籍出版社,1978.

[唐]韦庄(撰),向迪宗(校订).韦庄集[M].北京:人民文学出版社,1958.

[唐]王梵志(撰),项楚(校注).王梵志诗校注[M].上海:上海古籍出版社,1991.

[宋]司马光.司文正公传家集[M].万有文库本.

[唐]吴兢.贞观政要[M].上海:上海古籍出版社,1984.

[唐]李肇.唐国史补[M];[唐]赵璘.因话录[M].上海:上海古籍出版社,1983.

[唐]刘餗(撰),程毅中(点校).隋唐嘉话[M];[唐]张鹭(撰),赵守俨(点校).朝野佥载[M].北京:中华书局,1979.

[唐]刘肃(撰),许德楠,李鼎霞(点校).大唐新语[M].北京:中华书局,1997.

[唐]段成式(撰),方南生(点校).酉阳杂俎[M]:北京:中华书局,1981.

[唐]王谠(撰),周勋初(校证).唐语林校证(全二册)[M].北京:中华书局,1997.

[宋]李昉,等.太平广记[M].北京:中华书局,1961.

汪辟疆(校录).唐人小说[M].上海:上海古籍出版社,1988.

[宋]王应麟.玉海[M].南京,上海:江苏古籍出版社,上海书店影印,1988.

[唐]李筌.太白阴经[M].守山阁丛书本。

[唐]玄奘、辩机(撰),季羡林等(校注).大唐西域记校注[M].北京:中华书局,1985.

[唐]慧超(撰),张毅(笺释).往五天竺国传笺释[M].北京:中华

书局,1994.

[唐]释道世(撰),周叔迦,苏晋仁(校注).法苑珠林校注[M].北京:中华书局,2003.

河南省文物研究所,河南省洛阳地区文管处(编).千唐志斋藏志[M].北京:文物出版社,1984.

周绍良.唐代墓志汇编[M].上海:上海古籍出版社,1992.

[清]王昶(辑).金石萃编[M].西安:陕西人民美术出版社影印,1990.

[清]陆增祥.八琼室金石补正[M].北京:文物出版社影印,1985.

国家文物局古文献研究室,新疆维吾尔自治区博物馆,武汉大学历史系(编).吐鲁番出土文书(1~10)[M].北京:文物出版社,1981－1991.

黄永武(主编).敦煌宝藏[M].台北:新文丰出版公司,1983－1986.

唐耕耦,陆宏基(编).敦煌社会经济文献真迹释录,第1~5辑[M].北京:书目文献出版社,全国图书文献缩微复制中心,1986－1990.

[日]池田温.中国古代籍帐研究[M].东京:东京大学东洋文化研究所,1979.

罗振玉(辑).贞松堂藏西陲秘籍丛残[M].[出版地、出版者不详],1939.

罗振玉(辑).鸣沙石室佚书正续编[M].北京:北京图书馆出版社,2004.

[日]小田义久(责任编集).大谷文书集成(一)[M].日本京都:法藏馆,1984.

[日]小田义久(责任编集).大谷文书集成(二)[M].日本京都:法藏馆,1990.

陈寅恪.唐代政治史述论稿[M].上海:上海古籍出版社,1982.

陈寅恪.金明馆丛稿初[M].上海:上海古籍出版社,1980.

陈寅恪.金明馆丛稿二编[M].上海:上海古籍出版社,1980.

陈寅恪.元白诗笺证稿[M].上海:上海古籍出版社,1978.

陈寅恪.隋唐制度渊源略论稿[M].上海:上海古籍出版社,1982.

陈寅恪.陈寅恪读书札记·《旧唐书》、《新唐书》之部[M].上海:上海古籍出版社,1989.

吴廷燮.唐藩镇年表[M].北京:中华书局,1980.

黄文弼.塔里木盆地考古记[M].北京:科学出版社,1958.

黄文弼.吐鲁番考古记[M].北京:中国科学院印行,1954.

严耕望.唐代交通图考(第1~5卷)[M].台湾:"中央研究院"历史语言研究所,1985 – 1986.

岑仲勉.隋唐史[M].北京:中华书局,1982.

岑仲勉.西突厥史料补阙及考证[M].北京:中华书局,1958.

岑仲勉.唐方镇年表正补[M].北京:中华书局,1980.

北京大学中国中古史研究中心(编).敦煌吐鲁番文献研究论集(第1~5辑)[M].北京:中华书局,北京大学出版社,1982 – 1990.

唐长孺.山居存稿[M].北京:中华书局,1989.

[日]松田寿男,陈俊谋(译).古代天山历史地理学研究[M].北京:中央民族学院出版社,1987.

孙继民.唐代瀚海军文书研究[M].兰州:甘肃文化出版社,2002.

李锦绣.唐代财政史稿(上卷)[M].北京:北京大学出版社,1995.

李锦绣.唐代财政史稿(下卷)[M].北京:北京大学出版社,2001.

孙继民.吐鲁番文书所见唐代府兵装备[J].敦煌吐鲁番文书初探二编.武汉:武汉大学出版社,1990.

卢向前.牒式及其处理程序的探讨——唐公文式研究[J].敦煌吐鲁番文献研究论集(第3辑).北京:北京大学出版社,1986.

柳洪亮.安西都护府治两州境内的时期及年代考[J].新疆社会科学,1986,(2).

新疆吐鲁番地区文管所.高昌墓砖拾遗[J].敦煌吐鲁番文献研究论集(3).北京大学出版社,1986.

黄明兰,宫大中.洛阳出土管元惠神道碑[J].文物.1983,(3).

李锦绣.陌刀与大唐帝国的军事[J].学人,1995,(7).

李锦绣."城傍"与大唐帝国[J].学人,1995,(8).

[日]大津透.唐律令国家の予算について——仪凤三年度支奏抄·四年金部旨符试释[J].史学杂志,1986,95(12):1—50;中译文见:日本中青年学者论中国史.六朝隋唐卷[M].上海:上海古籍出版社,1995.

[日]小笠原宣秀,西村元佑.唐代徭役制度考[J].两域文化研究,1959,(3);中译文见:敦煌学译文集——敦煌吐鲁番出土社会经济文书研究[M].兰州:甘肃人民出版社,1985.

编后记

外子致力于唐代经营西北研究,始于 1989 年。当时他完成了《唐勾检制研究》、《唐代田制研究》两部书稿,对唐代政治制度史、经济史的研究暂告一段落,于是开始整理、校注敦煌吐鲁番出土军事文书。1990 年,他撰著了《敦煌吐鲁番出土唐军事文书校注稿》,此书因故未能付梓。此后发表的《读吐鲁番文书札记二则》、《吐鲁番出土唐代天宝四载十一—十二月交河郡财务案残卷考释》、《读吐鲁番出土唐代军事文书札记》等文,即为此书稿的部分内容。随着吐谷浑归朝文书的整理,他对文书中记载的墨离军、豆卢军等的探索逐渐深入,加之常常思考李靖兵法及其传人问题,他对唐代前期西北军事等产生了浓厚的兴趣,进而形成了研究唐开元九节度的详细计划。1994 年,他完成了河西、北庭、安西四镇、朔方四节度研究,其成果收入同年中国社会科学出版社出版的《唐代前期西北军事研究》一书,时年八十。此后,他继续撰写了关于陇右、河东、幽州三节度的论文。由于幽州已涉及平卢,实际上除剑南外,外子已基本完成其开元九节度研究的计划。1996 年后,他的兴趣和热情则转移到撰写《陈寅恪先生史学述略稿》上了。

承余太山先生和兰州大学出版社厚意,外子关于唐代经营西北的论文将重新结集。这次编选,除收录已发表在《唐代前期西北军事研究》一书中的《唐灭高昌及置西州、庭州考论》、《论唐代前期河西节度》、《论唐代前期北庭节度》、《唐代前期安西都护府及四镇研究》、《论唐代前期朔方节度》五篇之外,增加了《论唐代前期陇右节度》、《论唐代前期河东节度》两篇,《论唐代前期河东节度》一文未发表过。在精选的七篇外,又附有四篇。其中《论唐代前期幽州节度》似与经营西北无直接关系,但幽州、平卢节度,构成唐代前期东北军事格局,此东北军事格局与北疆、西北疆军事格局浑然构成一个整体,牵一发而动全身,不可截然分割,且本书又列于"欧亚丛书"之中,东北亚显系内陆欧亚的组成部分,因此也收录于此,不独仅为体现外子开元九节度研究之全貌也。外子探索西北军事,肇始于研读敦煌吐鲁番文书,援敦煌吐鲁番文书入唐史研究,也成为外子治史特点。本书收录了《唐开元十六年北庭年终勾帐稿残卷研究》、节录了《吐鲁番出土"唐西州某县事目"文书研究》中与西北经营密切相关的部分,以示敦煌吐鲁番文书对唐代西北军事研究的重要性。外子受教于陈寅恪先生,1940 年、1943 年所撰的本科毕业论文、硕士论文《唐代后期黄头军考》、《唐代后期的牙兵》,均由陈寅恪先生指导。不久他又撰写《论唐朔方军》一文,进一步阐扬寅恪先生"种族文化"学说。此后神州扰攘,外子命运多蹇,学业荒废数十年。至 1978 年重返北大,始克绍继前业,弘扬义宁之学。附于书末的有关陈寅恪先生黄头军札记疏证、关于收复河湟札记疏证,是外子所撰《〈陈寅恪读书札记——旧唐书新唐书之部〉疏证》的两篇,已刊于《陈寅恪先生史学述略稿》。唐后期的黄头军是前期经营西北的结果,收复河湟为唐后期经营西北的重大事件,寅恪先生尤为关注,外子念兹在兹,多历年所,故而疏证之,发皇心曲。今收录于此,以见外子治学所自。

为省读者翻检之劳,将外子相关著述、论文条列如下:

《论唐朔方军》,《周叔弢先生六十生日纪念论文集》,1950 年。

《吐鲁番出土氾德达告身校释》,《敦煌吐鲁番文献研究论集》第 2 辑,北京大学出版社,1983 年。

《读吐鲁番文书札记二则》,《中国文化》第 4 卷,1991 年。

《吐鲁番出土唐代天宝四载十一—十二月交河郡财务案残卷考释》,《北京大学学报》,1991 年第 5 期。

《读吐鲁番出土唐代军事文书札记》,《纪念李埏教授从事学术活动五十周年史学论文集》,云南大学出版社,1992 年。

《唐灭高昌及置西州、庭州考论》,《北大史学》(2),1994 年。

《试论唐代前期的河西节度使》,《国学研究》第 2 卷,1994 年。

《论唐代前期幽州节度》,《学人》第 11 辑,1997 年。

《论唐代前期的陇右节度》,《国学研究》第 4 卷,1997 年。

《试论唐太宗对敕勒族的政治军事政策》,《北大史学》第 6 期,1999 年。

《〈新唐书·地理志〉所载敕勒等羁縻州府与民族迁徙》,《陈寅恪先生史学述略稿》,北京大学出版社,1998 年。

《唐代前期西北军事研究》,中国社会科学出版社,1994 年。

《王永兴学述》,浙江人民出版社,1999 年。

《唐代前期军事史略论稿》,昆仑出版社,2003 年。

《唐代后期军事史略论稿》,北京大学出版社,2006 年。

京华岁杪,长夜苦寒。灯下检视、整理、打印、编辑外子遗稿,往昔桃李春风,对坐读书,偶有所得,相视一笑的情景,历历在目。生死茫茫,不胜潸然。

李锦绣

2009 年 12 月 29 日于北京荷斋

索 引